高等学校经济与工商管理系列教材

审计学原理与实务

（第 2 版）

张立民　高　莹　万里霜　阎至刚　编著

清华大学出版社
北京交通大学出版社

·北京·

内容简介

全书内容分为审计学基本理论、审计实务循环两大部分。在介绍国家审计、内部审计和注册会计师审计三大监督体系的基础上，全书以财务报表审计报告的形成过程为主线，先后介绍了财务报表审计风险的了解过程、评估过程和应对过程。在审计实务循环部分，本书选择介绍了销售与收款、采购与付款、生产和存货、货币资金等典型业务循环的审计要点。

本书采用轻松的语言风格，用实际案例、扩展资料、例题解析等形式，尽可能地将抽象的问题具体化及形象化。在各章的结束部分，本书还列示了各章的关键术语及相关参考文献，并设计了相应习题，以帮助读者更好地理解相关内容。

图书在版编目（CIP）数据

审计学原理与实务/张立民，高莹，万里霜编著. —2 版. —北京：北京交通大学出版社：清华大学出版社，2013.10

（高等学校经济与工商管理系列教材）

ISBN 978－7－5121－1640－5

Ⅰ. ①审…　Ⅱ. ①张…　②高…　③万…　Ⅲ. ①审计学-高等学校-教材　Ⅳ. ①F239.0

中国版本图书馆 CIP 数据核字（2013）第 215290 号

责任编辑：黎　丹　　特邀编辑：衣紫燕
出版发行：清 华 大 学 出 版 社　　邮编：100084　　电话：010－62776969
　　　　　北京交通大学出版社　　邮编：100044　　电话：010－51686414
印 刷 者：北京泽宇印刷有限公司
经　　销：全国新华书店
开　　本：185×260　　印张：25　　字数：624 千字
版　　次：2013 年 10 月第 2 版　　2013 年 10 月第 1 次印刷
书　　号：ISBN 978－7－5121－1640－5/F・1252
印　　数：1～4 000 册　　定价：39.00 元

本书如有质量问题，请向北京交通大学出版社质监组反映。对您的意见和批评，我们表示欢迎和感谢。
投诉电话：010－51686043，51686008；传真：010－62225406；E-mail：press@bjtu.edu.cn。

前　　言

《审计学原理与实务》教材自 2005 年第一版出版后，一直广受好评，现在距本书 2007 年的修订版已过去了 6 年。其间，编写组成员一直在总结经验，并进行积极酝酿和准备，现在终于积攒了些许信心郑重推出第 2 版《审计学原理与实务》。

大学的审计学教育，是审计师职业生涯的开始，我们一直在努力探索和实践，寻求给这些年轻、优秀的学子们上好他们职业发展的第一课。审计学教材的不断更新，一方面是要反映发展变化了的审计环境和审计要求，另一方面也希望能够把我们探索和思考的成果融入其中。基于此，本次教材的修改特别突出了以下几个方面。

首先，教材体现以基本概念、基本方法和基本技能作为主要内容的特色。随着审计的发展，特别是中国的审计实践，审计学课程可以讲授的内容越来越丰富。不断修订后的审计准则与指南、审计职业道德的内容也越来越具体和详细。如果把所有这些内容全部写进教材，可能会误导学生只关注细节而忘记了基本的原则和原理。对于刚刚学习审计的人来说，首先应正确理解和把握“三基”，这才符合人们认识客观经济（审计）规律的科学过程。

第二，教材突出“紧密结合现实案例讲授相关知识”的特色。在审计学的教学实践中，如何把传授“三基”知识与了解实践发展的历史与现状结合是特别需要认真研究和解决的问题。因此，我们把现实生活中发生的、在审计发展历史上有重大影响并受到社会广泛关注的审计案例写进了此次修订的教材，希望通过在教学过程中灵活地使用这些案例，帮助学生理解相关的审计知识、了解审计实践发展中遇到的问题，从而提高学生的学习兴趣。

第三，教材突出了满足研究型教学需要的要求，增加了“研究思考题”和“推荐阅读”的内容。近二三十年来，大学的教育和培养目标在不断变化，越来越强调大学不应当仅仅是传授知识，更重要的是培养学生自己进行学习的能力。在教学改革方面，强调形成和完善研究型教学模式。所谓研究型教学，不是要把学生都培养成开展学术研究的人才，而是培养学生了解和分析现实问题、研究和寻找解决问题方法的能力。通过研究型的思考题和推荐的阅读资料，引导学生去关注社会中存在的种种审计现象和问题，同时也可以开阔视野，发现认识和解决现实问题的不同视角与思路。

第四，教材增加了课后练习题的题量和难度，尽可能与注册会计师考试的内容和要求衔接。在我国，会计学本科学生毕业前有机会参加注册会计师的职业资格考试，审计学课程学习如果能够和注册会计师职业资格考试衔接，这将有助于提高学生通过考试的机率。但是，注册会计师考试涉及的内容非常详细、具体，审计学教材不能够也不应该照搬注册会计师考试复习的教材。为了能够兼顾学生们的学习需求，我们在教材的课后练习题中适当增加了难度，以实现一定程度的衔接。

第五，教材突出了把风险导向审计原则贯穿审计各个方面的审计准则的最新变化与要求。如前所述，最新审计准则的变化集中反映在将风险导向审计原则贯穿到审计的各个方面，而不是仅仅反映在几个专门的风险导向审计准则中。因此，本次教材的修改，一方面完善了审计原理部分风险导向审计准则的内容，在主要业务循环的审计中也尝试把风险贯穿到内部控制测试和实质性细节测试的性质、时间和范围的决策等内容的介绍与分析中。

最后，教材调整了原来的章节结构，突出了审计报告的重要性和引导作用。在本次教材的修改中，把审计报告放到了第2章，强调了审计报告的重要性。通常的审计教材中，审计报告是放到所有审计工作都完成之后，在形式上体现了实际的审计过程。不过，我们认为，审计报告是审计的最终成果，也是传递审计信息、满足审计需求的基本载体。审计需求和审计总体目标是在审计过程开始以前就决定了，对审计过程起到引导作用。从认识论上讲，在一开始就让学生了解审计的最终产品和整体要求，对财务报表审计的目标有一个更为鲜活的认识，可能有助于学生学习和掌握审计方法、技术和各种具体业务循环的审计要求。

尽管这次修改经过了较长时间的酝酿，但是由于认识和水平的局限性，教材中仍然可能存在各种问题，我们欢迎教材的使用者提出批评指正。这次教材修改编写的分工是：张立民老师负责第1、2、3章，高莹老师负责第4、5、6、7、8章，万里霜老师负责第9、10、11、12章，张立民和阎至刚老师负责第13章。温菊英、郭永发、张泽华、周清清等同学在这次修改完善教材内容方面也作出了贡献。

本书配有教学课件和相关的教学资源，有需要的读者可以从网站：http://www.bjtup.com.cn下载或与cbsld@jg.bjtu.edu.cn联系。

在此，对长期以来支持本书出版的北京交通大学出版社表示诚挚的感谢！

编　者

2013年8月

目　录

第 1 章

审计概论

【学习目标】

学习本章之后，你应该能够：

- 了解审计在社会中的功能与作用；
- 理解审计发挥社会作用的基本原理；
- 理解审计的基本概念和构成要素；
- 了解不同种类的审计和审计师；
- 了解注册会计师行业的发展历史与现状。

【内容提要】

本章从介绍审计在现代社会的功能入手，讨论了审计发挥社会作用的机理，进而引申对审计性质的讨论；围绕审计关系和审计过程，分析了审计的基本构成要素与特征，进一步讨论了审计目标、审计主体及不同审计主体间的关系；简单介绍了注册会计师审计的起源和发展，初步分析了审计产生与发展所依存的社会条件。

1.1 审计的性质与作用

审计是人类社会发展到一定阶段的产物，审计的社会功能与环境及其变化密切相关。早在公元前的古埃及、古罗马及中国的西周时代，就已经产生了审计。不过，审计在社会经济政治发展中发挥显著的社会作用，是在19世纪工业化革命完成之后的事情。

1. 审计的社会功能

在现代社会中，审计发挥的社会作用越来越显著。在资本市场上，审计师通过审计增强了投资者对上市公司财务信息质量的信任，改善了投资决策的科学性，优秀的、具有发展潜力的上市公司获得更多的资源，促进了社会资源配置的优化。

相关案例

中国注册会计师发挥中流砥柱的作用

本研究以中注协搜集的从事上市公司审计的会计师事务所2001—2005年度审计调整数据为依据，揭示注册会计师审计对上市公司财务报告的影响，从而反映审计师所未为人知的贡献。我们发现，注册会计师每收1元审计费用带来约470元的纠错成效；遏制企业转微亏为微利的企图，微利企业减少64家，降幅达40%；挤压利润水分方面，避免了约5 500亿元的股市泡沫；挡住了至少313家公司的配股企图，减少股市"圈钱"约1 300亿元；制止至少182家公司虚增利润、甩掉ST、PT帽子的企图；为国家追调应收税金高达180多亿；将700多家客户的违规行为以非标准审计意见的方式公诸于众。

仅调整的会计利润总额一项即达2 500多亿元，这意味着：可让"神六"上天至少11次；是同期股市全部再融资额的1.5倍。

仅调整的资产总额一项即达10 200亿元，这意味着：相当于宝钢股份、华能国际、四川长虹和南方航空资产总额的5倍；等于17个三峡电站的投资。

转引自：中国注册会计师协会. 同流合污还是中流砥柱：对中国注册会计师上市公司审计效果的深度分析——行业发展研究资料，2007 (3).

当然，如果审计师没有认真履行职责，未能发现公司财务报表中存在的重大错报，也会给投资者带来巨大的损失。在我国深圳证券交易所上市的银广夏公司，曾一度被市场看作是第一蓝筹股，审计师对公司历年的财务报告均出具了标准无保留意见审计报告。2001年8月《财经》杂志发表《银广夏陷阱》一文，怀疑公司财务报表造假。随后，银广夏虚构收入、财务报表数据严重造假的事实经过证券监管部门检查证实。公司2000年的股价最高达到每股22.73元，2002年初跌到了每股1.28元，投资者损失惨重。

政府审计机关在促进公共资源的有效利用，促进政府官员认真履行职责，实现政府的透明、高效和廉洁方面，也发挥着十分重要的作用。在中国，政府审计机关的审计结果公告，曾经在社会上掀起阵阵"审计风暴"。

相关案例

中国的“国家审计风暴”

在2003、2004连续两年刮起“审计风暴”之后，素有“铁面审计长”之誉的国家审计署审计长李金华在向全国人大常委会第16次会议作关于2004年度中央预算执行和其他财政收支的审计工作报告中指出，通过对38个中央部门预算执行情况的审计，查出各类违规问题金额高达90.6亿元，占审计资金总额的6%。审计署对中央部门预算执行情况的审计后查出，12个部门存在预算编报不真实的问题，一些部门的下属单位虚设多领预算资金多达4.91亿元；26个部门违规转移挪用财政性资金10.75亿元；14个部门向下属单位或相关单位转移财政性资金9.35亿元；19个部门或其下属单位隐瞒截留财政资金和其他收入，设置账外账、“小金库”共3.5亿元；31个部门挤占具有专项用途的资金21.42亿元。

在李金华的报告中，国家发改委、财政部被几次点名。据审计，2004年，国家发改委在安排中央预算内投资304.5亿元时直接预留74.8亿元；在审批下达的229.7亿元中，实际落实到项目的资金未达到要求。审计署抽查了国家发改委等部门2003年至2004年下达的县际和农村公路改造工程，发现9省124个项目存在以多种名义申报或多报建设规模等，获取中央补助资金13.2亿元。在对2004年度中央预算管理的审计中也发现了诸多问题。中央部门人均基本支出水平差距较大，据对45个中央部门2004年决算抽查，基本支出人均水平高低相差10倍以上。人民银行、国家广电总局的收支未完全纳入中央预算。审计报告因此提醒财政部门应采取措施，尽快加以规范。审计署去年对华融、长城、东方、信达4家资产管理公司进行了审计，共抽查这些公司收购的金融不良资产5 544亿元，占其收购总额的39%。此次审计共查出各类违规、管理不规范问题和案件线索金额715.49亿元，占审计抽查金额的13%。大量国有资产在此过程中流失。在对国家开发投资公司等10家中央企业原领导人员任期经济责任进行的审计中也发现了不少问题。审计发现，10家企业对外投资、借款、担保等造成损失145亿元，主要是由于不按程序决策、违规决策和管理不善造成的；违规处置资产、关联方交易让利、违规经营等造成国有资产流失20亿元。审计还发现，少数企业领导人及下属企业经营管理人员滥用职权、以权谋私的问题也比较突出。这次审计共查出违规转移国有资产、挪用公款、贪污受贿等涉嫌经济犯罪案件线索9件，涉及金额16亿元。“审计风暴”引起社会关注的同时，也有力地推动了政府部门的依法执政。

同样，在企业和组织内部，内部审计人员也发挥着十分重要的作用。一方面，促进公司治理、风险管理和内部控制制度的不断完善，帮助组织实现目标，增加组织的价值；另一方面，揭露损害公司利益、侵吞企业财产的行为。2002年，美国《时代》周刊的封面刊登了当年在揭露公司重大舞弊方面起到关键作用的辛西娅·库珀等三位内部审计师的画像，内部审计师成为社会知名人物。

相关案例

世通事件的发现

辛西娅·库珀是世通公司（曾是美国第25大公司）审计部副总经理，《时代》周刊

2002年风云人物之一。1994年，辛西娅受雇于世通公司，从事内部审计工作，从一名基层小职员做起，几年后升任审计部副总经理，主持内部审计的日常工作，主要负责经营绩效审计。2001年，公司收入开始急剧下降。2002年3月，公司无线通信业务负责人对她说，公司财务部从他的准备金账上拨走了4亿美元，以提升公司对外报告的盈利。于是，她就此事到负责公司财务审计的安达信会计师事务所进行核实，安达信会计师事务所人员粗暴地拒绝了她，并声称没有问题且只对公司首席财务官负责。与此同时，公司首席财务官亲自出面生气地警告她说："公司财务一切正常，别自作主张！"对于许多内部审计人员来说，公司首席财务官员和安达信会计师事务所说的话就是金科玉律，绝对不会再有二话。可辛西娅偏不，她说："当有人对我怀有敌意的时候，我知道为什么。"正是凭着这股刨根问底的"牛"劲和对内部审计事业的执着，她和她的两位同事（哲恩·摩斯，擅长计算机技术的内部审计师；格林·史密斯，审计部高级助理，辛西娅的助理）开始从这笔账查起，由于种种限制，她们只好深夜秘密地加班，凭着扎实的计算机知识，哲恩进入公司计算机会计系统，查阅了公司大部分账目。正是在这次检查中她们意识到"问题严重了"，发现公司首席财务官从2001年起每个季度都用一种非惯例的手法来做账，这一做法使得公司的利润虚增了数十亿美元。至此，世通公司的造假情况基本上真相大白。辛西娅于2002年6月将调查结果通知了公司高层——董事会审计委员会，并举报说公司正在做假账——虚报盈利38亿美元。后来，她又向国会调查人员如实提供了所有材料。2002年6月23日，世通公司开始接受全面的财务审查，随着审查的进一步深入，这一数字可能高达110亿美元，而此前估计的91亿美元就已表明这是美国历史上涉案金额最大的一起会计欺诈案件。IIA执行主席威廉指出："内部审计在公司治理中有很广泛的作用，在世通公司事件中，内部审计人员发挥了很大的作用。"揭露世通公司丑闻的是一批平时"不显山、不露水"的内部审计人员，这让包括美国在内的发达国家不得不另眼相看。

审计的社会影响和地位，随着其在社会中发挥作用的提高而提高。人们从过去把审计师称之为"查账先生"，到后来称之为"经济警察"、"保健医生"、资源所有者的"守护人"、社会政治经济发展过程中的"免疫系统"。美国总统里根在美国注册会计师协会成立100周年时发去贺电：

> 您们的协会和注册会计师职业在建立和维持资本市场的完整性方面，发挥着至关重要的作用。独立的审计人员为企业和政府机关的财务报表提供可信性。没有这种可信性，债权人和投资人就无法作出给我们的经济带来稳定性和活力的决策。没有您们，我们的财务市场就将土崩瓦解。（转引自：文硕．世界审计史．北京：企业管理出版社，1996.）

从上述案例可以看到，审计具有监督的功能，纠正被审计单位的错误和违法行为，审计具有信号传递的功能，投资者根据审计意见判断财务报表信息的可靠性，决定投资的方向，审计具有风险防范的功能，投资者和经营管理者都可以通过及时了解企业经营中存在的重大问题而避免遭受更大的损失。

2. 信息不对称与审计

审计之所以在社会中可以发挥作用，源于其在促进人们之间的合作、社会的进步与发展方面的基础性功能：减少因为信息不对称带来的消极后果。

在历史发展的进程中，人类通过发现和使用劳动工具，征服自然的能力逐步得到提高，在组织内部开始形成分工，能力突出者成为了组织的领导者。伴随生产能力的提高，人们从大自然获取的资源除了满足基本生存需要外开始有了剩余，一部分人开始拥有私有财产，出现了集体利益之外的个人利益。组织的不断发展和财富的不断积累，带来了组织规模的不断扩大，不同群体之间在控制资源和获取利益方面的差别越来越显著，形成了社会内部的不同利益群体。国家的出现和干预，形成了以法律保障为基础的所有权，用以保护个人财产的神圣不可缺乏。随着社会分工的不断发展，人们之间的合作越来越重要，人们之间持久的合作有赖于彼此的了解与信任。

在社会经济生活中，一方面，作为掌握资源的所有者，希望通过更高效率地运用这些资源不断增加自身财富，但是由于组织规模的不断扩大，资源所有者依靠自身实现高效运用资源的能力越来越受到各方面条件的限制，无法实现自身财富最大化的目标。另一方面，社会中的另一部分人具有管理能力，但除了自身能力却没有其他资源。这些管理者如果能够有机会运用资源创造财富，就可能依靠这种专有能力改善自身利益。所有者如果将资源委托给这些具有管理能力的人进行经营，有可能会大大增加这些资源所带来的财富，进而获得超过依靠自身经营所得到的收益。所有者和有能力的管理者之间的合作，使得双方的利益都得到改善，整个社会的财富也增加了。

但是，资源所有者和管理者的结合及这种合作的维持与发展，是一个困难而复杂的过程，其中需要面对的一个基本问题就是信息不对称。首先，资源所有者要找到胜任的管理者，需要对管理者的了解，这种了解是一个过程。在招聘管理者时，所有者通过各种渠道获得信息，对管理者的过去有了一个初步的认识，在有限信息的基础上，从前来应聘的人员中选择认为合适的管理者。如果这些信息存在严重的虚假，所有者选择的人选就可能并非是自己真正想要的人。从动态过程考察，被选定的管理者在实际经营过程中取得的绩效，可以成为所有者筛选管理者的又一个机会。但是，如果反映管理者经营绩效的信息是虚假的、失真的，所有者的错误选择就会继续下去。我们称之为“逆向选择”问题。

其次，由于企业的经营是一个较为复杂的过程，管理者在运用资源的过程中具有一定的信息优势。一方面，管理者对资源运用过程中各种相关信息，如市场的信息、产品的信息、生产工人及其能力的信息，掌握得较为及时和全面，对影响资源运用效率和结果的原因理解得更为深入。另一方面，所有者由于时间、地理位置等方面的原因，能够掌握的有关信息少而且相对滞后，由此产生了双方的信息不对称问题。由于所有者和管理者的利益既有一致的地方，也有矛盾之处，信息不对称问题的存在给予了管理者利用信息优势谋取私利的机会。随着企业经营外部环境的日益复杂化，这种信息不对称问题更加严重。当管理者意识到这种信息不对称的存在时，有可能违背自己代表所有者利益经营企业的承诺，萌生利用这种信息不对称谎报资源运用结果谋取不当私利的动机，而所有者由于信息不对称的存在，可能无法及时发现管理者的问题，以致自身的利益受到严重损害而浑然不知。这就是“道德风险”问题。

无论是逆向选择还是道德风险，从根本上讲，信息不对称问题的存在，侵蚀着所有者和管理者之间的信任与合作关系的基础，降低了资源利用的效率，减少了社会财富，影响到企业的可持续发展。正是为了解决信息不对称问题，才产生了对审计的社会需求。

通过聘请独立、专业的审计师，对管理者资源运用的过程及其结果进行审计，确认管理者报告的经营成果是否具有可信性，在一定程度上缓解了信息不对称带来的问题。由于审计的存在，改善了信息的可信性和可靠性，完善了所有者对管理者的信任机制。所有者可以依据经过审计的信息，形成对管理者的客观评价，根据经营成果的信息作出激励或者惩罚，甚至变更管理者的决策。对于能力强的管理者，其优秀的经营业绩，由于审计的存在，得到所有者相对更为充分的认可，并获得应得的利益；对于能力差的管理者，由于审计的存在，其依靠谎报业绩骗取所有者信任和激励的企图无法实现。无论管理者能力强弱，由于审计的存在，管理者借助信息的优势而谋取不当利益的机会大大减少，欲望受到遏制。

从资本市场看，由于现时的投资者（股东）和潜在投资者数量众多，投资者在信息方面的劣势更加显著，他们对企业的了解依赖企业公布的财务报表。对于财务报表信息质量的信任，是投资者作出投资决策的基础。如果没有注册会计师的审计，任由虚假财务信息充斥在资本市场，投资者的决策就存在着极大的盲目性，资本市场就不可能发挥优化资源配置的功能。注册会计师通过审计，降低了财务报表信息质量问题带来的“信息风险”。

财务报表信息质量风险的大小，一方面取决于管理者在提供信息时可能存在的偏见，这种偏见的存在可能是由于能力和经验不足，也可能是管理者有意识进行操纵所造成；另一方面受到企业经济业务和事项的复杂性、相关数据的规模大小等因素的影响，这些因素还影响到所有者对财务报表信息的理解。尽管注册会计师进行财务报表审计可以降低财务报表信息风险，但是不能保证企业经营的成功，也不能保证投资者在正确的信息基础上作出的决策也是正确的。注册会计师对于发生的“经营失败”和“决策失败”，不可能也不需要承担责任。

3. 审计概念与基本要素

审计的定义是对审计实践的总结和抽象，由于审计一直处于不断发展的过程中，不同国家、不同时期人们对审计的认识也不尽相同。审计，英文“auditing”，是从拉丁文“Auditus”演变而来，因为在古罗马和古希腊时期，采用“账目听证会”的方式对官吏进行审查和考核。后来，人们又形象地把审计定义为“查账”、“财务报表检查”、“独立的经济监督”。结合上述对审计社会功能的分析，审计从性质上讲，是一种提高财务信息的可信度、降低财务信息风险的保证（Assurance）服务。

不同观点的演变

1953 年，美国注册会计师协会名词术语委员会对审计的定义是：“审计是一种检查，旨在按照公认会计原则对公司和其他实体向公众和有关方面提供的财务报表的公允性和一致性表述意见。”

1972 年，美国注册会计师协会《审计准则说明书第 1 号》中的定义是：“独立会计师对财务报表进行审查的目的是对其是否按照公认的会计原则公允地反映了财务状况、经营成果和财务状况之变动情况表示意见。”

1973 年，美国会计委员会（AAA）下设的审计概念委员会在《基本审计概念说明》中的审计定义被美国许多审计教科书所采纳，提出的定义是：“审计是一种客观地收集与评价有关经济活动和事项认定（Assertion）的证据，以确定这些认定与既定标准之间的符合程度并将这些成果传递给利益相关人的系统过程。”

著名审计学家安德森教授在 1977 年出版的《外部审计学》中的定义是：“检查有关报

告、报表或其他认定的证据，以确定其与既定标准之相符程度的过程。”

由美国会计学会前会长阿尔文·A·阿伦斯编写的《审计学：一种整合的方式》(Auditing: An Integrated Approach) 是在美国多年来一直十分畅销的审计教科书，其中提出的审计定义是：“审计是由有胜任能力的独立人员收集和评估有关信息的证据，确定并报告这些信息与既定标准之间相符程度。”

综合这些定义，可以从两个层面理解审计的概念。

首先，审计是一种社会活动，这种活动的基础是审计关系。一般情况下，一个审计项目通常会涉及三个方面：审计（授权）委托人、审计师和被审计人，其具体的关系如图1-1所示。

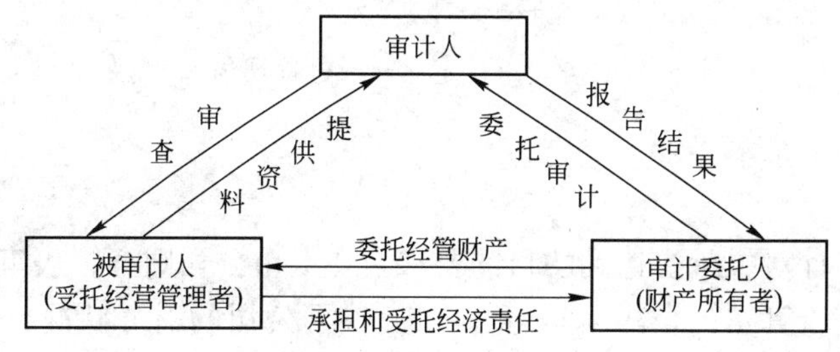

图1-1 审计关系图

审计活动的产生是社会需要的反映，审计通常是由审计（授权）委托人发起，委托或者授权审计师对被审计人进行审计，以满足自身的某种特殊的需求。审计师按照（授权）委托人的要求对被审计人进行审计，并将审计结果报告给审计（授权）委托人。在上市公司财务报表审计中，全体股东是委托人，注册会计师事务所接受委托，对上市公司管理当局编制的财务报表进行审计，将审计结果（意见）报告给股东并公之于众。

在上述的审计关系中，审计（授权）委托人与被审计人之间存在某种契约关系是前提，正是由于这种契约关系的存在，使得审计（授权）委托人有权要求审计师对被审计人进行审计。在现实生活中，被审计人接受审计，通常是某种内在的经济依存关系（如所有者和经营管理者的委托代理关系）决定的。在注册会计师开展的审计中，通常存在明确的审计委托人，通过签订审计约定书（Engagement Letter），明确审计委托人对审计的目标要求。

有些情况下，审计是国家法律或者公司章程明确的强制性规定，审计师是根据经过报批的年度审计工作计划安排审计项目，单独的项目中可能没有明确的审计委托人。因此，人们通常观察到的审计关系构成要素，主要是审计师和被审计单位或者个人。

审计师，即审计主体，是指实施审计的组织和个人。包括政府审计组织、内部审计机构、注册会计师事务所，相应的审计专业人员我们称其为政府审计师、内部审计师和注册（公共）会计师（Certified Public Accountant，CPA）。

被审计单位，又称审计客体、审计对象。审计客体依字面的解释可以包括不同的层次，既包括被审计的单位或者项目、个人，也可以指被审计的财务报表信息及其相关的财务与非财务资料、被审计单位发生的经济活动与经济事项。从审计关系界定的审计客体，主要指被审计的组织或者个人。不同的审计师在国家治理中的角色不同，决定了各自的主体地位不同，在审计权力、职责、目标、范围等方面都有各自的特点。

除了从审计关系认识什么是审计，还需要从审计过程来认识和理解审计。从审计过程视角定义审计的内容见图 1-2。

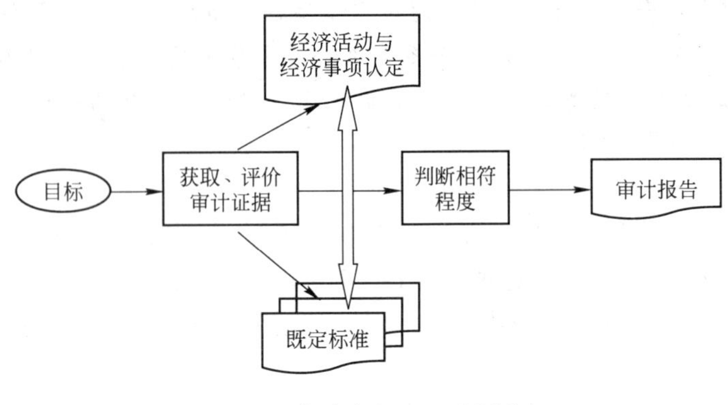

图 1-2 审计定义——过程视角

审计过程包括以下基本要素。

(1) 审计目标

即检查和评价审计对象所要达到的目的要求。在上市公司财务报表审计中，审计目标是确定财务报表信息是否真实、合法、“公允地”反映了公司的财务状况、经营成果和现金流量。所谓“合法”，是指财务报表编制是否符合有关法律法规的要求；所谓“公允”，是指财务报表信息忠实地（Faithfully）反映了实际发生的经济活动与经济事项。同时，针对财务报表项目反映的经济活动与事项、期末余额和披露不同认定，注册会计师还需要确定各自的具体审计目标。

(2) 审计标准（Established Criteria，既定的标准）

审计标准是指判断被审计对象行为是否符合要求依据的行为规范，注册会计师借以形成审计意见或评价所依据的标准。在财务报表审计中，审计标准通常是公认会计准则（Generally Accepted Accounting Principles，GAAP），即公认会计准则是判断所审计财务报表的编制是否符合要求的依据。审计标准与审计目标、审计需求紧密相连。在非上市公司审计和国有企业审计中，有时候使用的审计标准是不同的会计准则或者《会计制度》，因为这些公司财务报表的使用者主要是为数不多的股东，或者是国有资产的政府管理部门，财务报表信息首先需要满足的是所有者和政府管理的需要；审计同时在多国上市的上市公司所使用的审计标准，通常是国际会计准则，因为国际会计准则是国际通用的商业语言，这些公司的财务报表使用者是相关国家的投资者。

(3) 审计对象（Subject）

审计对象主要指被审计单位的经济活动、经济事项和（或）管理制度，以及提供这些活动与事项、制度信息载体的会计资料及其他相关资料。在财务报表审计中，审计对象是财务报表的认定（Assertions），审计的范围以财务报表期间界定，检查相关会计期间所反映的企业在一定时间范围内发生的经济业务和经济事项，以及所形成的财务状况、经营成果和现金流量。

需要说明的是，财务报表审计中，审计师关注的是被审计单位所提供的财务报表中包含信息的质量。这些信息是在被审计单位会计人员和管理当局主观干预下产生的，在选择采用的会计政策和作出会计估计时，主观的判断发挥着重要的影响。因此，称财务报表各个项目数据反映的信息是管理当局的“认定（Assertion）”，对这些认定的检查是审计的主要内容。

(4) 审计证据 (Evidence)

审计证据是为了得出审计结论、支持审计意见而使用的所有信息，包括会计记录中的信息和其他信息。收集和评价证据是审计的基础工作，是形成审计意见、保障审计质量的基础。强调审计意见必须以证据为依据，是审计的基本特征之一。为了证实被审计单位已发生经济业务与事项的实际状况，可以采取各种可能的技术方法获取所需要的信息。

(5) 审计报告

审计报告是审计师在完成审计工作的基础上，向利益相关使用者传递所形成审计意见及其他审计相关信息的书面载体。上市公司财务报表审计中，审计师通过审计、收集和评价证据，形成对被审计单位的财务报表信息是否忠实反映了企业的经济活动和经济事项、相关会计处理和报表编制是否符合公认会计准则的要求作出判断，形成相应的审计意见。审计报告是审计过程的最终产品。审计报告是一个过程，审计师一方面需要在内部对审计证据的充分性和适当性反复进行评估，另一方面需要就审计发现 (Audit Findings) 与被审计人进行反复沟通以获得确认。

需要注意的是，审计报告首先是提交给审计委托人，不过审计报告的使用者可能不限于审计委托人。财务报表信息的使用者都可能关心审计意见。因此，利益相关者包括的范围较审计委托人更广。在上市公司财务报表审计中，审计报告向社会公开，审计报告的使用者可能包括被审计单位的潜在投资者、债权人、顾客、供应商等各个方面。

(6) 审计程序

审计程序是指审计师在审计过程中所实施检查的步骤、内容与方法的系统性安排。审计过程包括从评估、接受客户到出具审计报告等一系列工作，其中最主要的内容是检查与报告。按照周密设计和计划的审计程序开展审计工作，是审计工作的基本要求与特征，是审计的科学性和审计质量可靠性的具体体现。从这个意义上讲，称审计过程是一个系统化过程。对于审计师在审计过程中应该遵循的质量要求，通常反映在相关的法律法规和执业准则中。注册会计师在财务报表审计中应该遵循的规范要求，通常反映在由注册会计师职业组织制定的“审计准则 (Auditing Standards)”中。

在理解审计概念时，除了上述要素，特别需要理解审计的基本特征——客观性。所谓客观性，主要是指审计师在审计过程和审计意见中体现的不偏不倚的状态。由于客观性是内在的，人们无法直接观察，需要保障独立性的制度安排获取社会的信任。在各种利益矛盾交错复杂的社会中，独立性是审计取得社会信任的基础。因此，我们说“独立性是审计的生命线”。为了使审计师在审计中能够不受干扰，客观地收集与评价证据，客观地形成审计判断、报告审计结果，独立性的保障制度既包括审计主体内部的各种内部制度安排（如质量控制制度），也包括各种外部制度安排（如职业道德规范、法律责任制度）。如前所述，审计的社会需要源于信息不对称导致的“逆向选择”和“道德风险”问题，审计的社会功能在于降低“信息风险”。信息风险产生的重要源泉是信息生产者的偏见，这种偏见很可能是由于信息生产者过度追求自身利益而导致对数据的有意识调整，甚至走向有意的数据造假。审计能否有效约束这种行为，取决于审计师能否抵御利益收买、保持客观公正。同时，由于信息生产者和信息使用者之间存在利益上的不一致，信息使用者必须相信审计师不会被收买、与信息生产者不存在利益方面的密切关系，才会相信审计师的审计意见。作为所有者，才会花钱聘用审计师进行审计。审计的社会价值一方面取决于审计师的专业水平，更重要的是审计师意见的客观性。独立性是保障手段，客观性是目的。审计师丧失了独立性，就很难保持客观性。

1.2 审计的分类

由于对审计的社会需求不同，形成了不同类别的审计。从不同角度对审计进行分类，也可以帮助我们更好地认识和理解审计。

1.2.1 审计的目标分类

审计目标反映了审计社会需求的基本内容，随着社会环境的变化而不断发展。审计按照目标的不同，可以分为财务报表审计、合规审计和绩效审计。

(1) 财务报表审计（Financial Statements Audit）

财务报表审计主要是通过审计确定公司提供的财务报表是否按照公认会计准则编制、是否在所有重大方面公允地表达了公司的财务状况、经营成果和现金流量。通常所审计的财务报表会附在审计报告的后面。财务报表审计是为了满足投资者，包括现实的投资者和潜在投资者，以及其他财务报表信息使用者的需求。财务报表审计中，审计师判断所依据的标准主要是公认会计准则。

(2) 合规审计（Compliance Audit）

合规审计主要是通过审计确定被审计单位在其财务收支及经营管理活动中是否遵循了国家的法律法规和组织的章程、政策。合规审计主要是满足法律法规、章程政策的制定者确认其是否真正得到执行、贯彻。

(3) 经营审计（Operational Audit）

经营审计又称绩效审计（Performance Audit），主要是通过审计确定被审计单位在运营资源实现组织目标的有效性，具体的审计目标可以分解为经济性（Economy）、效率性（Efficiency）、效果性（Effectiveness），以及反映履行社会责任方面的环境（Environment）、公平性（Equity）等。这些审计目标与公司或者组织的管理者承担的受托责任有直接关系。由于公司通常以营利为目的，需要在市场上通过竞争谋求自身的发展，因此对公司的此类审计称之为“经营审计”，而对政府和非营利组织的此类审计，通常称之为“绩效审计”。这一类审计不仅仅关注已经发生的经济活动和经济事项，还关注组织的各种制度、工作程序、重大决策，不仅仅关注组织的财务绩效，还关注组织的非财务方面的绩效。三种不同类型的审计实例如表1-1示。

表1-1 三种不同类型的审计实例

审计类型	实例	信息	审计标准
财务报表审计	某上市公司的年度财务报表审计	该公司的财务报表及其附注	公认会计准则（《企业会计准则》）
经营审计	检查、评价该公司计算机存货子系统的效率和效果	每月处理的存货记录的数量、出现差错的数量及存货成本的变化	公司为计算机信息系统的效率与效果制定的标准
合规审计	检查、确定公司代扣代缴个人所得税方面是否符合要求	公司有关的人事、会计等方面记录	税法的有关规定

通过上述实例可以看到，不同的审计目标，决定了审计关注的内容不同，采用的审计判断标准不同。

1.2.2 审计的主体分类

1. 审计分类

按照审计主体的不同，审计可以分为政府审计、内部审计和注册会计师独立审计。在不同国家，三种审计的权力与责任不同，在社会中发挥作用的角色和影响不同。但是，三种审计都不可或缺，共同对国家和社会的发展作出贡献。

(1) 政府审计（Governmental Auditing，又称国家审计）

政府审计是指以国家权力为依托、依法对公共资源的获取、占有和配置、使用情况进行审计的审计组织。政府审计的特点是依国家的强制力开展审计，代表的是公共利益。由于政府通常承担着公共资源的获取、占有、配置和使用的职能和责任，因此政府及其所属机构通常也构成被审计对象。

政府审计是国家政权的有机组成部分，在古埃及、古希腊、古罗马和中国的周朝，最早出现的都是伴随国家的建立、国家规模的扩大而成立的政府审计。当今世界中，全世界几乎所有国家都建立了政府审计。各国政府审计机关为了扩大交流与合作，成立了最高审计机关国际组织（INTOSAI），它是仅次于联合国的国际性组织。

由于各个国家的政治制度和体制不同，各国政府审计在国家政权中的地位也各有不同。中国的政府审计机关是审计署，它是 1983 年根据《中华人民共和国宪法》的有关规定建立的，在国务院总理的领导下开展工作。它的主要任务是对“国务院各部门和地方各级政府的财政收支，以及国家的财政金融机构和企事业组织的财务收支的真实、合法和效益进行检查”，同时它有权对利用财政资金的团体和项目进行审计。近年来，它还根据国家宏观经济决策的需要，开展了许多专题的审计调查（如对地方政府债务水平的调查与评估）。根据《审计法》及其实施条例，审计署拥有包括审计检查权、调查权、审计信息披露权、建议纠正权和（建议）处理处罚权等 15 项审计权限。

(2) 内部审计（Internal Auditing）

内部审计是指在组织内部依据章程或者授权建立的、专门负责审计的机构或者个人。内部审计的主要特点是根据组织的内部授权开展工作，基本宗旨在于增加组织的价值。

内部审计发展历史也十分悠久，最早在奴隶社会出现了庄园审计，大奴隶主派专人对分管各个庄园的管家进行检查，后来又出现了寺院审计、行会审计等。现代内部审计首先在工业化革命完成以后的大型企业建立、发展，随后发达国家政府部门也普遍建立内部审计。随着内部审计的蓬勃发展，1941 年 11 月国际内部审计师协会（IIA）成立。目前，该组织已经有 100 多个国家的内部审计协会加入，具有十分广泛的代表性。国际内部审计师协会负责制定内部审计准则，还负责组织国际注册内部审计师（CIA）资格考试。CIA 考试科目包括：内部审计在治理、风险和控制中的作用，实施内部审计业务经营分析和信息技术经营管理技术。考试内容反映了社会对内部审计师知识结构的要求，得到了社会的普遍认可。

中国的内部审计事业起步较晚，改革开放以后首先在中外合资企业建立。1983 年开始，政府推动在国有企事业单位建立内部审计。1987 年 4 月，中国内部审计学会成立。2002 年更名为“中国内部审计协会”。中国内部审计协会从 2003 年起，开始颁布并实施《中国内部审计准则》。在上市公司，建立内部审计是完善公司治理的一项强制性要求。在财政部等五部委颁布的内部控制规范中，建立内部审计是一项明确的要求。

(3) 注册会计师审计（Independent Auditing，又称独立审计、社会审计、民间审计）

注册会计师审计是指经政府授权核准建立的、依据客户委托开展审计的会计师事务所。会计师事务所由满足法律要求资质的、一定数量的注册会计师组成。会计师事务所独立运营、根据客户委托开展审计是注册会计师审计的基本特点。事务所在不同的审计项目中要代表不同的客户利益，为了能够获得社会上不同客户的普遍信任，强调维护公共利益是注册会计师的基本宗旨，因此称为注册公共会计师（CPA，简称注册会计师）。

注册会计师审计是伴随现代股份公司制度的建立而发展起来，上市公司法定的年度财务报表审计，成为其蓬勃发展的强大推动力。1853 年，成立了世界上第一个注册会计师审计职业组织“爱丁堡会计师协会”，1886 年美国公共会计师协会成立（1957 年以后更名为“美国注册会计师协会”）。国际会计师联合会（IFAC）于 1977 年成立，是世界各国注册会计师审计职业组织合作与协调的平台，目前有来自 129 个国家的 172 个会计职业组织的成员。国际会计师联合会负责起草制定国际审计准则和国际会计准则。中国注册会计师协会是一个相对独立的注册会计师职业组织，截至 2011 年 12 月 31 日，全国共有会计师事务所团体会员 7 976 家，注册会计师执业会员 97 510 人，新批和已换证的非执业会员 88 715 人，具有非执业会员资格尚未换证人员 66 872 人，全国共拥有会员达到 253 097 人。

根据各国的法律或者注册会计师职业组织的要求，会计师事务所要求由具有执业资格的注册会计师发起、成立，会计师事务所可以采取个人独资、合伙、有限责任合伙或者有限责任公司的组织形式。在中国，开展上市公司审计的会计师事务所需要具备特殊的资质要求，所有的会计师事务所和执业注册会计师都要接受注册会计师协会的执业质量检查。在美国，开展公众公司审计业务的会计师事务所需要在美国公众公司会计监管委员会（PCAOB）登记备案，接受执业质量检查。国际上最大的 20 家会计师事务所 2011 年的业务收入状况如表 1－2所示。

表 1－2 2011 年度世界主要会计网络收入排名

排名	事务所名称	业务收入/百万美元	增长率/%	收入分类/%							财政年度截止时间
				审计与会计	税收业务	管理咨询	企业融资	企业重整/破产	诉讼支持	其他	
各自独立的会计师事务所网络											
1	普华永道	29 223.0	10	48	26	—	—	—	—	26	2011.06
2	德勤	28 800.0	8	43	20	—	—	—	—	37	2011.05
3	安永	22 880.0	8	46	26	—	—	—	—	28	2011.06
4	毕马威	22 710.0	10	46	21	—	—	—	—	33	2011.09
5	德豪国际	5 672.3	7	61	19	—	—	—	—	20	2011.09
6	罗申美国际	3 899.0	1	48	29	15	—	—	—	8	2011.12
7	均富国际	3 788.0	3	50	22	—	—	—	—	28	2011.09
8	天职国际	3 222.1	5	52	26	11	3	4	1	3	2011.06
9	国富浩华国际	2 894.9	6	50	25	10	1	1	0	13	2011.12
10	鹏歌富达国际	2 621.2	7	49	28	10	6	2	1	4	2011.06
11	尼克夏国际	2 330.0	11	52	22	11	3	1	3	8	2011.06

续表

排名	事务所名称	业务收入/百万美元	增长率/%	收入分类/%							财政年度截止时间
				审计与会计	税收业务	管理咨询	企业融资	企业重整/破产	诉讼支持	其他	
各自独立的会计师事务所网络											
12	马施云国际	2 298.0	7	53	27	6	2	2	1	9	2011.12
13	浩信国际	1 794.9	6	45	29	10	2	2	1	11	2011.12
14	克瑞斯顿国际	1 757.4	5	46	23	7	2	2	—	20	2011.10
15	玛泽	1 333.1	12	48	10	2	40	—	—	—	2011.08
16	UHY 国际	633.5	9	63	17	8	1	1	1	9	2011.12
17	罗塞尔·贝德福德国际	377.0	0	—	—	—	—	—	—	—	2011.06
18	伊柯维斯国际	272.3	7	39	27	7	1	2	3	21	2011.12
19	IECnet 国际会计联盟	107.6	−10	57	29	6	4	1	3	—	2011.06
20	利安达国际	87.3	42	65	10	13	—	5	—	7	2011.12

根据中国注册会计师协会 2013 年发布的《2013 年会计师事务所综合评价前百家信息》，中国注册会计师事务所综合排名前十名的基本情况如表 1－3 所示。

表 1－3 中国注册会计师事务所综合排名前十名（2013 年）

事务所名称	综合评价得分名次	事务所本身业务收入金额/万元	注册会计师人数
普华永道中天会计师事务所	1	322 629.22	895
德勤华永会计师事务所	2	304 450.93	747
瑞华会计师事务所	3	243 709.08	1 951
安永华明会计师事务所	4	223 646.46	884
立信会计师事务所	5	177 357.14	1 612
毕马威华振会计师事务所	6	213 575.74	615
大信会计师事务所	7	136 556.99	1 056
天健会计师事务所	8	110 515.16	1 169
信永中和会计师事务所	9	104 103.00	983
大华会计师事务所	10	100 807.52	960

资料来源：中国注册会计师协会《2013 年会计师事务所综合评价前百家信息》会协〔2013〕51 号.

会计师事务所的业务范围比较广泛，通常把这些业务分为保证（Assurance）类业务和非保证类业务。保证类业务，是指通过独立的专业服务改善投资者决策相关的信息质量的业务。保证类业务中，对于那些注册会计师需要提交报告、对由他方提供的书面声明的可靠性表达意见的业务，称为鉴证（Attestation）类业务。审计属于鉴证类业务，是其中提供的保证程度最高的一类业务。注册会计师提供的非保证业务包括税务咨询、代理记账等。

相关知识

审计业务范围的拓展

财务报表审计一直是各国注册会计师的主要业务，但随着信息时代的来临，企业经济活动向着国际化和多元化方向发展，许多会计师事务所也不断调整发展战略。除了证实财务报表的公允性、合法性这一审计工作之外，审计工作逐步转型为为社会提供多元化、全方位的专业服务，审计的重心由传统的财务报表审计业务（Audits）向鉴证服务（Attestation Services）、保证服务（Assurances Services）转变。

根据AICPA 1986年发布的《鉴证项目准则公告》（Statement Standards for Attestation Engagement，SSAE），鉴证服务除了审计服务人员即执业人员受托对另一方负责的历史性财务报表发表意见外，还包括对以下信息表示专业意见：具有未来性的财务信息、期中财务报表、内部控制制度及其有效性、对法规或合约的遵循。图1－3是审计、鉴证和保证服务之间的关系。

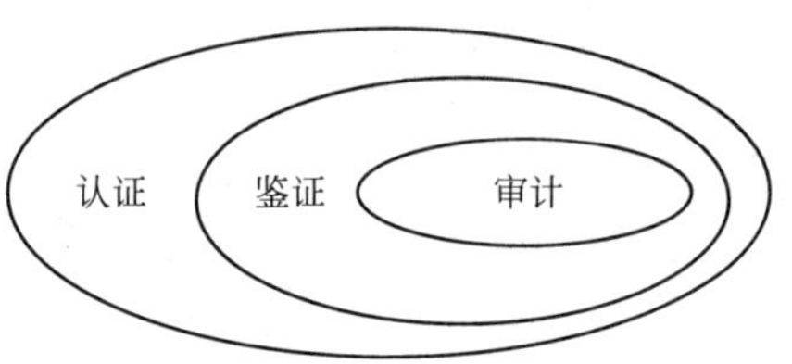

图1－3 审计、鉴证和保证服务之间的关系

1993年5月，美国注册会计师协会（AICPA）举行了一个有关审计前途的研讨会，指出了审计未来发展的方向——保证服务（Assurance Services）。1994年，AICPA成立了保证服务特别委员会（ASEC），对保证服务具体的执行准则、有待开拓的保证服务展开了持续性的系统研究。与此同时，国际各大会计公司纷纷推出保证服务，在其所提供的服务的分类清单中，第一项通常是“保证服务”，审计仅仅是保证服务下的一个项目。国际会计公司已将保证服务作为最核心的业务领域。目前，AICPA制定了相关标准的保证服务包括：电子商务保证服务、信息系统保证服务、绩效评价保证服务、风险评估保证服务、养老工作保证服务、其他保证服务。与保证服务相对应的服务是非保证服务（Non-assurance Services），包括会计服务、税务服务、咨询服务。在保证服务与非保证服务之间的重叠之处主要是指咨询业务，关系如图1－4所示。

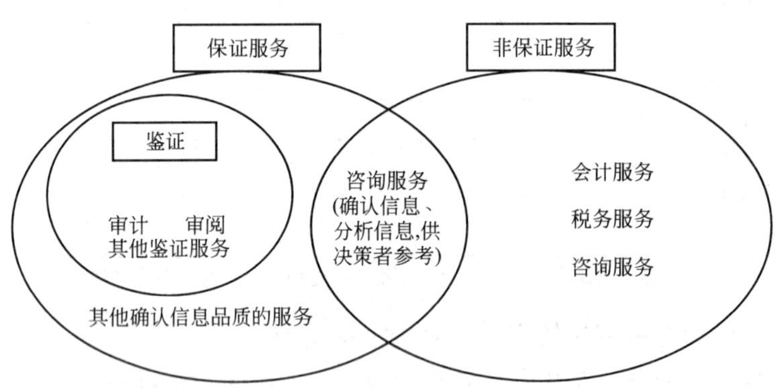

图1－4 保证、鉴证与非保证服务之间的关系

各个国家对于注册会计师资格都有特定的要求。为了取得注册会计师资格，通常需要满足三方面特定的条件：一定的教育背景，通常至少要大学毕业、修满一定的会计相关学分；通过统一的注册会计师考试；具备一定年限（通常不少于2年）的工作经验，包括审计工作的经验。中国注册会计师考试为两个层级6＋1体系。第一个层级共6科考试，科目为会计、审计、财务成本管理、经济法、税法、公司战略与风险管理，第二级为1门综合考试。

2. 注册会计师审计与其他审计主体的关系

由于注册会计师事务所对上市公司财务报表的审计影响到资本市场的发展，影响到上市公司能否获取生存与发展所需要的资源，影响到成千上万的资本市场的投资者的切身利益，注册会计师审计在许多国家受到更多、更普遍的关注。不过，注册会计师审计与政府审计和内部审计有着许多内在的联系。

(1) 注册会计师审计与政府审计的关系

注册会计师审计与政府审计都强调代表公共利益开展审计工作，相对于审计客体，两类审计都属于外部审计。但是，两者既有联系、也有区别。政府审计基于政府在履行国家管理中相关职责所形成的经济关系，主要体现在依据国家权力取得、占有、配置和使用公共资源的过程，审计的着眼点在于改善公共资源使用效率，促进国家经济社会的发展；注册会计师审计基于社会上不同经济主体之间在平等基础上合作所形成的经济关系，特别是基于私人财产的所有权和经营权的分离所形成的委托代理关系，资本市场的基本功能是社会资源的优化配置，审计的着眼点在于改善引导资源配置的财务报表信息的可靠性与可信性，促进资本市场的健康发展。两者的联系在于，无论是私有财产的社会配置还是公共资源的社会配置，都会影响到一个国家经济与文明的进步与发展。

在我国，政府审计与注册会计师审计存在着多方面的具体区别，主要不同之处如表1-4所示。

表1-4 政府审计与注册会计师审计的区别

审计类型	主要审计目标不同	依据的审计规范不同	经费或收入来源不同	取证权限不同	审计意见作用机制不同
注册会计师财务报表审计	对被审计单位财务报表的合法性和公允性进行审计	《中华人民共和国注册会计师法》、《中国注册会计师审计准则》	审计收入来源于审计客体，收费多少由与客户谈判决定	注册会计师取证权限由约定书约定，没有公权强制力	审计意见发挥作用依赖于审计委托人或者市场的意愿
政府审计	对被审计单位的财政、财务收支的真实、合法和效益进行审计	《中华人民共和国审计法》、《国家审计准则》	经费列入财政预算，由本级人民政府保证	由国家法律赋予的公权强制力支持	审计意见通过《审计处理决定》强制执行

(2) 注册会计师审计与内部审计的关系

注册会计师审计相对于内部审计而言，独立性较强。内部审计人员是组织的雇员，在审计工作中容易受到组织内部高级管理层的制约。而注册会计师事务所虽然也要向公司收取审计费用，但是当与公司管理当局产生意见分歧时，坚持审计意见所产生的对注册会计师个人利益的不利后果相对较小。

不过，内部审计在组织内部仍然是一个不参与具体经营和管理活动的、相对独立的机构，内部审计所实施的独立、客观的检查与评价，不仅对增加组织价值具有积极的作用，而且对注册会计师实施的财务报表审计也具有重要的价值。注册会计师审计可以利用内部审计的工作成果。在工作内容上，注册会计师审计与内部审计都会关注公司治理、风险管理和内部控制的状况；在工作程序与方法上，两类审计有许多相同或者相似之处。内部审计人员在了解所在单位情况方面比注册会计师更有优势。注册会计师对内部审计工作评价之后，利用其全部或者部分工作成果，可以减少审计现场测试工作量，提高审计效率，节省审计费用。

在中国，注册会计师审计与内部审计的主要不同之处如表1-5所示。

表 1-5 注册会计师审计与内部审计的区别

审计类型	主要审计目标不同	独立性不同	接受审计的意愿不同	依据的审计规范不同	审计时间不同
注册会计师财务报表审计	对被审计单位财务报表的合法性和公允性进行审计	强调外在独立性和内在的客观性	委托人和公司可以自主选择会计师事务所，审计本身是强制的	中国注册会计师协会：《中国注册会计师审计准则》	定期审计
内部审计	对本单位内部的经营管理活动、制度、政策等方面的适当性、有效性及遵循状况进行检查	强调内在的客观性，肯定独立性的必要	审计项目的安排由内部审计决定，组织内部各单位必须接受内部审计的检查	中国内部审计协会：《内部审计准则》	定期或者不定期审计

1.2.3 审计的其他分类

为了更全面地认识审计，还可以从不同的角度对审计进行分类。

依据审计的范围不同，可以将审计分为全部审计、局部审计和专项审计。在注册会计师审计承接的业务中，审计的范围不同，遵循的审计执业规范要求也有所不同。

依据审计实施的时间不同，可以将审计分为事前审计、事中审计和事后审计。注册会计师财务报表审计均属于事后审计，即对已经发生的经济活动和事项在财务报表中的反映是否符合既定标准进行检查与评价。如果对拟进行的工程建设在开工前进行审计，则属于事前审计；如果在工程建设进行的过程中对该工程进行审计，则属于事中审计。相对于事后审计，事前和事中审计都有着更大的审计风险，但是事前和事中审计可以提高审计的时效。为了保障审计质量，事前和事中审计需要建立更为完善的质量控制制度。

依据审计执行的地点不同，可以将审计分为报送审计和就地审计。报送审计，是指被审计单位将有关的资料送到审计主体所在办公地点接受检查。就地审计，是指审计师到被审计单位获取需要的资料就地进行检查。根据审计目标的不同、被审计对象发生重大错报的可能性大小合理选择审计执行的地点，可以有效提高审计效率。

按照审计时采取不同切入点所形成的不同审计方式，可以将审计分为账项导向审计（Transaction-oriented Auditing）、制度导向审计（System-oriented Auditing）和风险导向审计（Risk-oriented Auditing）。随着审计环境和审计目标的变化，审计中采取的切入点也逐步从经济业务向内部控制制度、重大错报风险转变。不同的审计方式，反映了在不同的审计环境和审计目标下，需要采用不同的审计方式，以保障审计的效果和效率。

相关知识

账项导向审计、系统导向审计和风险导向审计

账项导向审计的技术和方法是围绕着会计账簿、财务报表的编制过程来进行的，通过详细地审阅和核对经济业务会计账簿上的数字来判断是否存在舞弊行为和技术性错误。账项导向审计技术和方法是适应评价简单的受托经济责任，是审计技术和方法发展的第一阶段，在审计技术和方法史上占据着十分重要的地位。

系统导向审计的技术和方法强调对内部控制系统的评价，当评价的结果证明内部控制系

统可以依赖时，在实质性测试阶段只抽取少量样本就可以得出审计结论。当评价结果认为内部控制系统不可靠时，才根据内部控制的具体情况扩大审查的范围。系统导向审计是财务审计发展的高一级阶段，但是系统导向审计仍需运用账项导向审计的一些技术和方法。

风险导向审计的技术和方法要求审计人员从对企业环境和企业经营进行全面的风险分析出发，使用审计风险模型，积极采用分析性复核，以制定与企业状况相适应的多样化审计计划，以达到审计工作的效率性和效果性。风险导向审计是迎合高度风险社会的产物，是现代审计方法的最新发展。

1.3 注册会计师审计的产生与发展

注册会计师职业的发展最早是从企业清算和税务咨询开始的，审计是在社会经济发展的一定阶段，随着企业所有权与经营权两权分离的出现而逐步萌芽，在不断增长的社会需求通过法律得到确认后，取得迅速发展。

1.3.1 西方注册会计师审计的产生与发展

根据史书记载，注册会计师审计源于西方。

1. 注册会计师审计的起源

注册会计师审计产生于意大利合伙企业制度，形成于英国股份制企业制度，发展和完善于美国发达的资本市场，它是伴随着商品经济的发展而产生和发展起来的。

注册会计师审计起源于16世纪的意大利。当时地中海沿岸的商业城市已经比较繁荣，商业经营规模不断扩大。单个业主为了筹集所需的大量资金，出现了合伙企业，这不仅促进了复式记账的产生和发展，也产生了对注册会计师审计的最初需求。尽管当时合伙制企业的合伙人都是出资者，但有的合伙人不参与企业的经营管理，出现了所有权与经营权的分离，这样参与者管理的合伙人有责任证明合伙契约得到了认真履行，以保证合伙企业有足够的资金来源；同时，不参与经营管理的合伙人也希望监督企业的经营情况，及时了解企业的财务状况，因而在客观上都希望有一个与任何一方均无利害关系的第三者能对合伙企业进行监督、检查，这就需要聘请会计专家来担任查账和公证的工作。这样，在16世纪意大利的商业城市中出现了一批具有良好的会计知识、专业从事这种查账和公证工作的专业人员，他们所进行的查账与公证可以说是注册会计师审计的起源。随着这批专业人员人数的增多，他们于1581年在威尼斯创立了威尼斯会计协会。其后，米兰等城市的职业会计师也成立了类似的组织。

2. 注册会计师审计的形成

英国在创立和传播注册会计师审计职业的过程中发挥了重要的作用。18世纪下半叶，英国的资本主义经济得到了迅速发展，生产的社会化程度大大提高，企业的所有权与经营权开始分离。企业希望有外部的会计师来检查他们所雇用的管理人员，特别是会计人员是否存在贪污、盗窃和其他舞弊行为，于是英国出现了独立地从事查账活动的会计师。他们受企业业主委托，对企业会计账目进行逐笔检查，目的是查错防弊，检查结果也只向企业主报告。但是否聘请独立会计师进行查账由企业自行决定，所以此时的独立审计尚为任意审计。

股份有限公司的兴起，使公司的所有权与经营权进一步分离，绝大多数股东已完全脱离了经营管理。他们出于自身的利益，非常关心公司的经营效果，以便作出是否继续持有公司股票的决定。证券市场上潜在的投资人同样十分关心公司的经营情况，以便决定是否购买公司的股票。同时，由于金融资本对产业资本的逐步渗透，增加了债权人的风险，他们也非常重视公司的生产经营情况，以便作出是否继续贷款或者是否索回债务的决定。而公司的经营成果和财务状况只能通过公司提供的财务报表来反映，因此在客观上产生了由独立会计师对公司财务报表进行审计，以保证财务报表真实可靠的需求。在由任意审计向法定审计的过渡中，1721 年英国的“南海公司事件”是注册会计师审计产生的“催化剂”，它宣告了独立审计师的诞生。

为了避免“南海公司事件”重演，英国政府于 1844 年颁布了《公司法》，规定了股份公司必须设监察人，负责审查公司的账目；1845 年，又对《公司法》进行了修订，规定股份公司的账目必须经董事以外的人员审计。于是，独立会计师业务得到了迅速发展。此后，英国政府对一批精通会计业务、熟悉查账知识的独立会计师进行了资格确认，称之为“特许会计师”。1853 年，苏格兰爱丁堡创立了第一个注册会计师的专业团体——爱丁堡会计师协会。该协会的成立，标志着注册会计师职业的诞生。1862 年，英国《公司法》又确定注册会计师为法定的破产清算人，进一步奠定了注册会计师审计的法律地位。

从 1844 年到 20 世纪初，是注册会计师审计的形成时期。在这一时期，由于英国的法律规定了所有股份公司和银行必须聘请独立审计师审计，致使英国注册会计师审计得到了迅速发展，并对当时欧洲、美国及日本等产生了重要影响。这一时期英国注册会计师审计的法律地位得到了确认。

相关案例

英国南海公司案例

200 多年前，英国成立了南海股份有限公司。由于经营无方，公司效益一直不理想。公司董事会为了使股票达到预期价格，不惜采取散布谣言等手法，使股票价格直线上升。事情败露后，英国议会聘请了一位懂会计的人，审核了该公司的账簿，然后据此查处了该公司的主要负责人。于是，审核该公司账簿的人开创了世界上独立审计师行业的先河，注册会计师审计从此在英国拉开了序幕。

1. 背景资料

在 18 世纪初，随着大英帝国殖民主义的扩张，海外贸易有了很大的发展。英国政府发行中奖债券，并用发行债券募集到的资金于 1710 年创立了南海股份公司。该公司以发展南大西洋贸易为目的，经过近 10 年的惨淡经营，其业绩依然平平。1719 年，英国政府允许中奖债券总额的 70%，即约 1 000 万英镑，可与南海公司股票进行转换。公司的董事们开始对外散布各种所谓的好消息，预计在 1720 年的圣诞节，公司可能要按面值的 60%支付股利。这一消息的宣布，促进了债券转换，进而带动了股价上升。表 1－6 是 1719 年 6 月至 1720 年 7 月南海公司股价的变化情况。

表 1－6 1719 年 6 月至 1720 年 7 月南海公司股价变化

时间	1719 年 6 月	1720 年 3 月	1720 年 7 月
股价	114	300	1 050

与此同时，南海公司老板布伦特又想出了新主意：以数倍于面额的价格，发行可分期付款的新股。同时，南海公司将获取的现金转贷给购买股票的公众。这样，随着“南海”股价的扶摇直上，一场投机浪潮席卷全国。由此，170多家新成立的股份公司股票及原有的公司股票都成了投机对象，股价暴涨51倍，从事各种职业的人，包括军人和家庭妇女都卷入了这场旋涡。美国经济学家加尔布雷斯在其《大恐慌》一书中这样描绘当时人们购买股票的情形：“政治家忘记了政治，律师放弃了买卖，医生丢弃了病人，店主关闭了铺子，教父离开了圣坛，甚至连高贵的夫人也忘了高傲和虚荣。”

1720年6月，为了制止各类“泡沫公司”的膨胀，英国国会通过了《泡沫公司取缔法》。自此，许多公司被解散，公众开始清醒过来，对一些公司的怀疑逐渐扩展到南海公司身上。从7月份开始，外国投资者首先抛售了南海公司的股票，撤回资金。随着投机热潮的冷却，南海公司股价一落千丈，从1720年8月25日到9月28日，南海公司的股票价格从900英镑下跌到190英镑，到12月份仅为124英镑。当年底，政府对南海公司资产进行清理，发现其实际资本已所剩无几。那些高价买进南海公司股票的投资者遭受了巨大损失，政府逮捕了布伦特等人，另有一些董事自杀。“南海泡沫”事件使许多地主、商人失去了资产。此后较长一段时间，民众对参股新兴股份公司闻之色变，对股票交易心存疑虑。

2. 对南海公司舞弊案的查处

名噪一时的“南海公司”倒闭的消息传来，犹如晴天霹雳，惊呆了正陶醉在黄金美梦中的债权人和投资者。当这些“利害关系者”证实了数百万英镑的损失将由自己承担的时候，他们一致向英国议会发出了严惩欺诈者并赔偿损失的呼声。迫于舆论的压力，1720年9月，英国议会组织了一个由13人参加的特别委员会，对“南海泡沫”事件进行秘密查证。在调查过程中，特别委员会发现该公司的会计记录严重失实，明显存在蓄意篡改数据的舞弊行为，于是特邀了一位名叫查尔斯·斯奈尔（Charles Snell）的资深会计师，对南海公司的分公司“索布里奇商社”的会计账目进行检查。

查尔斯·斯奈尔通过对南海公司账目的查询、审核，于1721年提交了一份名为《伦敦市彻斯特·莱恩学校的书法大师兼会计师对索布里奇商社的会计账簿进行检查的意见》。在该份报告中，查尔斯指出了公司存在舞弊行为、会计记录严重不实等问题，但没有对公司为何编制这种虚假的会计记录表明自己的看法。

议会根据这份查账报告，将南海公司董事之一的雅各希·布伦特及其合伙人的不动产全部给予没收，其中一位叫乔治·卡斯韦尔的爵士，被关进了著名的伦敦塔监狱。同时英国政府颁布了《泡沫公司取缔法》，该法对股份公司的成立进行了严格的限制，只有取得国王的御批，才能得到公司的营业执照。事实上，股份公司的形式基本上名存实亡。

3. 该案例对注册会计师行业的影响与启示

英国南海公司的舞弊案件，对世界注册会计师审计历史发展进程中具有里程碑式的影响。世界上许多审计理论工作者认为，查尔斯·斯奈尔是世界上第一位独立审计人员，他所撰写的查账报告是世界上第一份独立审计报告；而英国南海公司的舞弊案例，也被列为世界上第一起比较正式的注册会计师审计案例。由此可见，该案例对注册会计师行业来说，具有举足轻重的影响。

英国南海公司审计案的发生进一步说明，建立在所有权与经营权相分离基础上的股份有限公司，必须要有一个了解、熟悉“会计语言”的第三者，站在公正、客观的立场，对表达所有者与经营者利益的财务报表进行独立的检查，通过提高会计信息的可靠性来协调、平衡所有者与经营者之间的经济责任关系。如果缺乏注册会计师审计这一机制，就会像南海公司一样，使得经营者为所欲为，严重损害所有者利益，从而破坏了整个社会经济的稳定性。可见，注册会计师行业生来就是为稳定社会经济秩序而存在的。稳定社会经济秩序应该成为注册会计师行业的天职。

尽管经过了200多年的发展，注册会计师的主要审计目标已由查找舞弊转向对财务报表公允性的评估，然而这并不等于注册会计师没有义务揭露客户的舞弊行为。

---

(3) 注册会计师审计的发展

20世纪初，全球经济发展重心逐步由欧洲转向美国，美国的注册会计师审计得到了迅速发展。当时英国巨额资本开始流入美国，为了保护广大投资者和债券人的利益，英国的注册会计师远涉重洋到美国开展审计业务，同时美国本土也很快形成了自己的注册会计师队伍。1887年美国公共会计师协会（The American Association of Public Accountants）成立，1916年该会改组为美国注册会计师协会，后来成为世界上最大的注册会计师职业团体。这一时期，由于金融资本向产业资本渗透，银行主要依据企业资产负债表判断企业的信用情况，于是在美国产生了为贷款人及其他债权人服务的资产负债表审计，即信用审计，也称美国式注册会计师审计。

从1929年到1933年，资本主义世界经历了历史上最严重的经济危机，大批企业倒闭，投资者和债权人蒙受了巨大的经济损失。这在客观上促使企业利益相关者从只关心企业财务状况转变到更加关心企业盈利水平，产生了对企业损益表进行审计的客观要求。1933年，美国《证券法》规定，在证券交易所上市的企业的财务报表必须接受注册会计师审计，向社会公众公布注册会计师出具的审计报告。

第二次世界大战以后，经济发达国家跨国公司得到空前发展。国际资本的流动带动了注册会计师审计的跨国界发展，形成了一大批国际会计师事务所。随着会计师事务所规模的扩大，产生了“八大”国际会计师事务所，20世纪80年代末合并为“六大”，之后又合并成为“五大”。2001年，美国出现了安然公司会计造假丑闻，作为出具审计报告的安达信会计师事务所，涉嫌舞弊和销毁证据受到美国司法部门的调查，之后宣布关闭，世界各地的安达信成员也纷纷与其他国际会计师事务所合并。现在，国际最大的会计师事务所只剩下了四家，称为“四大”。

1.3.2 中国注册会计师审计的产生与发展

中国注册会计师审计的起步，源于辛亥革命以后工业化过程的开始。最早是跟随外国资本进入中国的外国会计师事务所在中国商业发达地区建立其在中国的分支机构。后来，一批爱国的会计学者为了维护民族利益与尊严，积极倡导创建中国的注册会计师事业。1918年9月，北洋政府农商部颁布了中国第一部注册会计师法规《会计师暂行章程》，同年批准著名会计学家谢霖先生为中国的第一位注册会计师。他创办的正则会计师事务所是中国第一家会计师事务所。著名会计学家潘序伦先生随后创办了“潘序伦会计师事务所”（后改称“立信会计师事务所”）并在全国几个大城市开办分所和立信会计职业学校。1925年，“全国会计师公会”成立，1933年，“全国会计师协会”成立。至1947年，全国已拥有注册会计师

2619人。但是，由于中国当时战乱不断，经济发展十分缓慢，经济主要被官僚资本所垄断，注册会计师职业未能得到很大的发展。

新中国成立以后，推行苏联高度集中的计划经济模式，注册会计师悄然退出了经济舞台。1978年，中国开始实行改革开放的方针，商品经济得到认可，吸引外资成为推动经济发展和现代化建设的国策。随着外商企业来华投资，产生了界定新的经济关系、保护相关投资者利益的客观要求。1980年12月14日，财政部颁布《中华人民共和国中外合资经营企业所得税法实施细则》，规定外资企业财务报表需要有注册会计师进行审计。9天后，财政部颁布《关于成立会计顾问处的暂行规定》。1981年1月1日，“上海会计师事务所”宣告成立。

在随后的发展中，中国对于所有制结构的认识开始转变，确立了以公有制为主导、多种经济成分共同发展的思想。1990年、1991年上海和深圳证券交易所相继成立，证券市场成为中国市场经济体系的重要组成部分和资源配置的重要场所。国内不同所有制经济的发展和由此产生的更为复杂、多元化的经济关系，为注册会计师职业发展创造了越来越多的社会需求。1988年，中国注册会计师协会成立。1993年10月，全国人大常委会通过了《中华人民共和国注册会计师法》。在国家法律、法规的规范下，注册会计师业务范围不断扩展，从最初的主要为“三资”企业提供查账、资本验证等服务，发展到为所有企业及各类经济组织提供财务报表审计等鉴证业务、税务咨询、管理咨询及其他相关服务业务。

相关知识

中国会计师事务所的业务范围

注册会计师行业依据《公司法》、《证券法》、《企业破产法》的规定，从事设立（年检）、验资、公司年度会计报表审计、破产重组清算等专业服务。随着行业新业务领域拓展战略的实施，新型审计鉴证业务和非审计业务领域得到拓展。其中，在新型鉴证业务方面，企业内部控制审计鉴证、政府投资绩效评价、农村“三农”投资审计监督、海关稽查鉴证、高新技术企业保证、文化和医疗体制改革审计鉴证、大中院校等事业单位年报审计、企业劳动社会保障审计、拆迁审计、民生项目审计、能源减排第三方鉴证、企业社会责任报告鉴证等得到拓展；非审计业务领域方面，注册会计师服务政府战略咨询、安全生产咨询、低碳城区建设咨询、绿色金融服务、产业转型服务、企业发展战略咨询、村级会计代理、外向型经济区（园区）会计服务外包、公司秘书服务、企业内控信息化咨询等一大批新型非审计服务得到开发。2011年全行业总收入中非审计业务收入与审计业务收入的比例由2009年的14∶86，调整优化为27∶73。

转引自：中国注册会计师协会：《中国会计行业服务贸易发展报告（2012）》

2001年，中国加入世界贸易组织（WTO），为中国市场经济机制的发育和完善及中国经济更广泛融入全球化进程提供了更多的挑战和机遇。中国经济在随后的十几年中飞速发展，在国际上的地位和影响迅速崛起。到2012年，中国经济已经超越日本成为世界第二大经济体。与此相适应，会计师事务所也获得长足的发展，事务所的规模不断扩大，国内会计师事务所与国际“四大”会计师事务所的差距不断缩小。2005年，信永中和会计师事务所合并香港何锡霖会计师事务所。2005年，有15家中国的会计师事务所在美国PCAOB注册备案。2011年，国内会计师事务所业务收入超过5亿元的事务所数量为13家，业务收入超过1亿元的事务所数量为45家，业务收入超过5千万元的事务所数量为73家。特别值得关注的是，除中外合作所外，两家事务所年业务收入超过10亿元，其中1家事务所的收入首次突破15亿元，达到15.04亿元，其收入超过《国际会计公报》发布的2011年度主要国际会计公司网络收入排名第11位的事务所，与中外合作所平均收入比由2007年1∶7.12缩小为1∶1.68。

从中外注册会计师审计发展的历程可以看到，审计的发展与经济发展及相应经济关系的变化所形成的特定的审计需求相联系。从一般意义上讲，财产所有权与经营管理权的分离是审计产生的最直接条件。不过，英国以《公司法》为基础的审计制度与美国以《证券法》、《证券交易法》为基础的审计制度，反映的审计需求不尽相同，后者的审计需求更为普遍，得到社会更广泛的认知。中国在计划经济体制下，尽管也存在两权分离，却没有审计发挥作用的舞台，只有在尊重产权平等，信奉“公开、公平、公正”原则的环境下，审计才得以有了发挥作用的广泛空间。民主与法治是审计产生与发展的制度基础。注册会计师审计所具有的独立、客观、专业等特征，既为民主与法治制度服务，又促进了民主与法治的进步。

关键术语

审计关系	审计主体	审计目标
审计对象	审计标准	审计证据
审计准则	政府审计	内部审计
注册会计师审计	合规审计	经营审计
审计	保证	鉴证
财务报表审计	英国南海公司事件	四大

本章复习

一、单项选择题

1. 审计按其主体不同的分类，是审计的（ ）。
   A. 其他分类 B. 技术分类 C. 综合分类 D. 基本分类
2. 下列说法正确的是（ ）。
   A. 上市公司审计中，审计标准通常是《会计制度》
   B. 审计的对象主要指被审计单位的经济活动、经济事项和（或）管理制度，以及提供这些活动与事项、制度信息载体的会计资料及其他相关资料
   C. 审计证据不包括会计记录中的信息和其他信息
   D. 审计委托人不是审计报告的使用者
3. 下列说法错误的是（ ）。
   A. 会计师事务所的业务被分为两类，即保证类业务和非保证类业务
   B. 保证类业务是指通过独立的专业服务改善投资者决策相关的信息质量的业务
   C. 保证类业务中，对于那些注册会计师不需要提交报告、对由他方提供的书面声明

的可靠性表达意见的业务，称为鉴证类业务

D. 审计业务是提供的保证程度最高的一类业务

4. 以下（ ）并不是按审计与被审计单位经济业务发生的时间之间的关系，对审计作出的分类。

A. 事中审计 B. 事前审计 C. 就地审计 D. 事后审计

5. 注册会计师审计在资本市场中的特殊作用是（ ）。

A. 防止错误与舞弊的发生

B. 提高企业财务信息的可靠性和可信性

C. 正确反映企业财务状况和经营成果

D. 帮助企业改善经营管理、提高经济效益

6. 以下不属于保证服务的有（ ）。

A. 审计 B. 审阅 C. 会计服务 D. 其他鉴证服务

7. 下列关于注册会计师审计的表达中，不恰当的是（ ）。

A. 注册会计师审计产生的直接原因是合伙制企业制度出现

B. 注册会计师审计对象可概括为被审计单位的经济活动与经济事项认定

C. 注册会计师审计是一个系统的过程

D. 独立性是注册会计师审计的灵魂

8. 根据美国会计学会（AAA）1973年对审计的定义，下列对审计概念的理解中，不恰当的是（ ）。

A. 审计是一个系统化过程

B. 在财务报表审计中，“既定标准”是适用的财务报告编制基础

C. 审计应当保证被审计单位财务报表与“既定标准”相同

D. 审计的价值需要通过把审计结果传递给各相关利害关系人来实现

9. 目前中国注册会计师的财务报表审计方法是（ ）。

A. 账项基础审计方法

B. 制度基础审计方法

C. 财务基础审计方法

D. 风险导向审计方法

10. 以下说法错误的是（ ）。

A. 注册会计师对于发生的“经营失败”和“决策失败”需要承担责任

B. 注册会计师通过审计可以降低财务报表信息质量问题带来的“信息风险”

C. 审计的独立性是指审计师在审计中能够不受干扰，客观地收集与评价证据，客观地形成审计判断、报告审计结果的状态

D. 审计过程包括从评估、接受客户到出具审计报告一系列工作，其中最主要的内容是检查与报告

二、多项选择题

1. 审计关系人是由（ ）组成的。

A. 审计主体 B. 审计载体 C. 审计客体 D. 审计委托者

E. 审计标准

2. 审计按其主体不同可分为（　　）。
A. 内部审计　B. 政府审计　C. 民间审计　D. 合法性审计
E. 经济效益审计

3. 审计按其目的和内容不同可分为（　　）。
A. 内部审计　B. 财务报表审计　C. 政府审计　D. 合法性审计
E. 经营审计

4. 注册会计师审计又称为（　　）。
A. 独立审计　B. 政府审计　C. 单位审计　D. 民间审计
E. 社会审计

5. 一般来说，注册会计师审计是（　　）。
A. 任意审计　B. 有偿审计　C. 外部审计　D. 就地审计
E. 强制审计

6. 以下关于注册会计师审计方法的发展阶段的理解中，恰当的有（　　）。
A. 以会计凭证和账簿的详细检查为特征的账项基础审计
B. 以被审计单位是否遵循了特定的程序规划或条例为特征的合规性审计
C. 以内部控制测试为基础的抽样审计为特征的制度基础审计
D. 以财务报表重大错报风险的识别、评估、应对为审计工作主线的现代风险导向审计

7. 下列关于注册会计师财务报表审计的说法中，恰当的有（　　）。
A. 注册会计师财务报表审计是注册会计师接受委托对被审计单位的财务报表进行审计并发表审计意见
B. 注册会计师财务报表审计体现为既独立于被审计单位又独立于委托人的双向独立
C. 注册会计师财务报表审计是一种有偿服务
D. 注册会计师在执行财务报表审计工作时必须利用内部审计的工作成果

8. 审计过程包含的要素有（　　）。
A. 审计目标　B. 审计标准　C. 审计对象　D. 审计报告

9. 政府审计与注册会计师审计的区别（　　）。
A. 主要审计目标不同　B. 依据的审计规范不同
C. 取证权限不同　D. 审计意见作用机制不同
E. 对内部审计的利用

10. 下列说法中正确的是（　　）。
A. 政府审计是独立性最强的一种审计
B. 财务报表的合法性是报表使用者最为关心的
C. 注册会计师的审计意见应合理保证财务报表使用人确定已审计报表的可靠程度
D. 内部审计在审计内容、审计方法等方面与外部审计具有一致性

11. 关于注册会计师审计的表述正确的是（　　）。
A. 在独立性上体现为双向独立　B. 是有偿审计
C. 可根据审计结果作出审计决策　D. 是强制性的审计

三、问答题

1. 简述审计关系的基本内容。
2. 简述审计的目标。
3. 简述审计过程的基本要素。
4. 简述我国注册会计师审计产生和发展的主要阶段。

四、研究思考题

1. 如何理解审计的社会作用?
2. 如何理解审计的定义?
3. 如何理解注册会计师审计、政府审计和内部审计的关系?
4. 审计产生的原因是什么?如何理解不同类型审计的社会需求?

五、案例分析题

【题1】

基本情况 小张手中有一笔多余的闲散资金计人民币10万元,听说最近股票市场回报率比银行存款利率高得多,于是决定用这笔资金去购买股票。他翻开证券报后,看到那么多的上市公司,不知购买哪家的股票为好。朋友小王告诉他,查一下上市公司公布的利润表,挑一家盈利最好的公司股票进行投资,绝不会有错。于是,他准备购买A公司的股票,因为A公司的每股盈利最高。而另一位朋友提醒他,最好再看看A公司公布的审计报告,看看注册会计师是怎样说的。小张查到了A公司该年度的审计报告,注册会计师出具的是保留意见。小张不懂,去问小李,小李告诉他,这家公司的财务报表有一些问题,最好不要立即购买这家公司的股票。果然,没过多久,A公司股票的价格就开始大跌。小张觉得非常庆幸。

要求: 请分析注册会计师是干什么的?审计有哪些作用?

【题2】

基本情况 某市地税局副局长张×在两年多的时间里苦心经营了469.21万元的“小金库”,在三年内挥霍了425.21万元。市纪委发出通报,对张×滥用职权,严重违反财经法纪造成的后果给以追究,决定开除其党籍。上级主管部门下发文件决定,撤销其行政职务。该市审计局承担了具体调查取证工作,审计局抽调审计专业人员,从张×担任副局长期间的单位财务账簿查起。检查结果:财务账项规范,各项收支合法。审计人员通过分析认为该局可能存在账外账,经进一步内查外调、询问知情人,查出装订完好的账外账及相关凭证。查清了“小金库”问题,其收入来源主要是财政、税务、物价检查罚款中的返还款、存款利息和其他收入。

要求: 指出此案例的审计类型;结合此案例说明这种审计的特点和作用。

【题3】

基本情况 王兵为某国有大型企业审计处处长,为人正直,工作一向认真负责。最近,在财务收支审计项目中将会计处虚列资产、虚构年度利润、会计基础工作薄弱等问题如实列入审计报告,并提出了改善管理、加强监督等几项建议。审计报告报到主管领导总会计师李×处,已有时日并未得到批示,反而遭到财务处程处长的冷落和嘲笑,为此王兵十分烦恼，感到身居其位，思想压力远远大于业务压力。

要求：（1）根据案情分析该企业内部审计机构的设置方式及特点。

（2）可否选择更好的内部审计机构设置方式减轻或消除审计处长的思想压力？

（3）选择适合于本单位内部审计机构设置的方式需要考虑什么？

（4）收集有关资料，讨论当前我国企业内部审计机构的设置模式。

（5）它与注册会计师审计的联系与区别是什么？

推荐阅读

［1］ 薛祖云，陈靖，陈汉文. 审计需求：传统解释与保险假说. 审计研究，2004（5）：19－12.

［2］ 李明国，王琳. 审计信息系统论：对审计本质的另一种探讨. 审计与经济研究，2006（1）：17－19.

［3］ 胡奕明，唐松莲. 审计、信息透明度与银行贷款利率. 审计研究，2007（6）：74－78.

［4］ 田利军. 审计本质的社会学思考. 中国注册会计师，2007（9）：79－82.

［5］ 王玉涛. 审计独立性会计信息质量与市场反应. 中国注册会计师，2008（11）：74－78.

［6］ 张立民，唐松华. 注册会计师审计的产权功能：演化与延伸 改革开放 30 年中国会计师事务所产权演变评析. 会计研究，2008（8）：3－10.

［7］ 中国注册会计师协会. 同流合污还是中流砥柱：对中国注册会计师上市公司审计效果的深度分析. 北京：中国财政经济出版社，2008.

［8］ 刘峰，谢斌，黄宇明. 规模与审计质量：店大欺客与客大欺店 基于香港市场大陆上市公司的经验数据，审计研究，2009（3）：45－54.

［9］ 杜兴强，周泽将. 政治联系与审计师选择. 审计研究，2010（2）：47－53.

［10］ LENNOX C S，PITTMAN J A. Voluntary audits versus mandatory audits. accounting Re-view，2011（5）：1655－1678.

［11］ 中国注册会计师审计准则第 1101 号——注册会计师的总体目标和审计工作的基本要求.

第2章

审计报告

【学习目标】

学习本章以后，你应该能够：

- 了解审计报告的含义、种类与作用；
- 掌握审计报告的基本框架、构成要素及审计意见形成基础；
- 掌握标准审计报告和非标准审计报告的出具条件和格式规范；
- 掌握不同意见类型审计报告内容的异同之处；
- 了解强调事项段阐述的内容及增加强调事项的条件；
- 了解特殊目的审计报告格式与内容。

【内容提要】

审计报告是整个审计过程的最后产品。本章先介绍财务报表审计报告的基本要素和传递的信息，然后分别介绍不同意见类型财务报表审计报告的内容及出具各种类型报告的条件，介绍影响出具审计意见类型的其他重要情形，最后介绍特殊目的审计报告的内容与格式要求。

相关案例

我国证券市场上第一份否定意见的审计报告

——注册会计师坚定地说“不”

1992年9月11日，“重庆渝钛白粉有限公司”宣告成立，并于1992年10月11日，以重庆渝钛白粉有限公司作为发起人，以社会募集方式设立了股票上市的重庆渝钛白粉股份有限公司（以下简称渝钛白）。

1998年4月29日，渝钛白公布1997年年度报告，其中在财务报告部分刊登了重庆会计师事务所于1998年3月8日出具的否定意见审计报告。审计报告的全文如下。

审计报告

重庆渝钛白粉股份有限公司全体股东：

我们接受委托，审计了贵公司1997年12月31日的资产负债表和1997年度的利润及利润分配表、财务状况变动表。这些财务报表由贵公司负责，我们的责任是对这些财务报表发表审计意见。我们的审计是依据《中国注册会计师独立审计准则》进行的。在审计过程中，我们结合贵公司的实际情况，实施了包括抽查会计记录等我们认为必要的审计程序。

1997年应计入财务费用的借款及应收债券利息8 064万元，贵公司将其资本化计入了钛白粉工程成本；欠付中国银行重庆市分行的美元借款利息89.8万美元（折合人民币743万元），贵公司未计提入账。两项共影响利润8 807万元。

我们认为，由于上述事项的重大影响，贵公司1997年12月31日资产负债表、1997年度利润表及利润分配表、财务状况变动表未能公允地反映贵公司1997年12月31日的财务状况和1997年度的经营成果及资金变动情况。

此外，我们在审计的过程中注意到：公司目前正面临沉重的债务负担和巨额的资产折旧压力，除非贵公司能尽快达到正常经营状况并能与有关债权人就债务重整达成协议，且市场形势在短期内发生有利于贵公司的重大变化，否则贵公司的财务状况和生产经营将陷入极为严峻的困境。

如果贵公司出现不能持续经营的情况，则应对其资产和负债重新加以评价、分类，并据以重新编制1997年度财务报表。

重庆会计师事务所（盖章）　　中国注册会计师：石义杰

中国　重庆　　中国注册会计师：邓兴政

1998年3月8日

可喜的是，尽管重庆会计师事务所出具了否定意见的审计报告，并与渝钛白公司的管理部门发生了严重的意见分歧，但最后股东大会还是通过方案，同意重庆会计师事务所的意见，并按此意见调整了1997年度会计决算报表，将报表中的原资本化计入钛白粉工程成本的借款及应付债券利息 8 064 万元调整进入当期财务费用，并将欠付中国银行重庆分行的 89.8 万美元（折合人民币 743 万元）借款利息调整计提入账，两项计亏损 8 807 万元。加上报表中原有的亏损 3 136 万元，渝钛白公司经重庆会计师事务所确认的 1997 年度亏损额为 11 943 万元。至此，渝钛白事件以我国首份否定意见审计报告得到投资者的理解和支持而告结束。

渝钛白事件的发生，产生了我国证券市场上的第一份否定意见审计报告，成为中国注册会计师开始走向成熟的标志。面对企业财务报表中出现的严重虚假错报问题，注册会计师勇敢地说了声“不”字，改变了以往注册会计师软弱无力的社会形象，标志着注册会计师社会责任意识的增强和我国注册会计师行业已具有一定的独立性。（资料来源：顾芸，沈征. 审计学. 北京：经济科学出版社，2010：188.）

相关案例

共同基金管理股份有限公司

这是一个因出具保留意见审计报告仍使审计人员承担高额赔偿的审计案例。共同基金管理股份有限公司规模大约 5 亿美元，1968 年初，开始与金氏资源有限公司进行合作。按照双方达成的协议，金氏资源有限公司将以成本价（通常包含 7%～8%的利润率）向共同基金管理股份有限公司出售自然资源产业。共同基金管理股份有限公司从金氏资源有限公司购买的石油和天然气产业价值，1969 年底双方的交易金额已达 1 亿多美元，为此还专门设立了自然资源成本账户来加以管理。安达信是共同基金管理股份有限公司和金氏资源有限公司双方的审计师，安达信丹佛办事处负责对总部设在丹佛的金氏资源有限公司进行审计，也负责共同基金管理股份有限公司的自然资源成本账户的审计，而金氏资源有限公司事实上负责管理这个账户。

金氏资源有限公司经常买进一些廉价的石油和天然气产业，然后立即以高价、甚至高于原始成本 30 倍的高价出售给共同基金管理股份有限公司。金氏资源有限公司还找到某个第三方，以远高于公允市价的价格购买某处属于金氏资源有限公司或者共同基金公司的石油和天然气产业 10%左右的一小部分产权。同时，在共同基金公司完全不知情的情况下，金氏资源有限公司与这些第三方秘密签署“附属协议”，保证第三方不会遭受实际损失。通过精心安排这些欺诈性的价值重估交易，使共同基金管理股份有限公司确信自然资源成本账户在增值。

为了避免承担不必要的责任，安达信对没有把握的资产升值，最后对 1969 年共同基金管理股份有限公司的财务报表以保留意见的方式予以回避：“类似以前年度，有些投资在缺乏明确的市场价格的情况下，已由董事会按照注释 9 的方法估价。我们复核了这些评估，确认他们是按照既定方法进行的。但是由于我们不具备评估这些投资价值的专业能力，我们不准备对估价表示审计意见。”

但是，美国法院仍然认为注册会计师没有使报告使用者避免实际上的损失，以报告使用者的实际损失而非审计费用的多少倍为标准，1981 年判决注册会计师赔偿 8 079 万美元，1982 年改判后减少损失赔偿金约 1 000 万美元。

该案例给我们的启示：保密性与独立性是审计职业道德的精髓，注册会计师不能过于强调保密性而忽视了审计的根本目的；保留意见并不能减轻法律责任，管理层声明书也不能减免注册会计师的法律责任。（资料来源：刘华．审计理论与案例．上海：复旦大学出版社，2005.）

2.1 审计报告的含义、作用与种类

审计报告是审计工作的最终结果。审计人员根据中国审计人员执业准则的要求，在对约定事项实施了必要的审计程序，确认作为发表审计意见依据的审计证据已得到充分的收集和鉴定后，应根据对审计证据的综合和分析作出审计判断编制审计报告，以书面形式向委托人就被审计单位的财务状况、经营成果和现金流量是否得到公允反映发表审计意见。

审计报告综合反映了审计人员的工作质量和职业水准，审计人员不仅需要具备专业能力检查、发现被审计单位存在的重大错报，还需要具备良好的职业道德、坚持独立性，报告所发现的问题。审计报告具有法定证明效力，同时审计人员对其也需要承担相应的法律责任。审计风险是指被审计单位财务报表存在重大错报，而审计人员审计后发表不恰当审计意见的可能性。审计风险集中反映在审计报告中。

2.1.1 审计报告的含义

审计报告是审计人员向审计服务需求者传达信息的重要手段，是在实施审计工作的基础上对被审计单位财务报表发表审计意见的书面文件，也是表明审计人员完成了审计任务并愿意承担审计责任的证明文件。审计人员出具审计报告时需要具有明确的责任意识。

① 审计人员应当按照审计准则的规定执行审计工作。审计准则是用以规范审计人员执行审计业务的标准。中国注册会计师协会颁布的《中国注册会计师审计准则》包括一般原则与责任、风险评估与应对、审计证据、利用其他主体的工作、审计结论与报告及特殊领域审计六个方面的内容，涵盖了审计人员执行审计业务的整个过程和各个环节。

② 审计人员在实施审计工作的基础上才能出具审计报告。审计人员应当实施风险评估程序，以此作为评估财务报表层次和认定层次重大错报风险的基础。风险评估程序本身并不足以为发表审计意见提供充分、适当的审计证据，审计人员还应当实施进一步审计程序，包括实施控制测试（必要时或决定测试时）和实质性程序。审计人员通过实施上述审计程序，获取充分、适当的审计证据，得出合理的审计结论，作为形成审计意见的基础。

③ 审计人员通过对财务报表发表意见履行业务约定书的责任。财务报表审计的目标是审计人员通过执行审计工作，对财务报表的合法性和公允性发表审计意见。因此，在实施审计工作的基础上，审计人员需要对财务报表形成审计意见，并向委托人提交审计报告。

④ 审计人员应当以规范的书面形式出具审计报告。审计报告具有特定的要素和格式，审计人员只有以规范的书面形式出具报告，才能清楚表达对财务报表发表的审计意见。审计人员应当根据审计证据得出的结论，清楚表达对财务报表的意见。财务报表至少应当包括资产负债表、利润表、所有者（股东）权益变动表、现金流量表和附注。无论是出具标准审计报告还是非标准审计报告，审计人员一旦在审计报告上签名和盖章，就表明对其出具的审计报告负责。

审计报告是审计人员对财务报表合法性和公允性发表审计意见的书面文件，审计人员应当将已审计的财务报表附于审计报告后，以便于财务报表使用者正确理解和使用审计报告，并防止被审计单位替换、更改已审计的财务报表。

2.1.2 审计报告的作用

审计人员签发的审计报告，主要具有鉴证、保护和证明三方面的作用。

1. 鉴证作用

审计人员签发的审计报告，是以独立的专业人士的身份，对被审计单位财务报表合法性、公允性发表意见。这种客观、专业的意见在社会上具有鉴证作用，得到了不同利益相关者群体的普遍认可。企业的股东需要依据企业的财务报表信息对经营管理者的业绩和胜任能力作出判断，给予相应的激励或者处罚；投资者需要依据企业提供的财务报表信息作出投资决策；政府的税务部门需要通过财务报表信息了解、掌握企业的经营成果收缴税款，等等。他们对于财务报表信息是否合法、公允地反映了企业的财务状况、经营成果和现金流量，主要依据审计人员的审计报告作出判断。这些不同的使用者都有各自的利益诉求，他们不希望财务报表的信息被任何一方的利益所干扰和左右。

2. 保护作用

审计人员通过审计，可以对被审计单位财务报表出具不同类型审计意见的审计报告，以提高或降低财务报表信息使用者对财务报表的信赖程度，能够在一定程度上对被审计单位的财产、债权人和股东的权益及企业利害关系人的利益起到保护作用。如投资者为了减少投资风险，在进行投资之前必须要查阅被投资企业的财务报表和审计人员的审计报告，了解被投资企业的经营情况和财务状况。投资者根据审计人员的审计报告作出投资决策，可以降低其投资风险。

3. 证明作用

审计报告是对审计人员审计任务完成情况及其结果所作的总结，它可以表明审计工作的质量并明确审计人员的审计责任。因此，审计报告可以对审计工作质量和审计人员的审计责任起证明作用。通过审计报告，可以证明审计人员在审计过程中是否实施了必要的审计程序，是否以审计证据为依据发表审计意见，发表的审计意见是否与被审计单位的实际情况相吻合；审计工作的质量是否符合要求。通过审计报告，可以证明审计人员审计责任的履行情况。

2.1.3 审计报告的分类

1. 标准审计报告和非标准审计报告

为了有效地传递审计信息，根据不同情况，审计人员需要编制的审计报告格式有所不同。按照审计报告的格式，审计报告可分为标准审计报告和非标准审计报告。

(1) 标准审计报告

标准审计报告是指格式和措辞基本统一的审计报告。比如，审计人员出具的不附加说明段、强调事项段或任何修饰性用语的无保留意见的审计报告。审计职业界认为，为了避免混乱，统一、规范审计报告的格式和措辞很有必要。如果每个审计报告的格式和措辞不一，运用的术语的含义相异，使用者势必难以准确地理解其含义。

(2) 非标准审计报告

非标准审计报告是指格式和措辞不统一，可以根据具体审计项目及其审计的具体情况来决定的审计报告，包括一般审计报告和特殊审计报告。在财务报表审计中，标准审计报告以外的其他类型审计报告包括带有强调事项段的无保留意见的审计报告和非无保留意见的审计报告，而非无保留意见的审计报告则包括保留意见的审计报告、否定意见的审计报告和无法表示意见的审计报告。

在审计人员审计的发展早期，并没有统一规定的审计报告格式。以资本市场为基础的审计模式在1929年资本主义经济大危机之后形成，标准审计报告是在美国证券交易所和美国会计师协会的推动下于1933年初步确立。后来，根据社会对审计信息的需求变化，逐步形成了目前使用的格式。

相关知识

标准审计报告格式的演变

在19世纪按照英国公司法实施的审计所出具的审计报告，没有统一的标准格式要求。审计人员出具的审计意见，经常使用“全面与公允”（true and fair）、“全面而真实”（full and true）、“正确而真实”（correct and true）、“真实而忠实”（true and faithful）、和“公允而正确”（fair and correct）。

1917年，美国会计师协会在其编制供审计师参考的手册中提出了如下的审计报告格式：

> 我对ABC公司1917年1月1日至1917年12月31日会计期间的账簿进行了审计。我经过证明，认为上述资产负债表和利润表是按照联邦储备委员会建议和劝告的方针编制的，它反映了该公司1917年12月31日的财务状况和该期间的经营成果。

1933年，美国会计师协会首次提出两段式审计报告。

1948年，在实践基础上对1933年提出的两段式审计报告反复修改、完善后，美国会计师协会在《审计程序公告第24号》中提出了如下的审计报告格式：

> 我们对ABC公司1948年12月31日的资产负债表和本会计年底的利润表进行了检查。我们的检查按照公认审计准则进行，包括在当时我们认为必要的对会计记录进行的测试及其他必要的审计程序。
>
> 我们认为，所附的资产负债表和利润表是根据以前年度一贯适用的公认会计原则编制，公允地反映了ABC公司1948年12月31日的财务状况和同年度的经营成果。

1988年，美国注册会计师协会审计准则委员会在《审定财务报表的报告》（审计准则公告第58号）中提出了三段式标准审计报告。

独立审计师审计报告

> 我们对ABC公司19×2年和19×3年12月31日的资产负债表，以及到19×3年12月31日为止的前三年的利润表、留存收益表和现金流量表进行了审计。编制这些财务报表是公司管理当局的责任。我们的责任是根据检查结果对上述财务报表表达意见。

我们的检查是根据公认审计准则进行的。这些准则要求我们有计划并实施审计，以便为确定财务报表中不存在重大错报取得合理保证。审计测试以测试为基础，实施审计程序获取证明财务报表金额与披露的证据，评价管理当局采用的会计政策和所作的重要会计估计，并评估财务报表的整体表达。我们相信我们的检查工作为表达审计意见提供了合理的基础。

我们认为，上述财务报表的编制符合公认会计原则，在所有重大方面公允地反映了 ABC 公司 19×2 年和 19×3 年 12 月 31 日的财务状况及截止于 19×3 年 12 月 31 日前三年的经营成果与现金流量。

2. 政府审计报告、注册会计师审计报告和内部审计报告

按照撰写审计报告的主体，分为政府审计报告、注册会计师审计报告和内部审计报告。

(1) 政府审计报告

政府审计报告是指由政府审计机关出具的审计报告。从广义上来说，政府审计机关的审计报告应包括两部分：一部分是由审计机关向审计授权人和被审计单位提交的审计报告；另一部分是由审计机关依法向被审计单位出具的审计决定书。另外，中国的政府审计机关每年定期向政府首脑和立法机关提交工作报告，向社会披露审计结果公告。

(2) 注册会计师审计报告

注册会计师审计报告是指由会计师事务所出具的审计报告。由于这种审计报告的使用者有时候是特定的委托人（如股东），有时候是不确定的、社会上的利益相关人（如潜在的投资者），因而这类审计报告的语言和传递的信息需要尽可能被社会所理解。审计结果的某些信息传递也可能采用不同的方式。例如审计人员在结束审计工作以后，可根据委托人的要求，在审计报告之外再提交一份管理建议书。

(3) 内部审计报告

内部审计报告是指由内部审计机构出具的审计报告。这类审计报告一般具有较强的针对性和建设性。如有必要，内部审计人员可以在审计过程中提交中期报告，以便及时采取有效的纠正措施改善经营活动和内部控制。内部审计报告除主要服务于本组织的高级管理层和部门主管、经理及业务管理人员之外，还可服务于外部审计和政府监管机构。但内部审计报告一般不对外公布。

3. 通用目的审计报告和特殊目的审计报告

按照审计工作的性质与报告目的，审计报告可分为通用目的审计报告和特殊目的审计报告。

(1) 通用目的审计报告

通用目的审计报告是指用于对被审计单位按照公认会计准则编制的整套财务报表，尤其是对年度财务报表发表审计意见的审计报告。这种审计报告旨在表达审计人员对被审计单位财务报表所反映的企业整体财务状况、经营成果及现金流量情况是否合法、公允的客观意见。

(2) 特殊目的审计报告

特殊目的审计报告是指审计人员执行特殊目的的审计业务所出具的审计报告。它主要包括：①对按照特殊基础编制的财务报表出具的审计报告。这种特殊基础是指编制财务报表时因特殊目的而采用了通用会计准则和相关会计制度以外的其他编制基础，如收付实现制、计税基础、监管机构的报告要求等。②对报表组成部分出具的审计报告。财务报表的组成部分，包括财务报表特定项目、特定账户或特定账户的特定内容等。审计人员应当提请被审计单位不应在该种审计报告后附送整套财务报表，以免使用者误解。③对合同的遵守情况出具的审计报告。这里使用的审计判断标准，是法规、合同所涉及的财务会计规定。④对简要财务报表出具的审计报告。所谓简要财务报表，是指根据已审计的财务报表所编制的内容简练的财务报表，该种审计报告应当在强调事项段说明，简要财务报表应当与已审计财务报表及审计报告一并阅读。

4. 公布目的审计报告和非公布目的审计报告

按照法规或者审计报告使用者的要求不同，审计报告可分为公布目的的审计报告和非公布目的的审计报告。

（1）公布目的审计报告

公布目的的审计报告一般是用于对企业股东、潜在投资者、债权人等非特定利害关系人公布的审计报告。在出具这种审计报告时，应同时附送已审计的财务报表。

（2）非公布目的审计报告

非公布目的的审计报告一般是用于经营管理、合并或业务转让、融通资金等特定目的而实施审计的审计报告。这种审计报告是分发给特定使用者的，如经营者、合并或业务转让的关系人、提供信用的金融机构等。

5. 简式审计报告和详式审计报告

按照审计报告内容的详简程度，可分为简式审计报告和详式审计报告。

（1）简式审计报告

简式审计报告或称短式审计报告，是指审计人员对应公布的财务报表进行审计后所编制的简明扼要的审计报告。其所反映的内容主要是非特定多数的利害关系者共同认为必要的审计事项，通常为法令或审计准则所具体规定，具有标准化的格式。因此，这种审计报告一般适用于公布目的，且具有标准格式审计报告的特点，如会计师事务所出具的审计报告。

（2）详式审计报告

详式审计报告或称长式审计报告，是指审计人员对审计对象所有重要的经济业务和情况都要进行详细的说明与分析的审计报告。它主要用于指出被审计单位经营管理存在的问题、提出改进的建议，其内容比简式审计报告丰富、详细。这种审计报告一般适用于非公布目的，且具有非标准化格式审计报告的特点，如内部审计报告和国家审计报告。

2.2 标准审计报告

标准审计报告从广义上讲是指格式和措辞基本统一的标准化的审计报告，按照近年来国际和中国注册会计师职业组织颁布的审计准则，标准审计报告特指不含有说明段、强调事项段、其他事项段或其他任何修饰性用语的无保留意见的审计报告。

2.2.1 标准审计报告的基本框架

各个国家的标准审计报告根据各国的注册会计师职业组织制定的审计准则予以规范。根据《中国注册会计师审计准则 1501 号——审计报告》的规定，审计报告应当包括下列基本内容：标题；收件人；引言段；管理层对财务报告的责任段；注册会计师的责任段；审计意见段；注册会计师的签名和盖章；会计师事务所的名称、地址及盖章；报告日期。

(1) 标题

审计报告的标题统一规范为“审计报告”，以突出业务性质，并与其他业务报告相区别。如，当审计人员实施的是审核业务，出具的报告标题就应该是“审核报告”。

(2) 收件人

审计报告的收件人是指审计人员按照业务约定书的要求送致审计报告的对象，一般是指审计业务的委托人。审计报告应当载明收件人的全称。在上市公司财务报表年度审计中，收件人是所审计公司的全体股东。

(3) 引言段

审计报告的引言段应当说明被审计单位的名称和财务报表已经过审计，并包括下列内容：指出构成整套财务报表的每张财务报表的名称；提及财务报表附注；指明财务报表的日期和涵盖的期间。

根据《企业会计准则》的规定，整套财务报表中每张财务报表的名称分别为资产负债表、利润表、所有者（股东）权益变动表和现金流量表。此外，由于附注是财务报表不可或缺的重要组成部分，由此也应提及财务报表附注。整套财务报表又称“财务报告”。财务报表信息有反映时点的、也有反映期间的，审计人员应在引言段中指明财务报表的日期或涵盖的期间。

引言段应当向使用者提供准确的审计范围的信息。

(4) 管理层对财务报告的责任段

管理层对财务报表的责任段应当说明，按照适用的会计准则的规定编制财务报表是管理层的责任，这种责任包括：按照适用的财务报告编制基础编制财务报表，并使其实现公允反映；设计、实施和维护与财务报表编制相关的内部控制，以使财务报表不存在由于舞弊或错误而导致的重大错报。

明确管理层在编制报表和建立必要的内部控制方面的责任，可以避免有些审计报告的使用者误以为审计报告所附的财务报表也是审计人员编制的。

(5) 注册会计师的责任段

注册会计师的责任段应当说明下列内容。

① 注册会计师的责任是在实施审计工作的基础上对财务报表发表审计意见。

② 注册会计师按照中国注册会计师执业准则的规定执行了审计工作。中国注册会计师执业准则要求注册会计师遵守职业道德准则，计划和实施审计工作以对财务报表是否不存在重大错报获取合理保证。

③ 审计工作涉及实施审计程序，以获取有关财务报表金额和披露的审计证据。审计人员依据对由于舞弊或错误的财务报表重大错报风险的评估结果等方面的判断，选择需要实施的审计程序。在进行风险评估时，审计人员需要考虑与财务报表编制相关的内部控制，以设计恰当的审计程序。审计工作还包括评价管理层选用会计政策的恰当性和作出会计估计的合理性，以及评价财务报表的总体列报。实践中，审计人员可能同时承担内部控制审计和财务报表审计任务，需要出具对内部控制有效性的审计意见。在单纯的财务报表审计中，审计师检查内部控制的目的并非对内部控制的有效性发表意见。

④ 审计人员相信已获取的审计证据是充分、适当的，为其发表审计意见提供了基础。

注册会计师责任段提供的信息，可以帮助使用者了解审计工作的依据和特点，区分注册会计师责任与公司管理当局责任的不同之处。注册会计师需要遵循的审计准则和职业道德规范的内容，公众都可以自由获得。

（6）审计意见段

审计报告的意见段应当说明财务报表是否按照适用的财务报告编制基础编制，是否在所有重大方面公允反映了被审计单位的财务状况、经营成果和现金流量。

明确财务报告编制的基础，可以告知审计人员发表审计意见时采用的具体审计标准。在中国，上市公司与非上市公司可能采用不同的会计准则；如果被审计单位在世界不同国家进行经营或者在不同国家同时上市，则适用的财务报告编制基础可能就不是中国的会计准则，而是国际或者上市所在国家的会计准则。在某些情况下，适用的财务报告编制基础可能包括财务报告准则制定组织和法律法规的规定。这些都需要在意见段中予以具体、明确的表述。

由审计工作的特点决定，审计意见提供的是一种合理的保证。“我们认为”强调了审计意见是一个专业判断，不是一个对事实肯定。当被审计单位在审计人员出具了无保留意见后被揭露出重大问题，不能直接推断审计人员需要承担责任，而是需要在确定审计人员是否认真履行了责任段中反映的要求后确定责任归属。

审计意见中，“在所有重大方面”的限定，一方面保证满足审计报告信息使用的需求，另一方面避免过度审计。如果要求审计人员检查发现公司财务报表中所有可能存在的错报，审计成本十分高昂。

根据审计结果形成的审计意见包括无保留意见、保留意见、否定意见和无法表示意见等，有些特殊的情况和说明都需要通过审计报告提供相应的信息告知报告使用者。标准审计报告传递的是无保留审计意见。

（7）注册会计师的签名和盖章

根据中国政府监管部门的有关规定，上市公司财务报表审计报告应当由两名具备相关业务资格的注册会计师签名和盖章。合伙会计师事务所出具的审计报告，应当由一名对审计项目承担最终复核责任的合伙人和一名负责该项目的注册会计师签名和盖章。有限责任会计师事务所出具的审计报告，应当由会计师事务所主任会计师或其授权的副主任会计师和一名负责该项目的注册会计师签名盖章。

注册会计师签名盖章的目的是明确相关的法律责任，强化审计项目质量控制的措施。在许多国家（如美国），尚没有这方面的要求。

（8）会计师事务所的名称、地址及盖章

审计报告应当载明会计师事务所的名称和所在的城市，并加盖会计师事务所的公章。在实务中，审计报告通常载于会计师事务所统一印刷的、标有该所详细通讯地址的信笺上，无须专门注明详细地址。

注册会计师承办业务，需要由会计师事务所统一受理并与委托人签订委托合同，因此直接承担民事责任的主体是会计师事务所。同时，许多国际性会计集团，在名称上是一家会计师事务所，在法律上在不同国家执业的会计师事务所是独立的法人主体。会计师事务所的地址对信息使用者也是十分重要的信息。

（9）审计报告日期

审计报告标准的日期为审计人员完成审计工作的日期。审计报告日期不应早于审计人员获取充分、适当的审计证据（包括管理层认可对财务报表的责任且已批准财务报表的证据），并在此基础上对财务报表形成审计意见的日期。审计人员在确定审计报告日期时，应当确信已经取得以下两方面证据：构成整套财务报表的所有报表（包括相关附注）已编制完成；被审计单位的董事会、管理层或类似的机构已经认可其对财务报表负责（已经正式批准、签署财务报表）。

审计报告的日期非常重要。审计人员对不同时段的资产负债表日后事项有着不同的责任，而审计报告的日期是划分时段的关键时点。在实务中，审计人员在正式签署审计报告前，通常把审计报告草稿和已审计财务报表草稿一同提交给管理层。如果管理层批准并签署已审计财务报表，审计人员即可签署审计报告。审计人员签署审计报告的日期通常与管理层签署已审计财务报表的日期为同一天，或晚于管理层签署已审计财务报表的日期。

2.2.2　出具标准审计报告的条件

基于前述的标准审计报告要素，审计人员如果认为财务报表符合下列所有事件，应当出具无保留意见的审计报告。

① 审计人员已经按照中国注册会计师执业准则的要求，在重大错报风险评估的基础上计划和实施审计工作，已经获取发表审计意见所需要的充分、适当的审计证据。

② 审计人员在对审计过程中识别的错报，经与被审计单位沟通后，未更正的错报单独或汇总起来均未构成重大错报。

③ 财务报表在所有重大方面按照适用的会计准则的规定编制，公允反映了被审计单位的财务状况、经营成果和现金流量。

由于不存在要求审计师保留和修正其意见的情况，标准无保留意见审计报告有时也称为“干净意见（Clean Opinion）”。标准无保留意见审计报告是最常见的审计意见报告类型。有时，存在一些超出被审计单位或审计人员控制的情况，以致无法发表干净意见。然而，在大多数情况下，公司会适当变更其会计记录和纠正发现的错报，以避免审计人员保留或修正其意见。

[标准审计报告规范格式和内容]

审 计 报 告

ABC 公司全体股东：

我们审计了后附的 ABC 公司财务报表，包括 201×年×月×日的资产负债表，201×年年度的利润表、现金流量表和股东权益变动表及财务报表附注。

一、管理层对财务报表的责任

按照企业会计准则的规定编制财务报表是 ABC 公司管理层的责任。这种责任包括：(1) 按照适用的财务报告编制基础编制财务报表，并使其实现公允反映；(2) 设计、实施和维护与财务报表编制相关的内部控制，以使财务报表不存在由于舞弊或错误而导致的重大错报。

二、注册会计师的责任

我们的责任是在实施审计工作的基础上对财务报表发表审计意见。我们按照中国注册会计师审计准则的规定执行了审计工作。中国注册会计师审计准则要求我们遵守职业道德规范，计划和实施审计工作以对财务报表是否不存在重大错报获取合理保证。

审计工作涉及实施审计程序，以获取有关财务报表金额和披露的审计证据。选择的审计程序取决于注册会计师的判断，包括对由于舞弊或错报导致的财务报表重大错报风险的评估。在进行风险评估时，我们考虑与财务报表编制相关的内部控制，以设计恰当的审计程序，但目的并非对内部控制的有效性发表意见。审计工作还包括评价管理层选用会计政策的恰当性和作出会计估计的合理性，以及评价财务报表的总体列报。

我们相信，我们获取的审计证据是充分的、适当的，为发表审计意见提供了基础。

三、审计意见

我们认为，ABC公司财务报表在所有重大方面按照企业会计准则的规定编制，公允反映了ABC公司201×年×月×日的财务状况及201×年度的经营成果和现金流量。

××会计师事务所（盖章）　　中国注册会计师：×××（签名并盖章）

中国注册会计师：×××（签名并盖章）

中国××市　　二○一×年×月×日

2.3 非标准审计报告

非标准审计报告是指标准审计报告以外的其他审计报告，包括带强调事项段的无保留意见的审计报告和非无保留意见的审计报告。

非无保留意见的审计报告包括保留意见的审计报告、否定意见的审计报告和无法表示意见的审计报告。

当出具非无保留意见的审计报告时，审计人员应当在注册会计师责任段之后、审计意见段之前增加说明段，清楚地说明导致所发表意见或无法发表意见的所有原因，并在可能的情况下，指出其对财务报表的影响程度。审计报告的说明段是指审计报告中位于审计意见之前用于描述审计人员对财务报表发表保留意见、否定意见或无表示意见理由的段落。

2.3.1 带强调事项段的无保留意见审计报告

在现实生活中，审计人员希望能够在出具无保留意见的同时，向审计报告的使用者提供一些他认为对使用者决策有帮助的信息。审计报告的强调事项段就是为了传递这类信息，是审计人员在审计意见段之后增加的对重大事项予以强调的段落。

审计人员增加强调事项应当同时符合下列条件：可能对财务报表产生重大影响，但被审计单位进行了恰当的会计处理，且在财务报表中作出充分披露；不影响审计人员发表的审计意见。

通常在下列情况下，审计人员虽然也发表无保留意见，但可能会考虑在意见段之后增加强调事项段，增加对重要事项的说明。

（1）重大不确定事项

审计人员在实施审计时，应查明被审计单位对重大不确定事项在财务报表及其附注中是否进行了必要且充分的披露。即使被审计单位对重大不确定事项作了必要、充分的披露，审计人员也可以在审计报告的意见段之后，对重大不确定事项在财务报表中的披露予以提示，以提醒财务报表使用者对相关信息加以关注。所谓的不确定事项，是指结果依赖于未来行动或事项，不受被审计单位的直接控制，但可能影响财务报表事项。诸如大宗应收账款的变现能力、所需筹资款项的继续使用、税务纠纷或诉讼纷争中的或有事项、无力支付即将到期的债务、连续出现巨额的营业亏损、未予保险的自然灾害损失等事项，均属不确定事项。对此类事项，审计人员可能无法合理估计其结果，也无法预知其对财务报表反映的影响程度。

(2) 强调特定的具体事项

在特定情况下，审计人员出具无保留意见的审计报告时仍认为需强调某些有关财务报表的具体项目。例如，被审计单位是一个集团公司的成员单位，或其与关联企业的重要交易，以及影响财务报表可比性的会计事项等。

[带强调事项段的无保留意见审计报告规范格式与措辞]

审计报告

ABC公司全体股东：

我们审计了后附的ABC公司财务报表，包括201×年×月×日的资产负债表，201×年年度的利润表、现金流量表和股东权益变动表及财务报表附注。

一、管理层对财务报表的责任

按照企业会计准则的规定编制财务报表是ABC公司管理层的责任。这种责任包括：(1) 按照适用的财务报告编制基础编制财务报表，并使其实现公允反映；(2) 设计、实施和维护与财务报表编制相关的内部控制，以使财务报表不存在由于舞弊或错误而导致的重大错报。

二、注册会计师的责任

我们的责任是在实施审计工作的基础上对财务报表发表审计意见。我们按照中国注册会计师审计准则的规定执行了审计工作。中国注册会计师审计准则要求我们遵守职业道德规范，计划和实施审计工作以对财务报表是否不存在重大错报获取合理保证。

审计工作涉及实施审计程序，以获取有关财务报表金额和披露的审计证据。选择的审计程序取决于注册会计师的判断，包括对由于舞弊或错报导致的财务报表重大错报风险的评估。在进行风险评估时，我们考虑与财务报表编制相关的内部控制，以设计恰当的审计程序，但目的并非对内部控制的有效性发表意见。审计工作还包括评价管理层选用会计政策的恰当性和作出会计估计的合理性，以及评价财务报表的总体列报。

我们相信，我们获取的审计证据是充分的、适当的，为发表审计意见提供了基础。

三、审计意见

我们认为，ABC公司财务报表在所有重大方面按照企业会计准则的规定编制，公允反映了ABC公司201×年×月×日的财务状况及201×年度的经营成果和现金流量。

四、强调事项

我们提醒财务报表使用者关注，如财务报表附注×所述，ABC公司在201×年发生亏损×万元，在201×年×月×日，流动负债高于资产总额×万元。ABC公司已在财务报表附注×充分披露了拟采取的改善措施，但其持续经营能力仍然存在重大不确定性。本段内容不影响已发表的审计意见。

××会计师事务所　　　　　　　　　　中国注册会计师：×××

(盖章)　　　　　　　　　　　　　　　　(签名并盖章)

中国注册会计师：×××

(签名并盖章)

中国××市　　　　　　　　　　　　　二〇一×年×月×日

2.3.2 保留意见的审计报告

保留意见是指审计人员对财务报表的公允反映有所保留的审计意见。一般是由于某些事项的存在，使出具无保留意见的条件不完全具备，影响了审计人员对被审计单位财务报表的意见表达，因而审计人员对无保留意见加以修正，对影响事项提出保留意见，并表示对该意见负责。

如果审计人员的审计范围受到限制或者在审计过程中发现被审计单位存在没有遵循公认会计原则的事项，审计人员认为审计范围受限导致未能发现的错报，或者已经发现的错报是重大的但非广泛的，就应该考虑出具保留意见的审计报告。出具保留意见审计报告的前提是“注册会计师认为财务报表整体是公允表达的”。如果注册会计师认为未能发现的错报或者已经发现的错报是重大且广泛的，影响到财务报表的整体公允表达，则必须出具无法表示意见或否定意见审计报告。

导致出具保留意见审计报告有两种情况：审计范围受限和财务报表存在重大错报。所谓审计范围受限，是指无法实施必要的审计程序，获得充分适当的审计证据，不能得出财务报表整体不存在重大错报的结论。审计范围受限，可能是由于被审计单位无法控制的情形所导致，如被审计单位的会计记录已被毁坏，或者会计记录的重要组成部分甚至全部被政府有关机构无限期查封，或者是存在某些待定事项，即使被审计单位和审计人员共同努力也不能预计、确认其对财务报表的影响程度。

审计范围受限也可能是由于审计自身安排导致，如审计人员接受审计委托的时间安排使其无法实施存货监盘，审计人员仅实施实质性程序是不充分的、但被审计单位的内部控制是无效的。

较为严重的情形是审计范围受限因被审计单位管理层施加限制所导致。如管理层可能故意设置障碍使得审计人员无法实施必要的存货监盘；可能不提供必要的资料，使得审计人员无法对特定账户余额实施函证。在这种情形下，审计人员应该评估潜在的影响，如对管理层舞弊风险的评估。

财务报表的错报是指某一财务报表项目的金额、分类、列报或披露，与按照适用的财务报告编制基础应当列示的金额、分类、列报或披露之间存在的差异。错报通常反映在以下方面。

(1) 选择的会计政策

选择的会计政策不恰当反映在：选择的会计政策与适用的财务报告不一致；财务报表及其附注没有按照公允列报的方式反映企业发生的交易和事项；会计政策变更不符合财务报告编制基础提出的条件要求。

(2) 对所选择的会计政策的运用

被审计单位在运用所选择的会计政策时，可能由于无意的错误而运用不当，或者对相同的交易和事项，会计处理方面不同时期采用了不一致的会计政策，或者会计政策的运用偏重于交易或者事项的形式而忽视了实质。

(3) 财务报表的披露

财务报表披露方面的错报，是指被审计单位的财务报表披露可能没有按照适用的财务报告编制基础列报，可能没有包括所有要求披露的内容，也可能没有对重要信息作出必要的披露以实现公允反映。

错报从实质上把握，是没有正确地按照财务报告编制基础的要求完成会计的确认、计量、记录与报告工作，未能恰当、忠实地反映公司发生的交易与事项。审计人员形成审计意见时，需要对错报的影响进行分析、评估，当认定所发现或者未能发现的错报属于重大错报、但未产生广泛性的影响，审计人员出具保留意见。

重大错报，是指对财务报表公允反映产生重大影响的错报。财务报表中的错报根据影响程度的不同分为非重大影响、重大影响和广泛影响三个层次。判断影响重要程度的依据是审计中的“重要性（materiality）”概念。美国财务会计准则委员会对重要性概念的定义是：会计信息漏报或错报的程度，这个程度使在特定情况下一个理性的财务报表使用者由于信赖了错报或漏报的信息而影响或者变更其判断。非重大错报，是指错报很可能对财务报表使用者的决策判断没有影响。重大影响，是指所存在的错报可能影响到某些财务报表使用者的特定决策。广泛影响，是指错报的影响不仅是重大的，而且导致财务报表整体信息对企业实际的财务状况、经营成果和现金流量的歪曲或者误导。错报不限于财务报表的特定要素、账户或者项目，或者是局限于特定要素、账户或项目，但它们构成财务报表的主要组成部分，或者涉及对财务报表使用者理解财务报表信息至关重要的披露。错报的广泛影响，使得所有或者多数报表使用者对财务报表整体信息的理解受到严重误导，决策判断受到影响。

当出具保留意见审计报告时，审计人员应当在意见段和注册会计师责任段之间增加“导致保留意见的事项段”，说明导致出具保留意见的具体事项及其量化的对相关财务指标的影响（如果无法量化影响的金额，需要明确说明）；同时，应当在意见段使用“除……之外”等专业术语。其含义是：“除了”报表的某一具体方面“之外”，审计人员对财务报表整体表达还是满意的。其他任何一种审计意见都不能使用“除……之外”这一术语。

[保留意见审计报告规范格式与措辞]

审计报告

ABC公司全体股东：

我们审计了后附的ABC公司财务报表，包括201×年×月×日的资产负债表，201×年年度的利润表、现金流量表和股东权益变动表及财务报表附注。

一、管理层对财务报表的责任

按照企业会计准则的规定编制财务报表是ABC公司管理层的责任。这种责任包括：(1) 按照适用的财务报告编制基础编制财务报表，并使其实现公允反映；(2) 设计、实施和维护与财务报表编制相关的内部控制，以使财务报表不存在由于舞弊或错误而导致的重大错报。

二、注册会计师的责任

我们的责任是在实施审计工作的基础上对财务报表发表审计意见。我们按照中国注册会计师审计准则的规定执行了审计工作。中国注册会计师审计准则要求我们遵守职业道德规范，计划和实施审计工作以对财务报表是否不存在重大错报获取合理保证。

审计工作涉及实施审计程序，以获取有关财务报表金额和披露的审计证据。选择的审计程序取决于注册会计师的判断，包括对由于舞弊或错报导致的财务报表重大错报风险的评估。在进行风险评估时，我们考虑与财务报表编制相关的内部控制，以设计恰当的审计程序，但目的并非对内部控制的有效性发表意见。审计工作还包括评价管理层选用会计政策的恰当性和作出会计估计的合理性，以及评价财务报表的总体列报。

我们相信，我们获取的审计证据是充分的、适当的，为发表保留意见提供了基础。

三、导致保留意见的事项

ABC 公司 201×年×月×日的应收账款余额×万元，占资产总额的×%。由于 ABC 公司未能提供债务人地址，我们无法实施函证及其他审计程序，以获取充分、适当的审计证据。

四、保留意见

我们认为，除“三、导致保留意见的事项”段所述未能实施函证可能产生的影响外，ABC 公司财务报表在所有重大方面按照企业会计准则的规定编制，公允反映了 ABC 公司 201×年×月×日的财务状况及 201×年度的经营成果和现金流量。

××会计师事务所　　　　　　　　中国注册会计师：×××

（盖章）　　　　　　　　　　　　（签名并盖章）

　　　　　　　　　　　　　　　　中国注册会计师：×××

　　　　　　　　　　　　　　　　（签名并盖章）

中国××市　　　　　　　　　　　二〇一×年×月×日

2.3.3 否定意见的审计报告

当审计人员在获取充分、适当的审计证据后，确信所发现的错报对整个财务报表的影响重大且具有广泛性，导致财务报表未能公允反映公司的财务状况、经营成果和现金流量时，应该发表否定意见。实践中，被审计单位特别不希望审计人员出具此类意见的审计报告。对财务报表出具否定意见审计报告，意味着财务报表信息的质量和可信性存在非常严重的瑕疵，对财务报表使用者已毫无价值。

如果审计人员对财务报表整体发表了否定意见的审计报告，就不应当在同一报告中对按照相同财务报告编制基础编制的单一财务报表或者财务报表的特定要素、账户或项目发表无保留意见。否则，两种意见放在同一审计报告，彼此相互矛盾，给审计报告的使用者理解审计意见带来困惑。

但是，如果审计人员在审计过程中除了发现的导致出具否定意见审计报告的事项外，还发现了一些导致出具非无保留意见的其他事项，审计人员应当在“导致出具非无保留意见的事项”段，说明这些发现的事项及其影响。因为所有这些事项，都可能与财务报表使用者的信息需求有关。

当出具否定意见的审计报告时，审计人员应当在注册会计师责任段之后，增加“导致出具否定意见（非无保留意见）事项”段，说明相关的事项及其影响；在“审计意见”段标题中明确审计意见的类型为“否定意见”，并且表明：注册会计师认为，由于导致否定意见事项段所述事项的重要性，财务报表没有在所有重大方面按照适用的财务报告编制基础编制，未能实现公允反映。

[否定意见的审计报告规范格式与措辞]

审计报告

ABC公司全体股东：

我们审计了后附的ABC公司财务报表，包括201×年×月×日的资产负债表，201×年年度的利润表、现金流量表和股东权益变动表及财务报表附注。

一、管理层对财务报表的责任

按照企业会计准则的规定编制财务报表是ABC公司管理层的责任。这种责任包括：(1)按照适用的财务报告编制基础编制财务报表，并使其实现公允反映；(2)设计、实施和维护与财务报表编制相关的内部控制，以使财务报表不存在由于舞弊或错误而导致的重大错报。

二、注册会计师的责任

我们的责任是在实施审计工作的基础上对财务报表发表审计意见。我们按照中国注册会计师审计准则的规定执行了审计工作。中国注册会计师审计准则要求我们遵守职业道德规范，计划和实施审计工作以对财务报表是否不存在重大错报获取合理保证。

审计工作涉及实施审计程序，以获取有关财务报表金额和披露的审计证据。选择的审计程序取决于注册会计师的判断，包括对由于舞弊或错报导致的财务报表重大错报风险的评估。在进行风险评估时，我们考虑与财务报表编制相关的内部控制，以设计恰当的审计程序，但目的并非对内部控制的有效性发表意见。审计工作还包括评价管理层选用会计政策的恰当性和作出会计估计的合理性，以及评价财务报表的总体列报。

我们相信，我们获取的审计证据是充分的、适当的，为发表否定意见提供了基础。

三、导致否定意见的事项

如财务报表附注×所述，ABC公司的长期股权投资未按企业会计准则的规定采用权益法核算。如果按权益法核算，ABC公司的长期投资账面价值将减少×万元，净利润将减少×万元，从而导致ABC公司由盈利×万元变为亏损×万元。

四、否定意见

我们认为，由于“三、导致否定意见的事项”段所述事项的重要性，ABC公司财务报表没有在所有重大方面按照企业会计准则的规定编制，未能公允反映ABC公司201×年×月×日的财务状况及201×年度的经营成果和现金流量。

××会计师事务所　　　　中国注册会计师：×××
(盖章)　　　　(签名并盖章)
中国注册会计师：×××
(签名并盖章)
中国××市　　　　二〇一×年×月×日

2.3.4 无法表示意见的审计报告

审计人员在无法获得充分、适当的审计证据以提供发表审计意见的基础时，如果认为相关领域一旦存在错报所产生的影响重大且具有广泛性，应当出具无法表示意见的审计报告。与保留意见的情形对比，无法表示意见出具的条件是审计范围受限所产生的影响具有广泛性。审计人员对财务报表出具无法表示意见的审计报告，表面上似乎对财务报表既没有肯定也没有否定，但它同样向市场发出了一定的审计信息，具有一定的信息含量。

审计人员发表无法表示意见，不同于无法接受审计委托，它是审计人员实施了一定的审计程序后发表审计意见的一种方式。审计人员出具无法表示意见的审计报告，也不是不愿发表意见。如果审计人员已能确定应当发表保留意见或否定意见，就不得以无法表示意见来代替。保留意见或否定意见是审计人员在取得充分、适当的审计证据后、确定被审计单位财务报表存在重大错报的基础上，按其影响的严重程度而形成的审计判断。无法表示意见是由于存在对审计范围的严重限制而未对某些事项取得证据，没有按照计划要求完成取证工作，使得审计人员无法判断是否存在错报和问题的归属。审计范围的严重受限，往往意味着被审计单位经营、管理及其环境方面存在某种特殊状况。

如果审计人员对财务报表整体发表了无法表示意见的审计报告，就不应当在同一报告中对按照相同财务报告编制基础编制的单一财务报表或者财务报表的特定要素、账户或项目发表无保留意见。否则，两种彼此矛盾的意见放在同一审计报告，使审计报告的使用者无法理解哪一种审计意见更具有实质性意义。

但是，除审计人员在审计过程中由于范围受限无法查证某些事项外，实施的其他审计程序发现了一些导致出具非无保留意见的事项，审计人员应当在“导致出具非无保留意见的事项”段说明这些发现的事项及其影响。因为这些事项与财务报表使用者的信息需求有关。

当出具无法表示意见的审计报告时，审计人员应当修改引言段，说明审计人员接受委托审计财务报表（而不是审计人员审计了）；修改审计人员的责任段，说明由于“导致无法表示意见的事项”段中所述事项的影响，审计人员无法获取充分、适当的审计证据以作为发表审计意见的基础；在审计人员责任段后，增加“导致无法表示意见的事项”段，对相关事项加以说明；在意见段中使用“由于导致无法表示意见事项的重要性，审计人员无法获取充分、适当的审计证据作为发表审计意见的基础，不对财务报表发表审计意见”。

[无法表示意见的审计报告规范格式与措辞]

审计报告

ABC公司全体股东：

我们接受委托，审计后附的ABC公司财务报表，包括201×年×月×日的资产负债表，201×年年度的利润表、现金流量表、股东权益变动表及财务报表附注。

一、管理层对财务报表的责任

按照企业会计准则的规定编制财务报表是ABC公司管理层的责任。这种责任包括：(1)按照适用的财务报告编制基础编制财务报表，并使其实现公允反映；(2)设计、实施和维护与财务报表编制相关的内部控制，以使财务报表不存在由于舞弊或错误而导致的重大错报。

二、注册会计师的责任

我们的责任是按照中国注册会计师审计准则的规定执行审计工作。但由于“三、导致无法表示意见的事项”段中所述的事项，我们无法获取充分、适当的审计证据以作为发表审计意见的基础。

三、导致无法表示意见的事项

ABC公司未对201×年×月×日的存货进行盘点，金额为×万元，占期末资产总额的

40%。我们无法实施存货监盘，也无法实施替代审计程序，以对期末存货的数量和状况获取充分、适当的审计证据。

四、无法表示意见

由于“三、导致无法表示意见的事项”段中所述事项的重要性，我们无法获取充分、适当的审计证据以作为发表审计意见的基础。因此，我们不对ABC公司的财务报表发表审计意见。

××会计师事务所　　　　　　　　　中国注册会计师：×××
（盖章）　　　　　　　　　　　　　　　　（签名并盖章）
　　　　　　　　　　　　　　　　　中国注册会计师：×××
　　　　　　　　　　　　　　　　　　　　（签名并盖章）
中国××市　　　　　　　　　　　　　　二〇一×年×月×日

不同类型审计意见报告出具的条件简要总结如表2-1所示。

表2-1　不同类型审计意见的条件对比

事项 \ 错报重要性	非重大	重大	重大且广泛
审计范围受限	无保留意见	保留意见	无法表示意见
不符合财务报告编制基础要求	无保留意见	保留意见	否定意见

审计人员对财务报表审计的目的是能够出具无保留意见的审计报告，被审计单位也希望得到一个无保留意见审计报告。但是审计人员承担责任：只有在满足前述条件的基础上，才能够出具无保留意见。因此，审计人员会积极劝导客户改善财务报表相关的会计制度、业务流程和内部控制，改善会计记录、主动配合审计，创造条件，使得审计人员能够出具干净的审计意见。

相关信息

近年来，我国上市公司出具审计意见情况一览表（表2-2）。

表2-2　总体审计意见类型结构描述

会计年度	2003	2004	2005	2006	2007	2008	2009	2010	合计
公司总数	1 251	1 339	1 335	1 413	1 519	1 573	1 720	2 070	1 2220
被出具非标准审计意见公司数	100	144	161	139	118	109	113	110	994
非标准意见公司占比	8%	11%	12%	10%	8%	7%	7%	5%	8%

注：以沪深两市A股上市公司（剔除金融行业公司）为样本。

2.3.5　其他影响审计意见的重要事项

审计人员在进行财务报表审计时会面临一些影响审计意见的其他事项，其中具有一定普遍性的事项包括审计的财务报表列示了比较信息，被审计单位的持续经营状况出现问题，审计自身某些事项需要单独说明。这些情况的存在，使得上述标准化的审计报告会发生一定的变化。

1. 比较信息

比较信息，是指包含于财务报表中的、符合适用的财务报告编制基础的、与一个或者多个以前期间相关的金额和披露。为了满足财务报表使用者的需求，许多国家都规定了公司必须编制比较财务报表，提供关于被审计单位一定时期内财务状况和经营成果变化趋势的信息。我国的企业会计准则也有类似的规定。例如，《企业会计准则第 30 号——财务报表列报》中明确规定："当期财务报表的列报，至少应当提供所有列报项目上一可比会计期间的比较数据。"而且，当企业执行的会计制度变化而引起财务报表格式变化、企业发生重大会计差错或者重大会计政策变更、或者发生共同控制下的企业合并等情形时，都需要对比较信息进行调整。审计人员对财务报表发表审计意见，必须考虑比较信息对财务报表的影响。

根据审计准则的要求，审计人员在审计当期财务报表时，应注意比较信息是否与上期财务报表列报的金额和相关披露一致，如果必要，比较信息是否已经重述；比较信息反映的会计政策是否与本期采用的政策一致，如果会计政策已发生变更，这些变更是否得到恰当处理并得到充分列报与披露。审计人员还需要关注对前期财务报表有影响的情况或事项，注意比较信息是否可能存在重大错报。如果怀疑存在重大错报，审计人员需要采取进一步审计程序予以确认。

由于比较信息的列示，审计人员对这些数据不存在重大错报承担了责任。如果事实并非如此，审计人员需要在审计报告中予以揭示。其中涉及以下三种主要的情形。

① 导致对上期财务报表发表非无保留意见的事项在本期尚未解决。

② 上期财务报表存在重大错报，但以前对该财务报表出具的是无保留意见，且对应的数据未经适当重述或恰当披露；该财务报表未经更正，也未重新出具审计报告。

③ 上期财务报表未经审计或者是由其他注册会计师（前任审计师）审计。

在①的情况下，审计人员应当发表非无保留意见。同时，在"导致非无保留意见的事项"段中，根据未解决事项对本期是否存在重大影响予以不同的说明。如果存在重大影响，需要在说明中提及本期数据和比较数据；如果不存在重大影响，需要说明未解决事项对本期数据与比较数据可比性的影响导致发表了非无保留意见。如果虽然相关事项尚未更正，但是对应的数据在本期财务报表中得到适当重述或恰当披露。审计人员可以增加强调事项段说明这一情况，并指明相关披露在财务报表中的位置。

在②的情况下，审计人员应当根据错报的影响程度，出具保留意见或者否定意见。

在③的情况下，需要在审计报告中审计意见段后增加其他事项段予以说明。如果未经审计，说明比较数据未经审计，但是这种说明不能减轻审计人员的责任，审计人员需要对本期财务报表的期初数据实施必要的审计程序。如果经过其他会计师审计，需要在其他事项段说明比较数据由其他审计人员实施审计及所出具的审计意见类型、如发表的是非无保留意见时的理由和出具审计报告的时间。

2. 其他信息

在实践中，公司对外提交或者公布的年度报告中，不仅包括审计报告和审定的财务报表，还包括管理层讨论与分析等内容。我们把这些根据法律法规的规定或者惯例、在含有已审财务报表的文件中包含的除已审财务报表和审计报告以外的财务信息和非财务信息称之为"其他信息"。审计人员对其他信息是否存在重大错报承担着有限的责任。

审计人员首先对于其他信息中与已审财务报表中的信息是否存在重大不一致予以关注，

关注的内容包括其他信息中的数据和文字表述、其他信息的编制基础、其他信息中对数据影响的解释等。如果发现存在重大不一致，审计人员需要进一步分析需要修改财务报表还是其他信息或者两者均需要修改。

对于发现重大不一致需要修改财务报表的情形，审计人员提请管理层予以修改。如果管理层拒绝修改，审计人员应该根据重大错报的影响程度，出具保留意见或者否定意见。

对于发现的重大不一致需要修改其他信息的情形，审计人员提请管理层予以修改。如果管理层拒绝修改，审计人员应该与公司治理层进行沟通，同时考虑是否解除业务约定或者拒绝提交审计报告。如果审计人员在重大不一致未得到更正的情况下决定出具审计报告，则需要在审计意见段之后增加其他事项段，对存在的重大不一致的具体情况作出说明。

3. 持续经营审计意见

持续经营假设是会计的基本假设之一，是指被审计单位在编制财务报表时，假定其经营活动在可预见的将来会继续下去，不拟也不必终止经营或破产清算，可以在正常的经营过程中变现资产、清偿债务。该项假设是否成立，随着企业自身经营状况及经营环境的变化而存在不确定性。实践中，除非管理层已经将被审计单位予以清算或终止经营，企业编制的通用目的的财务报表都是依据持续经营假设编制的。在此假设基础上，公司对使用的固定资产计提折旧，在预计的使用年限内收回投资，资产的价值也是以未来可以为企业带来的经济利益的现金流入为基础计量的。一旦企业持续经营假设不再成立，依据持续经营假设编制的财务报表所显示的资产价值将严重误导财务报表信息使用者。在国外，企业由于经营失败导致投资者遭受损失时，投资者很可能会起诉审计师谋求获得经济上的补偿。因此，审计准则要求审计人员充分关注被审计单位持续经营状况，针对持续经营假设的合理性获取充分、适当的审计证据，并就持续经营能力是否存在重大不确定性得出审计结论。审计人员在审计报告中，会根据对被审计单位持续经营能力不确定性方面不同的审计判断发表不同类型的审计意见，称之为“持续经营审计意见”(Going-Concern Opinion，GCO)。

审计人员为了判断被审计单位的持续经营能力，需要对公司持续经营状况的评估、对持续经营存在严重困境时拟采取的措施及其实现的可能性的评估、对公司继续采用持续经营假设编制财务报表是否恰当的评估。不过，定期进行这些评估首先是被审计单位管理层的责任。如果存在可能影响被审计单位不再持续经营的未来事项或情况，审计人员不能对这些未来事项或情况进行预测。即使审计人员在这种情况下未在审计报告中提及持续经营的不确定性，不能视为对被审计单位持续经营能力的保证。审计人员通常是在公司财务、经营或者其他方面已经出现可能导致对持续经营假设产生重大疑虑的事项或情况时，实施相关的审计程序、作出相应的评估和审计判断，其中包括评价管理层对持续经营能力的评估。

当审计人员在获取必要的审计证据的基础上，根据职业判断认为，被审计单位持续经营能力方面确实存在重大不确定性时，则需要根据这种不确定性是否影响到财务报表编制依据持续经营假设编制的适当性及披露等方面的不同情况，确定需要发表的审计意见类型。

(1) 被审计单位运用持续经营假设适当但存在重大不确定性

在这种情况下，尽管存在重大不确定性，但审计人员根据管理层提出的应对计划及其实现的可能性的判断，基本消除了对持续经营能力的严重疑虑。由被审计单位的管理层向财务报表使用者充分、适当地披露相关的信息，成为审计人员决定审计意见的首要考虑。因此，审计人员会要求管理层在财务报表中对持续经营能力产生重大疑虑的事项或情况及管理层针对这些事项和情况提出的应对计划，作出充分描述，在财务报表中清楚地披露说明这些事项或者情况存在重大不确定性会导致被审计单位可能无法在正常的经营过程中变现资产和清偿债务。如果管理层按照审计人员的要求进行了充分、适当的披露，审计人员应当发表无保留意见。为了提示财务报表使用者关注相关风险，审计人员通常会在审计报告中增加强调事项段。例如：

"强调事项

我们提醒财务报表使用者关注，如财务报表附注××所述，截至2012年12月31日，该公司发生净亏损×××万元，在2012年12月31日，该公司流动负债高于总资产总额×××万元。这些情况连同附注××所述其他事项，表明存在可能导致产生对该公司持续经营能力的重大疑虑。该公司针对这些情况的应对计划已在附注××中说明，计划的实现及其结果存在着不确定性。本段内容不影响已发表的审计意见。"

如果管理层未在财务报表中作出充分披露，审计人员应结合被审计单位对相关信息的披露程度，考虑发表保留意见或者否定意见。同时，在审计报告的"导致非无保留意见的事项"段说明，存在可能导致被审计单位持续经营能力产生重大疑虑的重大不稳定性，以及财务报表及其附注未对这一事实作出全面披露（保留意见），或者财务报表并未披露这一事实(否定意见)。

在某些极为特殊的情况下，被审计单位存在多项重大不确定事项或者情况，对财务报表整体具有广泛影响。这些不确定事项和情况及相应的应对计划的重大不确定性，往往导致审计人员对于继续依据持续经营假设作为编制财务报表的基础是否适当难以作出判断。这种情况应视为对审计范围的重大限制，审计人员应该考虑出具无法表示意见的审计报告。例如：

"导致无法表示意见的事项

XYZ公司已经连续三个会计年度发生巨额亏损，主要经营和技术人员已经离开公司，正常生产经营活动已完全停止，巨额逾期债务无法偿还，所有银行账户均被冻结，存在多项巨额债务诉讼事项。截至审计报告日，XYZ公司管理层积极筹划应对措施，提出了包括资产置换、定向增发等措施的具体计划；但是，由于相关措施尚处于实施初期，我们无法获取充分、适当的审计证据以确认这些计划能否实现及计划实现后能否有效改善XYZ公司的持续经营能力。因此，我们无法判断XYZ公司继续按照持续经营假设编制2012年度财务报表是否适当。

无法表示意见

由于'导致无法表示意见的事项'段所述事实的重要性，我们无法获取充分、适当的审计证据作为发表审计意见的基础，因此我们不对XYZ公司财务报表发表意见。"

(2) 被审计单位继续运用持续经营假设不恰当

如果审计人员在获取充分、适当审计证据的基础上，依据职业判断认为管理层依据持续经营假设编制财务报表是不恰当的，无论管理层在财务报表中是否对运用持续经营假设不恰当作出披露，均应当发表否定意见。

如果管理层认可继续运用持续经营假设是不恰当的，并且自愿或者被要求按照其他替代的基础（如清算基础）编制财务报表，则审计人员在确认替代基础在被审计单位特定情况下是适当的，而且财务报表附注中对此作出了充分披露，审计人员可以发表无保留意见，同时可以考虑增加强调事项段说明财务报表编制使用的是替代基础及其使用的理由，以便于财务报表使用者正确阅读和理解财务报表信息。

持续经营审计意见对财务报表使用者起到了预警的作用，使得他们在进行相关决策时更加谨慎，对投资者也起到了一定的保护作用。近年来，随着企业经营环境日益复杂、市场竞争日益激烈、新型组织形式和经营模式不断出现，投资者的风险意识也不断提高，对审计人员的持续经营审计意见关注度越来越高。加上政府监管环境的变化，无论是在国外还是在国内，由于持续经营问题出具的非标准审计意见在整个非标准审计意见中所占比重不断提高。

4. 审计报告的其他事项段

在前面讨论的内容中，已经提及在某些情况下审计人员可以在审计报告中增加其他事项段说明有关情况。一般而言，其他事项段主要用于提及未在财务报表列报或披露的事项，这些事项的说明，主要是帮助财务报表使用者理解审计工作，这些事项通常与审计人员责任或者审计报告有关。审计人员审计报告中通常使用“其他事项”标题标示该段内容，其他事项段应当紧接审计意见段或者强调事项段（如果有）之后。

审计人员对在其他事项段说明的事项有一定的自主选择。例如，如果审计人员审计范围受到严重限制而无法获取充分、适当审计证据，审计人员没有解除业务约定而是出具了无法表示意见的审计报告，可以考虑在其他事项段说明原因。再例如，被审计单位可能按照通用目的编制基础编制了两套财务报表，其中一套采用的是中国的企业会计准则，另一套采用的是国际财务报告准则，委托审计人员对两套财务报表进行审计，出具审计意见。如果审计人员确定两个财务报告编制基础在各自的情形下都是可以接受的，可以考虑在审计报告中增加其他事项段，说明被审计单位根据不同的财务报告编制基础编制了另一套财务报表且审计人员出具了审计意见。

但是，审计人员在以下两种情况下不能在其他事项段说明：除根据审计准则的规定有责任对财务报表出具审计报告外，审计人员还有其他报告责任；审计人员被要求实施额外规定的检查程序或对特定事项发表意见。通常，审计人员应当在审计报告中“对财务报表出具的审计报告”所有相关段落后，增加“按照相关法律法规的要求报告的事项”部分，报告的格式和内容遵循相关法律法规的要求。

审计人员实施财务报表审计过程中还会遇到很多特殊情况，在相关的审计准则中对这些特殊事项发生时应该如何出具审计意见都有具体的规范要求。审计报告作为审计结果的信息传递载体，内容与格式会随着审计环境和审计需求的变化发生改变，审计人员出具审计意见需要考虑的事项和审计报告需要传递的信息也在不断丰富。

2.4 特殊目的审计报告

审计人员有时可能接受委托，执行特殊目的的审计业务，对某些财务信息进行审计并出具审计报告。这些特殊目的审计报告包括：特殊编制基础会计报表的审计报告；会计报表组成部分的审计报告；法规合同等遵循情况的审计报告；简要会计报表的审计报告。审计人员应当对其在执行特殊目的审计业务过程中获取的审计证据和由此得出的结论加以复核和评价，以此作为发表审计意见的基础。审计人员的审计意见应当以书面报告的形式予以清晰的表达。

在执行特殊目的的审计业务时，审计人员实施的审计程序的性质、时间和范围因业务具体情况的不同而存在差异。在承接特殊目的的审计业务之前，审计人员应当与委托人就业务性质、审计报告的格式和内容达成一致意见。在计划审计工作时，审计人员应当清楚地了解所审计信息的用途及可能的使用者。审计人员应该考虑在审计报告中说明出具审计报告的目的，以及在分布和使用上的限制，以避免审计报告被用于非预定目的。

1. 特殊目的审计报告要素与内容

除对简要财务报表出具的审计报告外，对其他特殊目的的审计业务出具的审计报告应当包括下列要素。

① 标题。对特殊目的的审计业务出具的审计报告，其标题统一规范为“审计报告”。

② 收件人。收件人是指特殊目的的审计业务的委托人，审计报告应当载明其全称。

③ 引言段。引言段应当说明所审计的财务信息；被审计单位管理层的责任和审计人员的责任。

④ 范围段。范围段应当说明执行特殊目的审计业务依据的审计准则；审计人员已实施的工作。

⑤ 审计意见段。意见段应当清楚地说明对财务信息发表的审计意见。

⑥ 审计人员的签名和盖章，审计机构的名称、地址与盖章，以及审计报告的日期。

当委托人要求按照指定格式出具审计报告时，审计人员应当考虑指定格式的实质要求及措辞。在必要的情况下，审计人员还应当修改指定格式报告的措辞或另附一份报告。如果所审计的信息是基于某项合同的条款，审计人员就应当考虑管理层在编制信息时是否已对所依据的合同作出重要解释，以及对合同作出的重要解释是否已在财务信息中得到清晰的披露，并考虑是否有必要在审计报告中提醒使用者注意财务信息附注中对这些解释的描述。

2. 对按照特殊基础编制的财务报表出具的审计报告

对按照特殊基础编制的财务报表，审计人员应当在出具的审计报告中指明财务报表编制的基础，或提醒财务报表使用者注意财务信息附注中对编制基础作出的说明。审计意见应当说明财务报表是否按照指定的特殊基础编制。特殊基础通常包括计税基础、收付实现制基础和监管机构的报告要求。

审计人员应当考虑财务报表的标题或附注是否清楚地表明了该财务报表并非按照企业会计准则和相关会计制度的规定编制。如果按照特殊基础编制的财务报表未能冠以适当的标题，或特殊基础未能得到充分披露，审计人员应当出具恰当的非无保留意见的审计报告。

3. 对财务报表组成部分出具的审计报告

审计人员有时可能应委托人的要求对财务报表的一个或多个组成部分发表审计意见。通常，这种类型的业务可以作为一项独立的业务予以承接，也可以连同财务报表审计业务一起承接。

在确定财务报表组成部分的审计范围时，审计人员应当考虑与所审计的财务报表组成部分相互关联且可能对其具有重大影响的其他财务报表项目。审计人员应当从对财务报表组成部分出具审计报告的角度考虑重要性概念，并且应当提请委托人不应将整套财务报表附于审计报告后，以避免信息使用者误认为对财务报表组成部分出具的审计报告与整套财务报表有关。对财务报表组成部分出具审计报告时，审计人员应当在审计报告中指明财务报表组成部分的编制基础或提及规定编制基础的协议。审计意见应当说明财务报表组成部分是否按照指定的编制基础编制。

需要指出的是，如果已对整套财务报表出具否定意见或无法表示意见的审计报告，只有在组成部分并不构成财务报表的主要部分时，审计人员才可以对组成部分出具审计报告。

4. 对合同的遵守情况出具的审计报告

审计人员有时可能应委托人的要求对合同的遵守情况出具审计报告。只有当合同遵守情况的总体方面与会计和财务事项有关，且在审计人员专业胜任能力范围内时，审计人员才能承接该项业务。如果该业务的某些方面超过了审计人员的专业胜任能力，审计人员应当考虑利用专家的工作。审计意见应当说明被审计单位是否遵守了合同的特定条款。

5. 对简要财务报表出具的审计报告

为了满足某项财务报表使用者对被审计单位财务状况和经营成果主要情况的了解，被审计单位可能依据年度已审计财务报表编制一份简要财务报表。只有对简要财务报表所依据的财务报表发表了审计意见，审计人员才可对简要财务报表出具审计报告。

简要财务报表应当冠以适当的标题，以指明其所依据的已审计财务报表。简要财务报表并未包含年度已审计财务报表中的所有信息，因此审计人员在对简要财务报表发表审计意见时，不应使用“在所有重大方面”、“公允反映”等术语。

对简要财务报表出具的审计报告应当包括下列要素：标题；收件人；指明简要财务报表所依据的已审计财务报表；提及对已审计财务报表出具的审计报告的日期和意见类型；审计意见段；强调事项段；审计人员的签名和盖章，审计机构的名称、地址与盖章，以及审计报告的日期。

需要指出的是，审计报告的审计意见段应当说明，简要财务报表中的信息是否在所有重大方面与其依据的已审计财务报表一致。如果对已审计财务报表出具了非无保留意见的审计报告，即使对简要财务报表的编制表示满意，审计人员仍应在对简要财务报表出具的审计报告中指出，简要财务报表依据的已审计财务报表已被审计人员出具非无保留意见的审计报告。审计报告的强调事项段应当指出，为了更好地理解被审计单位的财务状况、经营成果及审计人员实施审计工作的范围，简要财务报表应当与已审计财务报表及审计报告一并阅读，或提醒财务报表使用者注意财务信息附注中对上述事项的说明。

关键术语

审计报告	财务报告编制基础	审计范围受限
特殊目的审计报告	标准审计报告	非标准审计报告
无保留意见	保留意见	否定意见
无法表示意见	持续经营审计意见	重大错报
公允反映	强调事项段	其他事项段

本章复习

一、单项选择题

1. 如果无保留意见审计报告包含（　　），也被视为标准审计报告。

A. 其他报告责任段　　B. 说明段（事项段）

C. 其他事项段　　D. 强调事项段

2. 在编制年度财务报表的审计报告时，注册会计师通常无须在引言段中指出（　　）。

A. 被审计单位的名称　　B. 使用的财务报告编制基础

C. 财务报表的名称　　D. 财务报表的日期或涵盖的期间

3. 注册会计师认定被审计单位连续出现巨额营业亏损时，下列观点中不正确的是（　　）。

A. 若被审计单位拒绝披露，应出具保留意见或否定意见

B. 无论被审计单位是否作了披露，都不在审计报告中提及

C. 应提请被审计单位在财务报表附注中予以披露

D. 若被审计单位充分披露，则应在意见段后增加强调事项段予以说明

4. 在确定是否需要针对某事项在审计报告中增加强调事项段时，注册会计师通常无须考虑（　　）。

A. 该事项对被审计单位财务状况、经营成果或现金流量具有重大影响

B. 已获取充分、适当的证据，证明该事项在财务报表中不存在重大错报

C. 根据职业判断认为该事项对财务报表使用者理解财务报表至关重要

D. 有必要提醒财务报表使用者关注已在财务报表中对该事项列报或披露

5. 如果识别出比较信息存在重大错报，注册会计师应当首先（　　）。

A. 考虑修改审计报告的意见类型

B. 解除业务约定或者拒绝出具审计报告

C. 征询法律意见

D. 要求管理层更正比较信息

6. 如果需要修改其他信息（重大不一致）而被审计单位拒绝修改，注册会计师不应当考虑（　　）。

A. 解除业务约定

B. 出具否定意见审计报告

C. 拒绝提交审计报告

D. 在审计报告中增加其他事项段说明该重大不一致

7. 被审计单位治理层声明书的日期应为（　　）。

A. 审计报告日　　B. 财务报表公布日

C. 审计报告公布日　　D. 注册会计师完成审计报告的日期

8. 编制审计报告的直接依据是（　　）。

A. 审计准则　　B. 审计工作底稿

C. 审计程序　　D. 会计准则

9. 注册会计师在界定完成审计工作的日期时，可以不考虑的因素是（ ）。

A. 应当实施的程序已经完成

B. 被审计单位治理层已经正式签署治理层声明书

C. 要求被审计单位调整或披露的事项已经提出，被审计单位已经作出或拒绝作出调整或披露

D. 被审计单位治理层已经正式签署财务报表

10. M注册会计师负责审计甲公司20×1年度财务报表，以下A注册会计师评价财务报表是否在所有重大方面按照适用的财务报告编制基础编制的影响因素中，不恰当的是（ ）。

A. 财务报表是否充分披露了选择和运用的重要会计政策

B. 管理层对财务报表各项目是否作出精确的金额判断

C. 财务报表是否作出充分披露

D. 财务报表列报的信息是否具有相关性、可靠性、可比性和可理解性

二、多项选择题

1. 下列有关审计报告的描述中，不正确的有（ ）。

A. 如果因会计政策的选用、会计估计的作出或财务报表的披露不符合使用的会计准则和相关会计制度的规定而出具保留意见审计报告时，注册会计师还应当在注册会计师的责任段中提及这一情况

B. 无法表示意见不同于否定意见，否定意见通常仅仅适用于注册会计师不能获取充分、适当的审计证据；如果注册会计师发表无法表示意见，则必须获得充分、适当的审计证据

C. 现金、银行存款均属于敏感性高、流动性强的资产账户。但是在审计过程中，如果注册会计师发现这两个账户在分类上出现错误，所作的反应不会比发现销售业务没有入账更为强烈

D. 当存在重大不确定事项时，如果被审计单位已在财务报表附注中作了充分披露，注册会计师应当出具保留意见的审计报告

2. 注册会计师的责任段应当说明的内容包括（ ）。

A. 注册会计师的责任是在执行审计工作的基础上对财务报表发表审计意见

B. 审计工作涉及实施审计程序，以获取有关财务报表金额和披露的审计证据

C. 注册会计师相信已获取的审计证据是充分、适当的，为其发表审计意见提供了基础

D. 注册会计师审计的目的是对内部控制的有效性发表意见

3. 需要注册会计师在审计报告的其他事项段中反映的思想应满足下列条件（ ）。

A. 该事项需要在财务报表中列报或披露

B. 该事项不需要在财务报表中列报或披露

C. 该事项与财务报表使用者理解审计工作或审计报告相关

D. 该事项与财务报表使用者理解注册会计师的责任相关

4. 如果在审计报告日前获取的其他信息中识别出重大不一致，并且需要对其他信息作出修改，但管理层拒绝作出修改，注册会计师应当采取下列（ ）措施之一。

A. 拒绝提交审计报告

B. 在审计报告中增加其他事项段，说明重大不一致

C. 在审计报告中增加强调事项段，说明重大不一致

D. 解除审计业务约定

5. 以下关于导致非无保留意见的事项的“广泛性”，说法正确的有（　　）。

A.“广泛性”不限于对财务报表的特定要素、账户或项目产生影响

B.“广泛性”限于对财务报表的特定要素、账户或项目产生影响

C. 虽然仅对财务报表的特定要素、账户或项目产生影响，但如果这些要素、账户或项目是或可能是财务报表的主要组成部分，则属于“广泛性”的情形

D. 当与披露相关时，“广泛性”产生的影响对财务报表使用者理解财务报表至关重要

6. 以下关于不同审计意见类型的判断中，恰当的有（　　）。

A. 如果注册会计师在获取充分、适当的审计证据后认为错报单独或汇总起来对财务报表的影响重大且具有广泛性，则应当出具否定意见的审计报告

B. 如果注册会计师无法获取充分、适当的审计证据以作为形成审计意见的基础，但认为未发现的错报对财务报表可能产生的影响重大且具有广泛性，则应当出具无法表示意见的审计报告

C. 如果注册会计师无法获取充分、适当的审计证据以作为形成审计意见的基础，但认为未发现的错报对财务报表可能产生的影响重大且具有广泛性，则应当出具保留意见加其他事项段的审计报告

D. 如果注册会计师无法获取充分、适当的审计证据以作为形成审计意见的基础，但认为未发现的错报对财务报表可能产生的影响重大，但不具有广泛性，则应当出具保留意见的审计报告

7. A注册会计师负责审计甲公司20×1年度财务报表，以下A注册会计师确定比较信息的列报与披露事项中，恰当的有（　　）。

A. 当期财务报表的列报与披露中，至少应当提供所有列报项目上一可比会计期间的比较数据

B. 比较信息是当期财务报表的附加部分

C. 注册会计师在对财务报表发表审计意见时，应当考虑比较信息对审计意见的影响

D. 注册会计师应当获取充分、适当的审计证据，确定在财务报表中包含的比较信息是否在所有重大方面按照适用的财务报告编制基础有关比较信息的要求进行列报

8. 对审计报告的以下理解中，恰当的有（　　）。

A. 在实施审计工作的基础上才能出具审计报告

B. 应当以书面形式出具审计报告

C. 必须在获取充分、适当的审计证据的情况下才能出具审计报告

D. 通过在审计报告签字以履行其审计责任

9. A注册会计师负责审计甲公司20×1年度财务报表，以下A注册会计师确定审计报告日期的判断中，恰当的有（　　）。

A. 通常与管理层签署已审计财务报表的日期为同一天，或早于管理层签署已审计财

务报表的日期

B. 通常与管理层签署已审计财务报表的日期为同一天，或晚于管理层签署已审计财务报表的日期

C. 如果管理层批准并签署已审计财务报表，注册会计师即可签署审计报告

D. 注册会计师在正式签署审计报告前，通常把审计报告草稿和已审计财务报表草稿一同提交给管理层

10. 以下关于注册会计师对发表否定意见或无法表示意见的考虑中，恰当的有（　　）。

A. 如果认为有必要对财务报表整体发表否定意见或无法表示意见，注册会计师不应在同一审计报告中对按照相同财务报告编制基础编制的单一财务报表或者财务报表特定要素、账户或项目发表无保留意见

B. 在同一审计报告中包含无保留意见，将会与对财务报表整体发表的否定意见或无法表示意见相矛盾

C. 对经营成果、现金流量发表无法表示意见，而对财务状况发表无保留意见，这种情况肯定不被允许

D. 对经营成果、现金流量发表无法表示意见，而对财务状况发表无保留意见，这种情况可能是被允许的

三、问答题

1. 审计报告的使用者有哪些？并简述审计报告的几种作用。

2. 在标准审计报告中，共包含哪些基本要素？

3. 哪些情形会导致审计范围受限？在这些情形下审计人员需要采取的行动分别是什么？

4. 审计人员对财务报表发表审计意见，必须考虑比较信息对财务报表的影响。针对比较信息的列示可能出现错报的三种情形，分别描述审计人员需要给出的审计意见类型。

5. 同时符合哪些条件的情况下审计人员需要增加强调事项段？强调事项段在审计报告中有什么作用？

四、研究思考题

1. 在审计报告中，为什么要将审计人员的责任段放置于管理层的责任段之后呢？对审计报告负有更大责任的应该是委托方还是被委托方呢？

2. 如果注册会计师出具非无保留意见审计意见，是否就可以完全解除注册会计师的责任？结合已经发生的审计失败案例说明你的观点。

3. 注册会计师出具的不同类型审计意见中，你认为哪种意见表明被审计单位存在的问题最为严重，为什么？结合实例说明你的观点。

五、案例分析题

【题1】

基本情况　甲股份有限公司是我国大型建筑公司（以下简称甲公司），是ABC会计师事务所的常年审计客户。A和B审计人员负责对甲公司20×8年度财务报表进行审计，于20×9年3月11日完成了实地审计工作。按审计业务约定书的要求，审计报告应于20×9年3月22日提交。审计过程中发现下列情况。

① 应收账款项目无法进行函证，也无法实施其他替代审计程序。

② 甲公司自20×8年1月1日起将所有机械设备折旧方法由直线法改为年数总和法，

并已在财务报表附注中说明。

③ 乙公司20×8年7月状告甲公司侵权案已于20×9年2月18日审理完毕，甲公司将向乙公司赔偿150万元，但甲公司拒绝在20×8年财务报表中作出调整。

④ 自20×9年1月起，股市大幅下跌，甲公司如在3月11日将短期投资股票转让，将导致450万元损失。甲公司拒绝在20×9年财务报表中作出调整。

⑤ 甲公司存货计价方法由先进先出法变更为加权平均法，已在财务报表中说明。

⑥ 除审计人员认为应收账款中的17万元已成坏账，甲公司未予接受调整建议外，审计人员提请调整的其他1 780万元调整事项，甲公司已作调整。

要求： 如果甲公司财务报表仅存在以上6种情况中的一种，指出A、B审计人员各应发表何种类型的审计意见，并说明理由。

【题2】

基本情况 赵莉是XYZ会计师事务所的审计人员，她审计了H公司20×8年12月31日的资产负债表和该年度的利润表、现金流量表，确定的财务报表层次重要性水平为30万元。20×9年2月24日，她结束了外勤工作，并于一个星期后拟订了审计报告的草稿。20×9年3月4日，赵莉将审计报告草稿和已审计财务报表提交给H公司管理层。20×9年3月5日，H公司管理层批准并签署了已审计财务报表。赵莉出具的审计报告如下。

我们接受委托，审计了贵公司20×8年12月31日的资产负债表及该年度的利润表、现金流量表。我们的审计是根据《企业会计准则》进行的。在审计过程中，我们结合贵公司的实际情况，实施了包括抽查会计记录等我们认为必要的审计程序。

我们相信，我们的审计意见为信赖上述财务报表提供了合理的保证。

我们认为，上述财务报表符合《中国注册会计师审计准则》的规定，在所有重大方面公允地反映了贵公司20×8年12月31日的财务状况和该年度经营成果及现金流量。

中国注册会计师：赵莉（盖章）

20×8年12月31日

此外，赵莉的工资底稿还揭示了如下信息。

① 20×8年，H公司将营业收入的会计政策由分期收款法改为完工百分比法。H公司认为采用完工百分比法能够更加合理地反映它的经营成果。在比较财务报表中，H公司追溯调整了上一年度的报表数据，并在报表附注中对该会计政策变更的性质和影响作了披露。赵莉赞同H公司的变更理由，并对它的调整和披露表示满意。

② 赵莉没有办法对应收账款进行函证，但她执行了替代的审计程序。赵莉认为这些替代的审计程序能够提供充分适当的审计证据。

③ H公司是一起诉讼中的被告，目前此案正在审理中，判决的结果难以估计。如果判决结果有利于原告，H公司就有可能被判支付一笔大额的赔款。为了筹集此赔款，H公司会出售一些经营用固定资产。该或有事项的性质和可能的影响已在报表附注中作了充分披露。

④ H公司在20×7年4月1日借入了一笔金额高达1 000万元的长期借款，该笔借款合同禁止H公司在未来5年内发放股利。H公司拒绝在财务报表附注中对该限制性规定作出披露。

要求： 请说明赵莉工作底稿中哪些事项需要包括在审计报告中，哪些不需要？说明赵莉工作底稿中存在哪些不足有待改进，并请你替她重编审计报告。

【题3】

基本情况 在下列相互独立的审计环境中，假设你是审计人员，你会发表何种审计意见?

① 在对长河公司的审计过程中，你发现存货存在严重高估的可能性。但是当你要进一步执行审计程序以证实存货高估的数量和金额时，客户拒绝提供合作。

② 你正在第一次对松花公司进行审计。松花公司已成立5年，但从来没有被审计过。在审计过程中，松花公司不同意你对期初余额进行审计。审计完毕后，你认为本期财务报表的编制符合《企业会计准则》的要求。

③ 你是在晶华百货公司会计年度结束日之后才被聘请对该公司进行审计的，所以无法对晶华百货公司的期末存货进行盘点。你知道，对晶华百货公司来说，存货项目非常重要。你设法通过执行替代程序获取了充分、适当的审计证据。审计工作完成后，你认为财务报表的编制符合《企业会计准则》的规定，公允地反映了晶华百货公司的财务状况、经营成果和现金流量情况。

④ 会计年度结束后大约四个星期，永华公司的一家主要购货商宣告破产。审计人员在对应收账款进行函证时，这个购货商确认了其所欠的金额，因此永华公司拒绝对应收账款期末余额作出调整或者进行披露。该客户所欠的应收账款占流动资产总额的10%，是当年净利润的30%。

⑤ 顺发运输公司原来采用购置运输车辆的经营政策。今年顺发运输公司决定不再购置运输车辆，改为租赁所需的车辆。会计政策也相应改为融资租赁的会计处理方法。该会计政策变更已经在财务报表中作了充分的披露。

要求：请你说明每种情况下你将发表的审计意见类型，并说明理由。

【题4】

基本情况 北京ABC会计事务所的A和B审计人员对XYZ股份有限公司20×8年度的财务报表进行审计，确定的财务报表层次重要性水平为30万元。审计外勤工作结束日是20×9年3月15日，并于20×9年3月25日递交审计报告。XYZ股份有限公司20×8年度审计前财务报表反映的资产总额为8 000万元，股东权益总额为2 400万元，利润总额为300万元。

A和B审计人员经审计发现该公司存在以下5个事项。

① 20×7年末和20×8年末应收账款余额分别为1 200万元和1 800万元，公司的坏账核算方法一直采用备抵法，但将其坏账准备比例由20×7年的千分之五变更为20×8年的3%。

② 20×8年5月1日，公司为增加营运资金按面值发行2年期、面值为4 200万元、票面利率为年利率10%的企业债券，当日筹足资金并按规定作了相应的会计处理（债券发行费用忽略不计)。但当年未计提债券利息。

③ 20×8年10月31日，公司清查盘点成品仓库，发现y产品短缺40万元，作了借记“待处理财产损益”科目40万元，贷记“产成品”科目40万元的会计处理。20×9年1月

查清短缺原因，其原因属于一般经营损失部分为35万元，属于非常损失部分为5万元，由于结账时间在前，公司未在20×8年度财务报表中包含对这一经济业务相应的会计处理。

④ 20×8年1月，公司购买价格为24万元的管理部门用轿车1辆并入账，当月启用，但当年未计提折旧。公司采用平均年限法核算固定资产折旧，该类固定资产预计使用年限为5年，预计净残值率为5%。

⑤ 20×9年1月10日，公司原材料仓库因火灾造成Z原材料毁损250万元，公司于当月按规定进行了相应的会计处理。

要求：

(1) 假定不考虑审计重要性水平因素，分别针对审计发现的上述5个事项，A和B审计人员应提出何种处理建议？若需提出调整建议，请列示审计调整分录（不考虑审计调整分录对税费、期末结转损益及利润分配的影响）。

(2) 如果XYZ股份有限公司拒绝接受A和B审计人员针对审计中发现的上述5个事项所提出的相应处理建议，A和B审计人员应当出具何种意见类型的审计报告？并简要说明理由。

(3) 如果XYZ股份有限公司只存在上述第4、5这两个事项，并且接受A和B审计人员对第5个事项提出的相应处理建议，但拒绝接受对第4个事项提出的相应处理建议，A和B审计人员应当出具何种意见类型的审计报告？并简要说明理由。

(4) 如果XYZ股份有限公司只存在上述第3、4、5这3个事项，并且接受A和B审计人员对第5个事项提出的相应处理建议，但拒绝接受对第3、4这两个事项提出的相应处理建议，A和B审计人员应当出具何种意见类型的审计报告？并简要说明理由。

【题5】

基本情况 A注册会计师作为ABC会计师事务所的审计项目合伙人，在审计×公司2012年度财务报表时遇到以下情况：×公司拥有一项长期股权投资，账面价值500万元，持股比例30%。2012年12月31日，×公司与K公司签署投资转让协议，拟以450万元的价格转让该项长期股权投资，已收到价款300万元，但尚未办理产权过户手续。×公司以该项长期股权投资正在转让之中为由，不再计提减值准备。

要求： 假定上述情况对×公司2012年度财务报表的影响是重要的，且拒绝接受A注册会计师提出的审计处理建议。在不考虑其他因素影响的前提下，请针对上述情况，判断A注册会计师应对2012年度财务报表出具何种类型的审计报告，并简要说明理由。

推荐阅读

[1] 朱锦余，徐融，彭家生．关于使用者对审计报告的理解与评价的问卷调查．会计研究，2003 (7).

[2] 陈关亭．上市公司财务敏感区间与项目的审计意见．会计研究，2005 (7)：32-38.

[3] 宋传联．对我国上市公司财务报告舞弊信号的审计识别．财会研究，2005 (11).

[4] 魏朱宝，聂曼曼．审计报告的不同解读．会计研究，2005 (3).

[5] 李春涛，宋敏，黄曼丽．审计意见的决定因素：来自中国上市公司的证据．中国会计

评论，2006 (2)：345 - 362.

[6] 张晓岚，宋敏、上市公司持续经营审计意见信息含量的差异性研究、审计研究，2007 (6)：59 - 66.

[7] 郝自贤. 公司财务会计报告法定审计制度比较研究. 会计之友，2009 (31).

[8] 王海兵，刘亚莲. 审计报告理论比较研究. 会计之友，2010 (9).

[9] 杨书怀. 不合理审计期望差弥合：基于审计报告的有效沟通. 财经论丛，2010 (2).

[10] 赵一蕙. 年报事后审核意见放量 摘帽公司为重点，上海证券报，2013 - 06 - 21.

[11] 中国注册会计师审计准则第 1501 号——对财务报表形成审计意见和出具审计报告.

[12] 中国注册会计师审计准则第 1502 号——在审计报告中发表非无保留意见.

[13] 中国注册会计师审计准则第 1503 号——在审计报告中增加强调事项段和其他事项段.

[14] 中国注册会计师审计准则第 1511 号——比较信息：对应数据和比较财务报表.

[15] 中国注册会计师审计准则第 1521 号——注册会计师对含有已审计财务报表的文件.

[16] 中国注册会计师审计准则第 1601 号——对按照特殊目的编制基础编制的财务报表审计的特殊考虑.

第3章

注册会计师的法律责任

【学习目标】

学习本章以后，你应该能够：

- 了解注册会计师审计的法律环境；
- 理解注册会计师承担法律责任的依据；
- 理解审计业务中，被审计单位责任和注册会计师责任；
- 了解我国注册会计师法律责任的主要内容。

【内容提要】

本章从介绍注册会计师审计的法律环境入手，说明注册会计师审计质量受到政府和公众、法律监督。从产生审计失败的两种主要类型和审计准则要求角度，分析、区分被审计单位经营失败和注册会计师审计失败、错误和舞弊的划分对界定注册会计师法律责任的意义。进而，介绍注册会计师承担法律责任的依据和注册会计师应对法律责任的方法、措施。最后，介绍我国有关法律法规中对注册会计师法律责任的主要内容。

相关案例

琼民源审计失败案

“琼民源”是海南民源现代农业发展股份有限公司的简称。1988 年在海口市注册成立，是当时海南省的大型综合开发企业，1993 年在深圳证券交易所挂牌上市。1994 年起，公司经营开始走下坡路，1995 年，公司濒临亏损的边缘，净资产收益率只有 0.03。1996 年初起，中国的资本市场开始了一轮牛市行情，为了配合资本市场炒作，琼民源疯狂造假业绩。公司 1996 年年报披露实现净利润 48 529 万元，比上年增长 1 291 倍，净资产收益率达到 21.51%。中华会计师事务所对琼民源 1996 年财务报告出具了无保留意见审计报告。

琼民源“好得出奇”的业绩受到投资者质疑，有人向中国证监会举报，琼民源存在违反国家财会制度的问题。中国证监会在经过近一年的调查后确认，琼民源 1996 年年度报告内容严重失实，虚构利润 5.4 亿元，虚增资本公积 6.57 亿元，构成了严重的虚假陈述行为。中华会计师事务所为“琼民源”出具的 1996 年年度财务审计报告，含有虚假、严重误导性内容，违反了会计、审计、证券等法规的有关规定。

为严肃金融、证券法纪，维护金融、证券市场秩序，中国证监会决定：鉴于“琼民源”原董事长兼总经理马玉和等人制造财务数据的行为涉嫌犯罪，将有关资料移交司法机关，追究其刑事责任；建议有关主管部门撤销直接为“琼民源”进行审计的海南中华会计师事务所，吊销其主要负责人的注册会计师资格证书。对中华会计师事务所处以警告，暂停其从事证券业务资格 6 个月，对该事务所在“琼民源”财务审计报告上签字的注册会计师，暂停其从事证券业务资格 3 年。

1998 年 11 月 13 日，北京市第一中级人民法院公布一审判决结果：因提供虚假财务会计报告罪，判决“琼民源”总经理有期徒刑三年，判决“琼民源”会计班文绍有期徒刑二年、缓刑 2 年。当时国内知名的中华会计师事务所，因为“暂停执业半年”而开始走向没落。

3.1　注册会计师审计的法律环境

注册会计师在社会上为不同法律主体的组织和个人提供专业服务，各种服务的保证程度不同，其中审计的保证程度最高，相应需要承担的责任也最大。法律责任是指因违法行为而引起的、由违法者承担的相应的法律后果。法律责任的特点是，它以一定的义务存在为前提，并出现了违反此种义务的事实。注册会计师的法律责任是指注册会计师在履行职责的过程中，因违约、疏忽或者欺诈而导致委托人或利益相关人经济损失，由此而承担的法律后果。正是由于注册会计师需要承担法律责任，使得他们在审计中必须保持应有的职业谨慎态度，不断提升自己的专业能力，保障审计质量，也正是由于注册会计师需要承担法律责任，社会才对注册会计师提供高质量审计服务形成基本的信心和信赖。

3.1.1 法律责任制度框架

不同国家的法律制度不同，注册会计师审计的法律环境也不尽相同。在注册会计师审计发展过程中，英国、美国等市场经济发展较早成熟的国家，在注册会计师法律责任制度建设方面，最早形成了完整的体系。注册会计师的法律责任根据违反法律的类别不同，划分为民事责任、行政责任和刑事责任。

（1）民事责任

对民事法律责任的简称，是指民事主体在民事活动中因实施了民事违反行为，根据民法所承担的对其不利的民事法律后果或者基于法律特别规定而应承担的民事法律责任。民事责任是保障民事权利和民事义务实现的重要措施，是民事主体因违反民事义务所应承担的民事法律后果，它主要是一种民事救济手段，旨在使受害人被侵犯的权益得以恢复。注册会计师审计中所形成的审计关系，通常是一种民事活动。

注册会计师或会计师事务所因违反民法（如合同）或不履行其他民事义务而造成侵害他人（国家、组织和个人）权益的行为，需要承担民事赔偿责任。民事责任从本质上讲是一种经济责任。民事责任主要包括对委托人的责任和对第三方（其他审计报告使用者）的责任，包括股东、银行、债权人、潜在投资者等。例如，Orange&Rankle 会计师事务所因为被审计公司合伙人提出诉讼而发生的损失 100 多万元，其中相当一部分是庭外和解支付被审计公司合伙人的赔偿要求。尽管形式上法院没有作出赔偿的判决，注册会计师事实上承担了民事责任。

（2）行政责任

行政责任是指经济法主体违反经济法律法规依法应承担的行政法律后果，包括行政处罚和行政处分。行政责任通常由政府或者经授权承担一定政府职能的主体实施处罚。注册会计师或会计师事务所在提供专业服务时，因违反注册会计师行业管制和管理的法律、法规或者规章，受到行业管理部门的处罚属于行政责任。从本质上讲，行政责任是一种职业责任。

在本章前面介绍的琼民源审计失败案中，中国证监会作出的对涉案注册会计师的处罚决定就是相关注册会计师和会计师事务所因为琼民源审计失败所承担的行政责任，是中国证券市场上注册会计师第一次被证监会处罚。

（3）刑事责任

刑事责任是指依据国家刑事法律规定，对注册会计师或会计师事务所违法法律行为，由国家司法机关依照刑事法律的规定追究并予以刑事制裁所承担的法律责任。刑事责任与行政责任存在不同之处：一是追究的违法行为不同，追究行政责任的是一般违法行为，追究刑事责任的是犯罪行为；二是追究责任的机关不同，追究行政责任由国家特定的行政机关依照有关法律的规定决定，追究刑事责任只能由司法机关依照《刑法》的规定决定；三是承担法律责任的后果不同，追究刑事责任是最严厉的制裁，可以判处死刑，比追究行政责任严厉很多。

注册会计师承担的上述三种责任可以单处，也可以并处。

在美国，民事法律责任又分为依据成文法和判例法两类不同的体系。所谓成文法，是指已经由立法机关通过的法律，如美国的《证券法》和《证券交易法》，根据《证券法》规定的对客户和第三者的民事责任，股东可以联合起来控告注册会计师没有发现财务报表中的重大错报。所谓判例法（又称普通法、习惯法），是指由法院对个案的裁决确定注册会计师应该承担责任的范围和损害赔偿的金额。每个州的法院在司法机关权力范围内利用以前案例的判例进行判决，如果不存在适合的判例，州法院会考虑其他州已经形成的判例。

注册会计师承担民事法律责任的基本要件包括：注册会计师与委托人（原告）以书面或者口头形式达成的合约而形成的责任关系；注册会计师在履行职责中存在过错；原告发生损失与注册会计师过错存在因果关系；原告实际发生损失的金额。

在美国，由于存在可以组织集团诉讼和允许律师在有关的诉讼案中实行或有收费的制度，使得美国成为注册会计师民事法律责任最为严厉的国家。

相关知识

美国注册会计师的法律责任

1. 习惯法下美国注册会计师的法律责任

1931 年，美国厄特马斯公司对杜罗斯会计师事务所一案，是美国习惯法下关于注册会计师对于第三者责任的一个划时代的案例，它确立了“厄特马斯判例”的传统做法。在这个案例中，被告杜罗斯会计师事务所对一家经营橡胶进口和销售的公司进行审计并出具了无保留意见的审计报告，但其后不久这家公司宣告破产。厄特马斯公司是这家公司的应收账款代理商（企业将应收账款直接卖给代理商以期迅速获得现金），根据注册会计师事务所的审计意见曾给予几次贷款。厄特马斯公司以未能查出应收账款中有 70 万美元属于欺诈为由，指控会计师事务所具有过失。纽约上诉法庭的判定意见是犯有普通过失的注册会计师不对未曾指明的第三者负责，而法庭同时认为，如果注册会计师犯有重大过失或欺诈行为，则应当对未指明的第三者负责。可见，注册会计师对于未指明的第三者是否负有责任，如果遵循“厄特马斯判例”，关键在于过失程度的大小。

新泽西最高法院在审理 1983 年的罗森布鲁姆对阿德勒公司一案中，既没有采用“厄特马斯判例”处理也没有采用民事侵权法新编处理法，而是确立了一种全新的标准。

该案的基本情况是：被告注册会计师对吉昂特仓储公司的财务报表签发了无保留意见的审计报告，这个财务报表显示该公司是盈利的。罗森布鲁姆信赖了这个财务报表，销售给吉昂特公司一个目录陈列室，换得吉昂特公司的股票。但时隔不久，吉昂特公司就申请了破产，该公司的股票也变得一钱不值。

初级法院确定注册会计师的责任为普通过失，从而不对未指明的第三方承担责任。但是，新泽西州最高法院推翻了初级法院的原判，认为：注册会计师因一般过失应该对“可以合理预见”的第三方承担责任。根据商业惯例，这些第三方通常是审计报告的使用者。因此，这个方法又称为可预见的第三方方法，它潜在地扩大了注册会计师的责任，使注册会计师对完全不知道的人也要负责。

“罗森布鲁姆判例”扩大了“厄特马斯判例”的含义，判定具有普通过失的注册会计师对可以合理预期的第三方负有责任。一般来讲，可谓可以合理预见的第三者，是指注册会计师在正常情况下能够预见将依赖财务报表的人，如资产负债表日有大额未归还的银行贷款，那么银行就是可以合理预见的第三者。该处理方法因最初在新泽西州采用，又被称为“新泽西州判决法”。

不过，总的看来，目前在美国习惯法下，注册会计师对于第三者的责任仍然处于不确定的状态。

2. 成文法下美国注册会计师的法律责任

时至今日，美国涉及注册会计师法律责任的成文法规定仍然主要是《1933 年证券法》和《1934 年证券交易法》。

在《1933 年证券法》里，对注册会计师的要求非常严格。第一，只要注册会计师具有普通过失，就对第三者负有责任；第二，将不少举证责任由原告转往被告，原告（证券购买人）仅需证明他遭受了损失及登记表是令人误解的，而不需证明他依赖了登记表或注册会计师具有过失，即举证责任转往了被告。不过，该法案将有追索权的第三者限定在证券的原始购买人。

在《1934 年证券交易法》中，注册会计师要对上市公司每年的年度财务报表和买卖公司证券的任何人负责，但是该法案将注册会计师的责任限定在重大过失或欺诈行为。它将大部分举证责任也转往被告，而原告应当向法院证明他依赖了令人误解的财务报表，也就是说他要证明这是他受损的直接原因。注册会计师则需要证明自己的行为不存在重大过失和欺诈。

3. 美国注册会计师的法律责任对我国的借鉴意义

根据美国成文法中将举证责任由原告转往被告这一事实，可对我国《民法通则》中“谁主张，谁举证”的原则进行补充，即在证券市场上，第三方投资者无需负担举证责任，只需证明经审计的财务报表存在重大错报和漏报；而审计人员和上市公司应当承担举证责任，证明原告的损失并非由财务报表引起的。这是因为：第一，客观条件的限制，作为原告的投资人很难获得被告故意制造虚假会计信息的证据；第二，原告即使有足够的专业知识和能力来获得有关证据，对个人而言，上诉将耗费大量的时间和成本，普通个人往往无力承担。

3.1.2 注册会计师法律责任变化趋势

注册会计师法律责任随着环境的变化而变化，社会对注册会计师审计的社会期望不断提高。注册会计师必须适应这些社会期望的变化，积极调整自身的行为规范要求，否则将面临越来越大的法律责任压力，影响到注册会计师行业的发展。1993 年，当时的美国“六大”会计师事务所向美国证券交易委员会（SEC）提交了一份有关注册会计师责任危机的报告。报告指出，1992 年会计师事务所有关审计、会计诉讼的法律费用高达 5.98 亿美元，相当于会计师事务所审计、会计收入的 11%。

注册会计师法律责任变化的基本趋势是不断扩展。注册会计师承担法律责任的对象从审计合约当事人扩展到当事人以外的可预见第三方或已预见第三方，从原告举证到被告举证，从过程认定存在审计行为违反了审计行为规范到结果认定财务报表是否存在重大虚假等法律规定的变化，基本上都是不断增强注册会计师需要承担的法律责任。加之执法主体的力度不断加大，导致注册会计师涉及法律诉讼的数量和金额都呈上升趋势。

究其原因，注册会计师法律责任的不断加大，一方面是由于企业规模不断扩大、业务全球化及企业经营的错综复杂性，使财务报表反映的内容更加复杂；公司在日趋激烈的竞争环境中，盈余管理的动机也越来越强。注册会计师面临的审计风险越来越高。另一方面，投资者的自我保护意识越来越明确和强烈，积极拿起法律武器保护自身的权益。同时，政府监管部门为了维护资本市场的稳定，保护投资者的意识日益增强，监管措施日益完善，处罚注册会计师的力度不断加大。加上在“保护消费者”年代，注册会计师败诉的案例也日益增多，使得律师有非常强烈的动机，以或有收费为基础向利益相关者提供法律服务，无论是否有道理，都将注册会计师作为起诉的对象。

面临严峻的法律环境，注册会计师一方面通过更加谨慎地选择客户、聘请律师顾问、购买职业保险等手段降低法律风险，更重要的是，通过不断改进审计方法、改善审计质量控制体系、完善审计准则、提高注册会计师的专业能力和道德行为水准等措施，保障审计质量，寻求在严峻法律环境下的可持续发展道路。

相关案例

Orange&Rankle 会计师事务所法律责任

Orange&Rankle 是一家会计师事务所，承担一家开发软件的小型高科技客户的审计业务。该客户的绝大部分资本是由一家由 40 个有限责任合伙人成立的联合企业提供的。拥有这些股权的所有者都是一些有头脑的商人和职业界人士，包括几名律师。

Orange&Rankle 事务所自该公司成立以来，连续四年为其实施审计，平均每年的审计公费大约是 13 000 美元。审计任务由胜任的审计师出色地完成。事务所和其他随后复合审计业务的人都可以清楚地看出，他们在各个方面都遵守了 GAAS。

就在公司成立后的第五年中期，它制定的营销方案开始显示出过于乐观的迹象，公司也即将需要追加资本或进行重大战略转变。有限责任合伙人对此做了表决并拒绝提供追加资本，公司最后彻底垮掉并宣告破产。有限责任合伙人丧失了他们对该公司的投资，他们对涉及该企业的所有各方都提起了诉讼，当然也包括审计师。

接下来的几年，审计师一直为自己在诉讼案中进行辩护。他们参加了完整的举证过程，聘用了审计方面的专家证人提出了申诉等。他们不止一次设法和解，但原告始终不同意审计师提出的合理赔偿额。最后，在进入判决程序的第二天，原告同意按名义赔偿额达成和解。

原告显然知道审计师没有过错，但仍对他们提起诉讼。不算在人员工时方面的损失、信誉的损失和由此产生的紧张压力，单说事务所的实际现金支出就有 100 多万美元。这件审计师完全无辜的诉讼案成本，实际上要超过从客户那里所得的年平均审计公费的 75 倍。

3.2 注册会计师承担法律责任的依据

法律责任的出现，通常是因为注册会计师在执业时没有保持应有的职业谨慎，并因此导致了对他人权益的损害。注册会计师在执业过程中，通常需要与客户签订业务约定书。业务约定书对当事人各方的权利和责任都有相应的规定。同时，各种法律法规和规章及在法庭形成的各种判例，都可以成为注册会计师承担法律责任的依据。

不过，由于注册会计师审计涉及许多专业领域的知识，对于审计行为的规范要求，首先需要由专业人士确定。由注册会计师职业组织制定的审计准则和职业道德准则，成为法庭和社会公众判断注册会计师具体审计行为时的重要依据。另一方面，社会公众对于注册会计师行为的期望，也会通过法庭判决、立法机关的调查与相关法律的制定与完善体现出来。

总之，在执行审计业务时，注册会计师应当按照审计准则的要求审慎执业，保证执业质量，控制审计风险。否则，一旦出现审计失败，就有可能承担相应的责任。

3.2.1 对财务报表的责任

在财务报表审计中，需要首先明确界定注册会计师与被审计单位管理层的责任：被审计单位管理层对财务报表公允反映承担首要的责任，注册会计师只是对所发表的审计意见负责。当公司公布的经所审定财务报表存在重大错报甚至舞弊时，公司的管理层必须承担责任。如果注册会计师在审计过程中未能发现存在的重大错报而出具了无保留审计意见审计报告，注册会计师是否需要承担法律责任，还需要根据注册会计师审计过程中是否持应有的职业谨慎态度、是否遵循了审计准则的要求来确定。

1. 被审计单位的责任

在被审计单位治理层的监督下，按照适用的会计准则和相关会计制度的规定编制财务报表是被审计单位管理层的责任。

在这里，被审计单位的治理层，是指对被审计单位战略方向及管理层履行经营管理责任负有监督责任的人员或组织，如股东大会、董事会、监事会。治理层的责任包括对财务报告过程的监督。被审计单位的管理层，是指对被审计单位经营活动的执行负有管理责任的人员或组织。

被审计单位管理层对编制财务报表的具体责任包括：选择适用的会计准则和相关会计制度；选择和运用适当的会计政策；根据企业的具体情况，作出合理的会计估计。

为履行上述编制财务报表的职责，被审计单位的管理层通常需要设计、实施和维护与财务报表编制相关的内部控制，以保证财务报表不存在由于错误或舞弊而导致的重大财务报表错报。

2. 注册会计师的责任

按照中国注册会计师审计准则的规定对财务报表发表审计意见是注册会计师的责任。需要强调的是，财务报表编制和财务报表审计是财务信息生成链条上的不同环节，两者各司其职。财务报表审计不能减轻被审计单位管理层和治理层的责任。

注册会计师对财务信息的责任在于，需要关注财务报表中的重大错报，而没有责任去发现对财务报表整体不产生重大影响的错报。如果注册会计师确实按照审计准则的规定执行审机工作，应当能够对财务报表整体不存在重大错报获取合理保证。除此之外，审计意见也不是对被审计单位未来生存能力或管理层经营效率、效果提供的保证。

注册会计师不能对财务报表整体不存在重大错报获取绝对保证或担保的原因在于：审计中存在的固有限制影响了注册会计师发现重大错报的能力。导致审计固有限制的因素主要包括：选择性测试方法的运用；内部控制的固有局限性；大多数审计证据是说服性的而非结论性的；某些特殊性质的交易和事项可能影响审计证据的说服力。

典型例题解析

基本情况　王某是一家国企的财务总监，在任期三年结束之后，企业聘请了一家会计师事务所对其任期内的财务报表进行了审计。该会计师事务所出具了标准审计报告。不久，司法机关接到举报，有人反映王某任期内勾结财务主管与出纳，私设小金库，侵吞集体财产。为此，司法机关传讯了王某。而王某以审计报告为依据，提出："会计师事务所已经对我任期内的财务报表出具了标准审计报告，证明我没有经济问题，不信可以去问问注册会计师。"

要求：(1) 王某能否以会计师事务所出具的标准审计报告为依据证明自己没有经济问题？

(2) 如果你是签字注册会计师，你将如何回答这一问题？

参考答案　(1) 不能证明。

(2) 签字注册会计师可以这样回答：标准审计报告不能起上述证明作用，因为被审计单位管理层的责任与注册会计师所承担的责任并不相同。

第一，对于被审计单位管理层而言，设计、实施和维护与财务报表编制相关的内部控制，以保证财务报表不存在由于舞弊或错误而导致的重大错报是其责任所在；而对于注册会计师而言，其对财务信息的责任在于需要关注财务报表中的重大错报，但没有责任去发现对财务报表整体不产生重大影响的错报。

第二，由于选择性测试方法的运用是审计的固有限制，注册会计师即使依照独立审计准则进行审计，也不能保证发现所有的错误或者舞弊。并且，在题中所列示的情况下，王某与财务主管、出纳勾结，使内部控制完全失效。

第三，注册会计师对财务报表进行审计，并非专为发现错误或舞弊。如果委托人要求对可能存在的错误或舞弊进行专门审计，注册会计师应当考虑审计风险，在确定自身能力能够承担业务的情况下，另行签订业务约定书。

在社会上，人们对于注册会计师审计应该承担的法律责任经常存在一些误解。当人们的投资由于公司经营不善倒闭而遭受重大损失时，有些人会认定注册会计师从中应该承担一定的责任。为此，注册会计师职业组织专门颁布了"持续经营"审计准则，要求注册会计师在审计过程中关注公司持续经营能力方面是否存在问题，结合公司已经和拟采取的各种措施，能否消除对导致公司持续经营能力重大疑虑的事项和情况的重大不确定性，根据不同的情况，出具不同意见类型的审计报告，以便向财务报表使用者提出警示。

但是，注册会计师在审计过程中对公司持续经营状况的关注，以及根据审计结果出具不同类型的审计报告，并不意味着是对公司经营的担保；由于未来事项的发生与否、已经存在事项未来发展的可能性、管理层根据环境变化如何进行决策，都不是注册会计师可以预见或者控制的，因此公司未来经营的结果如何只能由管理层承担责任，注册会计师不能也不应该承担责任。

3. 经营失败和审计失败的关系

(1) 经营失败（Business Failure）

被审计单位在出现经营失败时，公司的股东或者投资者经常会把负责审计的注册会计师列为被告之一。很多会计和法律专业人员认为，财务报表使用者控告会计师事务所的主要原因之一是不理解经营失败和审计失败之间的差别。众所周知，资本投入或借给企业后，就面临某种程度的经营风险。所谓经营风险（Business Risk），是指企业由于经济或经营条件，如经济萧条、决策失误或竞争等，而无力归还借款或无法达到投资人期望的收益。经营风险的极端情况就是经营失败。

（2）审计失败（Audit Failure）

审计失败则是指注册会计师没有遵守公认审计准则而形成或提出了错误的审计意见。出现经营失败时，审计失败可能存在，也可能不存在。另外，还可能存在这样的情况，即审计人员确实遵守了审计准则，但却提出了错误的审计意见，这种情况被称为审计风险（Audit Risk）。由于审计采取抽样方法，并且有些隐蔽较好的舞弊难以发现，所以总是存在一定的审计不能发现财务报表重大错报项目的风险。

在发生经营失败时，即某一被审计单位破产或无力偿还债务时，报表使用者往往指责审计失败。特别是审计意见未能完全公允地反映事实情况时，情况就更困难了，遭到损失的利益相关者希望得到补偿，被审计单位已无力还款，而注册会计师事务所还具备一定的资金能力，由此会计师事务易成为被起诉的对象，这就是所谓的“深口袋现象”。

3.2.2 错误与舞弊

财务报表中出现的重大错报，有些是被审计单位无意为之，有的则是有意为之。建立必要的制度和内部控制，防止和发现、纠正导致财务报表重大错报的错误和舞弊，是被审计单位治理层和管理层的责任。注册会计师的责任是在财务报表审计中关注可能存在的、导致财务报表重大错报的错误与舞弊。由于审计中的固有限制影响注册会计师发现重大错报的能力，注册会计师不可能对财务报表整体不存在重大错报作出绝对保证。特别是，如果被审计单位管理层精心策划和掩盖舞弊行为，尽管注册会计师完全按照审计准则执业，有时还是不能发现某项重大舞弊行为。

1. 错误和舞弊的特征

财务报表中的错报有的是被审计单位无意为之，有的则是有意为之。防止、发现错误和舞弊是被审计单位治理层和管理层的责任，注册会计师负有在财务报表审计中关注错误和舞弊的责任。

（1）错误

错误是指导致财务报表错报的非故意行为，主要包括：为编制财务报表而收集和处理数据时发生失误；由于疏忽和误解有关事实而作出不恰当的会计估计；在运用与确认、计量、分类或列报（包括披露，下同）相关的会计政策时发生失误。

（2）舞弊

舞弊是指被审计单位的管理层、治理层、员工或第三方使用欺骗手段获取不当或非法利益的故意行为。

有两类故意错报与财务报表审计相关：一是对财务信息作出虚假报告导致的错报；二是侵占资产导致的错报。

第一类错报通常与管理层凌驾于控制之上有关。管理层通过凌驾于控制之上实施舞弊的手段主要包括：

① 编制虚假的会计分录，特别是在临近会计期末时；

② 滥用或随意变更会计政策；

③ 不恰当地调整会计估计所依据的假设及改变原先作出的判断；

④ 故意漏记、提前确认或推迟确认报告期内发生的交易或事项；

⑤ 隐瞒可能影响财务报表金额的事实；

⑥ 构造复杂的交易以歪曲财务状况或经营成果；

⑦ 篡改与重大或异常交易相关的会计记录和交易条款。

2. 注册会计师检查舞弊的责任

防止、发现错误和舞弊是被审计单位治理层和管理层的责任。其中，被审计单位的治理层有责任监督管理层建立和维护内部控制；管理层有责任在治理层监督下建立良好的控制环境，制定和落实公司（包括防范舞弊）的内部控制制度，确保治理层的决策和政策的落实，保证有序、有效地开展生产经营活动，实现组织发展的目标与战略。特别需要强调的是，公司发生的重大舞弊，往往有高层管理人员参与或者组织，因此舞弊防范制度的建设，需要治理层的高度重视和直接参与。

相关知识

美国注册会计师协会和其他职业会计团体一起出版了《管理层反舞弊方案和控制：防范和发现舞弊指南》。该书认为，三方面的行动有助于防范舞弊的发生：

① 营造和保持讲诚信，讲道德的文化；

② 评估舞弊风险并实施方案以控制、化解风险；

③ 建立适当的舞弊监督程序，如由审计委员会监督内部控制和财务报告。

注册会计师财务报表审计的目标是确定财务报表是否公允反映了公司的财务状况、经营成果和现金流量。但是，在检查舞弊方面也承担一定的责任，就是要发现导致公司财务报表出现重大错报的各种舞弊。为了履行这方面的职责，需要在计划阶段就开始持有足够的职业谨慎。在进行财务报表重大错报风险评估时，需要关注公司是否有提示可能存在舞弊的这种迹象；对于社会上已经发生的许多公司舞弊事件提示的高风险领域（如收入的确认、关联方交易等）应该作为审计的重点，搜集证据确认不存在影响财务报表公允反映的舞弊；如果审计过程中发现了管理层甚至治理层的舞弊，注册会计师应该考虑征询法律专家的意见，决定需要采取的措施；进一步，注册会计师应当根据法律法规的规定，确定是否向政府监管部门报告所发现的管理层、治理层的重大舞弊。

如果财务报表存在舞弊或者舞弊嫌疑导致的错报，且注册会计师遇到难以继续执行审计程序的异常情形，注册会计师应当考虑相应的职业责任和法律责任。可以考虑的措施包括向审计委托人报告或者根据法律法规的规定向监管机构报告，评估错报对审计报告的影响、确定是否需要解除业务约定。

典型例题解析

基本情况 注册会计师在对 A 公司 X 年度的财务报表进行审计时怀疑 A 公司的财务主管存在挪用公款的行为，在年终结账时，以虚假的会计分录入账。

要求：(1) 请描述注册会计师对上述挪用公款行为的审计责任。

(2) 如果注册会计师获得了财务主管挪用公款行为的确凿证据，请说明注册会计师对此行为的报告责任。

分析思路：(1) 上述挪用公款的行为，如果导致了财务报表的错报，注册会计师应考虑错报金额的重要性，并进而考虑财务报表重大错报的风险。

(2) 如果注册会计师获得了确凿证据证实上述挪用公款行为，注册会计师应考虑与更高层次管理层沟通，并获得更高层次管理层知悉此事的证据。

---

3. 违反法律法规的行为

企业在生产经营活动过程中必须遵守国家的有关法律法规，不同的法律法规对财务报表的影响不同，有些可能会对财务报表数据产生直接的影响（如国家外汇管制方面的法规），而有些法律法规规定了允许被审计单位开展经营活动的条件，如劳动合同法、环境保护法，对财务报表不产生直接影响。不过，公司生产经营活动如果违反了这些法律法规，可能导致被审计单位面临罚款、诉讼或其他对财务报表产生重大影响的后果。因此，与被审计单位生产经营活动相关的各种法律法规，构成了注册会计师在财务报表审计中需要考虑的法律法规框架。

(1) 对违反法律法规行为的责任划分

被审计单位管理层对公司违反法律法规行为承担首要的责任。管理层的责任是在治理层的监督下确保被审计单位的经营活动符合法律法规的规定。管理层为了确保公司生产经营活动的合法性，需要建立一系列的制度。如跟踪法律法规的变化，确保设计的经营程序符合法律法规的规定；建立和执行适当的内部控制；制定、公布和落实行为守则，确保员工得到适当培训，了解行为守则。建立制度对行为守则的遵守情况进行经常性监控，对违反行为守则的员工采取恰当的措施给予处分；聘请法律顾问帮助管理层跟踪法律法规的变化；汇编重要的、被审计单位在其所处行业必须遵守的法律法规；保存被投诉的记录；将适当的职责分派给内部审计机构、审计委员会或者合规部门（法律部门），协助管理层履行防止和发现违反法规行为的责任。

注册会计师有责任识别由于违反法律法规导致的财务报表重大错报，但注册会计师没有责任防止被审计单位违反法律法规行为，也不能期望注册会计师发现所有的违反法律法规行为。因为审计的固有限制决定了注册会计师在检查和报告公司违反法律法规行为方面的局限性。首先，许多法律法规主要与被审计单位经营活动相关，但不影响财务报表，且不能被与财务报告相关的信息系统所获取；其次，某些行为是否构成违反法律法规注册会计师不是法律方面的专家，最终只能由法院认定；最后，违反法律法规往往涉及故意隐瞒的行为，管理层会故意向注册会计师提供虚假陈述，使得审计难以取得需要的信息和证据。

注册会计师在关注公司违反法律法规行为方面的具体责任包括：

- 针对通常对决定财务报表中的重大金额和披露有直接影响的法律法规的规定，获取被审计单位遵守这些规定的充分、适当的审计证据；
- 针对其他法律法规，实施特定的审计程序，以有助于识别可能对财务报表产生重大影响的违反这些法律法规的行为；
- 恰当应对在审计过程中识别出的或怀疑存在的违反法律法规行为。

(2) 注册会计师对违反法律法规行为的考虑

由于注册会计师在检查、发现和报告被审计单位违反法律法规行为方面承担着一定的责任，注册会计师在审计过程中应该对违反法律法规行为给予必要的考虑，其中涉及几方面的内容。首先，注册会计师应该了解适用于被审计单位及其所处行业或领域的法律法规框架，了解被审计单位如何遵守这些法律法规框架。其次，注册会计师需要通过询问管理层等方式，识别被审计单位是否存在违反法律法规的行为。在没有证据表明被审计单位存在违反法律法规行为时，注册会计师可以推定被审计单位遵守了相关的法律法规。

如果注册会计师在检查过程中怀疑被审计单位存在违反法律法规行为，注册会计师应当就此与管理层和治理层进行讨论；如果管理层或治理层不能提供充分的信息，证明被审计单位遵守了法律法规，并且注册会计师根据判断认为怀疑存在的违反法律法规行为可能对财务报表产生重大影响，注册会计师应当考虑是否需要征询法律意见。

如果注册会计师通过检查被审计单位与许可证颁发机构或监管机构的往来函件等审计程序时，发现被审计单位受到监管机构、政府部门的调查，或者支付罚金或受到处罚的证据，应该考虑如何进行报告。

对被审计单位违反法律法规行为的报告分为3个层次：与被审计单位治理层沟通、出具审计报告和向监管机构报告。

① 与治理层沟通。注册会计师应当将注意到的违法行为尽快地与治理层沟通或获取治理层已获知违法行为的审计证据。如果认为违法行为是故意和重大的，注册会计师应当就发现的情况立即与治理层沟通。如果怀疑违法行为涉及高级管理人员，注册会计师应当向被审计单位内部的审计委员会或监事会等更高层次的机构报告。如果不存在更高层次的垫构或注册会计师认为报告不起作用或难以确定向谁报告，注册会计师应当考虑征询法律意见。

② 出具审计报告。如果注册会计师认为违法行为对财务报表有重大影响，且未能在财务报表中得到恰当反映，注册会计师应当出具保留意见或否定意见的审计报告。如果因被审计单位阻挠无法获取充分、适当的审计证据，以评价是否发生或可能发生对财务报表具有重大影响的违法行为，注册会计师应当根据审计范围受到限制的程度，出具保留意见或无法表示意见的审计报告。如果因审计范围受到被审计单位以外的其他条件限制而无法确定违法行为是否发生，注册会计师应当考虑其对审计报告的影响。

③ 向监管机构报告。如果发现被审计单位存在严重违法行为，注册会计师应当考虑法律法规是否要求其向监管机构报告；必要时，征询法律意见。

3.3 注册会计师承担法律责任的原因

注册会计师在工作中的违约、过失或欺诈行为是导致注册会计师承担法律责任的原因。

(1) 违约 (Breach of Contract)

违约是指合同的一方或几方未能达到合同条款的要求。当违约给他人造成损失时，注册会计师应负违约责任。例如，会计师事务所未能在规定的时间提交审计报告或违反了与被审计单位订立的保密协议等。

(2) 过失 (Negligence)

过失是指在一定的条件下，行为主体缺少应具有的合理的谨慎。评价注册会计师的过失，是以其他合格注册会计师在相同条件下可做到的谨慎为标准的。通常将过失按其程度不同分为普通过失和重大过失。

普通过失 (Ordinary Negligence) 通常是指没有严格保持职业上应有的合理谨慎。对注册会计师则是指没有完全遵循专业准则的要求。

重大过失 (Gross Negligence) 是指连起码的职业谨慎都不保持，对业务和事务不加考虑。对注册会计师而言，则是指根本没有遵循专业准则或没有按专业准则的要求执行审计。

(3) 欺诈 (Fraud)

欺诈又称注册会计师舞弊，是以欺骗或坑害他人为目的的一种故意的错误行为。具有不良动机是欺诈的主要特征，也是欺诈与过失的主要区别之一。对于注册会计师而言，欺诈就是为了达到欺骗他人的目的，故意出具虚假审计意见的审计报告。

《中华人民共和国注册会计师法》明确规定，如果注册会计师有以下行为的，应当依法承担行政责任。

① 明知委托人对重要事项的财务会计处理与国家有关规定相抵触，而不予指明。

② 明知委托人的财务会计处理会直接损害报告使用人或者其他利害关系人的利益，而予以隐瞒或做不实的报告。

③ 明知委托人的财务会计处理会导致报告使用人或者其他利害关系人产生重大误解，而不予指明。

④ 明知委托人的财务报表重要事项有其他不实内容，而不予指明。

可见，在界定注册会计师和事务所的行政责任时，关键要取得注册会计师“明知”的证据。如果找到注册会计师明知委托人存在错误与舞弊而隐瞒实情，做虚假陈述的证据，则属于“欺诈”；相反，则属于“过失”。

相关概念

推定欺诈

对一些完全不遵循规定的技术标准并造成重大后果，而又找不到注册会计师“明知”的证据时，如果仍然将注册会计师的行政责任界定为“过失”，而给予较轻的处罚时，必然会给社会公众造成行业利己的印象，同时也不利于保护执业情况良好的会计师事务所的声誉。因此，国际上通常将这种“过失”称为之重大过失，并将其责任等同于欺诈，命名为“推定欺诈”或“涉嫌欺诈”，即指虽找不到欺诈或坑害他人不良动机的证据，但却存在极端或异常的过失。

在美国，许多法院曾经将注册会计师的重大过失解释为推定欺诈，特别是近年来有些法院放宽了“欺诈”一词的范围，使得推定欺诈和欺诈在法律上成为等效的概念。这样，具有重大过失的注册会计师的法律责任就进一步加大了。

相关案例

大陆自动售货机公司（Continental Vending Corporation）

这是美国第一起注册会计师因欺诈承担刑事责任的案例。1962年，大陆自动售货机公司董事长兼总裁罗斯（Roth）将350万美元款项贷款给自己控制的、未经审计的联营公司——溪谷商业公司。溪谷商业公司再将等额款项贷款给罗斯用于个人股票交易。最终，由于罗斯无法归还该笔款项，致使该项在大陆自动售货机公司应收溪谷商业公司的应收款成为坏账。大陆自动售货机公司财务状况恶化，被迫宣布破产。

在注册会计师审定的财务报表附注中，该事项的说明是“应收溪谷商业公司款项，附带年息12%，此笔款项减除应付溪谷商业公司票据余额之后，以大陆自动售货机公司罗斯所拥有的某些有价证券上的权益为担保。截至审计报告日，该权益按当时市价计算，超过应收溪谷商业公司款项净额。”但是，在法院审理过程中发现，作为抵押的有价证券中，80%属于大陆自动售货机公司其他股东，计290万美元。

在该案诉讼中，最初事务所以200万美元达成了庭外和解。但是，政府认为，该案涉及欺诈行为，再次提起诉讼。政府认为，审计师已注意到应收溪谷商业公司款项的说明不够充分、妥当，并且罗斯向联营公司进行了借款，但仍未加以审查，直接对财务报表签发无保留意见，其意图是掩盖自己多年的审计过失，保护自己的职业声誉，违反了禁止向联邦机构呈送虚假财务报表的刑事法规，构成了刑事欺诈罪。

法庭最后裁决：本案的关键是要证明“财务报表是否公允反映，而不是被告的行为是否诚实”。遵循公认审计准则的证据“可能是一项很有说服力的证据，但它不一定能够证明被告是诚实的，也不能证明所验证的事实没有重大虚假或误导之处”。

法庭对涉案3名注册会计师处以17 000美元的罚款，吊销其注册会计师资格。该案的影响包括：促使美国注册会计师协会颁布“关联方交易”审计准则；是注册会计师承担刑事责任的首例；扭转了注册会计师认为只有明显地与客户同谋、提供虚假财务报表才会被指控有欺诈罪的观念。

3.4　我国注册会计师的法律责任

我国注册会计师的法律责任也包括行政责任、民事责任和刑事责任，不过，相对而言，行政责任较之民事责任和刑事责任对注册会计师的行为影响更为显著。政府的职责之一是在改革开放的过程中保障基本的经济秩序和市场秩序。如果注册会计师工作失误或犯有欺诈行为，将会给客户或依赖经审计财务报表的第三者造成重大损失，严重的甚至导致经济秩序的紊乱。

我国在许多经济法律法规中，都有专门规定会计师事务所、注册会计师法律责任的条款，其中包括《注册会计师法》、《违反注册会计师法处罚暂行办法》、《公司法》、《证券法》及《刑法》等。此外，审理涉及会计师事务所在审计业务活动中的民事侵权赔偿责任时的法律依据包括《民法通则》、《注册会计师法》、《公司法》、《证券法》等法律。最高人民法院根据中国资本市场出现的重大公司舞弊和注册会计师审计失败案及满足维护公共利益、保护投资者利益的需要，相继出台了一系列相关司法解释，也是处理我国审计民事法律责任的重要法律依据。表 3 - 1 是我国注册会计师及会计师事务所近年来承担法律责任的部分事件。

表 3 - 1　我国注册会计师及会计师事务所近年来承担法律责任的部分事件

会计师事务所	处罚字号	处罚措施	相关事件
海南大正会计师事务所	证监罚字［1998］34 号	罚款人民币 30 万元；暂停事务所从事证券、资产评估业务资格 6 个月；暂停卢庚保从事证券业务资格 3 年	
成都蜀都会计师事务所	证监查字［1998］79 号	没收事务所非法所得 30 万元，罚款 60 万元；暂停事务所从事证券资格 3 年；认定签字注册会计师王应钦、张绣花为证券市场业务禁入者	成都红光
沈阳华伦会计师事务所	财政部	吊销证券、期货相关业务许可证	黎明股份
深圳中天勤会计师事务所	财政部	财政部吊销签字注册会计师的资格，吊销中天勤会计师事务所执业资格，并会同证监会吊销中天勤证券、期货相关业务许可证；两名签字注册会计师因触犯刑法入狱	银广夏
郑州会计师事务所	证监罚字［2001］20 号、财政部	财政部吊销了郑州会计师事务所证券、期货相关业务许可证；证监会对签字的两位注册会计师分别罚款 30 万元和 20 万元，并暂停其证券从业资格	郑百文
毕马威华振会计师事务所	财政部	财政部对毕马威华振会计师事务所通报批评	锦州港
湖北大信会计师事务所	证监罚字［2002］9 号	对事务所处以警告；没收违规收入 15 万元并罚款 15 万元；对会计师吴卫星、蔡瑜各罚款 3 万元	桂林集琦
中勤万信会计师事务所	证监罚字［2005］15 号	对事务所处以警告，罚款 30 万元；对注册会计师呙华文、辛正义分别处以 5 万元罚款	天歌科技
天职孜信会计师事务所	证监罚字［2005］27 号	对事务所罚款 20 万元；对负有直接责任的注册会计师李海来、唐爱清罚款 5 万元	天一科技
北京京都会计师事务所	证监罚字［2006］8 号	对事务所处以罚款 20 万元；对注册会计师李欣、景恒心分别处以 5 万元罚款	中关村科技
北京中天华正会计师事务所	证监罚字［2007］18 号	对事务所给予警告，并处以 10 万元罚款；对签字注册会计师何祚文、周珊珊分别处以 3 万元罚款	美雅集团
普华永道中天会计师事务所	财政部	财政部对上海普华永道中天会计师事务所公开点名，要求整改	京东方
华寅会计师事务所	财政部	财政部对华寅会计师事务所予以警告	银河科技
万隆会计师事务所	证监罚字［2009］52 号	没收业务收入 50 万元并处 50 万元罚款，对四名注册会计师给予警告并处罚款合 33 万元外，还对主要当事人事务所的副主任会计师卫宗泙处以 3 年证券市场禁入	金荔科技
利安达会计师事务所	证监罚字［2012］35 号	责令改正，没收利安达业务收入 70 万元；对签字注册会计师李耀堂、黄丽华、孙莉、王晓波给予警告，并分别处以 3 万元罚款	华阳科技

3.4.1　民事责任的内容

1.《民法通则》的规定

1987 年 1 月 1 日施行的《民法通则》第一百零六条规定：“公民、法人违反合同或者不履行其他义务的，应当承担民事责任。公民、法人由于过错侵害国家的、集体的财产，侵害他人财产、人身的，应当承担民事责任。没有过错，但法律规定应当承担民事责任的，应当承担民事责任。”

2.《注册会计师法》的规定

1994 年 1 月 1 日实施的《注册会计师法》在第六章第四十二条规定“会计师事务所违反本法规定，给委托人、其他利害关系人造成损失的，应当依法承担赔偿责任。”

3.《证券法》的规定

2005 年 10 月 27 日新修订的《证券法》第一百七十三条规定：“证券服务机构为证券的发行、上市、交易等证券业务活动制作、出具审计报告、资产评估报告、财务顾问报告、资信评级报告或者法律倉见书等文件，应当勤勉尽责，对所依据的文件资料内容的真实性、准确性、完整性进行核查和验证。其制作、出具的文件有虚假记载、误导性陈述或者重大遗漏，给他人造成损失的，应当与发行人、上市公司承担连带赔偿责任，但是能够证明自己没有过错的除外。”

4.《公司法》的规定

2005 年 10 月 27 日新修订的《公司法》第二百零八条第三款规定：“承担资产评估、验资或者验证的机构因出具的评估结果、验资或者验证证明不实，给公司债权人造成损失的，除能够证明自己没有过错的外，在其评估或者证明不实的金额范围内承担赔偿责任。”

3.4.2　刑事责任的责任

1.《注册会计师法》的规定

《注册会计师法》第三十九条第三款规定：“会计师事务所、注册会计师违反本法第二十条、第二十一条的规定，故意出具虚假的审计报告、验资报告，构成犯罪的，依法追究刑事责任。”

2.《证券法》的规定

《证券法》第二百三十一条规定：“违反本法规定，构成犯罪的，依法追究刑事责任。”

3.《公司法》的规定

《公司法》第二百一十六条规定：“违反本法规定，构成犯罪的，依法追究刑事责任。”

4.《刑法》的规定

《刑法》第二百二十九条第一款规定：“承担资产评估、验资、验证、会计、审计、法律服务等职责的中介组织的人员故意提供虚假证明文件，情况严重的，处五年以下有期徒刑或者拘役，并处罚金。”

第二百二十九条第二款规定：“前款规定的人员，索取他人财物或者非法收受他人财物，犯前款罪的，处五年以上十年以下有期徒刑，并处罚金。”

第二百二十九条第三款规定：“第一款规定的人员，严重不负责任，出具的证明文件有重大失实，造成严重后果的，处三年以下有期徒刑或者拘役，并处或者单处罚金。”

第二百三十一条规定：“单位犯有本节第二百二十一条至第二百三十条规定之罪的，对单位判处罚金，并对其直接负责的主管人员和其他直接责任人员，依照本节各该条的规定处罚。”

5.《违反注册会计师法处罚暂行办法》的规定

《违反注册会计师法处罚暂行办法》第三十一条规定："注册会计师和事务所的违法行为构成犯罪的，应当移交司法机关，依法追究刑事责任。"

另外，由于我国在民事责任方面法律制度建设起步较晚，许多法院对于重大公司舞弊案（如银广夏公司案）发生后，没有现成的法律可以依据。最高人民法院先后颁布一系列司法解释，指导地方法院的工作。2007 年 6 月 11 日发布的《关于审理涉及会计师事务所在审计活动中民事侵权赔偿案件的若干规定》汇总了以往的法律解释，对民事法律责任审理中的重大问题作出了尽可能既符合法律精神并切合实际的有关规定，其中涉及九个方面：事务所侵权责任产生的事由；利害关系人的范围；诉讼当事人的列置；执业准则的法律地位；归责原则和举证责任分配；事务所的连带责任和补充责任；事务所侵权赔偿顺位和赔偿责任范围。

其中特别重要的是，最高人民法院明确将执业准则纳入法律程序范畴，将事务所是否遵循了执业准则的要求作为判断其有无故意和过失的重要依据。

对于事务所做大做强过程中所关注的事务所与其分支机构关系问题，"若干规定"第十一条明确规定："会计师事务所与其分支机构作为共同被告的，会计师事务所对其分支机构的责任承担连带赔偿责任。"

3.4.3 行政责任的内容

1.《注册会计师法》的规定

《注册会计师法》第三十九条第一款规定："会计师事务所违反本法第二十条、第二十一条规定的，由省级以上人民政府财政部门给予警告，没收违法所得，可以并处违法所得一倍以上五倍以下的罚款；情节严重的，可以由省级以上人民政府财政部门暂停其经营业务或者予以撤销。"

《注册会计师法》第三十九条第二款规定："注册会计师违反本法第二十条、第二十一条规定的，由省级以上人民政府财政部门给予警告，情节严重的，可以由省级以上人民政府财政部门暂停其执行业务或者吊销注册会计师证书。"

2.《证券法》的规定

《证券法》第二百零一条规定："为股票的发行、上市、交易出具审计报告、资产评估报告或者法律意见书等文件的证券服务机构和人员，违反本法第四十五条的规定买卖股票的，责令依法处理非法持有的股票，没收违法所得，并处以买卖股票等值以下的罚款。"

第二百零七条规定："违反本法第七十八条第二款的规定，在证券交易活动中作出虚假陈述或者信息误导的，责令改正，处以三万元以上二十万元以下的罚款；属于国家工作人员的，还应当依法给予行政处分。"

第二百二十三条规定："证券服务机构未勤勉尽责，所制作、出具的文件有虚假记载、误导性陈述或者重大遗漏的，责令改正，没收业务收入，暂停或者撤销证券服务业务许可，并处以业务收入一倍以上五倍以下的罚款。对直接负责的主管人员和其他直接责任人员给予警告，撤销证券从业资格，并处以三万元以上十万元以下的罚款。"

第二百二十五条规定："上市公司、证券公司、证券交易所、证券登记结算机构、证券服务机构，未按照有关规定保存有关文件和资料的，责令改正，给予警告，并处以三万元以上三十万元以下的罚款；隐匿、伪造、篡改或者毁损有关文件和资料的，给予警告，并处以三十万元以上六十万元以下的罚款。"

3.《公司法》的规定

《公司法》第二百零八条第一款规定："承担资产评估、验资或者验证的机构提供虚假材料的，由公司登记机关没收违法所得，处以违法所得一倍以上五倍以下的罚款，并可以由有关主管部门依法责令该机构停业、吊销直接责任人员的资格证书，吊销营业执照。"

第二百零八条第一款规定："承担资产评估、验资或者验证的机构因过失提供有重大遗漏的报告的，由公司登记机关责令改正，情节较严重的，处以所得收入一倍以上五倍以下的罚款，并可以由有关主管部门依法责令该机构停业、吊销直接责任人员的资格证书，吊销营业执照。"

4.《违反注册会计师法处罚暂行办法》的规定

第四条规定："对注册会计师的处罚种类包括：（一）警告；（二）没收违法所得；（三）罚款；（四）暂停执业部分或全部业务，暂停执业的最长期限为 12 个月；（五）吊销有关执业许可证；（六）吊销注册会计师证书。"

第五条规定："对事务所的处罚种类包括：（一）警告；（二）没收违法所得；（三）罚款；（四）暂停执行部分或全部业务，暂停执行的最长期限为 12 个月；（五）吊销有关执行许可证；（六）撤销事务所。"

在实践中，注册会计师的行政责任与各国注册会计师行业监管模式密切相关，基本的趋势是从注册会计师职业界自我监管到政府主导的监管，再到由使用审计报告的利益相关者参与的公共（独立）监管模式转变。这种转变说明，注册会计师职业责任（行政责任）不能由注册会计师职业界自我监督，必须在制度安排上保证注册会计师的职业责任更紧密地反映社会的期望与需求，解决社会公众对"谁来审计审计师"的疑虑。

典型例题解析

基本情况　甲公司委托会计师事务所审计财务报告以便股票上市。会计师事务所审计后为之出具了一份无保留意见的审计报告，该公司得以顺利上市。6 个月后，甲公司在一桩法律诉讼案中败诉，为此需要支付巨额赔偿费。在审计期间，审计人员已得知此事，但当时公司的董事长和管理当局认为，这场官司胜券在握，因而审计人员同意公司的建议，不在财务报表附注中披露这一信息。但当公司赔偿巨款的消息公告后，该公司股票暴跌，投资者认为该公司的财务报告未如实披露这条信息，会计师事务所承担不可推卸的责任，要控告会计师事务所要求赔偿损失。

要求：(1) 请分析审计人员处理该项审计业务是否妥当？

(2) 如果投资者提出诉讼，审计人员应该如何抗辩？

(3) 规避法律责任，会计师事务所及注册会计师应采取哪些积极对策？

分析思路　(1) 审计人员处理该项业务不妥当。因为审计人员所获的证据来源缺乏独立性，未从律师方面得到印证，因而不应当轻易确认审计结果；并且相关事项具有重要性，对公司未来财务影响重大，审计人员虽然执行了有关审计程序，但没有保持足够的职业谨慎，属于普通过失。

(2) 如果投资者提出诉讼，审计人员可有以下抗辩理由：只是普通过失，审计过程不涉及重大过失或欺诈；一家公司股票价格的下跌会受多种因素影响，巨额赔偿事项可能不是直接原因或不是唯一原因。

(3) 从根本上看，增强执业的独立性、随时保持职业谨慎、强化执业监督是减少过失和防止欺诈的基本要求。严格遵循职业道德和专业标准的要求，建立健全会计师事务所质量控制制度，与委托人签订业务约定书，审慎选择被审计单位，深入了解被审计单位的业务，提取风险基金或购买责任保险，聘请熟悉注册会计师法律责任的律师等是注册会计师避免法律诉讼的有效措施。

关键术语

法律责任	经营失败	审计失败
错误与舞弊	过失	违约
重大过失	欺诈	推定欺诈
行政责任	民事责任	刑事责任
深口袋现象	厄特马斯判例	罗森布鲁姆判例

本 章 复 习

一、单项选择题

1. 下列做法中，（　　）属于被审计单位的错误而并非舞弊。
   A. 虚列产品销售收入
   B. 隐瞒应付账款
   C. 更改记账凭证，使之与原始凭证一致
   D. 更改原始凭证，使之与记账凭证一致
2. 某注册会计师在执业过程中，发现无法按时按质完成该项业务，应当（　　）。
   A. 适当减少审计程序
   B. 出具无法表示意见的审计报告
   C. 请求会计师事务所改派其他注册会计师
   D. 出具保留意见的审计报告
3. 注册会计师的审计责任是指（　　）。
   A. 对被审计单位财务报表信息的公允性、合法性负责
   B. 对其出具的审计报告的意见负责
   C. 对其出具的管理建议书的合理性负责
   D. 对其助理人员的工作底稿的真实性、合法性负责
4. 会计师事务所给他人造成经济损失的，应予以赔偿，这表明会计师事务所要承担（　　）。
   A. 行政责任　　B. 刑事责任　　C. 民事责任　　D. 道德责任
5. 会计师事务所未能在规定时间内提交审计报告应承担（　　）责任。
   A. 失职　　B. 过失　　C. 违约　　D. 欺诈
6. 某注册会计师因违反执业准则和相关法律法规会而受到财政部处罚，这表明注册会

计师要承担（　　）。

A. 行政责任　　B. 刑事责任　　C. 民事责任　　D. 道德责任

7. 注册会计师明知委托人对重要事项的财务处理与国家有关规定相抵触而不予指明属于（　　）行为。

A. 违约　　B. 普通过失　　C. 重大过失　　D. 欺诈

8. 关于经营失败和审计失败的下列表述中，不恰当的是（　　）。

A. 经营失败是指企业由于经济或经营条件的变化而无法满足投资者的预期

B. 审计失败是指注册会计师由于没有遵守审计准则的要求而发表了错误的审计意见

C. 经营失败可能会导致审计失败

D. 审计失败必然会导致经营失败

9. 以下关于审计风险与审计失败的说法中，不恰当的是（　　）。

A. 审计风险始终存在，注册会计师无法绝对保证审计后的财务报表不存在重大错报

B. 如果注册会计师未能发现管理层的串通舞弊，则属于审计失败

C. 审计失败很可能对注册会计师及其所在会计师事务所带来经济损失

D. 如果注册会计师在审计过程中未能保持应有的职业谨慎，则可能会导致审计失败

10. 以下关于注册会计师过失的说法中，不正确的是（　　）。

A. 过失是指注册会计师在一定条件下缺少应有的职业谨慎

B. 普通过失是指注册会计师没有完全遵循专业准则的要求

C. 重大过失是指注册会计师没有遵循执业准则的基本要求

D. 注册会计师一旦出现过失就要赔偿损失

二、多项选择题

1. 注册会计师需审查被审计单位财务报表编制的公允性和合法性，其中合法性是指会计报告编制的（　　）规定。

A.《企业会计准则》　　B.《中华人民共和国注册会计师法》

C.《中国注册会计师审计准则》　　D.《中华人民共和国会计法》

E.《中华人民共和国审计法》

2. 注册会计师审计A公司X年度财务报表，并出具了无保留审计意见。其后，A公司发现部分材料因保管措施不得当而被内部人盗走，因而指控注册会计师工作有过失。对此，注册会计师提出下列抗辩理由，有效的包括（　　）。

A. 按照审计准则进行财务报表审计，并不能保证发现所有的错误和舞弊，注册会计师并无过失

B. 注册会计师提供的服务是财务报表审计不是对错误和舞弊的专门审计

C. 注册会计师未能发现错误和舞弊是因为审计工作底稿是助理人员所编制，注册会计师本人并无过失

D. 防止发生和及时发现错误和舞弊，是被审计单位治理层和管理层的责任

3. 注册会计师在审计过程中发现重大错误和舞弊确实存在时，应当（　　）。

A. 确定其对财务报表的影响，并提请被审计单位进行适当处理

B. 向被审计单位高层管理人员报告涉嫌的人员

C. 重新考虑涉嫌错误和舞弊的人员所作陈述的可靠性

D. 发表保留意见或否定意见

4. 被审计单位管理层对财务报表的责任包括（　　）。

A. 确保企业财务报表不存在任何错报

B. 选择使用的会计准则和相关的会计制度

C. 选择和运用适当的会计政策

D. 根据企业的具体情况，作出合理的会计估计

5. 注册会计师对被审计单位违反法律法规行为的可以（　　）。

A. 与被审计单位治理层沟通

B. 在出具审计报告时考虑被审计单位违反法律法规行为的影响

C. 向监管机构报告

D. 直接向法院起诉被审计单位

6.（　　）可以对注册会计师 的违法行为进行行政处罚。

A. 注册会计师协会　B. 财政部

C. 证监会　　　　　D. 审计署

7. 注册会计师在关注公司违反法律法规行为方面的具体责任包括（　　）。

A. 针对通常对决定财务报表中的重大金额和披露有直接影响的法律法规的规定，获取被审计单位遵守这些规定的充分、适当的审计证据

B. 针对其他法律法规，实施特定的审计程序，以有助于识别可能对财务报表产生重大影响的违反这些法律法规的行为

C. 恰当应对在审计过程中识别出的或怀疑存在的违反法律法规行为

D. 对发现的违法行为向社会公众披露

8. 导致审计固有限制的因素主要包括（　　）。

A. 选择性测试方法的运用

B. 内部控制的固有局限性

C. 大多数审计证据是说服性的而非结论性的

D. 某些特殊性质的交易和事项可能影响审计证据的说服力

9. 管理层通过凌驾于控制之上实施舞弊的手段主要包括（　　）。

A. 编制虚假的会计分录，特别是在临近会计期末时

B. 滥用或随意变更会计政策

C. 不恰当地调整会计估计所依据的假设及改变原先作出的判断

D. 故意漏记、提前确认或推迟确认报告期内发生的交易或事项

10. 以下属于管理层对财务信息作出虚假报告的是（　　）。

A. 对会计记录或相关文件记录的操纵、伪造或篡改

B. 对交易、事项或其他重要信息故意遗漏

C. 挪用现金资产

D. 会计政策的故意误用

三、问答题

1. 在财务报表审计中，什么是被审计单位的责任？什么是注册会计师的责任？

2. 限制注册会计师查找财务报表中所有错报的原因有哪些？

3. 举例说明被审计单位财务报表中错误和舞弊的表现形式。

4. 注册会计师应对法律诉讼的具体措施有哪些?

5. 解释新泽西判决法、"厄特马斯判例"的基本含义。

四、研究思考题

1. 请分析经营失败和审计失败的关系。

2. 请分析审计职业界是否希望在查找被审计单位管理当局舞弊中承担更大的责任。

3. 请比较审计人员因不法行为导致的执业责任与医生的不当诊断所导致的执业责任。

4. 举例说明如何判别一项过失属于普通过失还是重大过失。

5. 我国注册会计师及会计事务所已越来越多地涉及法律责任的承担问题，如果可能，请分析这一现象产生的社会原因。

五、案例分析题

【题1】

基本情况 A公司起诉红黄兰会计师事务所未能发现连续多年的盗用公款行为犯有过失。红黄兰会计师事务所回答，事务所可能存在过失，但真正应该受到指责的是A公司。因为事务所曾一再建议A公司改善内部控制，但A公司置若罔闻。

要求：请分析，如果红黄兰会计师事务所犯有过失，它应对A公司的损失承担责任吗?

【题2】

基本情况 一位投资者认为："会计师事务所完全没有必要存在！会计师事务所接受客户的委托以保证财务报表的合法性和公允性，而当财务报表出现错误，他们往往以各种理由进行整编。如果他们真的能恰当地核对每一个项目，财务报表的错弊就不应该被忽略。如果他们认为被审计的公司财务状况不佳，那他们还在按照正常会计处理方法编制的财务报告上签字纯粹是误导。"

要求：请分析以上说法你是否能接受，并说明理由。

【题3】

基本情况 C公司是一家上市公司，审计查明其在上市资格申请过程中通过虚开销售发票、任意改变会计政策等手段，人为制造上市前三年主营业务收入稳步增长、投资回报优厚等假象，获取了上市资格。而在该公司股票上市后不到一年的时间里，即出现巨额亏损，给股东造成重大经济损失。中国证监会对其存在的问题进行调查后，对C公司及担任财务报表审计业务的会计师事务所的相关人员给予了处罚。处罚后，数位投资者提出赔偿诉讼。

要求：请问在这起因虚假陈述引起的民事赔偿案中，你认为注册会计师可以如何抗辩?

【题4】

基本情况 D公司是一家主营业务为造纸的国有控股公司，红黄兰会计师事务所承接了该公司×年度财务报表审计业务。在审计过程中，审计人员发现了以下情况。

① D公司工业废水处理不符合环保部门的相关规定。

② D公司的总经理同时与其女婿共同注册了X公司，X公司与D公司生产、销售同一产品。

要求：(1) 请分别就审计人员发现的以上事项，分析应当如何处理。

(2) 如果审计结束后，审计人员根据审计结果出具了无保留意见的审计报告。但在×十1年1月D公司突然轮换岗位时发现出纳在×年度利用时间差共挪用了现金200笔，金额合计达人民币10多万元。D公司状告注册会计师没有尽到审计职责，请问审计人员是否应就此事承担法律责任？为什么？

【题5】

基本情况 D注册会计师负责对上市公司丁公司20×8年度财务报表进行审计。20×8年，丁公司管理层通过与银行串通编造虚假的银行进账单和银行对账单，虚构了一笔大额营业收入。D注册会计师实施了向银行函证等必要审计程序后，认为丁公司20×8年度财务报表不存在重大错报，出具了无保留意见审计报告。

在丁公司20×8年度已审计财务报表公布后，股民甲购入了丁公司股票。随后，丁公司财务舞弊案件曝光，并受到证券监管部门的处罚，其股票价格大幅下跌。为此，股民甲向法院起诉D注册会计师，要求其赔偿损失。D注册会计师以其与股民甲未构成合约关系为由，要求免于承担民事责任。

要求：(1) 为了支持诉讼请求，股民甲应当向法院提出哪些理由？

(2) 指出D注册会计师提出的免责理由是否正确，并简要说明理由。

(3) 在哪些情形下，D注册会计师可以免于承担民事责任？

【题6】

基本情况 甲、乙、丙三位出资人共同投资设立丁有限责任公司（以下简称丁公司）。甲、乙出资人按照出资协议的约定按期缴纳了出资额，丙出资人通过与银行串通编造虚假的银行进账单，虚构了出资。ABC会计师事务所的分支机构接受委托对拟设立的丁公司的注册资本进行审验，并委派A注册会计师担任项目组负责人。审验过程中，A注册会计师按照执业准则的要求，实施了检查文件记录、向银行函证等必要的程序，保持了应有的职业谨慎，但未能发现丙出资人的虚假出资情况。A注册会计师在出具的验资报告中认为，各出资人已全部缴足出资额，并在验资报告的说明段中注明“本报告仅供工商登记使用”。丁公司注册登记半年后，丙出资人补足虚构的出资额。一年后，乙出资人抽逃其全部出资额。两年后，丁公司因资金短缺和经营不善等原因导致资不抵债，无力偿付戊供应商的材料款。戊供应商以ABC会计师事务所出具不实验资报告为由，向法院提起民事诉讼，要求ABC会计师事务所承担连带赔偿责任。ABC会计师事务所提出三项抗辩理由，要求免于承担民事责任：一是审验工作乃分支机构所为，与本会计师事务所无关；二是戊供应商与本会计师事务所及分支机构不存在合约关系，因而不是利害关系人；三是验资报告已经注明“仅供工商登记使用”，戊供应商因不当使用验资报告而遭受损失与本会计师事务所无关。

要求：回答下列问题，并简要说明理由：

(1) 戊供应商可以对哪些单位或个人提起民事诉讼？

(2) ABC会计师事务所提供的抗辩理由是否成立？

(3) ABC会计师事务所是否可以免于承担民事责任？

推荐阅读

[1] 谢德仁. 注册会计师行业管制模式：理论分析. 会计研究，2002（2）.

[2] 李若山，周勤业. 现代注册会计师审计的四大局限. 审计研究，2003（4）：30－35.

[3] 马兰，王延明. 经营失败、审计失败与审计风险：来自暂停上市公司历年审计报告的经验分析. 中国注册会计师，2003（3）：23－25.

[4] 《注册会计师执业环境问题研究》课题组. 注册会计师执业环境与审计质量问题研究：供给与需求的视角. 会计研究，2006（10）：72－78.

[5] 吴溪. 监管处罚中的“重师轻所”及其后果：经验证据. 会计研究，2008（8）：23－31.

[6] 封桂芹. 注册会计师民事法律责任体系的中美比较. 会计之友，2009（8）.

[7] 廖义刚，孙俊奇，陈燕. 法律责任、审计风险与事务所客户选择：基于 1996 年—2006 年我国会计师事务所客户风险的分析. 审计与经济研究，2009（5）.

[8] 蒋尧明. 审计法律责任：审计能力与社会需求的有机统一. 会计研究，2010（7）.

[9] 胡继荣，詹群. 注册会计师法律责任与审计质量的关联性研究. 福州大学学报（哲学社会科学版，2010（4）.

[10] LENNOX C S，PITTMAN J A. Auditing the auditors. Journal of Accounting and Economics，2010（49）：84－103.

[11] 中国注册会计师审计准则第 1141 号——财务报表审计中与舞弊相关的责任.

[12] 中国注册会计师审计准则第 1142 号——财务报表审计中对法律法规的考虑.

第4章 注册会计师执业准则和职业道德规范

【学习目标】

学习本章以后，你应该能够：

- 概述中国注册会计师执业准则体系的框架和内容；
- 概述中国注册会计师鉴证业务准则体系；
- 概述中国注册会计师的职业道德规范；
- 了解美国审计准则、国际审计准则框架和内容；
- 了解美国注册会计师协会和国际会计师联合会的职业道德规范。

【内容提要】

本章从审计职业规范的含义入手，分别从审计职业规范地域范围上和规范的对象上进行描述。审计职业规范的核心是审计准则，从地域范围上它可分为国际性的审计准则和国家性的审计准则。不论是国际性的审计准则还是国家性的审计准则，都包括政府审计准则、内部审计准则和注册会计师的审计准则。审计职业规范除了技术规范（审计准则），还有道德规范、管理规范和职业后续教育的规范。注册会计师的职业规范是本章的核心内容。本章分别介绍了国际会计师联合会、美国和中国的审计准则、职业道德规范和质量控制准则的框架结构和主要内容，为实际工作提供规范和指导，也为进一步研究、比较注册会计师的职业规范奠定基础。

相关案例

Mekesson & Robbins 公司破产事件

1. 基本案情

1938 年初，Mekesson & Robbins 药材公司的债权人在与公司的经济往来中，发现了该公司的财务资料的异常之处：

① 该公司制药原材料部门是赢利较高的部门，但公司经营者却对他们直接重新投资，该部门甚至没有现金积累；

② 公司董事会曾决定减少存货金额，要求经理执行，1938 年末公司存货反而增加 100 万元。

债权人表示如果公司管理者不提出表明制药原料存货实际存在的证据，就拒绝认购 300 万美元的债券。于是，美国证券交易委员会（SEC）对 Mekesson & Robbins 公司立案调查。

2. 调查结果

① Mekesson & Robbins 公司的有价证券在纽约交易所公开上市，并已依法在证券交易所注册登记。

② 该公司及其子公司 10 多年来的会计报表均由美国第一流的 Price Water House 会计公司执行审计，Price Water House 会计公司一直对其财务状况和经营成果发表“正确、恰当”的审计意见。

③ 实际上，1937 年 12 月 31 日 Mekesson & Robbins 公司的合并资产负债表中披露的总资产 8 700 万美元中，虚构资产 1 907.5 万美元（其中：存货 1 000 万美元，应收账款 900 万美元，银行存款 7.5 万美元）。1937 年度该公司合并损益表中虚假销售收入 1 820 万美元，虚假毛利 180 万美元。

④ 公司现任经理菲利普·科斯特有犯罪前科，菲利普·科斯特与其 3 位兄弟合伙舞弊，利用公司内部控制薄弱的漏洞，贪污巨款。

3. 对审计准则制定的影响

这一案件的披露，给社会和民间审计职业界带来了很大的震动，并给当时和后来的审计工作留下了一个值得探讨的重要课题。这一课题就是如何保证审计人员具备起码的专业素质，并在实施工作中有明确的指南遵循，以便向用户保证审计质量。

美国证券交易委员会颁布了新的报告，对审计程序加以修改，新增了以下内容：

① 对应收账款进行询证；

② 对存货进行实地检查；

③ 对内部控制系统进行详细评价；

④ 强调审计人员对公共持股人负有责任，应加强对管理部门的检查；

⑤ 发表审计意见。

美国民间审计职业界对证券交易委员会的行动作出了积极的反应，1939 年 1 月 30 日，审计程序委员会（The committee on Auditing Procedure，CAP）成立，并于同年 5 月 9 日发布了第 1 号公告《审计程序的扩展》，为后来审计准则的出台奠定了基础。

4.1 注册会计师执业准则

在审计发展的历史上，最早出现的审计准则就是独立审计准则。美国是颁布独立审计准则最早的国家，各国独立审计准则的制定都深受美国的影响。国际会计师联合会下设的“国际审计实务委员会（International Auditing Practice Committee，IAPC）”负责制定的国际审计准则影响最大。“国际审计实务委员会”后改称为“国际审计与鉴证准则理事会（The International Auditing and Assurance Standards Board，IAASB）”。

1. 美国审计准则

美国会计师协会（AICPA）授权成立“审计程序委员会”，1947年发表了《审计准则说明草案——其公认的意义和范围》，它标志着世界上第一部审计准则的初步成形，具有划时代的历史意义。这份报告确认了审计程序与审计准则有本质区别：审计程序是“应该执行的审计行为”，审计准则是衡量这些应该执行的审计行为的质量的标准与依据。这份报告经修订后于1954年以“一般公认审计准则——其意义及范围”（Generally Accepted Auditing Standards：Their Significance and Scope）为题重新发布，分三部分共10条内容，公认审计准则的内容从狭义上讲就是指三条“一般准则”、三条“外勤工作准则”和四条“报告准则”，构成了对审计工作的原则性规定。1972年，审计程序委员会改称审计准则执行委员会，把已经发布的54个审计程序说明进行必要修改后，作为《审计准则说明书》的第一辑予以发布。到2002年，一共发布了100号《审计准则说明书》（SAS）。审计准则说明书是对GAAS的具体化说明和解释。从广义上讲，公认审计准则还包括《审计准则说明书》。

2. 国际审计准则

随着国际经济的全球化，国际间商品、资本、知识、劳动力、信息的交流，会计准则和审计准则的国际化发展成为必然的趋势。国际投资者要求会计信息能有较高的可靠性和可比性，能让来自不同国家、地区的信息使用者理解，同时国际性会计师事务所的业务发展，也要求在全球范围内审计准则的协调一致。1977年，国际会计师联合会（International Federation Of Accountants，IFAC）成立，旨在协调世界范围内统一的标准，以发展和加强会计职业，使会计师能站在社会公众利益的角度提供持续高质量的会计、审计服务。IFAC是一个由不同国家和地区职业会计师组织组成的非营利性、非政府性和非政治性的机构，在瑞士日内瓦注册，总部设在美国纽约。IFAC代表着受雇从事公共事务和在工商业、公共部门、教育部门任职的会计师，其会员分为正式会员、准会员和联系会员。我国于1997年加入IFAC，目前IFAC拥有来自129个国家和地区的173个会员团体，代表全球250万名会计师。国际会计师联合会已成立了大量委员会来制定国际标准和指南。

自2002年，国际审计与鉴证准则理事会（IAASB）制定的国际审计准则（ISA）、国际审阅业务准则（ISRE）、国际鉴证业务准则（ISAE）和国际相关服务准则（ISRS）共同被称为国际审计与鉴证理事会业务准则。图4-1是国际审计与鉴证准则结构图。

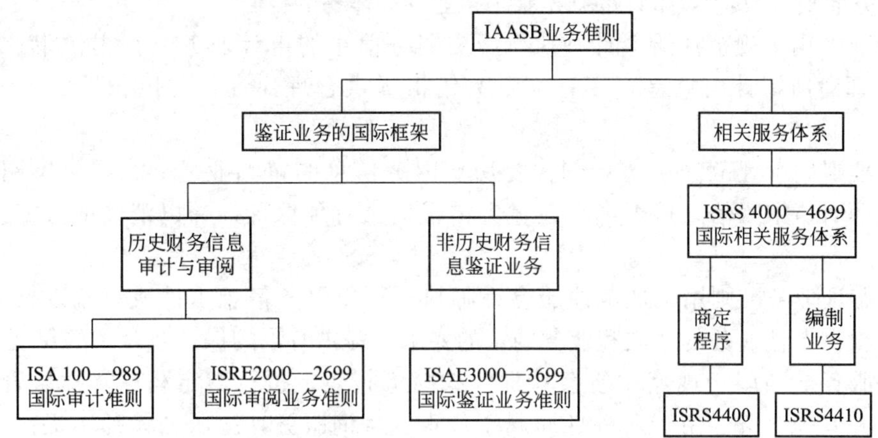

图 4－1　国际审计与鉴证准则结构图

3. 中国注册会计师执业准则

为了规范注册会计师的执业行为，提高执业质量，维护社会公众利益，促进社会主义市场经济的健康发展，2006 年 2 月 15 日，财政部发布了 48 项中国注册会计师执业准则。新的注册会计师执业准则体系体现了与国际审计准则的趋同要求，实现了历史性突破。2009 年开始，根据国际审计准则明细项目，中国注册会计师协会修订了《中国注册会计师审计准则第 1101 号——注册会计师的总体目标和审计工作的基本要求》等 38 项准则，自 2012 年 1 月 1 日起施行。中国注册会计师执业准则体系如图 4－2 所示。

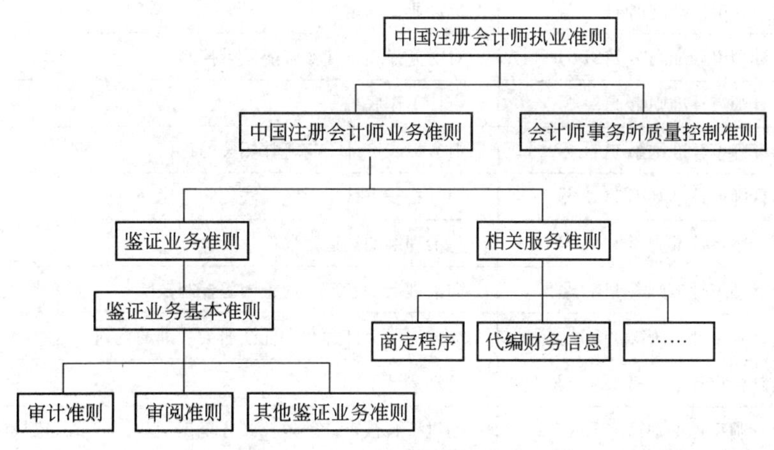

图 4－2　中国注册会计师执业准则体系图

中国注册会计师执业准则由中国注册会计师业务准则和会计师事务所质量控制准则构成。中国注册会计师业务准则由鉴证业务准则和相关服务准则构成。

我国注册会计师鉴证业务准则划分为两个层次：第一层次的鉴证业务基本准则称为“中国注册会计师鉴证业务基本准则”，鉴证业务基本准则具有统领的作用；第二层次按照鉴证业务提供的保证程度和鉴证对象的不同，分为中国注册会计师审计准则、中国注册会计师审阅准则和中国注册会计师其他鉴证业务准则，分别简称为“审计准则”、“审阅准则”和“其他鉴证业务准则”。其中，审计准则是整个执业准则体系的核心。

审计准则用于规范注册会计师执行历史财务信息的审计业务。在提供审计服务时，注册会计师对所审计信息是否不存在重大错报提供合理保证，并以积极的方式提出审计结论。

审阅准则用于规范注册会计师执行历史财务信息的审阅业务。在提供审阅服务时，注册会计师对所审阅信息是否不存在重大错报提供有限保证，并以消极的方式提出审阅结论。

其他鉴证业务准则用于规范注册会计师执行历史财务信息审计或审阅以外的其他鉴证业务，根据鉴证业务的性质和业务约定的要求，提供有限的保证或合理的保证。

相关服务准则用于规范注册会计师代编财务报表、执行商定程序、提供管理咨询、税务咨询和其他服务。由于业务性质属于代理、咨询服务，注册会计师不提供任何程度的保证。

会计师事务所质量控制准则用于规范会计师事务所在执行审计、审阅、其他鉴证业务及相关服务时应当遵守的质量控制政策和程序，是对会计师事务所质量控制提出的制度要求。

中国注册会计师执业准则体系具体内容如表 4－1 所示。

表 4－1　中国注册会计师执业准则体系

序号	名称
	中国注册会计师鉴证业务基本准则
中国注册会计师审计准则第 1101 号	注册会计师的总体目标和审计工作的基本要求
中国注册会计师审计准则第 1111 号	审计业务约定书
中国注册会计师审计准则第 1121 号	对财务报表审计实施的质量控制
中国注册会计师审计准则第 1131 号	审计工作底稿
中国注册会计师审计准则第 1141 号	财务报表审计中与舞弊相关的责任
中国注册会计师审计准则第 1142 号	财务报表审计中对法律法规的考虑
中国注册会计师审计准则第 1151 号	与治理层的沟通
中国注册会计师审计准则第 1152 号	向治理层和管理层通报内部控制缺陷
中国注册会计师审计准则第 1153 号	前任注册会计师和后任注册会计师的沟通
中国注册会计师审计准则第 1201 号	计划审计工作
中国注册会计师审计准则第 1211 号	通过了解被审计单位及其环境识别和评估重大错报风险
中国注册会计师审计准则第 1221 号	计划和执行审计工作时的重要性
中国注册会计师审计准则第 1231 号	针对评估的重大错报风险采取的应对措施
中国注册会计师审计准则第 1241 号	对被审计单位使用服务机构的考虑
中国注册会计师审计准则第 1251 号	评价审计过程中识别出的错报
中国注册会计师审计准则第 1301 号	审计证据
中国注册会计师审计准则第 1311 号	对存货、诉讼和索赔、分部信息等特定项目获取审计证据的具体考虑
中国注册会计师审计准则第 1312 号	函证

续表

序号	名称
中国注册会计师审计准则第 1313 号	分析程序
中国注册会计师审计准则第 1314 号	审计抽样
中国注册会计师审计准则第 1321 号	审计会计估计（包括公允价值会计估计）和相关披露
中国注册会计师审计准则第 1323 号	关联方
中国注册会计师审计准则第 1324 号	持续经营
中国注册会计师审计准则第 1331 号	首次审计业务涉及的期初余额
中国注册会计师审计准则第 1332 号	期后事项
中国注册会计师审计准则第 1341 号	书面声明
中国注册会计师审计准则第 1401 号	对集团财务报表审计的特殊考虑
中国注册会计师审计准则第 1411 号	利用内部审计人员的工作
中国注册会计师审计准则第 1421 号	利用专家的工作
中国注册会计师审计准则第 1501 号	对财务报表形成审计意见和出具审计报告
中国注册会计师审计准则第 1502 号	在审计报告中发表非无保留意见
中国注册会计师审计准则第 1503 号	在审计报告中增加强调事项段和其他事项段
中国注册会计师审计准则第 1511 号	比较信息：对应数据和比较财务报表
中国注册会计师审计准则第 1521 号	注册会计师对含有已审计财务报表的文件中的其他信息的责任
中国注册会计师审计准则第 1601 号	对按照特殊目的编制基础编制的财务报表审计的特殊考虑
中国注册会计师审计准则第 1602 号	验资
中国注册会计师审计准则第 1603 号	对单一财务报表和财务报表特定要素审计的特殊考虑
中国注册会计师审计准则第 1604 号	对简要财务报表出具报告的业务
中国注册会计师审计准则第 1611 号	商业银行财务报表审计
中国注册会计师审计准则第 1612 号	银行间函证程序
中国注册会计师审计准则第 1613 号	与银行监管机构的关系
中国注册会计师审计准则第 1631 号	财务报表审计中对环境事项的考虑
中国注册会计师审计准则第 1632 号	衍生金融工具的审计
中国注册会计师审计准则第 1633 号	电子商务对财务报表审计的影响
中国注册会计师审阅准则第 2101 号	财务报表审阅
中国注册会计师其他鉴证业务准则第 3101 号	历史财务信息审计或审阅以外的鉴证业务
中国注册会计师其他鉴证业务准则第 3111 号	预测性财务信息的审核
中国注册会计师相关服务准则第 4101 号	对财务信息执行商定程序
中国注册会计师相关服务准则第 4111 号	代编财务信息
会计师事务所质量控制准则第 5101 号	业务质量控制

相关知识

审计、审阅、商定程序业务比较

	财务报表审计	财务报表审阅	商定程序
目标	注册会计师通过执行审计工作对财务报表的合法性和公允性发表意见	注册会计师实施审阅，说明是否注意到某些事项，使其确信财务报表不具有合法性和公允性	注册会计师对特定财务数据、单一财务报表或整套财务报表等财务信息执行与特定主体商定的具有审计性质的程序，并就执行的商定程序和结果出具报告
业务性质	合理保证的鉴证业务	有限保证的鉴证业务	相关服务（非鉴证业务）
对独立性的要求	作为鉴证业务，注册会计师在执行审计、审阅业务时必须具有形式上和实质上的独立性		不对商定程序业务提出独立性要求，除非约定或委托提出
提供的保证程度	以积极方式提供合理保证	以消极方式提供有限保证	不提供任何保证
结论的类型	无保留意见、保留意见、无法表示意见和否定意见	无保留、保留、否定和无法提供任何程度的保证	只说明执行商定程序的结果，不要求

4.2 中国注册会计师职业道德守则

引例

注册会计师甲为某会计师事务所合伙人，1998 年 1 月通过中间人承接 ABC 公司实收资本及会计报表的审验业务，在未到委托单位核实中间人提供的有关资料的情况下，出具了验资报告，并将验资报告日期倒签为 1997 年 2 月 18 日，然后在此基础上出具了 1997 年度会计报表审计报告。1999 年 1 月，该注册会计师在没有履行必要审计程序的情况下又为 ABC 公司出具了 1998 年度会计报表的无保留意见审计报告。此外，甲注册会计师还私刻所在事务所的财务专用章开出收据，收取审计费用 5.8 万元，仅将其中的 1.8 万元存入所在事务所账户中，1999 年 8 月 6 日，省注册会计师协会对甲作出了吊销注册会计师证书并罚款 1 万元的处罚。

资料来源：《中国审计报》

注册会计师的职业性质决定了对社会公众所承担的责任，社会公众对注册会计师职业服务信任的程度直接关系到社会经济秩序是否正常运行。为了规范注册会计师的职业行为，提高注册会计师职业道德水平，维护注册会计师职业形象，审计职业界应自觉建立并遵循行为规范和道德准则。

所谓职业道德，是指某一职业组织以公约、守则等形式公布的，其会员自愿接受的职业行为标准。注册会计师职业品德是指职业品德、职业纪律、专业胜任能力和职业责任等的总称。

4.2.1　美国注册会计师协会职业道德规范框架

美国注册会计师协会专门设立职业道德部，负责职业道德规范的制定和发布。美国注册会计师协会的职业道德规范既有理想行为，又有具体规则，由执业道德原则、行为规则、行为规则解释和道德裁决组成，如图 4－3 所示。

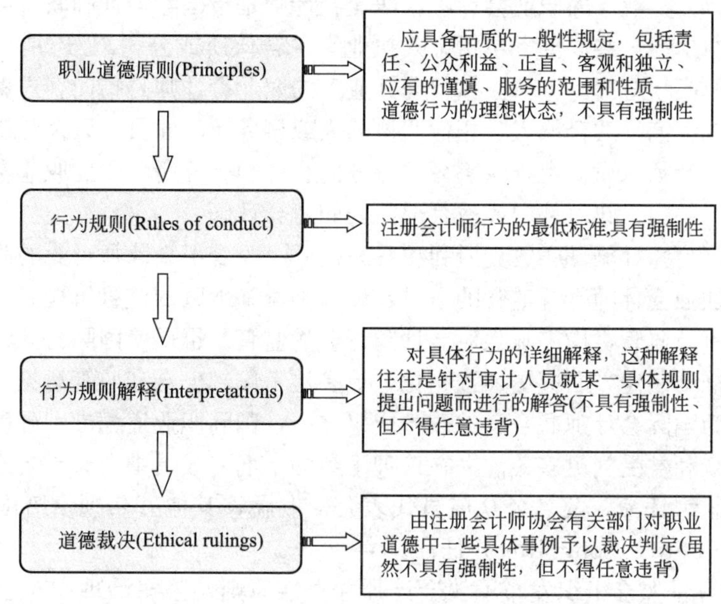

图 4－3　美国注册会计师职业道德规范框架

2001 年 12 月 2 日，安然公司申请破产保护，600 多亿美元的股票市值瞬间蒸发，其审计单位安达信公司随之陷入困境。之后不久，世通公司、环球电信公司等也相继出现特大恶性财务欺诈。由于发生了数起影响广泛的公司治理失败案例，会计师的独立性受到损害，于是美国证券交易委员会于 2000 年使美国注册会计师协会丧失了对上市公司制定会计师职业道德守则的权力，同时美国证券交易委员会也要求美国注册会计师协会加强对非上市公司的会计师职业道德的规范。

在社会各界的压力下，美国国会于 2002 年 7 月 25 日通过了《2002 年公众公司会计改革和投资者保护法》，又称《2002 年萨班斯-奥克斯利法案》（简称萨班斯法案）。萨班斯法案对《1933 年证券法》、《1934 年证券交易法》的许多内容作了修改和补充，包括证券市场审计的监管、审计独立性、财务信息披露、公司责任、证券分析师的利益冲突等内容。根据萨班斯法案的要求，专门成立了公众公司会计监督委员会（PCAOB），负责监管从事证券市场审计业务的会计师事务所。PCAOB 是一个独立于行业的非政府法人机构，有 5 名委员，其委员和职员都不属于政府雇员。PCAOB 的经费来源于向发行证券的公司收取会计支持费和向注册的会计师事务所收取的“注册费”和“年费”及罚没款收入。主要职能包括：负责对从事证券市场审计业务的会计师事务所登记；对从事证券市场审计业务的事务所进行检查、调查和处罚；制定或直接采用注册会计师协会制定的审计准则、质量控制准则及职业道德准则等。

4.2.2 国际会计师联合会职业道德规范

国际会计师联合会为了协调国际间职业道德规范，由国际职业道德准则理事会制定《职业会计师道德守则》，该守则包括三部分内容：第一部分适用于所有职业会计师，除非有特别说明；第二部分仅适用于执行公共业务的会计师；第三部分适用于受雇职业会计师，适当时也可以用于执行公共业务的职业会计师。职业会计师是指国际会计师联合会的会员组织的会员，不论其是在执行公共业务（包括个人执业者、合伙所或公司），还是在工业部门、商业部门、政府部门或教育部门工作。执行公共业务的职业会计师是指向客户提供各种专业服务（如审计税务或咨询）的合伙人、相似职位的人或事务所的雇员，以及在执业过程中负有管理职责的职业会计师，通常也指从事公共业务的会计师事务所。受雇职业会计师是指受雇于工业部门、商业部门、政府部门或教育部门的职业会计师。

美国 2002 年出台《萨班斯-奥克斯利法案》以后，改变了会计师行业的监管状况。在全球范围内引发了加强会计师行业监管的举措，许多国家和地区的监管机构修改或制定了新的法律，通过设立审计监管机构来加强对会计师行业的监管。也促使国际会计师联合会进行改革，改革要求在准则制定方面应更加透明化，更多地考虑到公众和监管意见，加强监管和公众利益监督。作为国际会计师联合会的改革成果之一，国际职业道德准则理事会的成员结构进行了重组，公众利益受到更多关注。在该理事会的十七名成员中，有十名成员由国际会计师联合会的成员组织任命，两名公众成员代表公众利益，其他五名则由跨国审计师委员会（Transnational Auditors Committee）任命。

2002 年，国际证监会组织发布了《会计师独立性原则及公司治理在对会计师独立性监管中的角色》，这对国际职业道德守则的变化及 2004 年以来国际职业道德守则的修订有一定的影响。

4.2.3 中国注册会计师职业道德规范

作为注册会计师行业核心价值的职业道德，一直受到行业的高度重视，职业道德规范建设不断取得进步。为了规范中国注册会计师职业行为，提高职业道德水准，维护职业形象，我国先后发布了一系列有关注册会计师职业道德要求的规范性文件，其中包括 1992 年 9 月发布的《中国注册会计师职业道德守则（试行）》、1996 年 12 月发布的《中国注册会计师职业道德基本准则》及 2002 年 6 月发布的《中国注册会计师职业道德规范指导意见》。2010 年 7 月 1 起施行了《中国注册会计师职业道德守则》和《中国注册会计师协会非执业会员职业道德守则》。职业道德守则是在认真总结以往职业道德实践经验，吸收借鉴新修订的国际职业会计师道德守则的基础上制定的，既体现了中国国情，又实现了与国际职业道德守则的趋同。

中国注册会计师协会会员包括注册会计师和非执业会员。非执业会员是指加入中国注册会计师协会但未取得中国注册会计师证书的人员。职业道德守则系统、全面地阐述了中国注册会计师和中注协非执业会员的职业道德标准，对于加强注册会计师行业职业道德教育、完善中国注册会计师执业实践，深化注册会计师行业诚信建设，必将起到重要的指导和规范作用。中国注册会计师协会会员职业道德守则规定了职业道德基本原则和职业道德概念框架，会员应当遵守职业道德基本原则，并能够运用职业道德概念框架解决职业道德问题。

中国注册会计师职业道德规范包括《中国注册会计师职业道德守则》和《中国注册会计师协会非执业会员职业道德守则》。《中国注册会计师职业道德守则》具体包括《中国注册会计师职业道德守则第 1 号——职业道德基本原则》、《中国注册会计师职业道德守则第 2 号——职业道德概念框架》、《中国注册会计师职业道德守则第 3 号——提供专业服务的具体要求》、《中国注册会计师职业道德守则第 4 号——审计和审阅业务对独立性的要求》和《中国注册会计师职业道德守则第 5 号——其他鉴证业务对独立性的要求》。

1. 注册会计师职业道德基本原则

职业道德基本原则就是诚信、独立、客观和公正、专业胜任能力和应有的关注、保密、良好职业行为。

(1) 诚信

诚信，是指诚实、守信。也就是说，一个人言行与内心思想一致，不虚假；能够履行与别人的约定而取得对方的信任。诚信原则要求注册会计师在所有的职业活动中保持正直，诚实守信。

注册会计师如果认为业务报告、申报资料或其他信息存在下列问题，则不得与这些有问题的信息发生牵连：

① 含有严重虚假或误导性的陈述；

② 含有缺乏充分根据的陈述或信息；

③ 存在遗漏或含糊其辞的信息。

注册会计师如果注意到已与有问题的信息发生牵连，应当采取措施消除牵连。在鉴证业务中，如果注册会计师依据执业准则出具了恰当的非标准业务报告，不被视为违反上述要求。

(2) 独立性

独立性，是指不受外来力量控制、支配，按照一定之规行事。独立性通常是对注册会计师提出的要求。在市场经济条件下，投资者主要依赖财务报表判断投资风险，在投资机会中作出选择。如果注册会计师在执行鉴证业务时不能与客户保持独立，而是存在经济利益、关联关系，或屈从于外界压力，就很难取信于社会公众。

注册会计师的独立性包括两个方面：实质上的独立和形式上的独立。实质上的独立性是一种内心状态，使得注册会计师在提出结论时不受损害职业判断的因素影响，诚信行事，遵循客观和公正原则，保持职业怀疑态度。形式上的独立性是一种外在表现，使得一个理性且掌握充分信息的第三方，在权衡所有相关事实和情况后，认为会计师事务所或审计项目组成员没有损害诚信原则、客观和公正原则或职业怀疑态度。

(3) 客观和公正

客观，是指按照事物的本来面目去考察，不添加个人的偏见。公正，是指公平，正直，不偏袒。注册会计师应当公正处事、实事求是，不得由于偏见、利益冲突或他人的不当影响而损害自己的职业判断。如果存在导致职业判断出现偏差，或对职业判断产生不当影响的情形，注册会计师不得提供相关专业服务。

(4) 专业胜任能力和应有的关注

专业胜任能力是指会员具有专业知识、技能和经验，能够经济、有效地完成客户委托的业务。

专业胜任能力的要求如下。

① 注册会计师通过教育、培训和执业实践获取和保持专业胜任能力。

② 注册会计师应当持续了解并掌握当前法律、技术和实务的发展变化，将专业知识和技能始终保持在应有的水平，确保为客户提供具有专业水准的服务。

注册会计师作为专业人士，在许多方面都要履行相应的责任，保持和提高专业胜任能力就是其中的重要内容。会员如果不能保持和提高专业胜任能力，就难以完成客户委托的业务。事实上，如果会员在缺乏足够的知识、技能和经验的情况下提供专业服务，就构成了一种欺诈。如果注册会计师承接了难以胜任的业务，就可能给客户乃至社会公众带来危害。

③ 注册会计师在应用专业知识和技能时，会员应当合理运用职业判断。

应有的关注的要求如下。

① 注册会计师遵守执业准则和职业道德规范的要求，勤勉尽责，认真、全面、及时地完成工作任务。

② 在审计过程中，注册会计师应当保持职业怀疑态度，运用专业知识、技能和经验，获取和评价审计证据。

③ 注册会计师应当采取措施以确保在其授权下工作的人员得到适当的培训和督导。

④ 在适当情况下，注册会计师应当使客户、工作单位和专业服务的其他使用者了解专业服务的固有局限性。

（5）保密

保密是指注册会计师，在没有取得客户同意的情况下，不能泄露任何客户的涉密信息。保密原则要求注册会计师应当对在职业活动中获知的涉密信息予以保密，不得有下列行为。

① 未经客户授权或法律法规允许，向会计师事务所以外的第三方披露其所获知的涉密信息。

② 利用所获知的涉密信息为自己或第三方谋取利益。

注册会计师在社会交往中应当履行保密义务，应当警惕无意中向近亲属或关系密切的人员泄密的可能性。需要保密的情况如下。

① 注册会计师应当对拟接受的客户或拟受雇的工作单位向其披露的涉密信息保密。

② 在终止与客户或工作单位的关系之后，注册会计师仍然应当对在职业关系和商业关系中获知的信息保密。

③ 如果变更工作单位或获得新客户，注册会计师可以利用以前的经验，但不应利用或披露任何由于职业关系和商业关系获得的涉密信息。

④ 注册会计师应当明确在会计师事务所内部保密的必要性，采取有效措施，确保其下级员工及为其提供建议和帮助的人员遵循保密义务。

注册会计师在下列情况下可以披露涉密信息。

① 法律法规允许披露，并且取得客户或工作单位的授权。

② 根据法律法规的要求，为法律诉讼、仲裁准备文件或提供证据，以及向有关监管机构报告发现的违法行为。

③ 法律法规允许的情况下，在法律诉讼、仲裁中维护自己的合法权益。

④ 接受注册会计师协会或监管机构的执业质量检查，答复其询问和调查。

⑤ 法律法规、执业准则和职业道德规范规定的其他情形。

(6) 良好的职业行为

注册会计师应当遵守相关法律法规，避免发生任何损害职业声誉的行为。

注册会计师在向公众传递信息及推介自己和工作时，应当客观、真实、得体，不得损害职业形象。

注册会计师应当诚实、实事求是，不得有下列行为。

①夸大宣传提供的服务、拥有的资质或获得的经验。

②贬低或无根据地比较其他注册会计师的工作。

2. 注册会计师职业道德概念框架

中国注册会计师职业道德守则提出职业道德概念框架，以指导注册会计师遵循职业道德基本原则，履行维护公众利益的职责。

职业道德概念框架是指解决职业道德问题的思路和方法，用以指导注册会计师：

① 识别对职业道德基本原则的不利影响；

② 评价不利影响的严重程度；

③ 必要时采取防范措施消除不利影响或将其降低至可接受的水平。

职业道德概念框架适用于注册会计师处理对职业道德基本原则产生不利影响的各种情形，其目的在于防止注册会计师认为只要守则未明确禁止的情形就是允许的。

在运用职业道德概念框架时，会员应当运用职业判断。如果发现存在可能违反职业道德基本原则的情形，注册会计师应当评价其对职业道德基本原则的不利影响。在评价不利影响的严重程度时，注册会计师应当从性质和数量两个方面予以考虑。如果认为对职业道德基本原则的不利影响超出可接受的水平，注册会计师应当确定是否能够采取防范措施消除不利影响或将其降低至可接受的水平。

在运用职业道德概念框架时，如果某些不利影响是重大的，或者合理的防范措施不可行或无法实施，注册会计师可能面临不能消除不利影响或将其降至可接受水平的情形。如果无法采取适当的防范措施，注册会计师应当拒绝或终止所从事的特定专业服务。职业道德概念框架的工作思路和方法如图 4-4 所示。

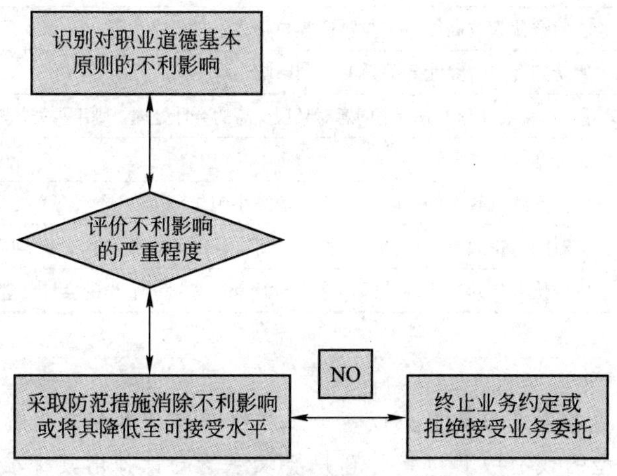

图 4-4　职业道德概念框架的工作思路和方法

3. 注册会计师对职业道德概念框架的具体运用

（1）可能对职业道德基本原则的遵循产生不利影响的具体情形

可能对职业道德基本原则产生不利影响的因素包括自身利益、自我评价、过度推介、密切关系和外在压力。自身利益、自我评价、过度推介、密切关系和外在压力导致的不利影响的具体情形见表4-2。

表4-2 对职业道德基本原则产生不利影响的因素和导致不利影响的主要情形

不利因素	导致不利影响的具体情形
自身利益	① 鉴证业务项目组成员在鉴证客户中拥有直接经济利益
	② 会计师事务所的收入过分依赖某一客户
	③ 鉴证业务项目组成员与鉴证客户存在重要且密切的商业关系
	④ 会计师事务所担心可能失去某一重要客户
	⑤ 鉴证业务项目组成员正与鉴证客户协商受雇于该客户
	⑥ 会计师事务所与客户鉴证业务达成或有收费的协议
	⑦ 注册会计师在评价其所在会计师事务所以往提供的专业服务时，发现了重大错误。
自我评价	① 会计师事务所在对客户提供财务系统的设计或操作服务后，又对系统的运行有效性出具鉴证报告
	② 会计师事务所为客户编制原始数据，这些数据构成鉴证业务的对象
	③ 鉴证业务项目组成员担任或最近曾经担任客户的董事或高级管理人员
	④ 鉴证业务项目组成员目前或最近曾受雇于客户，并且所处职位能够对鉴证对象施加重大影响
	⑤ 会计师事务所为鉴证客户提供直接影响鉴证对象信息的其他服务
过度推介	① 会计师事务所推介审计客户的股份
	② 在鉴证客户与第三方发生诉讼或纠纷时，注册会计师担任该客户的辩护人
密切关系	① 项目组成员的近亲属担任客户的董事或高级管理人员
	② 项目组成员的近亲属是客户的员工，其所处职位能够对业务对象施加重大影响
	③ 客户的董事、高级管理人员或所处职位能够对业务对象施加重大影响的员工，最近曾担任会计师事务所的项目合伙人
	④ 注册会计师接受客户的礼品或款待
	⑤ 会计师事务所的合伙人或高级员工与鉴证客户存在长期业务关系
外在压力	① 会计师事务所受到客户解除业务关系的不利影响
	② 审计客户表示，如果会计师事务所不同意对某项交易的会计处理，则不再委托其承办拟议中的非鉴证业务
	③ 客户威胁将起诉会计师事务所
	④ 会计师事务所受到降低收费的影响而不恰当地缩小工作范围
	⑤ 由于客户员工对所讨论的事项更具有专长，注册会计师面临服从其判断的压力
	⑥ 会计师事务所合伙人告知注册会计师，除非同意审计客户不恰当的会计处理，否则将影响晋升

相关知识

或有收费是指收费与否或收费多少以鉴证工作结果或实现特定目的为条件。或有收费的类型包括：收费与否型的或有收费（审计客户要求注册会计师出具标准审计报告，否则就不付费）；收费水平型的或有收费（审计客户按照审计后的净利润水平高低付费）。

（2）应对不利影响的防范措施

注册会计师应当运用判断，确定如何应对超出可接受水平的不利影响，包括采取防范措施消除不利影响或将其降低至可接受的水平，或者终止业务约定或拒绝接受业务委托。

在具体工作中，应对不利影响的防范措施包括会计师事务所层面的防范措施和具体业务层面的防范措施。

会计师事务所层面的防范措施包括：

- 领导层强调遵循职业道德基本原则的重要性；
- 领导层强调鉴证业务项目组成员应当维护公众利益；
- 制定有关政策和程序，实施项目质量控制，监督业务质量；
- 制定有关政策和程序，识别对职业道德基本原则的不利影响，评价不利影响的严重程度，采取防范措施消除不利影响或将其降低至可接受的水平；
- 制定有关政策和程序，保证遵循职业道德基本原则；
- 制定有关政策和程序，识别会计师事务所或项目组成员与客户之间的利益或关系；
- 制定有关政策和程序，监控对某一客户收费的依赖程度；
- 向鉴证客户提供非鉴证服务时，指派鉴证业务项目组以外的其他合伙人和项目组，并确保鉴证业务项目组和非鉴证业务项目组分别向各自的业务主管报告工作；
- 制定有关政策和程序，防止项目组以外的人员对业务结果施加不当影响；
- 及时向所有合伙人和专业人员传达会计师事务所的政策和程序及其变化情况，并就这些政策和程序进行适当的培训；
- 指定高级管理人员负责监督质量控制系统是否有效运行；
- 向合伙人和专业人员提供鉴证客户及其关联实体的名单，并要求合伙人和专业人员与之保持独立；
- 制定有关政策和程序，鼓励员工就遵循职业道德基本原则方面的问题与领导层沟通；
- 建立惩戒机制，保障相关政策和程序得到遵守。

具体业务层面的防范措施包括：

- 对已执行的非鉴证业务，由未参与该业务的注册会计师进行复核，或在必要时提供建议；
- 对已执行的鉴证业务，由鉴证业务项目组以外的注册会计师进行复核，或在必要时提供建议；
- 向客户审计委员会、监管机构或注册会计师协会咨询；
- 与客户治理层讨论有关的职业道德问题；
- 向客户治理层说明提供服务的性质和收费的范围；
- 由其他会计师事务所执行或重新执行部分业务；
- 轮换鉴证业务项目组合伙人和高级员工。

（3）对职业道德基本原则遵循产生不利影响的其他关系、情形和防范措施

注册会计师在提供专业服务的过程中，可能存在许多对职业道德基本原则遵循产生不利影响的各种情形和关系，包括专业服务委托、利益冲突、应客户要求提供第二次意见、收费、专业服务营销、礼品和款待、保管客户资产、对客观和公正原则的要求。对职业道德基本原则遵循产生不利影响的其他关系、情形、影响的基本原则和防范措施见表 4－3。

表4-3 对职业道德基本原则遵循产生不利影响的其他关系、情形、影响的基本原则和防范措施

<table>
<tr><th>关系</th><th>情形</th><th>影响的基本原则</th><th>防范措施</th></tr>
<tr><td rowspan="3">专业服务委托</td><td>接受客户关系：
应当考虑客户的主要股东、关键管理人员和治理层是否诚信，以及客户是否涉足非法活动（如洗钱）或存在可疑的财务报告问题等</td><td>诚信、良好职业行为</td><td>① 对客户及其主要股东、关键管理人员、治理层和负责经营活动的人员进行了解
② 要求客户对完善公司治理结构或内部控制作出承诺</td></tr>
<tr><td>承接业务：
不提供不能胜任的专业服务</td><td>专业胜任能力和应有的关注</td><td>① 了解客户的业务性质、经营的复杂程度，以及所在行业的情况
② 了解专业服务的具体要求和业务对象，以及注册会计师拟执行工作的目的、性质和范围
③ 了解相关监管要求或报告要求
④ 分派足够的具有胜任能力的员工
⑤ 必要时利用专家的工作
⑥ 就执行业务的时间安排与客户达成一致意见
⑦ 遵守质量控制政策和程序，以合理保证仅承接能够胜任的业务</td></tr>
<tr><td>客户变更委托：
如果应客户要求或考虑以投标方式接替前任注册会计师，注册会计师应当从专业角度或其他方面确定应否承接该业务。可能需要与前任注册会计师直接沟通</td><td>专业胜任能力和应有的关注</td><td>① 当应邀投标时，在投标书中说明，在承接业务前需要与前任注册会计师沟通，以了解是否存在不应接受委托的理由
② 要求前任注册会计师提供已知悉的相关事实或情况，即前任注册会计师认为，后任注册会计师在作出承接业务的决定前，需要了解的事实或情况
③ 从其他渠道获取必要的信息</td></tr>
<tr><td rowspan="3">利益冲突</td><td>与客户存在直接竞争关系，或与客户的主要竞争者存在合资或类似关系</td><td>客观和公正</td><td rowspan="3">① 如果会计师事务所的商业利益或业务活动可能与客户存在利益冲突，注册会计师应当告知客户，并在征得其同意的情况下执行业务
② 如果为存在利益冲突的两个以上客户的服务，注册会计师应当告知所有已知相关方，并在征得他们同意的情况下执行业务
③ 如果为某一特定行业或领域中的两个以上客户提供服务，注册会计师应当告知客户，并在征得他们同意的情况下执行业务。
除采取上述防范措施外，注册会计师还应当采取下列一种或多种防范措施：
① 分派不同的项目组为相关客户提供服务
② 实施必要的保密程序，防止未经授权接触信息。例如，对不同的项目组实施严格的隔离程序，做好数据文档的安全保密工作
③ 向项目组成员提供有关安全和保密问题的指引
④ 要求会计师事务所的合伙人和员工签订保密协议
⑤ 由未参与执行相关业务的高级员工定期复核防范措施的执行情况</td></tr>
<tr><td>为存在利益冲突的两个以上客户提供服务</td><td rowspan="2">客观和公正或保密</td></tr>
<tr><td>为某一特定行业或领域中的两个以上客户提供服务</td></tr>
</table>

续表

关系	情形	影响的基本原则	防范措施
提供第二次意见	第二次意见不是以前任注册会计师所获得的相同事实为基础或依据的证据不充分	专业胜任能力和应有的关注	① 征得客户同意与前任注册会计师沟通 ② 在与客户沟通中说明注册会计师发表专业意见的局限性 ③ 向前任注册会计师提供第二次意见的副本
收费	报价过低可能影响专业胜任能力和应有的关注	专业胜任能力和应有的关注	① 预先就收费的基础与客户达成书面协议 ② 向预期的报告使用者披露注册会计师所执行的工作及收费的基础 ③ 实施质量控制政策和程序 ④ 由独立第三方复核注册会计师已执行的工作
	除法律法规允许外，注册会计师不得以或有收费方式提供鉴证服务，收费与否或收费多少不得以鉴证工作结果或实现特定目的为条件		
	收取与客户相关的介绍费或佣金		
专业服务营销	采用强迫、欺诈、利诱或骚扰等方式招揽业务	客观、公正和良好的职业行为	注册会计师不采用不正当方式招揽业务；注册会计师不进行广告宣传以招揽业务
	对其能力进行广告宣传以招揽业务		
礼品和招待	接受超出业务活动中正常往来的款待	客观、公正和良好的职业行为	款待超出业务活动中的正常往来，注册会计师应当拒绝接受
	向客户索取、收受委托合同约定以外的酬金或其他财物		
	利用执行业务之便，谋取其他不正当的利益		
保管客户资产	法规允许或要求向客户提供保管资金或其他资产的服务	客观、公正和良好的职业行为	① 将客户资金或其他资产与其个人或会计师事务所的资产分开 ② 仅按照预定用途使用客户资金或其他资产 ③ 随时准备向相关人员报告资产状况及产生的收入、红利或利得 ④ 遵守所有与保管资产和履行报告义务相关的法律法规
对客观和公正原则的要求	在客户中拥有经济利益，或者与客户董事、高级管理人员或员工存在家庭和私人关系或商业关系	客观和公正	① 退出项目组 ② 实施督导程序 ③ 终止产生不利影响的经济利益或商业关系 ④ 与会计师事务所内部较高级别的管理人员讨论有关事项 ⑤ 与客户治理层讨论有关事项

4. 注册会计师提供审计业务对独立性的要求

(1) 独立性概念框架

独立性概念框架是指解决独立性问题的思路和方法，用以指导注册会计师：识别对独立性的不利影响；评价不利影响的严重程度；必要时采取防范措施消除不利影响或将其降低至可接受的水平。

如果无法采取适当的防范措施消除不利影响或将其降低至可接受的水平，注册会计师应当消除产生不利影响的情形，或者拒绝接受审计业务委托或终止审计业务。在运用独立性概念框架时，注册会计师应当运用职业判断。

（2）相关概念

① 网络与网络事务所。网络是指由多个实体组成，旨在通过合作实现下列一个或多个目的的联合体：

- 共享收益或分担成本；
- 共享所有权、控制权或管理权；
- 共享统一的质量控制政策和程序；
- 共享同一经营战略；
- 使用同一品牌；
- 共享重要的专业资源。

网络事务所属于某一网络的会计师事务所或实体。除非本章另有说明，如果某一会计师事务所被视为网络事务所，应当与网络中其他会计师事务所的审计客户保持独立。

② 公众利益实体。公众利益实体包括上市公司和下列实体：

- 法律法规界定的公众利益实体；
- 法律法规规定按照上市公司审计独立性的要求接受审计的实体。

如果公众利益实体以外的其他实体拥有数量众多且分布广泛的利益相关者，注册会计师应当考虑将其作为公众利益实体对待。需要考虑的因素包括：实体业务的性质（例如金融业务、保险业务等）；实体的规模；员工的数量。

③ 关联实体。关联实体是指与客户存在下列任一关系的实体：

- 能够对客户施加直接或间接控制的实体，并且客户对该实体重要；
- 在客户内拥有直接经济利益的实体，并且该实体对客户具有重大影响，在客户内的利益对该实体重要；
- 受到客户直接或间接控制的实体；
- 客户（或受到客户直接或间接控制的实体）拥有其直接经济利益的实体，并且客户能够对该实体施加重大影响，在实体内的经济利益对客户（或受到客户直接或间接控制的实体）重要；
- 与客户处于同一控制下的实体（即“姐妹实体”），并且该姐妹实体和客户对其控制方均重要。

在审计客户是上市公司的情况下，审计客户包括该客户的所有关联实体。在审计客户不是上市公司的情况下，审计客户仅包括该客户直接或间接控制的关联实体。如果认为客户存在的关系或情形涉及其他关联实体，且与评价会计师事务所独立性相关，审计项目组在识别、评价对独立性的不利影响及采取防范措施时，应当将其他关联实体包括在内。

④ 治理层。治理层，是指对实体的战略方向及管理层履行经营管理责任负有监督责任的人员或组织。治理层的责任包括对财务报告过程的监督。

注册会计师应当根据职业判断，定期就可能影响独立性的关系和其他事项与治理层沟通。上述沟通使治理层能够：

- 考虑会计师事务所在识别和评价对独立性的不利影响时作出的判断是否正确；
- 考虑会计师事务所为消除不利影响或将其降低至可接受的水平所采取的防范措施是否适当；
- 确定是否有必要采取适当的措施。

对于因外在压力和密切关系产生的不利影响，这种沟通尤其有效。

⑤ 业务期间。业务期间是指自审计项目组开始执行审计业务之日起，至出具审计报告之日止。如果审计业务具有连续性，业务期间结束日应以其中一方通知解除业务关系或出具最终审计报告两者时间孰晚为准。注册会计师应当在业务期间和财务报表涵盖的期间独立于审计客户。

会计师事务所应当确定下列因素是否对独立性产生不利影响：

- 在财务报表涵盖的期间或之后、接受审计业务委托之前，与审计客户之间存在的经济利益或商业关系；
- 以往向审计客户提供的服务。

如果在财务报表涵盖的期间或之后，在审计项目组开始执行审计业务之前，会计师事务所向审计客户提供了非鉴证服务，并且该非鉴证服务在审计期间不允许提供，会计师事务所应当评价提供的非鉴证服务对独立性产生的不利影响。如果不利影响超出可接受的水平，会计师事务所只有采取防范措施消除不利影响或将其降低至可接受的水平以下。防范措施主要包括：

- 不允许提供非鉴证服务的人员担任审计项目组成员；
- 必要时由其他的注册会计师复核审计和非鉴证工作；
- 由其他会计师事务所评价非鉴证业务的结果，或由其他会计师事务所重新执行非鉴证业务，并且所执行工作的范围能够使其承担责任。

⑥ 合并与收购。由于合并或收购，某一实体成为审计客户的关联实体，会计师事务所应当识别和评价其与该关联实体以往和目前存在的利益或关系，并在考虑可能的防范措施后确定是否影响独立性，以及在合并或收购生效日后能否继续执行审计业务。

不利影响的严重程度取决于下列因素：

- 利益或关系的性质和重要程度；
- 审计客户与该关联实体之间关系的性质和重要程度，例如关联实体是审计客户的子公司还是母公司；
- 合理终止该利益或关系需要的时间。

如果治理层要求会计师事务所继续执行审计业务，会计师事务所只有在同时满足下列条件时，才能同意这一要求：

- 在合并或收购生效日起的六个月内，尽快终止目前存在的利益或关系；
- 存在利益或关系的人员不得作为审计项目组成员，也不得负责项目质量控制复核；
- 拟采取适当的过渡性措施，并就此与治理层讨论。

(3) 对独立性产生不利影响的因素

① 经济利益。经济利益是指因持有某一实体的股权、债券和其他证券，以及其他债务性的工具而拥有的利益，包括为取得这种利益享有的权利和承担的义务。

经济利益对独立性产生不利影响的情形包括：

- 如果会计师事务所、审计项目组成员或其主要近亲属在审计客户中拥有直接经济利益或重大间接经济利益；
- 审计项目组某一成员的其他近亲属在审计客户中拥有直接经济利益或重大间接经济利益；
- 会计师事务所、审计项目组成员或其主要近亲属在对审计客户施加控制的实体中拥有直接经济利益或重大间接经济利益；
- 通过会计师事务所的退休金计划在审计客户中拥有直接经济利益或重大间接经济利益；
- 项目合伙人所在分部的其他合伙人或其主要近亲属在该审计客户中拥有直接经济利益或重大间接经济利益；
- 项目合伙人和项目组其他成员分属于不同的分部；
- 为审计客户提供非审计服务的其他合伙人、管理人员或其主要近亲属在审计客户中拥有直接经济利益或重大间接经济利益；
- 所在分部的其他合伙人或向审计客户提供非审计服务的合伙人或管理人员的主要近亲属在审计客户中拥有经济利益；
- 会计师事务所、审计项目组成员或其主要近亲属和审计客户同时在某一实体拥有经济利益；
- 会计师事务所、审计项目组成员或其主要近亲属和审计客户的利益相关者同时在某一实体拥有经济利益；
- 作为受托管理人在审计客户中拥有直接经济利益或重大间接经济利益；
- 其他相关人员在审计客户中拥有任何已知的经济利益；
- 会计师事务所、合伙人或其主要近亲属、员工或其主要近亲属从审计客户处获得直接经济利益或重大间接经济利益。

② 贷款和担保及商业关系、家庭和私人关系。贷款和担保及商业关系、家庭和私人关系会对独立性产生不利影响。

对独立性产生不利影响的贷款和担保包括：

- 从银行或类似金融机构等审计客户取得贷款或获得贷款担保；
- 从银行或类似金融机构等审计客户取得贷款或由其提供担保；
- 从不属于银行或类似金融机构等审计客户取得贷款或由其提供担保；
- 向审计客户提供贷款或为其提供担保；
- 在审计客户开立存款或交易账户。

对独立性产生不利影响的商业关系包括：

- 在与客户或其控股股东、董事、高级管理人员共同开办的企业中拥有经济利益；
- 按照协议，将会计师事务所的产品或服务与客户的产品或服务结合在一起，并以双方名义捆绑销售；
- 按照协议，会计师事务所销售或推广客户的产品或服务，或者客户销售或推广会计师事务所的产品或服务；
- 与审计客户或利益相关者一同在某股东人数有限的实体中拥有利益；
- 从审计客户购买商品或服务。

对独立性产生不利影响的家庭和私人关系包括：

- 审计项目组成员的主要近亲属处在重要职位；
- 审计项目组成员的主要近亲属可以对财务报表施加重大影响；
- 审计项目组成员的其他近亲属处在重要职位或可以对财务报表施加重大影响；
- 审计项目组的成员与审计客户重要职位的人员具有密切关系；
- 非审计项目组成员的合伙人或员工与审计客户重要职位的人员存在家庭或个人关系。

③ 与审计客户发生雇佣关系。对独立性产生不利影响的与审计客户发生雇佣关系包括：

- 审计项目组前任成员或前任合伙人担任审计客户的重要职位且与事务所保持重要联系；
- 审计项目组前任成员或前任合伙人担任审计客户的重要职位但未与事务所保持重要联系；
- 前任合伙人加入的某一实体成为审计客户；
- 审计项目组某成员拟加入审计客户。

对独立性产生不利影响的与属于公众利益实体的审计客户发生雇佣关系包括：

- 关键审计合伙人加入审计客户担任重要职位；
- 前任高级合伙人加入审计客户担任重要职位；
- 因企业合并原因导致前任成员加入审计客户担任重要职位。与属于审计客户的临时借调员工发生雇佣关系对独立性产生不利影响。与属于审计客户的最近曾任审计客户的董事、高级管理人员或特定员发生雇佣关系对独立性产生不利影响。与兼任审计客户的董事或高级管理人员发生雇佣关系对独立性产生不利影响。

④ 与审计客户长期存在业务关系。与审计客户长期存在业务关系包括：合伙人长期执行一般客户的审计业务和合伙人执行公众利益实体审计的时限。

对独立性产生不利影响的，与属于公众利益实体的审计客户长期存在业务关系的情形有以下几种。

一是关键审计合伙人任职时间。关键审计合伙人是指项目合伙人、实施项目质量控制复核的负责人，以及审计项目组中负责对财务报表审计所涉及的重大事项作出关键决策或判断的其他审计合伙人。

如果审计客户属于公众利益实体，执行其审计业务的关键审计合伙人任职时间不得超过五年。在任期结束后的两年内，该关键审计合伙人不得再次成为该客户的审计项目组成员或关键审计合伙人。在此期间内，该关键审计合伙人也不得有下列行为：参与该客户的审计业务；为该客户的审计业务实施质量控制复核；就有关技术或行业特定问题、交易或事项向项目组或该客户提供咨询；以其他方式直接影响业务结果。

二是其他合伙人任职时间。其他合伙人还可能包括负责审计重要子公司或分支机构的项目合伙人。审计项目组的其他合伙人与属于公众利益实体的审计客户之间长期存在业务关系，将因密切关系和自身利益产生不利影响。不利影响的严重程度主要取决于下列因素：该合伙人与审计客户存在业务关系的时间长短；该合伙人在审计项目组中的角色；该合伙人与客户治理层或管理层交往的性质、频率和范围。

三是关键审计合伙人在审计客户成为公众利益实体后的任职时间。如果审计客户成为公众利益实体，在确定关键审计合伙人的轮换时间时，会计师事务所应当考虑在该客户成为公众利益实体之前，该合伙人已为该客户提供服务的时间。

在审计客户成为公众利益实体之前，如果关键审计合伙人已为该客户服务的时间不超过三年，则该合伙人还可以为该客户继续提供服务的年限为五年减去已经服务的年限。

如果关键审计合伙人为该客户服务了四年或更长的时间，在该客户成为公众利益实体之后，该合伙人还可以继续服务两年。

如果审计客户是首次公开发行证券的公司，关键审计合伙人在该公司上市后连续提供审计服务的期限不得超过两个完整会计年度。

⑤ 为审计客户提供非鉴证服务。为审计客户提供非鉴证服务对独立性产生不利影响的情形：

- 代行管理职责，编制会计记录和财务报表；
- 评估服务、税务服务、内部审计服务；
- 信息技术系统服务、诉讼支持服务、法律服务；
- 招聘服务、公司理财服务

⑥ 收费。如果会计师事务所从某一审计客户收取的全部费用占其收费总额的比重很大，则对该客户的依赖及对可能失去该客户的担心将因自身利益或外在压力产生不利影响。不利影响的严重程度主要取决于下列因素：

- 会计师事务所的业务类型及收入结构；
- 会计师事务所成立时间的长短；
- 该客户对会计师事务所是否重要。

会计师事务所应当评价不利影响的严重程度，并在必要时采取防范措施消除不利影响或将其降低至可接受的水平。防范措施主要包括：降低对该客户的依赖程度；实施外部质量控制复核；就关键的审计判断向第三方咨询，例如向行业监管机构或其他会计师事务所咨询。

如果从某一审计客户收取的全部费用占某一合伙人从所有客户收取的费用总额比重很大，或占会计师事务所某一分部收取的费用总额比重很大，也将因自身利益或外在压力产生不利影响。不利影响的严重程度主要取决于下列因素：

- 该客户在性质上或数量上对该合伙人或分部是否重要；
- 该合伙人或该分部合伙人的报酬对来源于该客户的收费的依赖程度。

会计师事务所应当评价不利影响的严重程度，并在必要时采取防范措施消除不利影响或将其降低至可接受的水平。防范措施主要包括：降低对来源于该客户的收费的依赖程度；由审计项目组以外的注册会计师复核已执行的工作或在必要时提出建议；定期实施独立的质量控制复核。

如果会计师事务所连续两年从某一属于公众利益实体的审计客户及其关联实体收取的全部费用，占其从所有客户收取的全部费用的比重超过15%，会计师事务所应当向审计客户治理层披露这一事实，并讨论选择下列何种防范措施，以将不利影响降低至可接受的水平：

- 在对第二年度财务报表发表审计意见之前，由其他会计师事务所对该业务再次实施项目质量控制复核（简称发表审计意见前复核）；
- 在对第二年度财务报表发表审计意见之后、对第三年度财务报表发表审计意见之前，由其他会计师事务所对第二年度的审计工作再次实施项目质量控制复核（简称发表审计意见后复核）。

在上述收费比例明显超过15%的情况下，如果采用发表审计意见后复核无法将不利影响降低至可接受的水平，会计师事务所应当采用发表审计意见前复核。

逾期收费也可能对独立性有影响。如果审计客户长期未支付应付的审计费用，尤其是相当部分的审计费用在出具下一年度审计报告前仍未支付，可能因自身利益产生不利影响。会计师事务所通常要求审计客户在审计报告出具前付清上一年度的审计费用。如果在审计报告出具后审计客户仍未支付该费用，会计师事务所应当评价不利影响存在与否及其严重程度，并在必要时采取防范措施消除不利影响或将其降低至可接受的水平。或有收费是指收费与否或收费多少取决于交易的结果或所执行工作的结果。如果一项收费是由法院或政府有关部门规定的，则该项收费不被视为或有收费。会计师事务所在提供审计服务时，以直接或间接形式取得或有收费，将因自身利益产生非常严重的不利影响，导致没有防范措施能够将其降低至可接受的水平。会计师事务所不得采用这种收费安排。

会计师事务所在向审计客户提供非鉴证服务时，如果非鉴证服务以直接或间接形式取得或有收费，也可能因自身利益产生不利影响。如果出现下列情况之一，将因自身利益产生非常严重的不利影响，导致没有防范措施能够将其降低至可接受的水平，会计师事务所不得采用这种收费安排：

- 非鉴证服务的或有收费由对财务报表发表审计意见的会计师事务所取得，并且对其影响重大或预期影响重大；
- 网络事务所参与大部分审计工作，非鉴证服务的或有收费由该网络事务所取得，并且对其影响重大或预期影响重大；
- 非鉴证服务的结果及由此收取的费用金额，取决于未来或当期与财务报表重大金额审计相关的判断。

在向审计客户提供非鉴证服务时，如果会计师事务所采用其他形式的或有收费安排，不利影响存在与否及其严重程度主要取决于下列因素：

- 可能的收费金额区间；
- 是否由适当的权威方确定有关事项的结果，并且该结果作为或有收费的基础；
- 非鉴证服务的性质；
- 事项或交易对财务报表的影响。

会计师事务所应当评价不利影响的严重程度，并在必要时采取防范措施消除不利影响或将其降低至可接受的水平。防范措施主要包括：由审计项目组以外的注册会计师复核相关审计工作，或在必要时提供建议：由审计项目组以外的专业人员提供非鉴证服务。

关键术语

独立审计准则	注册会计师职业道德	诚信
独立性	专业胜任能力	客观和公正
或有收费	鉴证业务准则	鉴证业基本准则
鉴证业务具体准则	中国注册会计师执业准则	保密
中国注册会计师业务准则	PCAOB	萨班斯法案

本章复习

一、单项选择题

1. 我国注册会计师鉴证业务准则体系中不包括（　　）。

A. 中国注册会计师审计准则　　B. 中国注册会计师其他鉴证业务准则

C. 中国注册会计师审阅准则　　D. 相关服务准则

2. 以下有关注册会计师独立性的说法，正确的是（　　）

A. 独立性是指不受外来力量控制，按自己的意愿行事

B. 独立性包括实质上的独立和形式上的独立

C. 除了审计以外的其他业务都不需要保持独立性

D. 独立性是对执业和非执业注册会计师的共同要求

3. 为防范因项目组不具备胜任能力可能对专业胜任能力和应有的关注原则产生不利影响，在会计师事务所采取的下列措施中，无效的是（　　）

A. 了解监管要求　　B. 利用专家的工作

C. 仅承接能够胜任的业务　　D. 向客户说明能力的不足

4. 下列（　　）情况表明A会计师事务所违反了职业道德基本原则中的保密原则。

A. 项目合伙人在经验交流会上实名列举了甲客户的审计案例

B. 在针对乙客户的诉讼进行辩护时，在法庭上公开了与诉讼相关的工作底稿

C. 未经丙客户许可，将审计档案直接交给注协质量检查人员

D. 允许项目合伙人编制丁公司本年度审计计划时参阅该公司上年度工作底稿

5. 注册会计师在营销专业服务时，不违背相关职业道德规范的行为是（　　）。

A. 贬低或无根据地比较其他注册会计师的工作

B. 为招揽业务对自己的专业胜任能力进行真实的广告宣传

C. 夸大宣传提供的服务、拥有的资质或获得的经验

D. 为招揽业务向前来咨询的潜在客户介绍自己的专业能力

6. 在执行审计业务过程中，如果项目合伙人接受了客户财务负责人赠送的1 000元红包，将会从（　　）方面对职业道德产生不利影响。

A. 自我评价　　B. 过度推介　　C. 密切关系　　D. 自身利益

7. 以下（　　）情形最可能形成外在压力，进而导致对职业道德基本准则原则的不利影响。

A. 项目合伙人表示，如拒绝调整财务报表，将不能发表无保留意见

B. 被审计单位暗示，如对财务报表发表非无保留意见，将不再续约

C. 因业务收入锐减，会计师事务所担心失去某一家重要客户

D. 项目组成员受雇于客户，不愿意向被审计单位提出调整建议

8. 以下情形不属于网络事务所的是（　　）。

A. 甲与乙两家会计师事务所通过合作，共享收益、共担成本

B. 甲会计师事务所与乙财务咨询公司共享所有权和控制权

C. 甲与乙两家会计师事务所合作共同编制审计手册，并各自分担相应成本

D. 甲与乙两家会计师事务所通过合作，共享统一的质量控制政策和程序

9. A 公司持有 B 公司 80%的股份，乙会计师事务所与 A 公司为亲密合作伙伴，B 公司拟委托乙会计师事务所审计其年度的财务报表。下列说法中，正确的是（　　）。

A. 乙会计师事务所应拒绝接受委托

B. 乙会计师事务所可以接受委托，但需要由其他事务所复核

C. 该事项不会对独立性产生不利影响，乙会计师事务所可以承接该业务

D. 可以承接该业务，但应采取适当的防范措施

10. 如果会计师事务所、审计项目组成员或其主要近亲属在审计客户中拥有直接经济利益或重大间接经济利益，将产生最直接的不利影响是（　　）。

A. 自身利益　　B. 自我评价　　C. 过度推介　　D. 密切关系

二、多项选择题

1. 中国注册会计师执业准则包括（　　）。

A. 鉴证业务准则　　B. 注册会计师职业道德规范

C. 注册会计师后续教育准则　　D. 相关服务准则

2. 中国注册会计师鉴证业务准则包括（　　）。

A. 中国注册会计师审计准则　　B. 中国注册会计师其他鉴证业务准则

C. 会计师事务所质量控制准则　　D. 中国注册会计师审阅准则

3. 职业道德基本原则要求注册会计师保持专业胜任能力和应有的关注，主要是要求注册会计师（　　）。

A. 具备执业所需要的专业知识、技能和经验

B. 能够经济、有效地完成业务

C. 确保项目组成员能得到指导、监督、复核

D. 在具备专业能力的情况下执业

4. 在确定如何应对职业道德产生的超出可接受水平的不利影响时，事务所采取的措施中属于防范措施的是（　　）。

A. 设法消除不利影响　　B. 设法将不利影响降低至可接受水平

C. 终止业务约定　　D. 解除客户关系

5. 下列情况（　　）最可能产生过度推介，从而对注册会计师遵循职业道德基本原则产生不利影响。

A. 推介某一客户的股票　　B. 为客户承担诉讼辩护人

C. 对客户财务报表发表审计意见　　D. 审阅本所代编的财务报表

6. 根据职业道德基本原则，会计师事务所的下列（　　）做法必须得到法律法规的特别许可。

A. 实施或有收费　　B. 披露客户商业秘密

C. 保管审计客户资产　　D. 发展审计客户

7. 下列情况中，影响注册会计师独立性的事项有（　　）。

A. 注册会计师一年前曾在鉴证客户任会计主管

B. 注册会计师的校友在鉴证客户有较小金额的投资

C. 注册会计师担任鉴证客户常年会计顾问

D. 注册会计师的哥哥是鉴证客户的董事

8. 审计项目组的乙注册会计师加入了审计客户，与其以前的会计师事务所已经没有重要联系，所产生的密切关系或外在压力的不利影响存在与否及其重要程度如何主要取决于（ ）。

A. 该人员在客户中所处的职位

B. 该人员与审计项目组的交往程度

C. 该人员以前在审计项目组或会计师事务所中的职位

D. 该人员离开会计师事务所的时间长短

9. 注册会计师在评价鉴证业务独立性受到的不利影响的严重程度时，应当从（ ）两个方面予以考虑。

A. 性质上的影响 B. 实质上独立 C. 数量上的影响 D. 形式上的独立

10. U会计师事务所与其他事务所构成联合体且（ ），应被视为与其他事务所属于同一个网络会计师事务所。

A. 共享收益、共担成本 B. 共享同一所有权、控制或管理

C. 共享同一质量控制政策和程序 D. 以联合方式应邀提供专业服务

三、简答题

1. 简要描述我国注册会计师职业道德守则。

2. 简述我国注册会计师执业准则体系的框架及内容。

四、研究性问题

1. 注册会计师职业道德的基本原则是什么？

2. 如何理解注册会计师的“保密责任”？

3. 如何理解注册会计师职业道德概念框架？

4. 注册会计师在提供专业服务时遇到对职业道德基本原则产生不利影响的情形，注册会计师应该怎么办？

5. 注册会计师如何在执行审计业务时达到和保持独立性？

6. 试比较美国独立审计准则、国际审计与鉴证准则理事会（IAASB）制定的准则和中国注册会计师执业准则。

7. 试对美国注册会计师协会职业道德规范、国际会计师联合会职业道德规范和中国职业道德规范进行比较。

五、案例分析题

【题1】

基本情况 某日报载一家合作会计师事务所的开业启示，其中的部分内容为：“本所是在国家工商行政管理局登记注册的全国第一家中外合作会计师事务所，值此隆重开业之际，谨向多年来与我公司合作并给予支持的国内外各界朋友致以深切的谢意，并愿意竭诚为各界人士、各国客商提供会计、审计、企业咨询、税务等方面世界一流的专业服务。”

要求：请分析这则开业启示是否有悖于《中国注册会计师职业道德守则》的要求。

【题2】

基本情况 红黄兰事务所接受委托对A公司X年度财务报表进行审计。在审计 中，

注册会计师李红发现该公司的出纳员在现金与账务不平的时候，用未经批准的单据作为原始凭证补充账务。经审查，在被审计会计期间，涉及的金额合计约800多元，而货币资金的重要性水平为10万元。注册会计师知道，A公司的总经理是一位要求非常严格的负责人，不允许员工出现任何工作上的失误，如果知道此事，一定会开除这位出纳员。另据了解，该出纳员家庭生活开支全部依赖于其收入。

要求： 请问注册会计师李红是否应当将所发现的事实作为内部控制的漏洞呈报给A公司的总经理？

【题3】

基本情况 注册会计师李红在对A公司年度财务报表审计时，发现一张装修发票上的金额与原合同规定金额有出入，发票比合同金额少了50 000元。A公司接到发票后未曾发现与合同有误，并将款项付讫。以后，执行该装修的B公司亦未继续来讨账。

要求： 假定今后B公司也请李红审核他们的财务报表，李红建议B公司去A公司催讨这一差额款。请问李红这样做对吗？为什么？

【题4】

基本情况 ABC会计师事务所通过招投标程序接受委托，负责审计上市公司甲公司的财务报表，并委派A注册会计师为审计项目组负责人，在招投标阶段和审计过程中，ABC会计师事务所遇到下列与职业道德有关的事项。

① 应邀投标时，ABC会计师事务所在其投标书中说明，如果中标，需与前任注册会计师沟通后，才能与甲公司签订审计业务约定书。

② 签订审计业务约定书时，ABC会计师事务所根据有关部门的要求，与甲公司商定按六折收取审计费用。据此，审计项目组计划相应缩小审计范围，并就此事与甲公司治理层达成一致意见。

③ 签订审计业务约定书后，ABC会计师事务所发现甲公司与本事务所另一常年审计客户乙公司存在直接竞争关系。ABC会计师事务所未将这一情况告知甲公司和乙公司。

④ 审计开始前，应甲公司要求，ABC会计师事务所指派一名审计项目组以外的员工根据甲公司编制的试算平衡表编制被审计年度财务报表。

⑤ 审计过程中，适逢甲公司招聘高级管理人员，A注册会计师应甲公司的要求对可能录用人员的证明文件进行检查，并就是否录用形成书面意见。

⑥ 审计过程中，A注册会计师应甲公司要求协助制订公司财务战略。

要求： 针对上述①至⑥项，分别指出ABC会计师事务所是否违反中国注册会计师职业道德守则，并简要说明理由。

推荐阅读

[1] 唐建华. 风险导向审计思想的历史演进：对美国审计准则发展史的案例研究. 审计研究，2009 (2).

[2] 陈毓圭. 中国注册会计师执业准则体系的特点. 中国注册会计师，2006 (4).

[3] 叶陈刚. 推行职业道德守则提升注册会计师公信力. 中国注册会计师，2010 (6).
[4] 谢志华. 职业道德守则是系统之作：职业道德守则读后感. 中国注册会计师 2009 (12).
[5] 陈汉文，韩洪灵. 诚信建设、行为约束与核心价值的有机统一：感悟中国注册会计师职业道德守则. 中国注册会计师，2009 (12).
[6] 张连起. 在没人看到的时候做正确的事情：写在中国注册会计师职业道德守则发布之际. 中国注册会计师，2009 (12).
[7] 王爱国，史维. 论审计的独立性. 审计研究，2004 (4).

第5章

审计目标和审计过程

【学习目标】

学习本章以后，你应该能够：

- 描述注册会计师审计的目标；
- 解释被审计单位管理当局对财务报表的认定；
- 举例说明被审计单位管理当局对财务报表的认定与审计具体目标的关系；
- 描述审计过程的几个阶段。

【内容提要】

审计目标是在一定历史环境下，人们通过审计实践活动所期望达到的境地或最终结果。它包括审计总目标和审计具体目标。本章从注册会计师审计的目标和被审计单位管理当局的认定入手，引出注册会计师运用被审计单位管理当局的认定确定审计具体目标，并介绍了审计的工作过程。

认定和审计目标相关联。本章论述了管理当局对财务报表的认定，注册会计师对各类交易和事项、期末账户余额和列报运用的认定与具体审计目标的关系是本章的重点，也是理解风险评估程序、控制测试和实质性程序的理论基础。

5.1 注册会计师的审计目标

1. 注册会计师审计目标的变化

审计目标是在一定历史环境下，人们通过审计实践活动所期望达到的境地或最终结果。

注册会计师自诞生以来，从其内容发展来说，主要经历了详细审计、资产负债表审计和财务报表审计三个阶段，审计目标也随之有所变化。

第一阶段，详细审计阶段，以查错防弊为审计目标。审计的功能主要是防护性，判定有无技术错误和舞弊行为。

第二阶段，资产负债表审计阶段，以判断财务状况和偿债能力为主要审计目标。查错防弊目标依然存在，但已退居第二位。审计的功能从防护性发展到公证性，但只限于对资产负债表所有项目余额的可靠性和真实性的审查。

第三阶段，财务报表审计阶段，以验证财务报表的公允性为主要审计目标。审计由静态审计发展到动态审计，并增加了管理审计的内容。审计目标不再局限于查错防弊和为社会提供公证，而是向管理领域有所深入和发展。这种变化如图 5－1 所示。

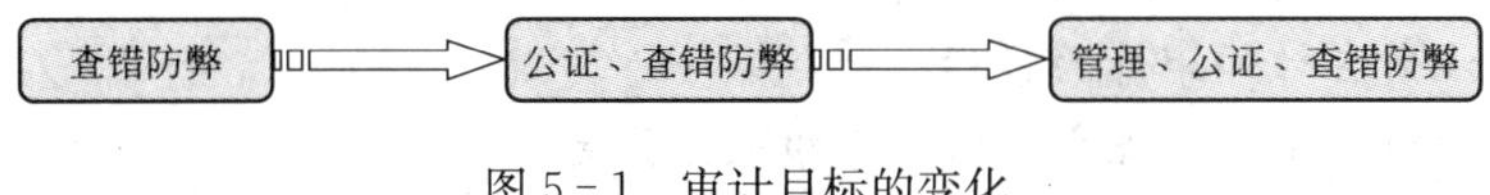

图 5－1　审计目标的变化

尽管审计目标有了上述的变化，同时现代审计中的管理咨询、会计和税务服务的业务量也在日渐增加，但是注册会计师审计的主要职责始终是对被审计单位执行财务报表审计。它是审计业务的基础，其他性质的审计业务只是财务报表审计的延伸和发展。

2. 我国注册会计师审计的总目标

审计目标包括财务报表审计目标及与各类交易、账户余额和披露相关的具体审计目标两个层次。

审计的目的是提高财务报表预期使用者对财务报表的信赖程度。这一目的可以通过注册会计师对财务报表是否在所有重大方面按照适用的财务报表编制基础编制发表审计意见得以实现。就大多数通用目的财务报告编制基础而言，注册会计师针对财务报表是否在所有重大方面按照财务报告编制基础编制并实现公允反映发表审计意见。注册会计师按照审计准则和相关职业道德要求执行审计工作，能够形成这样的意见。因此，执行财务报表审计工作时，注册会计师的总体目标如下。

① 对财务报表整体是否不存在由于舞弊或错误导致的重大错报获取合理保证，使得注册会计师能够对财务报表是否在所有重大方面按照适用的财务报告编制基础编制发表审计意见。

② 按照审计准则的规定，根据审计结果对财务报表出具审计报告，并与管理层和治理层沟通。

财务报表审计的总体目标对注册会计师的审计工作发挥着导向作用，它界定了注册会计师的责任范围，直接影响注册会计师计划和实施审计程序的性质、时间和范围，决定了注册会计师如何发表审计意见。例如，财务报表审计目标是对财务报表整体发表审计意见，注册会计师可以关注与财务报表编制和审计有关的内部控制，而不对内部控制本身发表鉴证意见。同样，注册会计师也可以关注被审计单位的违反法规行为，这些行为影响到财务报表，而不是对被审计单位是否存在违反法规行为提供鉴证。

相关概念

财务报告编制基础

适用的财务报告编制基础，是指法律法规要求采用的财务报告编制基础，或者管理层和治理层（如适用）在编制财务报表时，就被审计单位性质和财务报表目标而言，采用的可接受的财务报告编制基础。

财务报告编制基础分为通用目的编制基础和特殊目的编制基础。

通用目的编制基础，是指旨在满足广大财务报表使用者共同财务信息需求的财务报告编制基础，主要是指会计准则和会计制度。特殊目的编制基础，是指旨在满足财务报表特定使用者对财务信息需求的财务报告编制基础，包括计税核算基础、监管机构的报告要求和合同的约定等。

5.2 被审计单位认定和具体审计目标

1. 被审计单位认定

(1) 被审计单位认定的含义

被审计单位认定是指管理层对财务报表各组成要素的确认、计量、列报作出的明确或隐含的表达。

注册会计师将认定用于考虑财务报表可能发生的不同类型的错报。被审计单位管理当局对财务报表的认定与审计目标密切相关，因为注册会计师的基本职责就在于确定被审计单位管理当局对其财务报表的认定是否恰当，是对被审计单位管理当局对其财务报表认定的再认定。注册会计师了解了认定，有利于确定每个项目的具体目标。

保证财务报表公允反映被审计单位的财务状况和经营情况等是管理层的责任。当管理层声明财务报表已按照适用的财务报告编制基础进行编制，在所有重大方面作出公允反映时，就意味着管理层对财务报表各组成要素的确认、计量、列报及相关披露作出了认定。

被审计单位管理层的认定方式有明示性的认定和暗示性的认定。例如，A上市公司对外公布的资产负债表中报告的“存货”如下：

流动资产：

存货：…5 000 000

被审计单位管理层在资产负债表中报告的存货项目，意味着以下两项明示性的认定：存货是存在的；存货的正确余额是5 000 000元。

同时，被审单位管理当局对存货项目也作出了下面暗示性的认定：所有应报告的存货，均已包括在内；所有被报告的存货都归被审计单位所有。

假如上述认定中的任何一项有错误，那么财务报表就可能存在重要错报。

管理层对财务报表中的资产、负债、所有者权益、收入和费用，以及这些会计要素中的每个项目都做了上述类似的认定。

被审计单位管理当局的认定与审计有着密切的关系，如图 5-2 所示。

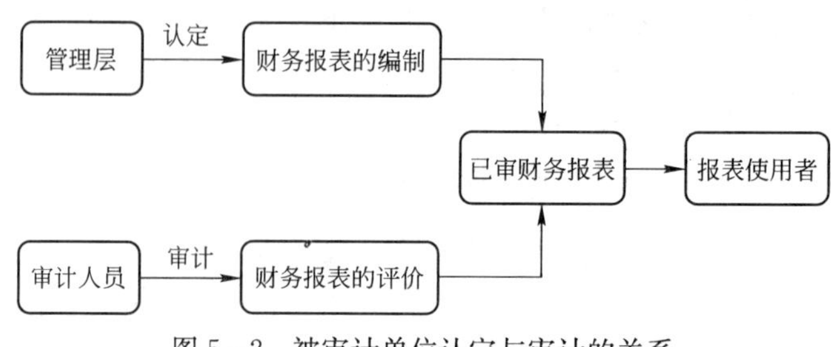

图 5-2 被审计单位认定与审计的关系

(2) 与所审计期间各类交易和事项相关的认定

注册会计师对所审计期间的各类交易和事项运用的认定通常分为以下类别。

① 发生。记录的交易或事项已发生，且与被审计单位有关。

② 完整性。所有应当记录的交易和事项均已记录。

③ 准确性。与交易和事项有关的金额及其他数据已恰当记录。

④ 截止。交易和事项已记录于正确的会计期间。

⑤ 分类。交易和事项已记录于恰当的账户。

(3) 与期末账户余额相关的认定

注册会计师对期末账户余额运用的认定通常分为以下类别。

① 存在。记录的资产、负债和所有者权益是存在的。

② 权利和义务。记录的资产由被审计单位拥有或控制，记录的负债是被审计单位应当履行的偿还义务。

③ 完整性。所有应当记录的资产、负债和所有者权益均已记录。

④ 计价和分摊。资产、负债和所有者权益以恰当的金额包括在财务报表中，与之相关的计价或分摊调整已恰当记录。

(4) 与列报和披露相关的认定

各类交易和账户余额的认定正确是列报正确的必要基础，财务报表可能因被审计单位误解有关列报的规定或舞弊等而产生错报。另外，还可能因为被审计单位没有遵守一些专门的披露要求而导致财务报表错报。因此，即使注册会计师审计了各类交易和账户余额的认定，实现了各类交易和账户余额的具体审计目标，也不意味着获取了对财务报表发表审计意见的充分、适当的审计证据。因此，注册会计师还应当对各类交易、账户余额及相关事项在财务报表中列报的正确性进行审计。

注册会计师对列报和披露运用的认定通常分为以下类别。

① 发生及权利和义务。披露的交易、事项和其他情况已发生，且与被审计单位有关。

② 完整性。所有应当包括在财务报表中的披露均已包括。

③ 分类和可理解性。财务信息已被恰当地列报和描述，且披露内容表述清楚。

④ 准确性和计价。财务信息和其他信息已公允披露，且金额恰当。

注册会计师可以按照上述分类运用认定，也可按其他方式表述认定，但应涵盖上述所有方面。

2. 具体审计目标

被审计单位管理当局的认定可以是与所审计期间各类交易和事项相关的认定、与期末账户余额相关的认定、与列报和披露相关的认定。这些认定与具体审计目标密切相关。注册会计师了解了认定，就很容易确定每个项目的具体审计目标，作为评估重大错报风险以及设计和实施进一步审计程序的基础。

(1) 与所审计期间各类交易和事项相关的审计目标

① 发生。由发生认定推导的审计目标是确认已记录的交易真实。例如，如果没有发生销售交易，但在销售日记账中记录了一笔销售，则违反了该目标。“发生”认定所要解决的问题是管理层是否把那些不曾发生的项目列入财务报表，并不涉及所报告的金额是否正确。它主要与财务报表组成要素的高估（也称“夸大错误”）有关。

② 完整性。由完整性认定推导的审计目标是确认已发生的交易确实已经记录。例如，如果发生了销售交易，但没有在销售明细账和总账中记录，则违反了该目标。

发生和完整性两者强调的是相反的关注点。发生目标针对潜在的高估，而完整性目标是针对漏记交易，“完整性”认定主要与财务报表组成要素的低估（也称“缩小错误”）有关。

③ 准确性。由准确性认定推导出的审计目标是确认已记录的交易是按正确金额反映的。例如，如果在销售交易中，发出商品的数量与账单上的数量不符，或是开账单时使用了错误的销售价格，或是账单中的乘积或加总有误，或是在销售明细账中记录了错误的金额，则违反了该目标。

准确性与发生、完整性之间存在区别。例如，若已记录的销售交易是不应当记录的（如发出的商品是寄销商品），则即使发票金额是准确计算的，仍违反了发生目标。再如，若已入账的销售交易是对正确发出商品的记录，但金额计算错误，则违反了准确性目标，但没有违反发生目标。在完整性与准确性之间也存在同样的关系。

④ 截止。由截止认定推导出的审计目标是确认接近于资产负债表日的交易记录于恰当的期间。例如，如果本期交易推到下期，或下期交易提到本期，均违反了截止目标。

⑤ 分类。由分类认定推导出的审计目标是确认被审计单位记录的交易经过适当分类。例如，如果将现销记录为赊销，或将出售经营性固定资产所得的收入记录为营业收入，则导致交易分类的错误，违反了分类的目标。

上述各类交易和事项运用的认定与具体审计目标举例如表 5－1 所示。

表 5－1　各类交易和事项运用的认定与具体审计目标

认定类别	具体审计目标
发生：记录的交易或事项已发生，且与被审计单位有关	确认没有发生的销售交易在收入明细账或总账中是否记录
完整性：所有应当记录的交易和事项均已记录	确认发生了销售交易，在收入的明细账或总账中是否记录
准确性：与交易和事项有关的金额及其他数据已恰当记录	确认已确定的交易事项是否按正确金额反映
截止：交易和事项已记录于正确的会计期间	确认本期发生的销售交易是否在本期记录，本期交易是否推到下期，或下期交易是否提到本期
分类：交易和事项已记录于恰当的账户	确认出售经营性固定资产的收入是否记录为营业收入

（2）与期末账户余额相关的审计目标

① 存在。由存在认定推导的审计目标是确认记录的金额确实存在。例如，如果不存在某顾客的应收账款，在应收账款明细表中却列入了对该顾客的应收账款，则违反了存在性目标。

② 权利和义务。由权利和义务认定推导的审计目标是确认资产归属于被审计单位，负债属于被审计单位的义务。例如，将他人寄售商品列入被审计单位的存货中，违反了权利目标；将不属于被审计单位的债务记入账内，违反了义务目标。

③ 完整性。由完整性认定推导的审计目标是确认已存在的金额均已记录。例如，如果存在某顾客的应收账款，在应收账款明细表中却没有列入对该顾客的应收账款，则违反了完整性目标。

④ 计价和分摊。资产、负债和所有者权益以恰当的金额包括在财务报表中，与之相关的计价或分摊调整已恰当记录。

上述期末账户余额运用的认定与具体审计目标举例如表 5－2 所示。

表 5－2　期末账户余额运用的认定与具体审计目标

认定类别	具体审计目标
存在：记录的资产、负债和所有者权益是存在的	确认不存在某客户的应收账款，在应收账款有关的记录中是否列入了该客户的应收账款
权利和义务：记录的资产由被审计单位拥有或控制，记录的负债是被审计单位应当履行的偿还义务	确认代其他单位销售的商品是否计入被审计单位的存货中；是否将不属于被审计单位的债务计入账内
完整性：所有应当记录的资产、负债和所有者权益均已记录	确认存在某客户的应收账款，在应收账款有关的记录中是否未列入应收账款
计价和分摊：资产、负债和所有者权益以恰当的金额包括在财务报表中，与之相关的计价或分摊调整已恰当记录	确认存货是否被恰当的分类，账面存货量与实际数量是否相符等

（3）与列报和披露相关的审计目标

① 发生及权利和义务。将没有发生的交易、事项，或与被审计单位无关的交易和事项包括在财务报表中，则违反该目标。例如，复核董事会会议记录中是否记载了固定资产抵押等事项，询问管理层固定资产是否被抵押，即是对列报的权利认定的运用。如果被审计单位拥有被抵押的固定资产，则需要将其在财务报表中列报，并说明与之相关的权利受到限制。

② 完整性。如果应当披露的事项没有包括在财务报表中，则违反了该目标。例如，检查关联方和关联交易，以验证其在财务报表中是否得到充分披露，即是对列报的完整性认定的运用。

③ 分类和可理解性。财务信息已被恰当地列报和描述，且披露内容表述清楚。例如，检查存货的主要类别是否已披露，是否将一年内到期的长期负债列为流动负债，即是对列报的分类和可理解性认定的运用。

④ 准确性和计价。财务信息和其他信息已公允披露，且金额恰当。例如，检查财务报表附注是否分别对原材料、在产品和产成品等存货成本核算方法作了恰当说明，即是对列报的准确性和计价认定的运用。

上述列报运用的认定与具体审计目标举例如表 5－3 所示。

表 5－3　列报运用的认定与具体审计目标

认定类别	具体审计目标
发生及权利和义务：披露的交易、事项和其他情况已发生，且与被审计单位有关	复核董事会会议记录，确认是否记载了应收账款质押或售让
完整性：所有应当包括在财务报表中的披露均已包括	检查关联方和关联交易，以验证其在财务报表中是否得到充分披露
分类和可理解性：财务信息已被恰当地列报和描述，且披露内容表述清楚	检查存货的主要类别是否已披露；是否将出售的固定资产列为主营业务收入
准确性和计价：财务信息和其他信息已公允披露，且金额恰当	检查财务报表附注是否对存货成本核算方法作了恰当说明

注册会计师了解和详细运用各类交易、账户余额、列报认定，就很容易确定每个项目的具体审计目标，作为评估重大错报风险及设计与实施进一步审计程序的基础。

3. 注册会计师的专业判断程序

注册会计师的“财务报表认定与审计总目标→审计具体目标→审计程序→审计证据→审计工作底稿→审计意见”专业判断程序，如图 5－3 所示。因为注册会计师要想对被审计单位财务报表发表审计意见，就必须以充分、适当的审计证据作基础，而审计证据是通过注册会计师实施审计程序取得的，至于采取何种审计程序则取决于审计的具体目标，而具体目标的确定受制于被审计单位管理当局对财务报表的认定及审计总目标的双重制约。

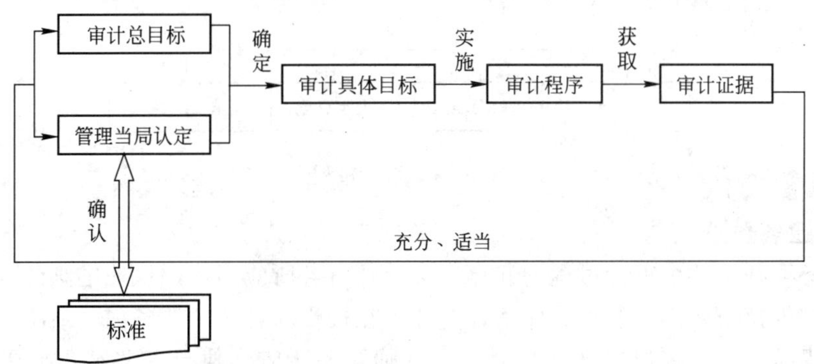

图 5－3　审计专业判断程序

5.3　审计过程

确定审计目标后，注册会计师就可以开始收集审计证据，以实现审计总目标和各项具体审计目标。而审计证据的收集是在审计过程中实现的，因此审计目标的实现与审计过程密切相关。

所谓审计过程，是指审计工作从开始到结束的整个过程。

审计是一个系统化的过程，审计是在审计目标的指引下通过承接审计业务，制定、执行审计计划，有组织地采用科学的程序收集和评价审计证据，完成审计工作，提交审计报告，最终实现审计目标。

审计过程一般包括接受业务委托、计划审计工作、实施风险评估程序、实施控制测试和实质性程序、完成审计工作、编制审计报告几个阶段，如图 5-4 所示。

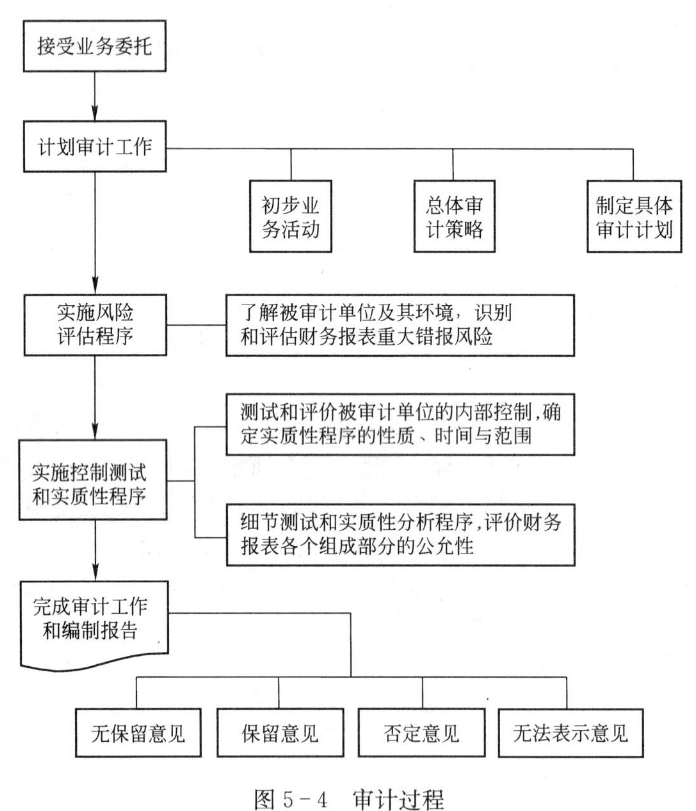

图 5-4　审计过程

1. 接受业务委托

接受业务委托是整个审计过程的起点。会计师事务所应当按照执业准则的规定，谨慎决策是否接受或保持某客户关系和具体审计业务。在接受新客户的业务前，或决定是否保持现有业务或考虑接受现有客户的新业务时，会计师事务所应当执行一些客户接受与保持的程序，以获取如下信息：考虑客户的诚信，没有信息表明客户缺乏诚信；具有执行业务必要的素质、专业胜任能力、时间和资源；能够遵守相关职业道德要求。

会计师事务所执行客户接受与保持程序的目的，旨在识别和评估会计师事务所面临的风险。例如，如果注册会计师发现潜在客户正面临财务困难，或者发现现有客户在之前的业务中作出虚假陈述，那么可以认为接受或保持该客户的风险非常高，甚至是不可接受的。会计师事务所除考虑客户施加的风险外，还需要复核执行业务的能力，如当工作需要时能否获得合适的具有相应资格的员工、能否获得专业化协助、是否存在任何利益冲突、能否对客户保持独立性等。

注册会计师需要作出的最重要的决策之一就是接受和保持客户。一项低质量的决策会导致不能准确确定计酬的时间或未被支付的费用，增加项目合伙人和员工的额外压力，使会计师事务所声誉遭受损失，或者涉及潜在的诉讼。

一旦决定接受业务委托，注册会计师应当与客户就审计约定条款达成一致意见。对于连续审计，注册会计师应判断是否需要根据具体情况修改业务约定条款，以及是否需要提醒客户注意现有的业务约定书。

2. 计划审计工作阶段

审计计划是指注册会计师为了完成各项审计业务，达到预期审计目标，在具体执行审计程序之前编制的工作计划。

对于任何一项审计工作，为了如期实现审计目标，注册会计师都必须在具体执行审计程序之前，制定科学、合理的计划。科学、合理的计划可以帮助注册会计师有的放矢地去审查、取证，形成正确的审计结论，从而实现审计目标。审计计划工作可以有效地利用审计资源，保持合理的审计成本，提高审计工作的效率。审计计划工作也可以避免与被审计单位之间发生误解。

计划审计工作包括审计业务开始时开展的初步业务活动；制定总体审计策略；制定具体审计计划等。计划审计工作是一个持续的、不断修正的过程，贯穿于整个审计过程。

3. 实施风险评估程序

风险导向审计要求注册会计师评估财务报表重大错报风险，设计和实施进一步审计程序以应对评估的错报风险，根据审计结果出具恰当的审计报告。审计准则规定，注册会计师必须实施风险评估程序，以此作为评估财务报表层次和认定层次重大错报风险的基础。风险评估程序是指注册会计师通过了解被审计单位及其环境，以识别和评估财务报表层次和认定层次的重大错报风险（无论该错报由于舞弊或错误导致）而实施的审计程序。风险评估程序是必要程序，了解被审计单位及其环境和了解被审计单位的内部控制为注册会计师在许多关键环节作出职业判断提供了重要基础。了解被审计单位及其环境和了解被审计单位的内部控制是一个连续、动态地收集、更新、分析信息的过程，贯穿于整个审计过程的始终。一般来说，实施风险评估程序的主要工作包括：了解被审计单位及其环境（包括了解被审计单位的内部控制）；识别和评估财务报表层次，以及各类交易、账户余额和披露认定层次的重大错报风险，包括确定需要特别考虑的重大错报风险（即特别风险）及仅通过实施实质性程序无法应对的重大错报风险等。

4. 实施控制测试和实质性程序

注册会计师实施风险评估程序本身并不足以为发表审计意见提供充分、适当的审计证据，还应当实施进一步审计程序，包括实施控制测试（必要时或决定测试时）和实质性程序。因此，注册会计师在评估财务报表重大错报风险后，应当运用职业判断，针对评估的财务报表层次重大错报风险确定总体应对措施，并针对评估的认定层次重大错报风险设计和实施进一步审计程序，以将审计风险降至可接受的低水平。

控制测试是指用于评价内部控制在防止或发现并纠正认定层次重大错报方面运行有效性的审计程序。注册会计师实施控制测试的目的是测试内部控制在防止、发现并纠正认定层次重大错报方面运行的有效性，从而支持或修正重大错报风险的评估结果，据以确定实质性程序的性质、时间和范围。

实质性程序是指用于发现认定层次重大错报的审计程序，包括对各类交易、账户余额和披露的细节测试及实质性分析程序。注册会计师针对评估的重大错报风险实施实质性程序，以发现认定层次的重大错报。

5. 完成审计工作和编制审计报告

注册会计师实施控制测试和实质性程序以后，进入整个审计过程的最后阶段，即根据所获取的各种证据，合理运用专业判断，形成适当的审计意见，出具审计报告。

本阶段的主要工作如下。

① 完成与财务报表披露有关的审计取证工作，包括关联方、持续经营能力、期后事项和或有事项等，获取关键时点的审计证据。

② 进行审计证据的汇总分析，完成相应的审计质量复核程序，确保审计工作遵循了审计准则的要求。

③ 编制审计差异调整表，形成审计的判断。

④ 作出审计报告意见类型及措辞的决策，完成与被审计单位的必要沟通。

⑤ 编制并报送审计报告，完成审计工作。

关键术语

审计总目标	存在	完整性
权利和义务	计价和分摊	分类和可理解性
审计具体目标	所有权	估价
截止	准确性	发生
审计过程	风险评估程序	控制测试
实质性程序		

本 章 复 习

一、单项选择题

1. 针对审计项目具体内容确定的审计目的并对总体审计目标细化的是（　　）。

A. 专门审计目标　　B. 特殊审计目标　　C. 具体审计目标　　D. 一般审计目标

2. 与财务报表组成要素“高估”有关的认定是（　　）。

A.“完整性”　　B.“分类和可理解性”

C.“权利和义务”　　D.“存在”或“发生”

E.“估价或分摊”

3. 与财务报表组成要素“低估”有关的认定是（　　）。

A.“完整性”　　B.“分类和可理解性”

C.“权利和义务”　　D.“存在”或“发生”

E.“估价或分摊”

4. 下列认定中，与利润表组成要素无关的是（　　）。

A.“完整性”　　B.“分类”

C.“权利和义务”　　D.“发生”

5. 下列应收账款的认定，通过实施函证程序，注册会计师认为最可能证实的是（ ）。

A. 计价和分摊 B. 分类 C. 存在 D. 完整性

6. 注册会计师已获取被审计单位将2012年12月赊销业务的营业收入记入了2013年1月营业收入的充分、适当的审计证据，则注册会计师应当界定营业收入的以下（ ）认定存在重大错报。

A. 发生 B. 准确性 C. 截止 D. 存在

7. 注册会计师发现被审计单位当年已经达到预定可使用状态的在建工程并未转入固定资产，在此情况下，注册会计师应界定违反了固定资产项目（ ）认定。

A. 存在 B. 完整性 C. 权利与义务 D. 计价与分摊

8. 对于下列存货认定，通过向生产和销售人员询问是否存在过时或周转缓慢的存货，注册会计师认为最可能证实的是（ ）认定。

A. 计价和分摊 B. 权利与义务 C. 存在 D. 完整性

9. 下列各项中，为获取审计证据，所实施的审计程序与审计目标无关的是（ ）。

A. 对应收账款进行函证以确定应收账款是否存在

B. 复核银行存款余额调节表，以确定银行存款余额正确

C. 检查外购固定资产的采购发票和采购合同，以确定资产的所有权

D. 抽查应收账款明细账，并追查至有关原始凭证，以确定应收账款的完整性

10. 甲注册会计师负责审计ABC公司20×1年度财务报表，下列审计程序中，证实应收账款存在认定最佳的审计程序是（ ）。

A. 检查销售文件以确定是否采用连续编号的销售单

B. 从应收账款明细账追查至销售合同、销售发票、出库单等原始凭证

C. 抽取发运凭证、销售合同等凭证，追查至应收账款明细账

D. 向销售客户进行函证

二、多项选择题

1. 注册会计师对财务报表审计是对财务报表的下列内容发表意见（ ）。

A. 财务报表是否不存在重大错报

B. 财务报表是否按照适用的会计准则和相关会计制度的规定编制

C. 财务报表是否反映了管理层的判断和决策

D. 财务报表是否在所有重大方面公允反映被审计单位的财务状况、经营成果和现金流量

2. 下列具体审计目标中仅仅与各类交易和事项相关的有（ ）。

A. 发生 B. 计价和分摊 C. 准确性 D. 截止

3. 注册会计师对上市公司进行审计时，将“完整性”作为重点证明认定的有（ ）。

A. 预付账款 B. 短期借款 C. 应付账款 D. 应收账款

4. 下列各项中，属于注册会计师需要确认的应收账款“计价和分摊”认定的审计程序有（ ）。

A. 应收账款确实为被审计单位拥有 B. 计提和冲销的坏账准备金额是正确的

C. 应收账款总账与明细账是一致性的 D. 应收账款均已记录

5. A公司财务报表中列示“存货600 000”，并无其他限制性说明，则说明了以下明示

性的认定（ ）。

A. 存货是存在的　　B. 所有被报告的存货都归公司所有

C. 存货正确余额是 600 000 元　　D. 存货的原始成本是 600 000 元

6. ABC 公司的资产负债表报告存货为“流动资产：存货 1 000 000”，这意味着 ABC 公司的管理当局告诉你（ ）。

A. 存货的账面余额为 1 000 000 元

B. 存货是归属于被审计单位的

C. 不存在没有入账的属于 ABC 公司的存货

D. 存货是存在的

7. L 注册会计师发现 A 公司 2012 年 12 月入账的一笔发生额为 300 万元销售业务直到 2013 年初才满足确认收入的条件，这表明 A 公司 2012 年度财务报表违背了（ ）认定。

A. 发生　　B. 分类　　C. 截止　　D. 完整性

8. A 公司将以往由顾客承担 50%运费的惯例改为向顾客提供免费运输后，其当年发生的运输费用占当年实现的营业收入的比例反而比上年有所下降，这可能意味着 A 公司（ ）认定存在重大错报。

A. 营业收入的完整性　　B. 营业收入的发生

C. 营业费用的完整性　　D. 营业费用的发生

9. 如果注册会计师怀疑 A 公司存在确认并记录销售后不结转成本的现象，应将（ ）认定的重大错报风险评估为高水平。

A. 营业成本的完整性　　B. 存货的存在

C. 营业成本的准确性　　D. 存货的完整性

10. 如果 A 公司没有对正在使用的生产设备计提折旧，可能导致（ ）认定产生重大错报。

A. 固定资产的计价和分摊　　B. 存货的计价和分摊

C. 营业成本的准确性　　D. 资产减值损失的准确性

三、问答题

1. 财务报表审计的总目标是什么？

2. 简述被审计单位管理层对财务报表的认定。

3. 简述注册会计师的具体审计目标。

四、研究思考题

1. 如何理解注册会计师的审计过程？

2. 如何理解被审计单位管理当局的认定运用于各类交易和事项？

3. 如何理解被审计单位管理当局的认定运用于期末账户余额？

4. 如何理解被审计单位管理当局的认定运用于列报？

5. 会计师事务所在接受业务委托时应执行哪些程序？

五、案例分析题

【题 1】

基本情况　A 公司是一家专营商品零售的股份公司。B 会计师事务所在接受其审计委托后，委派 L 注册会计师执行 A 公司的 2012 年财务报表的审计业务。首先根据评估的重大错报风险确定存货的下列具体审计目标。

具体审计目标
A 公司对存货是否均拥有所有权
记录的存货数量是否包括了 A 公司所有的在库存货
是否已按成本与可变现净值孰低法调整期末存货价值
存货成本是否计算准确
存货的主要类别和计价基础是否已在报表中恰当披露

在此基础上 L 注册会计师需要针对上述目标设计针对性的进一步审计程序以实现审计目标。假定 L 注册会计师拟从下表中选择具有针对性的进一步审计程序。

可供选择的审计程序
① 检查现行销售价目表
② 审阅财务报表
③ 在监盘存货时，选择一定样本，确定其是否包括在盘点表内
④ 选择一定样本量的存货会计记录，检查支持记录的购货合同和发票
⑤ 在监盘存货时，选择盘点表内一定样本量的存货记录，确定存货是否在库
⑥ 测试直接人工费用的合理性

要求：请指出与上述各项具体审计目标最相关的财务报表认定，并代 L 注册会计师选择与每项具体审计目标最相关的进一步审计程序。将选择的认定和进一步审计程序的编号填入下表中（每项财务报表认定和审计程序，可选择一次、多次或不选）。

相关认定	具体审计目标	审计程序
	A 公司对存货是否均拥有所有权	
	记录的存货数量是否包括了 A 公司所有的在库存货	
	是否已按成本与可变现净值孰低法调整期末存货价值	
	存货成本是否计算准确	
	存货的主要类别和计价基础是否已在报表中恰当披露	

【题 2】

基本情况　注册会计师通常依据各类交易、账户余额和列报的相关认定确定审计目标，根据审计目标设计审计程序。以下给出了采购交易的审计目标，并列举了部分实质性程序。

（1）审计目标

① 所记录的采购交易已发生，且与被审计单位有关。

② 所有应当记录的采购交易均已记录。

③ 与采购交易有关的金额及其他数据已恰当记录。

④ 采购交易已记录于恰当的账户。

⑤ 采购交易已记录于正确的会计期间。

(2) 实质性程序

① 将采购明细账中记录的交易同购货发票、验收单和其他证明文件比较。

② 根据购货发票反映的内容，比较会计科目表上的分类。

③ 从购货发票追查至采购明细账。

④ 从验收单追查至采购明细账。

⑤ 将验收单和购货发票上日期与采购明细账中的日期进行比较。

⑥ 检查购货发票、验收单、订货单和请购单的合理性和真实性。

⑦ 追查存货的采购至存货永续盘存记录。

要求：请根据给出的审计目标，指出对应的相关认定；针对每一审计目标，选择相应的实质性程序（一项实质性程序可能对应一项或多项审计目标，每一审计目标可能选择一项或多项实质性程序）。(2007 年度，CPA 真题)

推荐阅读

[1] 胡春元. 注册会计师审计目标的新发展. 中国审计，2003 (7).

[2] 程新生. 论审计环境与审计目标. 审计研究，2001 (2).

[3] 张继勋. 关于审计目的和审计目标的探讨. 审计研究，2000 (4).

第 6 章

审计计划

【学习目标】

学习本章以后，你应该能够：

- 理解初步业务活动的目的和内容；
- 了解业务约定书的基本内容；
- 理解总体审计策略和具体审计计划；
- 解释审计重要性的概念和应用；
- 描述审计风险的概念、构成要素及构成要素的相互关系；
- 理解错报的分类和评价。

【内容提要】

计划审计工作有利于注册会计师顺利完成审计工作和控制审计风险。充分的审计计划可以帮助注册会计师对项目组成员进行恰当分工和指导监督，并复核其工作，还有助于协调其他注册会计师和专家的工作。在审计理论及审计实务中，审计重要性和审计风险是两个重要的概念，它是决定计划实施的风险评估程序和进一步审计程序的性质、时间和范围的直接依据。

6.1 初步业务活动

6.1.1 初步业务活动的目的和内容

1. 初步业务活动的目的

初步业务活动是注册会计师在计划审计工作阶段需要开展的工作，初步业务活动可以实现以下三个主要目的：具备执行业务所需的独立性和能力；不存在因管理层诚信问题而可能影响注册会计师保持该项业务意愿的事项；与被审计单位之间不存在对业务约定条款的误解。

2. 初步业务活动的内容

注册会计师在本期审计业务开始时应当开展下列初步业务活动：一是针对保持客户关系和具体审计业务实施相应的质量控制程序；二是评价遵守相关职业道德要求的情况；三是就审计业务约定条款达成一致意见。

① 针对保持客户关系和具体审计业务实施质量控制程序。注册会计师根据实施相应程序的结果作出适当的决策是控制审计风险的重要环节。《中国注册会计师审计准则第 1121 号——对财务报表审计实施的质量控制》及《质量控制准则第 5101 号——会计师事务所对执行财务报表审计和审阅、其他鉴证和相关服务业务实施的质量控制》含有与客户关系和具体业务的接受与保持相关的要求，保持客户关系和具体审计业务的质量控制程序工作贯穿整个审计过程，注册会计师应当按照其规定在审计工作前开展这项活动，确保不存在因管理层诚信问题而影响注册会计师保持该项业务意愿等情况。

② 评价遵守相关职业道德要求的情况。评价遵守相关职业道德要求的情况是一项非常重要的初步业务活动。质量控制准则含有包括独立性在内的有关职业道德要求，注册会计师应按照其规定执行。评价职业道德的工作贯穿审计业务的全过程，这项活动也需要安排在其他审计工作之前，以确保注册会计师已具备执行业务所需要的独立性和专业胜任能力。

在连续审计的业务中，以上两项初步业务活动通常是在上期审计工作结束后不久或将要结束时就已开始。

③ 就审计业务约定条款达成一致意见。在作出接受或保持客户关系及具体审计业务的决策后，注册会计师应当按照《中国注册会计师审计准则第 1111 号——就审计业务约定条款达成一致意见》的规定，在审计业务开始前，与被审计单位就审计业务约定条款达成一致意见，签订或修改审计业务约定书，以避免双方对审计业务的理解产生分歧。

6.1.2 审计的前提条件

审计的前提条件，是指管理层在编制财务报表时采用可接受的财务报告编制基础，以及管理层对注册会计师执行审计工作的前提的认同。

1. 财务报告编制基础的可接受性

注册会计师应当确定管理层在编制财务报表时采用的财务报告编制基础是否是可接受的。在确定编制财务报表所采用的财务报告编制基础的可接受性时，注册会计师需要考虑下列相关因素。

① 被审计单位的性质。例如，被审计单位是商业企业、公共部门实体还是非营利组织。

② 财务报表的目的。例如，编制财务报表是用于满足广大财务报表使用者共同的财务信息需求，还是用于满足财务报表特定使用者的财务信息需求。

③ 财务报表的性质。例如，财务报表是整套财务报表还是单一财务报表。

④ 法律法规是否规定了适用的财务报告编制基础。

2. 就管理层的责任达成一致意见

注册会计师应当就管理层认可并理解其责任与管理层达成一致意见。

管理层的责任包括：按照适用的财务报告编制基础编制财务报表，并使其实现公允反映（如适用）；设计、执行和维护必要的内部控制，以使财务报表不存在由于舞弊或错误导致的重大错报；向注册会计师提供必要的工作条件。

6.1.3 审计业务约定书

注册会计师应当在审计业务开始前，与被审计单位就审计业务约定条款达成一致意见，并签订审计业务约定书，以避免双方对审计业务的理解产生分歧。签署审计业务约定书的目的是为了明确约定双方的责任与义务，促使双方遵守约定事项、加强合作，以保护会计师事务所与委托人的利益。

1. 审计业务约定书的概念与作用

审计业务约定书是指会计师事务所与被审计单位签订的，用以记录和确认审计业务的委托与受托关系、审计目标和范围、双方的责任及报告的格式等事项的书面协议。会计师事务所承接任何审计业务，都应与被审计单位签定审计业务约定书。

审计业务约定书具有经济合同的性质，一经约定双方签字认可，即成为会计师事务所与委托人之间在法律上生效的契约，具有法定约束力。

审计业务约定书有以下几个方面的作用。

① 审计业务约定书可以增进会计师事务所与委托人之间的了解，尤其是使被审计单位了解注册会计师的审计责任及需要提供的合作。

② 审计业务约定书可作为委托人鉴定审计业务完成情况及会计师事务所检查委托人约定义务履行情况的依据。

③ 如果出现法律诉讼，审计业务约定书是确定会计师和委托人双方应负责任的重要证据。

2. 审计业务约定书的基本内容

审计业务约定书的具体内容可能因被审计单位的不同而存在差异，审计业务约定书内容包括下列主要方面。

① 财务报表审计的目标与范围。

② 注册会计师的责任。

③ 管理层的责任。

④ 用于编制财务报表所适用的财务报告编制基础。

⑤ 审计工作的范围，包括提及适用的法律法规、审计准则，以及注册会计师协会发布的职业道德守则和其他公告。

⑥ 注册会计师拟出具的审计报告的预期形式和内容。

⑦ 审计业务结果的其他沟通形式。

⑧ 说明由于审计和内部控制的固有限制，即使审计工作按照审计准则的规定得到恰当的计划和执行，仍不可避免地存在某些重大错报未被发现的风险。

⑨ 计划和执行审计工作的安排，包括审计项目组的构成。

⑩ 管理层为注册会计师提供必要的工作条件和协助。

⑪ 管理层确认将提供书面声明。

⑫ 管理层同意向注册会计师及时提供财务报表草稿和其他所有附带信息，以使注册会计师能够按照预定的时间表完成审计工作。

⑬ 管理层同意告知注册会计师在审计报告日至财务报表报出日之间注意到的可能影响财务报表的事实。

⑭ 收费的计算基础和收费安排。

⑮ 违约责任。

⑯ 解决争议的方法。

⑰ 签约双方法定代表人或其授权代表的签字盖章，以及签约双方加盖的公章。

6.2 总体审计策略和具体审计计划

审计计划分为总体审计策略和具体审计计划两个层次。图 6－1 列示了计划审计工作的两个层次。

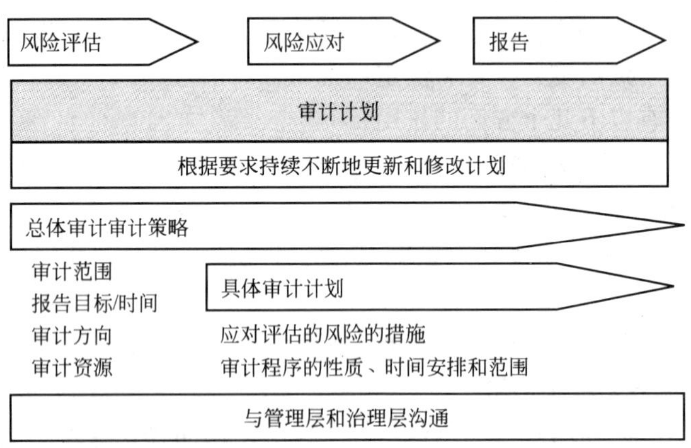

图 6－1 审计计划的两个层次

1. 总体审计策略

总体审计策略用于确定审计范围、时间安排和方向，并指导具体审计计划的制定。

总体审计策略的制定要明确审计工作范围，确定重要性，明确审计业务的报告目标、计划时间的安排和所需的沟通，考虑人员的安排及对专家或有关人士工作的利用。

注册会计师应当为审计工作制定总体审计策略。在制定总体审计策略时，应当考虑以下主要事项：审计范围；报告目标、时间安排及所需沟通的性质；影响审计业务的重要性；人员安排；对专家或有关人士工作的利用。

总体审计策略的制定应当考虑影响审计业务的重要因素，以确定项目组工作方向，主要包括确定适当的重要性水平，初步识别可能存在较高重大错报风险的领域，初步识别重要的组成部分和账户余额。

总体审计策略格式如下。

总体审计策略参考格式

被审计单位：____________	索引号：____________
项目：____________	财务报表截止日/期间：____________
编制：____________	复核：____________
日期：____________	日期：____________

1. 审计范围

报告要求	
适用的会计准则或制度	
适用的审计准则	
与财务报告相关的行业特别规定	例如：监管机构发布的有关信息披露法规、特定行业主管部门发布的与财务报告相关的法规等
需审计的集团内组成部分的数量及所在地点	
需要阅读的含有已审计财务报表的文件中的其他信息	例如：上市公司年报
制定审计策略需考虑的其他事项	例如：单独出具报告的子公司范围等

2. 审计业务时间安排

(1) 对外报告时间安排：____________

(2) 执行审计时间安排

执行审计时间安排	时间
1. 期中审计	
(1) 制定总体审计策略	
(2) 制定具体审计计划	
……	
2. 期末审计	
(1) 存货监盘	
……	

(3) 沟通的时间安排

所需沟通	时间
与管理层及治理层的会议	
项目组会议主（包括预备会和总结会）	
与专家或有关人士的沟通	
与前任注册会计师沟通	
……	

3. 影响审计业务的重要因素

(1) 重要性

确定的重要性水平	索引号

(2) 可能存在较高重大错报风险的领域

可能存在较高重大错报风险的领域	索引号

(3) 重要的组成部分和账户余额

填写说明：

① 记录所审计的集团内重要的组成部分；

② 记录重要的账户余额，包括本身具有重要性的账户余额（如存货），以及评估出存在重大错报风险的账户余额。

重要的组成部分和账户余额	索引号
1. 重要的组成部分	
……	
2. 重要的账户余额	
……	

4. 人员安排

(1) 项目组主要成员的责任

职位	姓名	主要职责

注：在分配职责时可以根据被审计单位的不同情况按会计科目划分，或按交易类别划分。

(2) 与项目质量控制复核人员的沟通（如适用）

复核的范围：________________________________

沟通内容	负责沟通的项目组成员	计划沟通时间

5. 对专家或有关人士工作的利用（如适用）

注：如果项目组计划利用专家或有关人士的工作，需要记录其工作的范围和涉及的主要会计科目等。另外，项目组还应按照相关审计准则的要求对专家或有关人士的能力、客观性及其工作等进行考虑及评估。

(1) 对内部审计工作的利用

主要报表项目	拟利用的内部审计工作	索引号
存货	内部审计部门对各仓库的存货每半年至少盘点一次。在期中审计时，项目组已经对内部审计部门盘点步骤进行观察，对其结果满意，因此项目组将审阅其年底的盘点结果，并缩小存货监盘的范围	

(2) 对其他注册会计师工作的利用

其他注册会计师名称	利用其工作范围及程度	索引号

(3) 对专家工作的利用

主要报表项目	专家名称	主要职责及工作范围	利用专家工作的原因	索引号

(4) 对被审计单位使用服务机构的考虑

主要报表项目	服务机构名称	服务机构提供的服务及其注册会计师出具的审计报告意见及日期	索引号

2. 具体审计计划

具体审计计划比总体审计策略更加详细，其内容包括为获取充分、适当的审计证据以将审计风险降至可接受的低水平，项目组成员拟实施的审计程序的性质、时间和范围。注册会计师为获取充分、适当的审计证据，而确定审计程序的性质、时间和范围的决策是具体审计计划的核心。具体审计计划应当包括风险评估程序、计划实施的进一步审计程序和其他审计程序。

(1) 风险评估程序

具体审计计划应当包括按照《中国注册会计师审计准则第 1211 号——通过了解被审计单位及其环境识别和评估重大错报风险》的规定，为了足够识别和评估财务报表重大错报风险，注册会计师计划实施的风险评估程序的性质、时间安排和范围。

(2) 计划实施的进一步审计程序

具体审计计划应当包括按照《中国注册会计师审计准则第 1231 号——针对评估的重大错报风险采取的应对措施》的规定，针对评估的认定层次的重大错报风险，注册会计师计划实施的进一步审计程序的性质、时间和范围。进一步审计程序包括控制测试和实质性程序。

进一步审计程序则需要依据风险评估程序的结果进行。计划风险评估程序通常是在审计开始阶段进行，然后依据计划风险评估程序的结果计划进一步审计程序。因此，为达到制定具体审计计划的要求，注册会计师需要依据风险评估程序，识别和评估重大错报风险，并针对评估的认定层次的重大错报风险，计划实施进一步审计程序的性质、时间安排和范围。

(3) 计划其他审计程序

具体审计计划应当包括根据审计准则的规定，注册会计师针对审计业务需要实施的其他审计程序。计划的其他审计程序可以包括上述进一步程序的计划中没有涵盖的、根据其他审计准则的要求注册会计师应当执行的既定程序。

6.3 重 要 性

审计重要性是现代审计理论和实务中一个非常重要的概念，它贯穿于审计的全过程。在审计的计划阶段，审计人员要确定重要性，对重要性作出初步判断；审计实施阶段，审计人员根据计划阶段确定的重要性标准，评价所发现的问题是否重要，以此确定是否要作进一步的审查；在审计终结阶段，审计人员根据重要性标准，对在实施阶段中发现的问题进行分析评价，以此确定发表何种审计意见。

6.3.1 重要性概念的理解

知识拓展

理解“重要性”

国际会计准则委员会（IASC）对重要性的定义是：“如果信息的错报会影响使用者根据财务报表采取的经济决策，信息就具有重要性。”

美国财务会计准则委员会（FASB）对重要性的定义是：“一项会计信息的错报是重要的，是指在特定环境下，一个理性的人依赖该信息所作的决策可能因为这一错报得以变化或修正。”

英国会计准则委员会（ASB）对重要性的定义是：“错报可能影响到财务报表使用者的决策即为重要性。重要性可能在整个财务报表范围内、单个财务报表或财务报表的单个项目中加以考虑。”

由此可见，各国对重要性的认识基本是一致的，即信息的错报可能影响到财务报表使用者的决策。

《中国注册会计师审计准则第 1221 号——计划和执行审计工作时的重要性》关于重要性的解释如下。

财务报告编制基础通常从编制和列报财务报表的角度阐释重要性概念。财务报告编制基础可能以不同的术语解释重要性，但通常而言，重要性概念可从下列方面进行理解。

① 如果合理预期错报（包括漏报）单独或汇总起来可能影响财务报表使用者依据财务报表作出的经济决策，则通常认为错报是重大的。

② 对重要性的判断是根据具体环境作出的，并受错报的金额或性质的影响，或受两者共同作用的影响。

③ 判断某事项对财务报表使用者是否重大，是在考虑财务报表使用者整体共同的财务信息需求的基础上作出的。由于不同财务报表使用者对财务信息的需求可能差异很大，因此不考虑错报对个别财务报表使用者可能产生的影响。

注册会计师在审计开始时，就必须对被审计单位财务报表的重大错报的规模和性质作出判断，制定财务报表层次的重要性和特定交易类别、账户余额和披露的重要性水平。当错报金额低于整体重要性水平时，就很可能被合理预期将对使用者根据财务报表作出的经济决策产生影响。

注册会计师使用财务报表层次重要性的目的：决定风险评估程序的性质、时间安排和范围；识别和评估重大错报风险：确定进一步审计程序的性质、时间安排和范围。

6.3.2 审计风险

现代审计以被审计单位的战略经营风险分析为导向进行审计，将企业整体经营风险所带来的重大错报风险作为审计风险的一个重要构成要素进行评估，是评估审计风险观念、范围的扩大与延伸，是传统风险基础审计的继承和发展。

在该理论的指导下，国际审计和鉴证准则委员会发布了一系列新的审计风险准则，对审计风险模型重新描述，我国《中国注册会计师鉴证业务基本准则》和《中国注册会计师审计准则第 1101 号——财务报表审计的目标和一般原则》中也有强调。

在执行审计业务时，注册会计师应当考虑重要性及重要性与审计风险的关系。

1. 审计风险的概念

注册会计师审计风险是指财务报表存在重大错报时注册会计师发表不恰当审计意见的可能性。可接受的审计风险的确定，需要考虑会计师事务所对审计风险的态度、审计失败对会计师事务所可能造成损失的大小等因素。

2. 审计风险的组成要素及其相互关系

审计风险是由重大错报风险和检查风险组成的。

(1) 重大错报风险

重大错报风险是指财务报表在审计前存在重大错报的可能性。

重大错报风险与被审计单位的风险相关，且独立存在于财务报表的审计中。在设计审计程序以确定财务报表整体是否存在重大错报时，注册会计师应当从财务报表层次和各类交易、账户余额和披露认定层次方面考虑重大错报风险。

① 两个层次的重大错报风险。财务报表层次重大错报风险与财务报表整体存在广泛联系，可能影响多项认定。此类风险通常与控制环境有关，但也可能与其他因素有关，如经济萧条。此类风险难以界定于某类交易、账户余额和披露的具体认定，可能与舞弊引起的风险特别相关。

各类交易、账户余额和披露认定层次的重大错报风险有助于注册会计师确定认定层次上实施进一步审计程序的性质、时间安排和范围。注册会计师在各类交易、账户余额和披露认定层次获取审计证据，以便能够在审计工作完成时，以可接受的低审计风险水平对财务报表整体发表审计意见。

② 固有风险和控制风险。认定层次的重大错报风险又可以进一步细分为固有风险和控制风险。

固有风险是指在考虑相关的内部控制之前，某类交易、账户余额或披露的某一认定易于发生错报（该错报单独或连同其他错报可能是重大的）的可能性。

某些类别的交易、账户余额和披露及其认定，固有风险较高。例如，复杂的计算比简单计算更可能出错；受重大计量不确定性影响的会计估计发生错报的可能性较大。产生经营风险的外部因素也可能影响固有风险，比如，技术进步可能导致某项产品陈旧，进而导致存货易于发生高估的错报。被审计单位及其环境中的某些因素还可能与多个甚至所有类别的交易、账户余额和披露有关，进而影响多个认定的固有风险。

控制风险是指某类交易、账户余额或披露的某一认定发生错报，该错报单独或连同其他错报是重大的，但没有被内部控制及时防止或发现并纠正的可能性。控制风险取决于与财务报表编制有关的内部控制的设计和运行的有效性。由于控制的固有局限性，某种程度的控制风险不可能为零。

（2）检查风险

检查风险是指如果存在某一错报，该错报单独或连同其他错报可能是重大的，注册会计师为将审计风险降至可接受的低水平而实施程序后没有发现这种错报的风险。检查风险取决于审计程序设计的合理性和执行的有效性。抽样测试的固有限制或是注册会计师选择了不恰当的审计程序、审计过程执行不当等原因，检查风险不可能降低为零。

（3）检查风险与重大错报风险的关系

在既定的审计风险水平下，可接受的检查风险水平与认定层次重大错报风险的评估结果呈反向关系。评估的重大错报风险越高，可接受的检查风险越低；评估的重大错报风险越低，可接受的检查风险越高。检查风险与重大错报风险的反向关系用数学模型表示如下。

$$\text{审计风险}=\text{重大错报风险}\times\text{检查风险}$$

$$\text{检查风险}=\frac{\text{审计风险}}{\text{重大错报风险}}$$

审计风险取决于重大错报风险和检查风险。在审计风险模型中，重大错报风险是企业的风险，不受注册会计师的控制。注册会计师只能通过实施风险评估程序来正确评估重大错报风险，并根据两个层次的重大错报风险评估结果设计和实施进一步审计程序，以控制检查风险。

6.3.3　重要性的确定

1. 确定重要性的意义

对重要性的确定是注册会计师的一种专业判断。在确定审计程序的性质、时间和范围及评价审计结果时，注册会计师必须运用重要性原则。其重要意义可以理解如下。

（1）运用重要性原则可以提高审计效率，保证审计质量

由于社会经济环境的发展变化，企业规模的扩大，企业组织结构日趋复杂，详细审计已经不可能。在抽样审计下，注册会计师的决策，不能不涉及重要性问题；同时，在抽样审计下，注册会计师对未查部分是否正确要承担一定的风险，而风险的大小与重要性的判断有关。因此，注册会计师对重要性作出恰当的判断可以保证审计质量。

（2）对重要性的考虑贯穿于审计的全过程

在审计计划、实施和评价审计结果时都要运用重要性原则。

在审计计划阶段，注册会计师为了确定审计程序的性质、时间和范围，需要考虑计划的重要性水平。注册会计师应当考虑导致财务报表发生重大错报的原因，并在了解审计单位及其环境的基础上，确定一个可接受的重要性水平，即财务报表整体上的重要性水平，以发现金额上重大的错报；同时，还应当评估各类交易、账户余额及列报认定层次的重要性，以便

确定进一步审计程序的性质、时间和范围。

在审计执行阶段，随着审计进程的推进，注册会计师应当及时评价审计计划阶段确定的重要性水平是否仍然合理，并根据具体环境的变化或在审计执行过程中进一步获取的信息，修正计划的重要性水平，进而修改进一步审计程序的性质、时间和范围。

在形成审计结论阶段，要使用整体重要性水平和为了特定交易类别、账户余额和披露而制定的较低金额的重要性水平来评价已识别的错报对财务报表的影响和对审计报告中审计意见的影响。

（3）重要性与审计证据之间的关系

重要性水平与审计证据之间呈反向关系。也就是说，重要性水平越低，应获取的审计证据越多。例如，为了合理保证存货账户的错报不超过 20 000 元所需收集的审计证据，比为了合理保证该账户错报不超过 30 000 元所需收集的审计证据要多。在理解这一关系时，必须注意，重要性水平不同于重要的审计项目。审计项目越重要，所需收集的审计证据越多。例如，存货占资产总额的 35％时的审计项目，比占 20％时的审计项目需要更多的审计证据。

2. 数量和性质的考虑

重要性具有数量和质量两个方面的特征，注册会计师在确定重要性时应当从数量和性质考虑。

1）重要性性质上的考虑

在许多情况下，某项错报从量的方面看并不重要，从其性质方面考虑，却可能是重要的。注册会计师在判定错报的性质是否重要考虑的情况主要如下。

① 舞弊与违法行为的错报。舞弊与违法行为反映了管理当局或其他人员存在诚实和可信度方面的问题。对于财务报表使用者而言，蓄意错报比相同金额的笔误更重要。

② 可能引起履行合同义务的错报。比如，某项错报使得企业的营运资金增加了几百元，从数量上看并不重要，但这项错报使营运资金从低于贷款合同规定的营运资金数变为稍稍高于贷款合同规定的营运资金数，这就影响了贷款合同所规定的义务，所以是重要的。

③ 影响收益趋势的错报。在其他情况下认为金额不大的错报，如果影响到收益变动的趋势，应引起注意。例如，某项错报使收益每年递增 2％的趋势变为本年收益下降 2％，或使亏损变为盈利等等，就具有重要性。

④ 不期望出现的错报。一般情况下，如果发现现金和实收资本账户存在错报，就应当引起高度重视。

小金额错报的累计可能会对财务报表产生重大影响，注册会计师对此应当予以关注。单独地看，一笔小金额的错报无论是在性质上还是在数量上都是不重要的。但财务报表是一个整体，如果企业每个星期均出现同样的小金额错报，原本几百元的错报全年累计起来，就有可能成为上万元的错报。企业许多账户或交易均存在小金额的错报，所有账户或交易累计起来，就有可能变成大金额的错报。在这种情况下，必然会对财务报表产生重大影响。所以，注册会计师应当对此予以充分的关注。

2）重要性数量上的考虑

重要性的数量即重要性水平，是针对错报的金额大小而言的。一般来说，金额大的错报比金额小的错报更重要。

注册会计师应当考虑财务报表层次和各类交易、账户余额、列报认定层次的重要性水平。

(1) 财务报表整体的重要性水平

由于财务报表审计的目的是对财务报表的合法性、公允性发表意见，因此注册会计师必须考虑财务报表层次的重要性，只有这样，才能得出财务报表是否公允的整体性结论。

确定多大错报会影响财务报表使用者的决策，是注册会计师运用职业判断的结果。注册会计师可以根据会计师事务所的惯例和自己的经验，考虑重要性水平。

注册会计师应当合理选用重要性水平的判断基础，采用固定比率、变动比率等确定财务报表层次的重要性水平。判断基础通常包括资产总额、净资产、营业收入、净利润等。合理选用判断基础应考虑以下几个方面。

- 被审计单位净利润接近于零时，不应将净利润作为重要性水平的判断基础；
- 被审计单位净利润波动幅度较大时，不应将当年的净利润作为重要性水平的判断基础，而应选择近几年的平均净利润；
- 被审计单位属于劳动密集型企业时，不应将资产总额、净资产作为重要性水平的判断基础。

重要性水平的计算方法主要有固定比率法、变动比率法两种。固定比率法，即在选定判断基础后，乘上一个固定百分比，求出财务报表层次的重要性水平。实务中用来判断重要性水平的有一些参考数值，具体如下。

税前净利润	5%～10%
资产总额	0.5%～1%
净资产	1%
营业收入	0.5%～1%

变动比率法的基本原理是：规模越大的企业，允许的错报的金额比率就越小，一般是根据资产总额或营业收入两者中较大的一项确定一个变动百分比。

某国际会计师事务所判断重要性的方法是以总资产和总收入的较大者为基础确定重要性水平，规模越大的企业，比率（系数）就越小。具体步骤是：确定总资产或总收入中的较大者的范围，然后参考表6-1，并按下列公式计算：

重要性水平＝基数＋系数×超过下限的部分

表6-1 重要性计算表

总资产或总收入中较大者的范围（美元）（下限不包括在内，上限包括在内）	重要性水平	
	基数	系数
0～30 000	0	0.059 00
30 000～100 000	1780	0.031 00
100 000～300 000	3 970	0.021 00
300 000～1 000 000	8 300	0.014 50
1 000 000～3 000 000	18 400	0.010 00
3 000 000～10 000 000	38 300	0.006 70
10 000 000～30 000 000	85 500	0.004 60
30 000 000～100 000 000	178 000	0.003 13

续表

总资产或总收入中较大者的范围（美元）（下限不包括在内，上限包括在内）	重要性水平	
	基数	系数
100 000 000～300 000 000	397 000	0. 002 14
300 000 000～1 000 000 000	826 000	0. 001 45
1 000 000 000～3 000 000 000	1 840 000	0. 001 00
3 000 000 000～10 000 000 000	3 830 000	0. 000 67
10 000 000 000～30 000 000 000	8 550 000	0. 000 46
30 000 000 000～100 000 000 000	17 800 000	0. 000 31
100 000 000 000～300 000 000 000	39 700 000	0. 000 21
300 000 000 000～	82 600 000	0. 000 15

例如，某被审计单位的总资产为 20 000 000 美元，收入总额为 12 000 000 美元。较大者为总资产 20 000 000，所以以总资产为计算基础。查表可知，总资产在 10 000 000 美元和 30 000 000 美元之间，查表得计算基数为 85 000，系数为 0. 004 60，重要性水平为

重要性＝85 500＋0. 004 60×(20 000 000－10 000 000)＝131 500（美元）

131 500 美元即为该被审计单位的重要性水平。

(2) 各类交易、账户余额、列报认定层次的重要性水平

由于财务报表所提供的信息来源于各类交易、账户余额、列报认定层次的信息汇集加工而成，注册会计师只有通过对各类交易、账户余额、列报认定层次实施审计，才能得出财务报表是否公允的整体性结论。

各类交易、账户余额、列报认定层次的重要性水平称为“可容忍错报”。可容忍错报的确定以注册会计师对财务报表层次重要性水平的初步评估为基础。它是在不导致财务报表存在重大错报的情况下，注册会计师对各类交易、账户余额、列报确定的可接受的最大错报。

注册会计师可将财务报表层次的重要性水平分配至各类交易、账户余额、列报认定层次，也可单独确定各类交易、账户余额、列报认定层次的重要性水平。对于各类交易、账户余额、列报认定层次的重要性水平，既可以采用分配的方法，也可以采用不分配的方法。在实务中，很多注册会计师选择资产负债表账户作为分配的基础。

注册会计师在确定各类交易、账户余额、列报认定层次的重要性水平时应当主要考虑：各类交易、账户余额、列报的性质及错报的可能性；各类交易、账户余额、列报的重要性水平与财务报表层次重要性水平的关系；考虑各类交易、账户余额、列报的审计成本。

① 分配法。在采用分配法时，各类交易、账户余额、列报的重要性水平之和，应当等于财务报表层次的重要性水平。以下举例说明各类交易、账户余额、列报层次重要性水平的确定方法。

采用分配法时，分配的对象一般是资产负债表账户。假设某公司的总资产构成如表6－2所示，注册会计师初步判断的财务报表层次的重要性水平是资产总额的 1%，为 140 万元，

即资产账户可容忍的错报为140万元。现注册会计师按这一重要性水平分配给各资产账户，如表6-2所示。

表6-2　重要性水平的分配　单位：万元

项目	金额	甲方案	乙方案
现　　金	700	7	2.8
应收账款	2 100	21	25.2
存　　货	4 200	42	70
固定资产	7 000	70	42
总　　计	14 000	140	140

表6-2中，甲方案是按1%进行同比例分配。一般来说，这并不可行，注册会计师必须对其进行修正。由于应收账款和存货错报的可能性较大，为了节省审计成本，故分配较高的重要性水平。假定审计存货后，仅发现错报和漏报40万元，且注册会计师认为所执行的审计程序已经足够，则可将剩下的30万元再分配给应收账款。

② 不分配法。一种方法是某著名国际会计公司所采用的方法。假设财务报表层次的重要性水平为100万元，则可根据各类交易、账户余额、列报的性质及错报的可能性，将各类交易、账户余额、列报的重要性水平确定为财务报表层次重要性水平的20%～50%。审计时，只要发现该各类交易、账户余额、列报的错报超过这一水平，就建议被审计单位调整。最后，编制未调整事项汇总表，若未调整的错报超过100万元，就应建议被审计单位调整。

另一种方法是境外某会计师事务所采用的方法。该会计师事务所规定，各类交易、账户余额、列报的重要性水平为财务报表层次重要性水平的1/6～1/3，假设财务报表层次的重要性水平为90万元，应收账款的重要性水平为这一金额的1/4，存货为1/5，应付账款为1/5，则其重要性水平的金额分别为22.5万元、18万元和18万元。

在实际工作中，往往很难预测哪些账户可能发生错报，也无法事先确定审计成本的大小，所以重要性水平的确定是一个较困难的专业判断过程。

3. 实际的重要性

（1）实际执行的重要性的含义

实际执行的重要性，是指注册会计师确定的低于财务报表整体重要性的一个或多个金额。如果适用，实际执行的重要性还指注册会计师确定的低于特定类别的交易、账户余额或披露的重要性水平的一个或多个金额。

（2）确定实际执行的重要性的目的

确定财务报表整体的实际执行的重要性的目的是：将财务报表中未更正和未发现错报的汇总数超过财务报表整体的重要性的可能性降至适当的低水平。

确定特定类别的交易、账户余额或披露的重要性水平相关的实际执行的重要性的目的是：将这些交易、账户余额或披露中未更正与未发现错报的汇总数超过这些交易、账户余额或披露的重要性水平的可能性降至适当的低水平。

通常而言，实际执行的重要性通常为财务报表整体重要性的50%～75%。接近财务报表整体重要性50%的情况有：经常性审计：以前年度审计调整较多项目总体风险较高，如处于高风险行业，经常面临较大市场压力，首次承接的审计项目或者需要出具特殊目的报告等。接近财务报表整体重要性75%的情况有：经常性审计，以前年度审计调整较少；项目总体风险较低（如处于低风险行业，市场压力较小）

计划的重要性与实际执行的重要性之间的关系如图6-2所示。

4. 重要性与审计风险之间的关系

注册会计师应当考虑重要性与审计风险之间存在的反向关系，保持应有的职业谨慎，合理确定重要性水平。

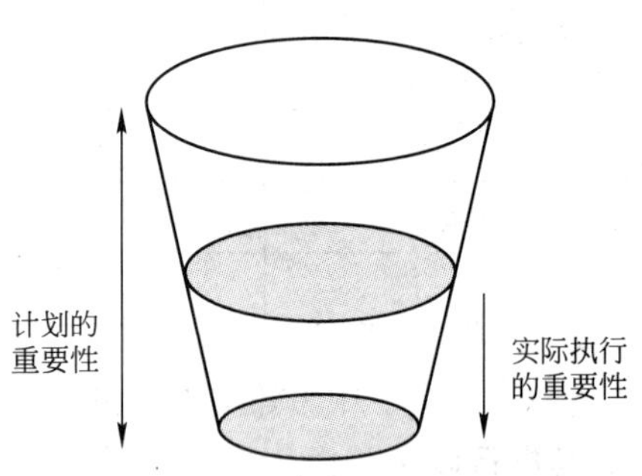

图6-2 实际执行的重要性

① 注册会计师应当考虑重要性与审计风险之间的关系。因为审计风险的高低往往取决于重要性的判断，如果注册会计师确定的重要性水平较低，审计风险就会增加，所以注册会计师必须通过执行有关审计程序来降低审计风险。

② 重要性与审计风险之间呈反向关系。也就是说，重要性水平越高，审计风险越低；反之，重要性水平越低，审计风险越高。这里，重要性水平的高低指的是金额的大小，一般来说，2 000元的重要性水平比1 000元的重要性水平高。在理解两者之间的关系时，必须注意，重要性水平是注册会计师从财务报表使用者的角度进行判断的结果。如果重要性水平是4 000元，则意味着低于2 000元的错报与漏报不会影响到财务报表使用者的判断与决策，注册会计师仅仅需要通过执行有关审计程序查出高于2 000元的错报与漏报；如果重要性水平是1 000元，则金额在1 000～2 000元之间的错报仍然会影响到财务报表使用者的判断与决策，注册会计师需要通过执行有关审计程序查出金额在1 000～2 000元之间的错报与漏报。显然，重要性水平为2 000元时的审计风险要比重要性水平为1 000元时的审计风险低。注册会计师在确定审计程序的性质、时间和范围时应当考虑这种反向关系。

③ 注册会计师应当保持应有的职业谨慎，合理确定重要性水平。由于重要性与审计风险之间存在反向关系，如果原本2 000元的错报才会影响到财务报表使用者的判断和决策，但注册会计师将重要性水平确定为1 000元，这时注册会计师就会扩大审计程序的范围或追加审计程序，而实际上没有必要，只能是浪费时间和人力。如果原本1 000元的错报就会影响财务报表使用者的判断或决策，但注册会计师将重要性水平确定为2 000元，这时注册会计师所执行的审计程序要比原本应当执行的审计程序少、审计范围小，这必然会导致注册会计师得出错误的审计结论。所以，重要性水平偏高或偏低均对注册会计师不利，注册会计师应当保持应有的职业谨慎，合理确定重要性水平。

6.4 评价审计过程中识别出的错报

1. 错报的定义

错报，是指某一财务报表项目的金额、分类、列报或披露，与按照适用的财务报告编制基础应当列示的金额、分类、列报或披露之间存在的差异；或根据注册会计师的判断，为使财务报表在所有重大方面实现公允反映，需要对金额、分类、列报或披露作出的必要调整。错报可能是由于错误或舞弊导致的。

错报可能由下列事项导致：收集或处理用于编制财务报表的数据时出现错误；遗漏某项金额或披露；由于疏忽或明显误解有关事实导致作出不正确的会计估计；注册会计师认为管理层对会计估计作出不合理的判断或对会计政策作出不恰当的选择和运用。

2. 累积识别出的错报

(1) 事实错报

事实错报是毋庸置疑的错报。这类错报产生于被审计单位收集和处理数据的错误、对事实的忽略或误解；或故意舞弊行为。

(2) 判断错报

由于注册会计师认为管理层对会计估计作出不合理的判断或不恰当地选择和运用会计政策而导致的差异。这类错报产生了两种情况。

① 管理层和注册会计师对会计估计值的判断差异。例如，由于包含在财务报表中的管理层作出的估计值超出了注册会计师确定的一个合理范围，导致出现判断差异。

② 管理层和注册会计师对选择和运用会计政策的判断差异。由于注册会计师认为管理层选用会计政策造成错报，管理层却认为选用会计政策适当，导致出现判断差异。

(3) 推断错报

注册会计师对总体存在的错报作出的最佳估计数，涉及根据在审计样本中识别出的错报来推断总体的错报。推断错报通常包括以下两种情况。

① 通过测试样本估计出的总体的错报减去在测试中发现的已经识别的具体错报。例如，应收账款年末余额为 2 000 万元，注册会计师抽查 10%样本发现金额有 100 万元的高估，高估部分为账面金额的 20%，据此注册会计师推断总体的错报金额为 400 万元（即 2 000×20%），那么上述 100 万元就是已识别的具体错报，其余 300 万元即推断误差。

② 通过实质性分析程序推断出的估计错报。例如，注册会计师根据客户的预算资料及行业趋势等要素，对客户年度销售费用独立作出估计，并与客户账面金额比较，发现两者间有 50%的差异；考虑到估计的精确性有限，注册会计师根据经验认为 10%的差异通常是可接受的，而剩余 40%的差异需要有合理解释并取得佐证性证据；假定注册会计师对其中 10%的差异无法得到合理解释或不能取得佐证，则该部分差异金额即为推断误差。

3. 对审计过程识别出的错报的考虑

错报可能不会孤立发生，一项错报的发生还可能表明存在其他错报。

抽样风险和非抽样风险可能导致某些错报未被发现。审计过程中累积错报的汇总数接近重要性，则表明存在比可接受的低风险更大的风险，即可能未被发现的错报连同审计过程中累积错报的汇总数，可能超过重要性。

注册会计师可能要求管理层检查某类交易、账户余额或披露，以使管理层了解注册会计师识别出的错报的产生原因，并要求管理层采取措施以确定这些交易、账户余额或披露实际发生错报的金额，以及对财务报表作出适当的调整。

4. 错报的沟通和更正

及时与适当层级的管理层沟通错报事项是重要的，因为这能让管理层评价这些事项是否为错报，并采取必要行动，如有异议则告知注册会计师。适当层级的管理层通常是指有责任和权限对错报进行评价并采取必要行动的人员。

5. 评价未更正错报的影响

未更正错报，是指注册会计师在审计过程中累积的且被审计单位未予更正的错报。在评价未更正错报的影响之前，注册会计师可能有必要依据实际的财务结果对重要性作出修改。

重新考虑实际执行的重要性和进一步审计程序的性质、时间安排和范围的适当性，以获取充分、适当的审计证据，作为发表审计意见的基础。

注册会计师需要考虑每一单项错报，以评价其对相关类别的交易、账户余额或披露的影响，包括评价该项错报是否超过特定类别的交易、账户余额或披露的重要性水平。

确定一项分类错报是否重大，需要进行定性评估；即使分类错报超过了在评价其他错报时运用的重要性水平，注册会计师可能仍然认为该分类错报对财务报表整体不产生重大影响；即使某些错报低于财务报表整体的重要性，但因与这些错报相关的某些情况，在将其单独或连同在审计过程中累积的其他错报一并考虑时，注册会计师也可能将这些错报评价为重大错报。

典型例题分析

基本情况 审计人员受托对ABC有限公司×年12月31日的资产负债表和该年度的利润表进行审计。该公司财务报表显示，×年全年实现利润800万元，资产总额4 000万元。审计人员在审查和阅读该公司的财务报表时，发现下列问题。

① 该公司10月份虚报冒领工资1 820元，被会计人员占为已有。

② 11月15日收到业务咨询费3 850元，列入小金库。

③ 资产负债表中的存货低估16万元，原因尚待查明。

上述问题尚未调整。

要求：(1) 根据上述问题，作出重要性的初步判断，并简要说明理由。

(2) 说明审计人员在审计实施阶段和报告阶段应采取的对策。

参考答案 (1) 根据审计实务中用以判断重要性水平的参考比例计算，利润表的重要性水平确定为800×5%＝40万元，资产负债表的重要性水平确定为4 000×0.5%＝20万元。本题三个错报问题合计165 670元＜200 000元，只考虑这三个错报问题，不会影响财务报表使用者的判断与决策。

(2) 在审计实施阶段，如考虑汇总数（165 670元），连同尚未发现的错报可能超过重要性水平（20万元），审计人员应实施追加审计程序，或提请被审计单位调整财务报表。在审计报告阶段，如考虑尚未调整的错报漏报的汇总数可能影响到某个财务报表使用者的决策，但财务报表的反映就其整体而言是公允的，审计人员应当发表保留意见。如果尚未调整的错报漏报非常重要，汇总数可能影响到大多数甚至全部财务报表使用者的决策时，审计人员应当发表否定意见。

关键术语

初步业务活动	总体审计策略	具体审计计划
审计业务约定书	审计重要性	审计风险
重大错报风险	财务报表层次重大错报风险	控制风险
检查风险	认定层次重大错报风险	固有风险
审计风险模型	报表层次重要性	认定层次重要性
实际执行的重要性	错报	事实错报
判断错报	推断错报	未更正错报

本章复习

一、单项选择题

1. 下列与重大错报风险相关的表述中，正确的是（　　）。

A. 重大错报风险是因错误使用审计程序产生的

B. 重大错报风险是假定不存在相关内部控制，某一认定发生重大错报的可能性

C. 重大错报风险独立于财务报表审计而存在

D. 重大错报风险可以通过合理实施审计程序予以控制

2. 在审计风险模型中，“重大错报风险”是指（　　）。

A. 评估的财务报表层次的重大错报风险

B. 评估的认定层次的重大错报风险

C. 评估的与控制环境相关的重大错报风险

D. 评估的与财务报表存在广泛联系的重大错报风险

3. 当可接受的检查风险降低时，注册会计师可能采取的措施是（　　）。

A. 缩小实质性程序的范围

B. 将计划实施实质性程序的时间从期中移至期末

C. 降低评估的重大错报风险

D. 消除固有风险

4. 在实施进一步审计程序后，如果注册会计师认为某项交易不存在重大错报，而实际上该项交易存在重大错报，这种风险是（　　）。

A. 抽样风险　　B. 非抽样风险　　C. 检查风险　　D. 重大错报风险

5. 在控制检查风险时，注册会计师应当采取的有效措施是（　　）。

A. 调高重要性水平

B. 测试内部控制的有效性，以降低控制风险

C. 进行穿行测试，以降低固有风险

D. 合理设计和有效实施进一步审计程

6. 审计风险取决于重大错报风险和检查风险，下列表述正确的是（ ）。

A. 在既定的审计风险水平下，注册会计师应当实施审计程序，将重大错报风险降至可接受的低水平

B. 注册会计师应当合理设计审计程序的性质、时间和范围，并有效执行审计程序，以控制重大错报风险

C. 注册会计师应当合理设计审计程序的性质、时间和范围，并有效执行审计程序，以消除检查风险

D. 注册会计师应当获得认定层次充分、适当的审计证据，以便在完成审计工作时，能够以可接受的低审计风险对财务报表整体发表意见

7. 注册会计师需要获取的审计证据的数量受错报风险的影响，下列表述正确的是（ ）。

A. 评估的错报风险越高，则可接受的检查风险越低，需要的审计证据可能越多

B. 评估的错报风险越高，则可接受的检查风险越高，需要的审计证据可能越少

C. 评估的错报风险越低，则可接受的检查风险越低，需要的审计证据可能越少

D. 评估的错报风险越低，则可接受的检查风险越高，需要的审计证据可能越多

8. 下来各项中，与丙公司财务报表层次重大错报风险评估最相关的是（ ）。

A. 丙公司应收账款周转率呈明显下降趋势

B. 丙公司持有大量高价值且易被盗窃的资产

C. 丙公司的生产成本计算过程相当复杂

D. 丙公司控制环境薄弱

9. 注册会计师不宜将（ ）作为确定重要性水平的基准。

A. 总资产、净资产　　B. 销售收入、费用总额

C. 毛利、净利润　　D. 流动资产、流动负债

10. 重要性和审计风险的关系是（ ）。

A. 正向关系　　B. 反向关系

C. 没有关系　　D. 有时呈正向，有时呈反向关系

二、多项选择题

1. 在运用重要性概念时，下列各项中，注册会计师认为应当考虑包括在内的有（ ）。

A. 财务报表整体的重要性

B. 实际执行的重要性

C. 特定类别的交易、账户余额或披露的重要性

D. 明显微小错报的临界值

2. 在确定实际执行的重要性时，下列各项因素中，注册会计师认为应当考虑的有（ ）。

A. 财务报表整体的重要性

B. 前期审计工作中识别出的错报的性质和范围

C. 实施风险评估程序的结果

D. 甲公司管理层和治理层的期望值

3. 下列情形中，注册会计师可能认为需要在审计过程中修改财务报表整体的重要性的有（ ）。

A. 甲公司情况发生重大变化

B. 注册会计师获取新的信息

C. 通过实施进一步审计程序，注册会计师对甲公司及其经营情况的了解发生变化

D. 审计过程中累积错报的汇总数接近财务报表整体的重要性

4. 在评价未更正错报的影响时，下列说法中，注册会计师认为正确的有（ ）。

A. 未更正错报的金额不得超过明显微小错报的临界值

B. 注册会计师应当从金额和性质两方面确定未更正错报是否重大

C. 注册会计师应当要求甲公司更正未更正错报

D. 注册会计师应当考虑与以前期间相关的未更正错报对相关类别的交易、账户余额或披露及财务报表整体的影响

5. 在年度财务报表审计中，注册会计师可能根据需要针对（ ）确定实际执行的重要性。

A. 财务报表整体的重要性　　B. 单一财务报表的重要性

C. 特定账户余额的重要性　　D. 特定类别披露的重要性

6. 确定财务报表整体实际执行的重要性，旨在将财务报表中（ ）的汇总数超过财务报表整体的重要性的可能性降至适当的低水平。

A. 财务报表中未更正错报　　B. 交易、账户余额或披露中未更正错报

C. 财务报表中未发现错报　　D. 交易、账户余额或披露中未发现错报

7. 下列各项中，属于推断错误的有（ ）。

A. 故意舞弊行为

B. 由样本估计的总体的错报减去已识别的错报

C. 对事实的误解

D. 通过实质性分析程序推断得出的会计错报

8. 注册会计师需要根据（ ）来确定可接受的检查风险。

A. 面临的审计风险　　B. 可接受的审计风险

C. 评估的重大错报风险　　D. 可接受的重大错报风险

9. 以下关于检查风险的说法中，正确的有（ ）。

A. 注册会计师只能通过降低检查风险将面临的审计风险降低到可接受水平

B. 可接受的检查风险水平取决于可接受的审计风险和评估的重大错报风险

C. 可接受的检查风险水平取决于进一步审计程序的性质、时间和范围

D. 能否将重要账户的检查风险降低至可接受水平，将影响审计意见的类型

10. 审计风险模型中包含的要素有（ ）。

A. 重大错报风险　　B. 检查风险

C. 审计风险　　D. 审计抽样风险

三、问答题

1. 什么是初步业务活动？

2. 什么是总体审计策略？

3. 什么是具体审计计划？

4. 如何理解重要性的概念？为什么研究重要性？

5. 如何理解审计风险、重大错报风险的概念?
6. 审计风险组成要素是什么？组成要素的关系是什么?
7. 简述审计风险、重要性与审计证据相互之间的关系。
8. 什么是错报？如何评价审计过程中识别出的错报?

四、研究思考题

1. 计划审计工作主要有哪些内容?
2. 什么是审计业务约定书？它有什么作用？主要包括哪些内容?
3. 如何确定财务报表层和各类交易、账户余额、列报认定层次的重要性水平?
4. 重大错报风险的评估和进一步的审计程序之间的关系是什么?
5. 注册会计师如何将发表审计意见时的审计风险控制在一个适当的水平?
5. 注册会计师对审计重要性的确定和重大错报风险对审计计划、实施和完成有何重要作用?

五、案例分析题

【题 1】

基本情况　注册会计师对ABC股份有限公司×年度财务报表进行审计，其未经审计的有关财务报表项目金额如下（单位：人民币元）。

总资产	净资产	主营业务收入	净利润
9 500 000	3 100 000	20 000 000	20

要求：(1) 如果以资产总额、净资产（股东权益）、主营业务收入和净利润作为判断基础，采用固定比率法，并假定资产总额、净资产、主营业务收入和净利润的固定百分比数值分别为0.5%、1%、0.5%和10%，请代为计算确定ABC股份有限公司×年度财务报表层次的重要性水平（请列示计算过程）。

(2) 如果被审计单位属于劳动密集型企业，其重要性水平又是多少?

(3) 简要说明重要性水平、审计证据、审计风险三者之间的关系。

【题 2】

基本情况　Z会计事务所的注册会计师小王和小张审计A股份有限公司20××年度财务报表，现正在编制审计计划。相关资料如下。

资料一：根据A公司的具体情况和审计质量控制的要求，Z会计事务所要求注册会计师小王和小张将A公司年报审计业务的可接受风险水平控制在5%的水平上。Z会计师事务所的业务指导手册规定如下。

可接受的检查风险水平范围	可接受的检查风险评价（定性）
10%（含）以下	低
10%～40%（含）	中
40%以上	高

资料二：在编制A公司年度报表审计业务的具体审计计划时，为确定财务报表主要项目的实质性测试程序，注册会计师小王和小张根据以往的经验和测试的结果，分别确定了各

类交易、余额的固有风险和控制风险水平。五个账户的情况如下。

风险要素	应收票据	应收账款	固定资产	存货	短期借款
固有风险	难以确定	20%	30%	30%	80%
控制风险	6%	25%	90%	40%	90%

要求：(1) 根据资料一及资料二，代注册会计师小王和小张谨慎地估计应收票据项目的可接受检查风险水平，列示计算过程，并简单说明理由。

(2) 针对资料二，请代注册会计师小王和小张确定各财务报表项目的审计风险水平，进而运用审计风险模型计算应收账款、固定资产、存货、短期借款项目的可接受检查风险水平，列示计算过程，计算结果保留小数点后1位。

(3) 根据上述结果，请代注册会计师小王和小张确定下表所列项目的实质性测试的性质、实施的主要时间和所需要审计证据数量的多少。其中，对于实质性测试的性质，写明程序的具体名称（分析性程序、余额测试）；对于实施程序的主要时间，写明报表日、报表日前或报表日后；对所需证据的数量，按较多、较少或适中填写。

报表项目	主要的实质性测试程序	实施程序的主要时间	所需证据的数量
应收票据			
应收账款			
固定资产			
存货			
短期借款			

【题3】

基本情况　G会计师事务所指派A注册会计师担任×公司2012年度财务报表审计业务的项目合伙人。A注册会计师正在编制×公司的审计计划，相关资料如下。

① 根据G会计师事务所质量控制制度的要求，A注册会计师将×公司2012年度财务报表审计的可接受风险水平确定为5%。

② A注册会计师通过实施风险评估程序，确定了财务报表下列项目的重大错报风险。

财务报表项目	应收账款	存货	固定资产
评估的重大错报风险	80%	20%	5%

③ 上年度审计工作底稿显示，×公司应收账款、存货、固定资产项目的可接受检查风险水平依次为15%，25%和50%。

要求：(1) 根据情况①和②，代A注册会计师确定应收账款、存货、固定资产项目的检查风险水平，写出计算公式。

(2) 指出检查风险水平与所需审计证据之间的关系，并根据情况③和要求①的结果（不考虑其他情况），指出应当在上年度审计证据数量的基础上对本年度应收账款、存货、固定资产项目中的哪些项目调整增加或减少所需审计证据数量。

(3) 根据要求 (1) 中计算确定的固定资产项目的可接受检查风险水平，指出注册会计师是否可以仅对固定资产项目实施控制测试而不实施实质性程序，简要说明理由。

【题 4】

基本情况 A注册会计师接受L会计事务所的指派，担任×公司2012年度财务报表审计业务的项目合伙人。相关情况如下。

① 2012年11月，A注册会计师开始计划审计工作时，按预计的全年营业收入的1%确定了财务报表整体的重要性水平为200万元。

② 2013年3月21日，项目组成员通过实施审计程序，确定×公司2012年度实际实现的营业收入为15 000万元。

③ A注册会计师依据所获取的审计证据，认为计划阶段确定重要性时依据的基准、比例和方法是恰当的，但需要调整财务报表整体的重要性水平和销售交易的重要性水平。

要求：(1) 根据上述资料，A注册会计师应当对财务报表整体的重要性水平进行怎样的调整（提高还是降低）？简要说明理由。

(2) 除了调整销售交易的重要性水平外，是否要考虑调整其他交易、期末账户余额及列报与披露等认定层次的重要性水平，简要说明理由。

(3) 按要求 (1) 对财务报表整体的重要性水平进行调整后，指出对可接受的审计风险、已评估的重大错报风险及可接受的检查风险的影响（提高还是降低）。

(4) 按要求 (1) 对财务报表整体的重要性水平进行调整后，指出对审计证据质量的影响（提高还是降低），并简要说明理由。

推荐阅读

[1] 陈波，杨欣．审计重要性水平的界定与运用探析：基于新审计准则．财务与会计，2011 (11).

[2] 孙小红．审计重要性水平探讨．财会通讯：综合，2010 (2).

[3] 毛敏，张龙平．审计重要性概念的内涵与本质辨析．财会月刊．2009 (7).

[4] 张龙平，聂曼曼．试论新审计风险模型的理论进步与运用．审计研究，2005 (4).

第7章

审计证据和审计工作底稿

【学习目标】

学习本章以后，你应该能够：

- 解释审计证据的概念和特性；
- 描述审计证据的收集和审计证据鉴定的基本理论、基本方法；
- 了解审计测试中的抽样技术；
- 解释审计工作底稿的含义；
- 理解审计工作底稿的内容和格式。

【内容提要】

进入实施风险评估程序和进一步审计程序以后，审计人员的主要工作就是收集审计证据、编制工作底稿。本章从审计证据的概念入手，引出审计证据的种类，揭示了审计证据的特性，以及如何运用证据理论对审计证据证明力强弱进行判断；审计证据获取的方法是本章的核心内容，通过这部分的学习，能够根据不同审计目标灵活运用审计程序获取审计证据；同时，介绍了审计测试中的抽样技术；最后，通过对审计工作底稿概念和性质的介绍，可以进一步理解审计工作底稿的格式、要素等知识要点。

相关案例

中天勤与银广厦事件

深圳中天勤会计师事务所（简称中天勤）由于为“银广夏”上市公司出具严重失真的审计报告而被吊销执业资格，其签字注册会计师也被吊销执业资格，并受到司法机关的调查。连同以前的琼民源、红光实业、东方锅炉、黎明服装、麦科特、大庆联谊等上市公司造假事件，会计师事务所因出具虚假审计报告而受到处罚的现象日趋严重。注册会计师提供严重失实的审计报告，不仅造成了证券市场的混乱和投资者惨重的投资损失，也在一段时间内引起整个社会对注册会计师行业存在的价值产生怀疑，一度使中国注册会计师行业步入了信誉危机时代。

1999 年底至 2000 年初，为了夸大广夏（银川）实业股份有限公司业绩，达到增资配股的目的，时任天津广夏（集团）公司财务总监的董博，在原银广夏董事、财务总监、总会计师兼董事局秘书丁功民的指令下和原银广夏董事局副主席兼总裁李有强的同意下，在采取虚构进货单位、虚假购入萃取产品原材料，伪造销售发票、进出口报关单、银行进账单等手段的同时，又指使时任天津广夏萃取有限公司总经理的被告人阎金岱伪造萃取产品生产纪录，阎便让天津广夏职工刘文军、李东、郑娟等人伪造萃取产品原料入库单、产品出库单等，由董博编入天津广夏公司 1999 年度财务报表中。调查表明，银广夏 2000 年虚增利润 56 704 万元，1999 年虚增利润 17 782 万元，1998 年虚增利润 1 776 万元，共计 76 262 万元。

签字注册会计师严重违反《中华人民共和国注册会计师法》、《中国注册会计师独立审计准则》和《中国注册会计师职业道德基本准则》的规定，存在重大过失，未发现银广夏财务报表中的重大虚假问题，出具了不实的审计报告。被告人刘加荣、徐林文在接受银广夏委托，具体负责对该公司及其子公司年度财务报告审计中，明知银广夏及天津广夏的财务报告可能虚假，却未实施有效询证、认证及核查程序，仍先后为银广夏出具了 1999 年度、2000 年度“无保留意见”的审计报告，致使银广夏虚假审计报告向社会公众发布，造成投资者利益的重大损失。

刘加荣指派的审计人员在对天津广夏进行审计时，严重违反审计规定，委托天津广夏董博等人代替审计人员向银行、海关等单位进行询证，致使董博得以伪造询证结果。

注册会计师未能有效执行应收账款函证程序，例如在对天津广夏的审计过程中，将所有询证函交由公司发出，而并未要求公司债务人将回函直接寄达注册会计师处；对于无法执行函证程序的应收账款，审计人员在运用替代程序时，未取得海关报关单、运单、提单等外部证据，仅根据公司内部证据便确认公司应收账款。

注册会计师未有效执行分析性测试程序，例如对于银广夏在 2000 年度主营业务收入大幅增长的同时生产用电的费用却反而降低的情况竟没有发现或报告；面对银广夏 2000 年度生产卵磷脂的投入产出比率较 1999 年度大幅下降的异常情况，注册会计师既未实地考察，又没有咨询专家意见，而轻信银广夏管理当局声称的“生产进入成熟期”等。

7.1 审计证据

进入实施风险评估程序和进一步审计程序阶段，审计的主要工作就是收集和评价审计证据。注册会计师形成任何审计结论和意见都必须以合理的证据作为基础，否则审计报告就不可信赖。因此，审计证据是审计中的一个核心概念。各国所发布的审计准则都强调审计证据对审计意见的重要性。美国注册会计师协会发布的《公认审计准则》中“外勤工作准则”第三条规定：“审计人员应通过检查、观察、询问和函证等方法，获取充分、适当的审计证据，以便对被审计财务报表发表意见提供合理的基础。”国际审计与鉴证准则理事会制定的国际审计准则《ISA 500 审计证据》和《ISA 501 审计证据——对选定项目的特殊考虑》，对有关审计证据的工作要求作了具体说明。为了规范我国注册会计师获取和评价、利用审计证据的充分性和适当性，中国注册会计师协会 2010 年修订了《中国注册会计师审计准则第 1301 号——审计证据》，自 2012 年 1 月 1 日起施行。

7.1.1 审计证据的概念和种类

审计证据是审计理论中的一个核心概念，审计工作的过程主要就是审计证据的收集、整理和评价过程。审计证据是支持审计意见的客观基础，也是控制审计质量的重要工具。

1. 审计证据的概念

审计证据是指注册会计师为了得出审计结论、形成审计意见时使用的所有信息。审计证据包括构成财务报表基础的会计记录所含有的信息和其他信息。注册会计师应当在审计工作中获取充分、适当的审计证据，以得出合理的审计结论，作为形成审计意见的基础。

(1) 构成财务报表基础的会计记录中含有的信息

依据会计记录编制财务报表是被审计单位管理层的责任，注册会计师应当针对会计记录实施审计程序以获取审计证据。构成财务报表基础的会计记录所含有的信息一般包括初始会计分录形成的记录和支持性记录。例如，支票、电子资金转账记录、发票和合同；总分类账、明细分类账、会计分录及对财务报表予以调整但未在账簿中反映的其他分录；支持成本分配、计算、调节和披露的手工计算表和电子数据表。会计记录是编制财务报表的基础，构成注册会计师执行财务报表审计业务所需获取的审计证据的重要部分。会计记录通常是电子数据，因而要求注册会计师对内部控制予以充分关注，以获取这些记录的真实性、准确性和完整性。

会计记录既包括被审计单位内部生成的手工或电子形式的凭证，也包括从与被审计单位进行交易的其他企业收到的凭证。

内部生成的凭证主要包括：销售发运单和发票、对账单；考勤卡和其他工时记录、工薪单、个别支付记录和人事档案；支票存根、电子转移支付记录；相关的记账凭证等。

从与被审计单位进行交易的其他企业或第三方收到的凭证主要包括：购货发票和顾客的对账单；顾客的汇款通知单；租赁合同和分期付款销售协议；银行存款单和银行对账单等。

将这些凭证作为审计证据，其来源和被审计单位内部控制的强弱会直接影响注册会计师对这些原始凭证的信赖程度。

(2) 其他信息

注册会计师获取会计记录中含有的信息作为充分、适当的审计证据以外，还应当获取其他信息作为审计证据。

其他信息包括注册会计师从被审计单位内部或外部获取的会计记录以外的信息。其他信息可以是被审计单位所在的行业的信息、被审计单位的内部或外部环境的其他信息，也可以是被审计单位会议记录、内部控制手册、询证函的回函、分析师的报告、与竞争者的比较数据等。

其他信息可以是注册会计师通过询问、观察和检查等审计程序获取的信息，如通过检查存货获取存货存在性的证据等；其他信息也可以是注册会计师自身编制或获取的可以通过合理推断得出结论的信息，如注册会计师编制的各种计算表、分析表等。

财务报表依据的会计记录中含有的信息和其他信息共同构成了审计证据，两者缺一不可。如果没有会计记录中含有的信息，审计工作将无法进行；如果没有其他信息，可能无法识别重大错报风险。只有将两者结合起来，才能将审计风险降至可接受的低水平，为注册会计师发表审计意见提供合理基础。

2. 审计证据的种类

在审计实务中，审计证据的种类繁多，其外在形式、获取的方式、取得的途径和证明力的强弱等均有不同。对审计证据进行科学、合理的分类，有利于有效地收集、合理的使用和评价审计证据。

一般而言，注册会计师所获取的审计证据可以按其外形特征分为实物证据、书面证据、口头证据和环境证据四大类。

实物证据是指通过实际观察或盘点所取得的、用以确定某些实物资产是否确实存在的证据。例如，各种存货和固定资产可以通过监盘的方式证明其是否确实存在。实物证据通常是证明实物资产是否存在的非常有说服力的证据。

书面证据是注册会计师所获取的各种以书面文件为形式的一类证据。在审计过程中，注册会计师往往要大量地获取和利用书面证据，因此书面证据是审计证据的主要组成部分，也可称之为基本证据。书面证据按其来源可以分为外部证据和内部证据两类。外部证据可以分为：由被审计单位以外的机构或人士编制，并由其直接递交注册会计师的，如银行询证函回函、应收账款询证函回函、保险公司税等机构出具的证明等，此类证据不仅由完全独立于被审计单位的外界机构或人员提供，而且未经被审计单位有关职员之手，从而排除了伪造、更改凭证或业务记录的可能性，因而其证明力最强；由被审计单位以外的机构或人士编制，但为被审计单位持有并提交注册会计师的书面证据，如银行对账单、购货发票等，由于此类证据已经过被审计单位职员之手，在评价其可靠性时，注册会计师应考虑伪造的难易程度及伪造的可能性；注册会计师为证明某个事项而自己动手编制的各种计算表、分析表等。内部证据是由被审计单位内部机构或职员编制和提供的书面证据。它包括被审计单位的会计记录、被审计单位管理当局声明书，以及其他各种由被审计单位编制和提供的有关书面文件。一般情况下，内部证据不如外部证据可靠。

口头证据是被审计单位职员或其他有关人员对注册会计师的提问进行口头答复所形成的一类证据。一般而言，口头证据本身并不足以证明事情的真相，往往需要得到其他相应证据的支持。

环境证据也称状况证据，是指对被审计单位产生影响的各种环境事实。例如：被审计单位的内部控制情况；被审计单位管理人员的素质；被审计单位各种管理条件和管理水平等。

上述各种证据可用来实现各种不同的审计目标，但是对每一具体账户及其相关的认定来说，注册会计师应选择能以最低成本实现全部审计目标的证据，力求做到证据收集既有效又经济。证据种类与具体审计目标的关系如表 7－1 所示。

表 7－1　审计证据种类与具体审计目标的关系

证据种类	认定								
	财务报表层次	真实性	完整性	所有权	估价	截止	准确性	披露	分类
实物证据		√	√		√	√			
书面证据	√	√	√	√	√	√	√	√	√
口头证据	√	√	√	√	√	√		√	√
环境证据	√								

7.1.2　审计证据的特性

《中国注册会计师审计准则第 1301 号——审计证据》第三章第九条指出："注册会计师的目标是，通过恰当的方式设计和实施审计程序，获取充分、适当的审计证据，以得出合理的结论，作为形成审计意见的基础。"

上面的"充分"和"适当"正是审计证据的两大特性。注册会计师应当保持职业怀疑态度，运用职业判断，评价审计证据的充分性和适当性。

1. 审计证据的充分性

审计证据的充分性是对审计证据数量的衡量，主要与注册会计师确定的样本量有关。

注册会计师获取的审计证据的数量受其对重大错报风险评估的影响，并受审计证据质量的影响。

重大错报风险越高，需要的审计证据可能越多。在可接受的审计风险水平一定的条件下，重大错报风险越高，注册会计师应当实施越多的测试，收集更多的审计证据，以将审计风险控制在可接受的水平。

审计证据质量越高，需要的审计证据可能越少。如果审计证据大部分来源于独立于被审计单位的第三方，这些证据本身不易伪造，则审计证据的质量就较高，相对而言，注册会计师所需获取的审计证据的数量就可以减少。

审计证据的数量不是越多越好。足够数量的审计证据是客观公正地表达审计意见的基础，但是并不是说审计证据的数量越多越好。为了使注册会计师进行有效率、有效益的审计，注册会计师通常需要把足够数量审计证据的范围降低到最低限度。每一审计项目对审计证据的需要量，以及取得这些证据的途径和方法，应当根据该项目的具体情况来定。

在某些情况下，由于时间、空间或成本的限制，注册会计师不能获取最为理想的审计证据时，可考虑通过其他的途径或用其他的审计证据来替代。注册会计师只有通过不同的渠道和方法取得他认为足够的审计证据时，才能据以发表审计意见。

2. 审计证据的适当性

审计证据的适当性，是对审计证据质量的衡量，即审计证据在支持审计意见所依据的结论方面具有的相关性和可靠性；或者指审计证据在支持各类交易、账户余额、列报的相关认定，或发现其中存在错报方面具有相关性和可靠性。

(1) 审计证据的相关性

相关性，是指用作审计证据的信息与具体的审计程序的目的和所考虑的相关认定之间的逻辑联系。例如，如果某审计程序的目的是测试固定资产的余额是否高估，则可以从固定资产的账簿记录核证到相关的凭证记录；如果某审计程序的目的是测试固定资产的余额是否低估，就不能采用上面的审计程序，而是从相关的凭证记录追查到固定资产的账簿记录。

特定的审计程序可能只为某些认定提供相关的审计证据，而与其他认定无关。例如，检查期后应收账款收回的记录和文件可以提供有关存在和计价的审计证据，但未必提供与截止测试相关的审计证据。类似地，只与特定认定相关的审计证据并不能替代与其他认定相关的审计证据。如通过存货的监盘可以作为存货存在认定的审计证据，却不能作为存货的计价认定的审计证据。但另一方面，不同来源或不同性质的审计证据可能与同一认定相关。如要证实银行存款余额的存在性和余额的恰当性，注册会计师可以检查或编制银行存款余额调节表，也可以对银行存款进行函证来获取审计证据。

(2) 审计证据的可靠性

审计证据的可靠性是指审计证据应能如实地反映客观事实。

审计证据的可靠性受其来源和性质的影响，并取决于获取审计证据的具体环境。注册会计师在判断审计证据的可靠程度时，通常会考虑下列原则。

① 从被审计单位外部独立来源获取的审计证据比从其他来源获取的审计证据更可靠。如以函证方式直接从被询证者获取的审计证据，比被审计单位内部生成的审计证据更可靠。

② 相关内部控制有效时内部生成的审计证据比内部控制薄弱时内部生成的审计证据更可靠。例如，如果与销售业务相关的内部控制有效，注册会计师就能从销售发票和发货单中取得比内部控制不健全时更加可靠的审计证据。

③ 直接获取的审计证据比间接获取或推论得出的审计证据更可靠。例如，注册会计师观察某项内部控制的运行得到的证据比询问被审计单位某项内部控制的运行得到的证据更可靠。间接获取的证据有被涂改及伪造的可能性，降低了可信赖程度。推论得出的审计证据，其主观性较强，人为因素较多，可信赖程度也受到影响。

④ 以文件、记录形式（无论是纸质、电子或其他介质）存在的审计证据比口头形式的审计证据更可靠。一般而言，口头证据本身并不足以证明事情的真相，但注册会计师往往可以通过口头证据发掘出一些重要的线索，从而有利于对某些需审核的情况做进一步的调查，以收集到更为可靠的证据。例如，注册会计师在对应收账款进行账龄分析后，可以询问应收账款负责人对收回逾期应收账款的可能性的意见。如果其意见与注册会计师自行估计的坏账损失基本一致，则这一口头证据就可成为证实注册会计师有关坏账损失判断的重要证据。但口头证据一般需要得到其他相应证据的支持。

⑤ 从原件获取的审计证据比从复印、传真或通过拍摄、数字化或其他方式转化成电子形式的文件获取的审计证据更可靠。注册会计师可审查原件是否有被涂改或伪造的迹象，排除伪证，提高证据的可信赖程度。而传真件或复印件容易是篡改或伪造的结果，可靠性较低。

(3) 充分性和适当性之间的关系

充分性和适当性是审计证据的两个重要特征，两者缺一不可，只有充分且适当的审计证据才是有证明力的。

注册会计师获取的审计证据的数量受审计证据质量的影响。审计证据质量越高，需要的审计证据数可能越少，即审计证据的适当性会影响审计证据的充分性。

尽管审计证据的充分性和适当性相关，但如果审计证据的质量存在缺陷，那么注册会计师仅靠获取更多的审计证据可能无法弥补其质量上的缺陷。如果审计证据与要证实的审计目标不相关，即使获取的证据再多，也难以实现审计目标。同样地，如果注册会计师获取的证据不可靠，那么证据数量再多也难以起到证明作用。

(4) 评价审动证据充分性和适当性的特殊考虑

注册会计师应该考虑如果针对某项认定从不同来源获取的审计证据或获取的不同性质的审计证据能够相互印证，与该项认定相关的审计证据则具有更强的说服力；如果从不同来源获取的审计证据或获取的不同性质的审计证据不一致，表明某项审计证据可能不可靠，注册会计师应当追加必要的审计程序。

注册会计师获取审计证据时，还要考虑成本-效益原则。注册会计师可以考虑获取审计证据的成本与所获取信息的有用性之间的关系，但不应以获取审计证据的困难和成本为由减少不可替代的审计程序。

在保证获取充分、适当的审计证据的前提下，控制审计成本也是会计师事务所增强竞争能力和获利能力所必需的。获取充分、适当的审计证据与控制成本需要注册会计师恰当运用成本-效益原则。但为了保证得出的审计结论、形成的审计意见是恰当的，注册会计师不应将获取审计证据的成本高低和难易程度作为减少不可替代的审计程序的理由。

还需指出的是，审计证据与法律证据并不完全相同，两者在证据的取得与鉴定方面均有所区别。法律证据由诉讼双方提供，裁决者并不参与证据的收集；审计证据则需由注册会计师收集，并由其根据审计证据作出判断。法律上通常要求以最可靠的证据来证实所起诉的内容；在审计过程中，什么可作为证据、如何取得适当的证据，应由注册会计师根据审计目标与自己的职业判断加以判定。

审计证据的特性如图7-1所示。

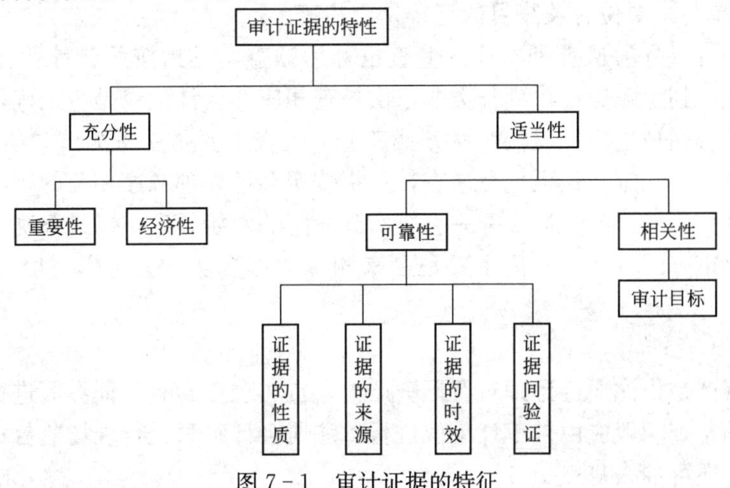

图7-1　审计证据的特征

7.1.3 审计证据的获取

1. 审计证据获取方法

注册会计师在审计过程中可以采用检查记录或文件、检查有形资产、观察、询问、函证、重新计算、重新执行和分析程序等审计程序（或称审计方法）获取审计证据。

（1）检查记录或文件

检查记录或文件是指注册会计师对被审计单位内部或外部生成的，以纸质、电子或其他介质形式存在的记录或文件进行审阅和复核。

注册会计师在审阅记录和文件时，应注意其是否真实、合法，具体来讲如下。

① 审阅原始凭证时，应注意其有无涂改或伪造现象、记载的经济业务是否合理合法、是否有业务负责人的签字等。

② 审阅会计账簿时，应注意是否符合国家颁布的《企业会计准则》和相关会计制度的规定，包括审阅被审计单位据以入账的原始凭证是否整齐完备；账簿有关内容与原始凭证的记载是否一致；会计分录的编制或账户的运用是否恰当；货币收支的金额有无不正常现象；成本核算是否符合国家有关财务会计制度的规定；审计目标要求的其他内容。

③ 在审阅财务报表时，应注意财务报表的编制是否符合国家颁布的《企业会计准则》和相关会计制度的规定；财务报表的附注是否对应予揭示的重大问题作了充分的披露。

注册会计师在复核会计记录及其他书面文件时，应注意检查各种书面文件是否一致，具体如下。

- 原始凭证上记载的数量、单价、金额及其合计数是否正确。
- 日记账上的记录是否与相应的原始凭证记录一致。
- 日记账与会计凭证上的记录是否与总分类账及有关的明细分类账相符。
- 总分类账的账户余额是否与所属明细分类账的账户余额合计数相符。
- 总分类账各账户的借方余额合计与贷方余额合计是否相等。
- 总分类账各账户的余额或发生额合计是否与财务报表上相应项目的金额相等。
- 财务报表上各有关项目的数字计算是否正确，各报表之间的有关数字是否一致。如果涉及前期的数字，是否与前期财务报表上的有关数字相符。
- 外来账单与本单位有关账目的记录是否相符。

检查的方法可以分为追查和核证。追查也称为顺查，是指按照会计业务处理的先后顺序，即从原始凭证到记账凭证再到分类账依次检查相应的会计记录是否正确，以最终确定这笔交易和事项是否已被正确地反映在财务报表上。追查主要是用来测试“遗漏的业务”，针对的是“完整性”的认定。核证也称逆查，是指按照会计处理顺序相反的顺序，即从分类账开始，检查与其相应的记账凭证，并一直核实到所附的原始凭证，以最终确定这笔交易和事项是否依次进行审查的方法。核证主要是用来测试“不真实的业务”，针对的是“真实性”的认定。

（2）检查有形资产

检查有形资产是指注册会计师对有形资产如存货、现金和有价证券等进行审查。

有形资产的检查一般应由被审计单位进行，注册会计师只进行现场监督；对于贵重的物资，注册会计师还可抽查复点。

检查有形资产的目的是为其存在性提供可靠的实物证据。检查有形资产一般采用监督盘点的方法，这种方法可以确定被审计单位实物形态的资产是否真实存在并且与账面数量相符，查明有无短缺、毁损及贪污、盗窃等问题存在。

检查有形资产的方法不一定能够为权利和义务或计价认定提供可靠的审计证据。一般说来，检查有形资产是确定资产数量和规格的一种客观手段，有时也是评价资产状况和质量的一种有用方法。但是，对于核实现有资产是否归被审计单位拥有，检查有形资产的方法却不能提供充分的证据。同时，在许多情况下，检查有形资产的方法也不能确定被审计单位对资产的估价是否适当。

(3) 观察

观察是指注册会计师察看相关人员正在从事的活动或执行的程序。

观察提供的审计证据仅限于观察发生的时点，在相关人员已知被观察的情况下，相关人员从事活动或执行程序可能与日常的做法不同，从而影响注册会计师对真实情况的了解。

(4) 询问

询问是指注册会计师以书面或口头方式，向被审计单位内部或外部的知情人员获取财务信息和非财务信息，并对答复进行评价的过程。询问只是其他审计程序的补充，可以广泛应用于整个审计过程。

知情人员对询问的答复可能为注册会计师提供尚未获悉的信息或佐证证据，也可能提供与已获悉信息存在重大差异的信息；注册会计师应当根据询问结果考虑修改审计程序或实施追加的审计程序。

询问本身不足以发现认定层次存在的重大错报，也不足以测试内部控制运行的有效性，注册会计师还应当实施其他审计程序获取充分、适当的审计证据。

(5) 函证

函证（即外部函证），是指注册会计师直接从第三方（被询证者）获取书面答复作为审计证据的过程，书面答复可以采用纸质、电子或其他介质等形式。

函证分为积极式函证和消极式函证。积极式函证，是指要求被询证者直接向注册会计师回复，表明是否同意询证函所列示的信息，或填列所要求的信息的一种询证方式。消极式函证，是指要求被询证者只有在不同意询证函所列示的信息时才直接向注册会计师回复的一种询证方式。

知识拓展

实施函证程序以获取审计证据的重要性

- 《中国注册会计师审计准则第1231号——针对评估的重大错报风险采取的应对措施》规定，注册会计师应当针对评估的财务报表层次重大错报风险，设计和实施总体应对措施，针对评估的认定层次重大错报风险，设计和实施进一步审计程序（包括审计程序的性质、时间安排和范围）；无论评估的重大错报风险结果如何，注册会计师都应当针对所有重大类别的交易、账户余额和披露，设计和实施实质性程序；注册会计师应当考虑是否将函证程序用作实质性程序。
- 《中国注册会计师审计准则第1231号——针对评估的重大错报风险采取的应对措

施》规定，评估的风险越高，需要获取越有说服力的审计证据。为此，注册会计师可以增加审计证据的数量或者获取更相关、更可靠的审计证据，或将两种方式结合使用。例如，注册会计师更加重视直接从第三方获取审计证据，或从不同的独立来源获取相互印证的审计证据。实施函证程序，可以帮助注册会计师获取可靠性高的审计证据，以应对由于舞弊或错误导致的特别风险。

- 《中国注册会计师审计准则第 1141 号——财务报表审计中与舞弊相关的责任》规定，针对由于舞弊导致的认定层次重大错报风险，注册会计师应当考虑实施函证程序以获取更多的相互印证的信息。
- 《中国注册会计师审计准则第 1301 号——审计证据》规定，通过函证等方式从独立来源获取的相互印证的信息，可以提高注册会计师从会计记录或管理层书面声明中获取的审计证据的保证水平。

(6) 重新计算

重新计算是指注册会计师以手工方式或使用计算机辅助审计技术，对记录或文件中的数据计算的准确性进行核对。

注册会计师进行审计时，往往需对被审计单位的凭证、账簿和报表中的数字进行计算，以验证其是否正确。注册会计师的计算并不一定按照被审计单位原先的计算形式和顺序进行。在计算过程中，注册会计师不仅要注意计算结果是否正确，而且还要对某些其他可能的差错（如计算结果的过账和转账有误等）予以关注。

一般而言，计算不仅包括对被审计单位的凭证、账簿和报表中有关数字的验算，而且还包括对会计资料中有关项目的加总或其他运算。其中，加总又分为横向加总（即横向数字的加总）和纵向加总（即纵向数字的加总）。在财务报表审计中，注册会计师往往需要大量地运用加总技术来获取必要的审计证据。

(7) 重新执行

重新执行是指注册会计师重新独立执行作为被审计单位内部控制组成部分的程序或控制。例如，注册会计师利用被审计单位的银行存款日记账和银行的对账单，重新编制银行存款余额调节表，并与被审计单位编制的银行存款余额调节表进行比较。

(8) 分析程序

分析程序是指注册会计师通过研究不同财务数据之间及财务数据与非财务数据之间的内在关系，对财务信息作出评价。分析程序还包括调查识别出的、与其他相关信息不一致或与预期数据严重偏离的波动和关系。例如，注册会计师可以对被审计单位的财务报表和其他会计资料中的重要比率及其变动趋势进行分析，以发现其异常变动项目。对于异常变动项目，注册会计师应重新考虑其所采用的审计方法是否合适，必要时应追加适当的审计程序，以获取相应的审计证据。

一般而言，在整个审计过程中，注册会计师都将运用分析程序。分析程序常用的方法有比较分析法、比率分析法和趋势分析法三种。

比较分析法是通过某一财务报表项目与其既定标准的比较，以获取审计证据的一种技术方法。它包括本期实际数与计划数的比较；预算数或注册会计师的计算结果之间的比较；本期实际数与同业标准之间的比较等。

比率分析法是通过对财务报表中的某一项目同与其相关的另一项目相比所得的值进行分析，以获取审计证据的一种技术方法。

趋势分析法是通过对连续若干期某一财务报表项目的变动金额及其百分比的计算，分析该项目的增减变动方向和幅度，以获取有关审计证据的一种技术方法。

2. 审计程序的分类

上述的八种审计证据获取的方法可以运用于风险评估程序、控制测试和实质性程序。

(1) 风险评估程序

注册会计师了解被审计单位及其环境，包括内部控制，以评估财务报表层次和认定层次重大错报风险。注册会计师实施风险评估程序，作为评估财务报表层次和认定层次重大错报风险的基础。风险评估程序本身并不足以为发表审计意见提供充分、适当的审计证据，注册会计师还应当实施进一步审计程序，包括实施控制测试和实质性程序。

(2) 控制测试

控制测试是测试内部控制运行的有效性。比如，假定控制程序规定，“现金应每天如数送存银行”，那么注册会计师可通过观察实际送存过程和检查有效的存款单据，测试该项控制的有效性。控制测试还包括向雇员询问控制程序的执行情况，以及由注册会计师重新执行某项控制程序。注册会计师执行控制测试已获取内部控制运行有效性的审计证据。尽管大多数的财务报表审计都执行控制测试程序，但并不一定每次财务报表审计都必须执行这类程序。

(3) 实质性程序

实质性程序包括对各类交易、账户余额、列报的细节测试及实质性分析程序。注册会计师应当针对风险评估程序中对重大错报风险的初步评估，计划和实施实质性程序。注册会计师对重大错报风险的评估是一种判断，并且由于内部控制存在固有局限性，无论评估的重大错报风险结果如何，注册会计师均应当针对所有重大的各类交易、账户余额、列报实施实质性程序，以获取充分、适当的审计证据。

风险评估程序、控制测试、实质性程序三类程序之间的关系如表 7-2 所示。

表 7-2　三类程序之间的关系

审计程序的类别	目的	对其他程序的影响	性质
风险评估程序	评估重大错报风险	设计和实施进一步的审计程序	每次财务报表审计必须执行此程序
控制测试	测试内部控制运行有效性，支持或修正重大错报风险的评估结果	确定实质性程序的性质、时间和范围	每次财务报表审计可选择执行
实质性程序	发现认定层次的重大错报		每次财务报表审计必须执行此程序

很显然，风险评估程序和实质性程序在每次财务报表审计中都必须执行。

7.1.4　证据的整理与分析

1. 审计证据整理与分析的意义

注册会计师为了使所收集到的分散的、个别的审计证据变成充分、适当的证据，以正确评价被审计单位财务报表是否在所有重大方面公允地反映了其财务状况、经营成果及现金流量，就必须按照一定的方法对审计证据进行整理与分析，使之条理化、系统化。只有这样，注册会计师才能对各种审计证据合理地进行审计小结，并在此基础上恰当地对财务报表形成整体的审计意见。

（1）加工整理证据，使其有序、系统，相互联系

通过检查、观察、监盘、查询及函证、计算等方法所获取的大部分审计证据，在注册会计师对其进行分析评价之前，都还是一种原始状态的证据。这些证据往往是初始的、零乱的、无序的和彼此孤立的，且证据的形式也复杂多样。因此，注册会计师只有按照一定的程序、目的和方法进行科学的加工整理，才能使其变成有序的、系统化的、彼此联系的审计证据。

（2）发现证据不足，补充收集，获取新的审计证据

初始状态的审计证据必须与审计目的相联系，并就其性质和重要程度及同其他证据之间的关系进行分析、计算和比较，以对被审计单位的各个方面作出评价，并形成比较完整的认识，否则就难以正确地评价和运用审计证据，进而形成正确的审计结论和意见。在整理过程中对发现证据不足的地方，还可进行补充收集，以便获取新的证据材料，把审计工作引向深入。

（3）分析、研究，产生新的证据

在审计过程中，通过注册会计师的分析、研究，还可能产生一些有价值的新的证据，从而对被审计单位作出较为恰当的结论。

需要指出的是，审计证据的收集与整理、分析并非是互不相关的独立的环节，相反，它们经常是交叉进行的。

2. 审计证据整理与分析的方法

审计证据的整理、分析没有一个固定的模式，审计的目的不同，审计证据的种类不同，其整理、分析方法也不相同。一般而言，审计证据整理、分析的方法有以下几种。

① 分类。所谓分类，是指将各种审计证据按其证明力的强弱，或按与审计目标的关系是否直接等分门别类排列成序。

② 计算。所谓计算，是指按照一定的方法对数据方面的审计证据进行计算，并从计算中得出所需要的新的证据。

③ 比较。所谓比较，包括两方面的内容：一方面要将各种审计证据进行比较，从中分析出被审计单位经济业务的变动趋势及其特征；另一方面还要与审计目标进行比较，判断其是否符合要求（如不符合要求，则需补充收集有关的审计证据）。

④ 小结。所谓小结，是指对审计证据在上述分类、计算和比较的基础上，注册会计师对审计证据进行归纳、总结，得出具有说服力的局部审计结论。

⑤ 综合。所谓综合是指注册会计师对各类审计证据及其所形成的局部审计结论进行综合分析，最终形成整体的审计意见。

3. 审计证据整理与分析应注意的几个问题

注册会计师对审计证据进行整理与分析应注意的事项如下。

（1）审计证据的取舍

注册会计师不必、也不可能把审计证据所反映的内容全部都包括到审计报告之中。在编

写审计报告之前，他必须对反映不同内容的审计证据做适当的取舍，舍弃那些无关紧要的、不必在审计报告中反映的次要证据，选择那些具有代表性的、典型的审计证据在审计报告中加以反映。审计证据取舍的标准大体有以下两个。

① 金额大小。对于金额较大、足以对被审计单位财务状况和经营成果的反映产生重大影响的证据，应当作为重要的审计证据。

② 问题性质的严重程度。有的审计证据本身所揭露问题的金额也许并不很大，但这类问题的性质较为严重，它可能导致其他重要问题的产生或与其他可能存在的重要问题有关，则这类审计证据也应作为重要的证据。

（2）分清事实的现象与本质

某些审计证据所反映的可能只是一种假象，注册会计师必须对其加以认真地分析研究，透过现象找出它所反映事物的本质，而不能被表面的假象所迷惑。

（3）排除伪证

所谓伪证，是指被审计单位等审计证据的提供者出于某种动机而伪造的证据。这些证据或因精心炮制而貌似真实证据，或与被审计事实之间存在某种巧合，如不认真排除，往往就会鱼目混珠，以假乱真。

7.1.5　审计测试中的抽样技术

现代审计是建立在对被审计单位环境及内部控制进行了解和评价基础之上的抽样审计。在我国，为了规范注册会计师在审计过程中合理运用审计抽样方法，提高审计效率，保证审计质量，《中国注册会计师审计准则第 1314 号——审计抽样和其他选取测试项目的方法》对注册会计师在实施审计程序时使用审计抽样进行了规范。

1. 审计抽样的意义

审计抽样，是指注册会计师对具有审计相关性的总体中低于百分之百的项目实施审计程序，使所有抽样单元都有被选取的机会，为注册会计师针对整个总体得出结论提供合理基础。

审计抽样对控制测试和细节测试都适用，但它并不是对于这些测试中的所有程序都适用的。比如，审计抽样可在检查和函证中广泛运用，但通常不用于询问、观察和分析性复核程序。

抽样审计不同于详细审计。详细审计是指对审计对象总体中的全部项目进行审计，并根据审计结果形成审计意见。那种从审计对象总体中选取部分项目进行审计，并对所选项目本身发表审计意见的方法也不属于审计抽样。审计抽样也不同于抽查。抽查作为一种技术，可以用来了解情况，确定审计重点，取得审计证据，抽查在使用中并无严格要求。审计抽样作为一种方法，需要运用抽查技术，但其更重要的工作内容是根据审计目的及环境的要求作出科学的抽样决策。审计抽样工作要严格按照规定的程序和抽样方法的要求去完成。审计抽样的基本目标是在有限的审计资源条件下，收集充分、适当的审计证据，以形成和支持审计结论。

（1）统计抽样与非统计抽样

审计抽样的种类很多，按抽样决策的依据不同，将审计抽样划分为统计抽样和非统计抽样。

注册会计师执行审计测试，既可以运用统计抽样技术，也可以运用非统计抽样技术，还可以结合使用这两种抽样技术。不论采用哪种抽样技术，都要求注册会计师在设计、执行抽样计划和评价抽样结果中合理运用职业判断。这两种技术只要运用得当，都可以有效地获取充分、适当的审计证据。注册会计师在统计抽样与非统计抽样方法之间进行选择时主要考虑成本效益。

究竟应选用哪一种抽样技术，主要取决于注册会计师对成本效果方面的考虑。非统计抽样可能比统计抽样花费的成本要小，但统计抽样的效果则可能比非统计抽样要好得多。

统计抽样对注册会计师的意义如下。

① 统计抽样能够科学地确定抽样规模。

② 采用统计抽样，总体各样本项目被抽中的机会是均等的，可以防止主观臆断。

③ 运用概率论评价样本结果，包括计量抽样风险。

统计抽样的优点在于能够客观地计量抽样风险，并通过调整样本规模精确地控制风险，这是与非统计抽样最重要的区别。另外，统计抽样还有助于注册会计师高效地设计样本，计量所获取证据的充分性，以及定量评价样本结果。但统计抽样又可能发生额外的成本。首先，统计抽样需要特殊的专业技能，因此使用统计抽样需要增加额外的支出对注册会计师进行培训。其次，统计抽样要求单个样本项目符合统计要求，这些也可能需要支出额外的费用。

在非统计抽样中，注册会计师全凭主观标准和个人经验来确定样本规模和评价样本结果。非统计抽样不具备统计抽样具有的特征。一方面，即使注册会计师严格按照随机原则选取样本，如果没有对样本结果进行统计评估，就不能认为使用了统计抽样。另一方面，基于非随机选样的统计评估也是无效的。非统计抽样如果设计适当，也能提供与统计抽样方法同样有效的结果。注册会计师使用非统计抽样时，也必须考虑抽样风险并将其降至可接受水平，但无法精确地测定出抽样风险。

在审计抽样过程中，无论是统计抽样还是非统计抽样，也不论决策者是否具备设计和使用有效抽样方案的能力，都离不开注册会计师的职业判断。因为在运用统计抽样时仍存在许多不确定因素，这些不确定因素要由注册会计师凭正确的判断来加以解决，所以统计抽样并不排除职业判断。在实际审计工作中，往往把统计抽样和非统计抽样结合起来运用，这样才能收到较好的审计效果。

(2) 属性抽样与变量抽样

按审计抽样所了解的总体特征的不同，将审计抽样划分为属性抽样和变量抽样。主要审计抽样类型之间的关系如图 7-2 所示。

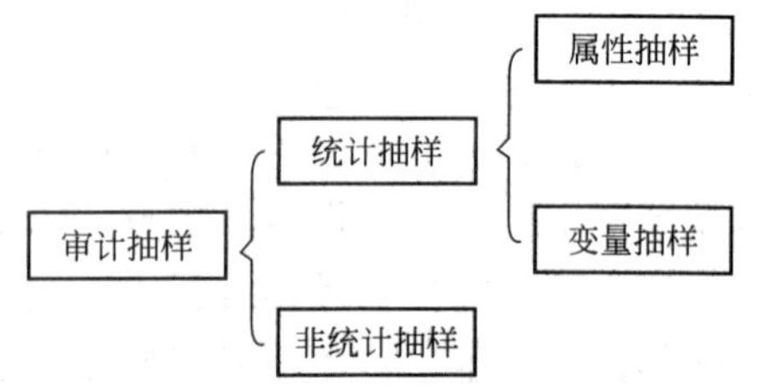

图 7-2 主要审计抽样类型之间的关系

属性抽样是一种用来对总体中某一事件发生率得出结论的统计抽样方法。属性抽样在审计中最常见的用途是测试某一设定控制的偏差率，以支持注册会计师评估的控制有效性。在属性抽样中，设定控制的每一次发生或偏离都被赋予同样的权重，而不管交易的金额大小。根据控制测试的目的和特点所采用的审计抽样通常称为属性抽样。

变量抽样是一种用来对总体金额得出结论的统计抽样方法。变量抽样通常回答下列问题：金额是多少？错误金额是多少？变量抽样在审计中的主要用途是进行细节测试，以确定记录金额是否合理。

一般而言，属性抽样得出的结论与总体发生率有关，而变量抽样得出的结论与总体的金额有关。

属性抽样和变量抽样的主要区别如表7-3所示。

表7-3 属性抽样和变量抽样

抽样技术	测试种类	目标
属性抽样	控制测试	估计总体既定控制的偏差率（次数）
变量抽样	细节测试	估计总体金额或者总体中的错误金额

（3）抽样风险和非抽样风险

注册会计师在运用抽样技术进行审计时，有两方面的不确定性因素，其中一方面的因素直接与抽样相关，而另一方面的因素却与抽样无关。将直接与抽样相关的因素造成的不确定性称为抽样风险，将与抽样无关的因素造成的不确定性称为非抽样风险。

抽样风险是指注册会计师根据样本得出的结论，可能不同于对整个总体实施与样本相同的审计程序得出的结论的风险。抽样风险与样本量成反比，样本量越大，抽样风险越低。

注册会计师进行控制测试时的抽样风险包括信赖不足风险和信赖过度风险。

信赖不足风险是指注册会计师推断的控制有效性低于其实际有效性。即样本结果不支持注册会计师计划信赖的内部控制，但实际内部控制是可以信赖的风险。在这种情况下，评估的重大错报风险高于实际水平，注册会计师可能增加不必要的实质性程序，影响审计的效率。

信赖过度风险是指注册会计师推断的控制有效性高于其实际有效性。样本结果支持注册会计师计划信赖的内部控制，但实际内部控制是不可以信赖的风险。在这种情况下，评估的重大错报风险水平低于实际水平，导致注册会计师可能不适当地减少实质性程序，影响审计的效果。对于注册会计师而言，信赖过度风险更容易导致注册会计师发表不恰当的审计意见，因而更应予以关注。

注册会计师进行细节测试时的抽样风险包括误拒风险和误受风险。误拒风险是指在实施细节测试时，注册会计师推断某一重大错报存在而实际上不存在的风险。如果账面金额不存在重大错报而注册会计师认为其存在重大错报，注册会计师会扩大细节测试的范围并考虑获取其他审计证据，最终注册会计师会得出恰当的结论。在这种情况下，审计效率可能降低。与信赖不足风险类似，误拒风险影响审计效率。误受风险是指实施细节测试时，注册会计师推断某一重大错报不存在而实际上存在的风险。如果账面金额实际上存在重大错报而注册会计师认为其不存在重大错报，注册会计师通常会根据样本结果得出账面金额无重大错报的结论。与信赖过度风险类似，误受风险影响审计效果，容易导致注册会计师发表不恰当的审计意见，因此注册会计师更应予以关注。

无论在控制测试还是在细节测试中，抽样风险都可以分为两种类型：一类是影响审计效率的抽样风险，包括控制测试中的信赖不足风险和细节测试中的误拒风险；另一类是影响审计效果的抽样风险，包括控制测试中的信赖过度风险和细节测试中的误受风险。

只要使用了审计抽样，抽样风险总会存在。在使用统计抽样时，注册会计师可以准确地计量和控制抽样风险，在使用非统计抽样时，注册会计师无法量化抽样风险，只能根据职业判断对其进行定性的评价和控制。抽样风险与样本规模反方向变动：样本规模越小，抽样风险越大；样本风险越大，抽样风险越小。无论是控制测试还是细节测试，注册会计师都可以通过扩大样本规模降低抽样风险。如果对总体中的所有项目都实施检查，就不存在抽样风险，此时审计风险完全由非抽样风险产生。

非抽样风险是指注册会计师由于任何与抽样风险无关的原因而得出错误结论的风险。产生这种风险的原因主要有：人为错误，例如未能找出样本文件中的错误等；运用了不切合审计目标的程序，例如注册会计师依赖应收账款函证来揭露未入账的应收账款；注册会计师选择的总体不适合于测试目标，例如注册会计师在测试销售收入完整性认定时将主营业务收入日记账界定为总体；注册会计师未能适当地评价审计发现的情况，例如注册会计师错误解读审计证据可能导致没有发现误差。

非抽样风险对审计工作的效率和效果都有一定影响。注册会计师应当通过对审计工作适当的计划、指导和监督，以坚持质量控制标准，力争有效地降低非抽样风险。

2. 控制测试中抽样技术

在控制测试中运用的抽样技术，一般是指属性抽样审计方法。所谓属性，是指审计对象总体的质量特征，即被审计单位内部控制是否遵循了既定的标准或是否存在控制偏差。属性抽样中，抽样结果只有两种："对"与"错"、"是"与"不是"。

1）属性抽样中的基本概念

（1）审计测试的目标

注册会计师在控制测试中运用抽样技术，目标是获取关于控制运行有效性的审计证据。注册会计师实施控制测试以支持计划的重大错报风险评估水平。只有认为控制设计合理、能够防止或发现并纠正认定层次的重大错报时，注册会计师才有必要对控制运行的有效性实施测试。注册会计师只有在初步评估控制运行有效性在中等或以上水平时，才会实施控制测试。注册会计师首先应该针对某项认定详细了解控制目标和内部控制政策与程序，然后确定从哪些方面获取关于控制是否有效运行的审计证据。

（2）误差

属性抽样中，误差即控制偏差，是指注册会计师认为使控制程序失去效能的所有控制无效事件。注册会计师应根据实际情况，恰当地定义误差。例如，可将"误差"定义为会计记录中的虚假账户、经济业务的记录未进行复核、审批手续不全等各类差错。

（3）总体和抽样单位

注册会计师在确定审计对象总体时，必须考虑总体所有项目的特征应是相同的。如果被审计单位出口和内销业务的处理方式不同，注册会计师应分别评价两种不同的控制情况，此时会出现两个独立的总体。

注册会计师在界定总体时，应当确保总体的相关性。相关性是指总体应与特定的审计目标相关。其次，注册会计师还应考虑总体的完整性。

抽样单位是构成审计对象总体的个别项目。控制测试中的抽样单位应与审计测试目标相适应。在控制测试中，抽样单位可以定义为"被测试的控制"。抽样单元通常是能够提供控制运行证据的一份文件资料或一个记录。

（4）可接受的信赖过度风险

在实施控制测试时，注册会计师主要关注抽样风险中的信赖过度风险。可接受的信赖过度风险与样本规模反向变动。控制测试中选取的样本旨在提供关于控制运行有效性的证据。由于控制测试是控制是否有效运行的主要证据来源，因此可接受的信赖过度风险应确定在相对较低的水平上。通常，相对较低的水平在数量上是指5%～10%的信赖过度风险。注册会计师一般将信赖过度风险确定为10%，特别重要的测试则可以将信赖过度风险确定为5%。

（5）可容忍误差率

可容忍偏差率与样本规模反向变动。在确定可容忍偏差率时，注册会计师应考虑计划评估的控制有效性。计划评估的控制有效性越低，注册会计师确定的可容忍偏差率通常越高，所需的样本规模就越小。反之，注册会计师在风险评估时越依赖控制运行的有效性，确定的可容忍偏差率越低，进行控制测试的范围越大，因而样本规模增加。

计划评估的控制有效性与可容忍偏差率之间的关系如表7-4所示。

表7-4　计划评估的控制有效性和可容忍偏差率的关系

计划评估的控制有效性	可容忍偏差率（近似值，%）
高	3～7
中	6～12
低	11～20
最低	不进行控制测试

（6）预期总体误差率

注册会计师在考虑总体特征时，需要根据对相关控制的了解或对总体中少量项目的检查来评估预期偏差率。也可以根据前期审计所发现的误差、被审计单位经营业务和经营环境的变化、内部控制的评价及分析性复核的结果等，来确定审计对象总体的预期误差率。在实务中，如果以前年度的审计结果无法取得或认为不可靠，注册会计师可以在抽样总体中选取一个较小的初始样本，以初始样本的偏差率作为预计总体偏差率的估计值。如果预期总体偏差率高得无法接受，意味着控制有效性很低，注册会计师通常决定不实施控制测试，而实施更多的实质性程序。

（7）分层

分层是将某一审计对象总体划分为若干具有相似特征的次级总体的过程。注册会计师可以利用分层重点审计可能有较大错误的项目，并减少样本量。

对总体采用分层法，可以按经济业务的重要性来分，也可以按经济业务的类型等来分。分层时，必须注意：第一，总体中的每一抽样单位必须属于一个层次，并且只属于这一层次；第二，必须有事先能够确定的、有形的、具体的差别来区分不同的层次；第三，必须能够事先确定每一层次中抽样单位的准确数字。

分层可以提高抽样效率，也可使注册会计师能按项目的重要性、变化频率或其他特征而选取不同的样本数，并且可针对不同层次使用不同的审计程序。通常，注册会计师应对包含最重要项目的层次实施全部审查。对应收账款进行函证，可以将应收账款账户按其金额的重要性分为三层，即账户金额在10 000元以上的，账户金额为5 000～10 000元的，账户金额在5 000元以下的。对应收账款账户金额在10 000元以上的账户应进行全部函证，如表7-5所示。

表 7-5 分层实例

分层界限	账户数	抽样数	选样方法
10 000 元以上	20	20	由注册会计师选择样本选取的方法
5 000～10 000	50	25	
5000 元以下	100	30	

2）属性抽样的步骤

（1）确定样本的数量

影响样本数量的因素是可接受的信赖过度风险、可容忍误差率、预期总体误差率。所以，首先应确定可接受的信赖过度风险、可容忍误差率、预期总体误差率。

① 在控制测试中，一般将可接受的信赖过度风险定为 10%，如果其属性对于其他项目是重要的，则用 5%的可接受的信赖过度风险。

② 在进行控制测试时，可容忍误差率确定的越高，所需的样本规模就越小。确定的可容忍偏差率越低，所需的样本规模就越大。

③ 预期总体误差是根据前期审计所发现的误差、被审计单位经营业务和经营环境的变化、内部控制的评价及分析性复核的结果确定的。

样本数量的确定具体如表 7-6 所示。

表 7-6 信赖过度风险 5%下控制测试样本量表

预期总体误差率/%	可容忍误差率										
	2%	3%	4%	5%	6%	7%	8%	9%	10%	15%	20%
0.00	149 (0)	99 (0)	74 (0)	59 (0)	49 (0)	42 (0)	36 (0)	32 (0)	29 (0)	19 (0)	14 (0)
0.25	236 (1)	157 (1)	117 (1)	93 (1)	78 (1)	66 (1)	58 (1)	51 (1)	46 (1)	30 (1)	22 (1)
0.50	*	157 (1)	117 (1)	93 (1)	78 (1)	66 (1)	58 (1)	51 (1)	46 (1)	30 (1)	22 (1)
0.75	*	208 (1)	117 (1)	93 (1)	78 (1)	66 (1)	58 (1)	51 (1)	46 (1)	30 (1)	22 (1)
1.00	*	*	156 (1)	93 (1)	78 (1)	66 (1)	58 (1)	51 (1)	46 (1)	30 (1)	22 (1)
1.25	*	*	156 (1)	124 (2)	78 (1)	66 (1)	58 (1)	51 (1)	46 (1)	30 (1)	22 (1)
1.50	*	*	192 (3)	124 (2)	103 (2)	88 (2)	77 (2)	51 (1)	46 (1)	30 (1)	22 (1)
1.75	*	*	227 (4)	153 (3)	103 (2)	88 (2)	77 (2)	51 (1)	46 (1)	30 (1)	22 (1)
2.00	*	*	*	181 (4)	127 (3)	88 (2)	77 (2)	68 (2)	46 (1)	30 (1)	22 (1)
2.25	*	*	*	208 (5)	127 (3)	88 (2)	77 (2)	68 (2)	61 (2)	30 (1)	22 (1)
2.50	*	*	*	*	150 (4)	109 (3)	77 (2)	68 (2)	61 (2)	30 (1)	22 (1)
2.75	*	*	*	*	173 (5)	109 (3)	95 (3)	68 (2)	61 (2)	30 (1)	22 (1)
3.00	*	*	*	*	195 (6)	129 (4)	95 (3)	84 (3)	61 (2)	30 (1)	22 (1)
3.25	*	*	*	*	*	148 (5)	112 (4)	84 (3)	61 (2)	30 (1)	22 (1)
3.50	*	*	*	*	*	167 (6)	112 (4)	84 (3)	76 (3)	30 (1)	22 (1)
3.75	*	*	*	*	*	185 (7)	129 (5)	100 (4)	76 (3)	40 (2)	22 (1)
4.00	*	*	*	*	*	*	146 (6)	100 (4)	89 (4)	40 (2)	22 (1)
5.00	*	*	*	*	*	*	*	158 (8)	116 (6)	40 (2)	30 (2)
6.00	*	*	*	*	*	*	*	*	179 (11)	50 (3)	30 (2)
7.00	*	*	*	*	*	*	*	*	*	68 (5)	37 (3)

例如，审计人员在对销售循环的某一内部控制进行控制测试时，信赖过度风险为 5%，预期总体误差率为 3%，可容忍误差率为 6%。根据“样本量确定表”查得样本数量为 195。

(2) 选择随机抽样方法

样本选取的方法有多种，注册会计师应根据审计的目的和要求、被审计单位实际情况、审计资源条件的限制等因素来具体加以选择，以达到预期的审计质量与效率。常用的样本选取方法有随机选样、系统选样、随意选样等几种。

随机选样，是指对审计对象总体或次级总体的所有项目，按随机规则选取样本。例如，用随机数表来选取样本。随机数表如表 7－7 所示。

表 7－7　随机数表（部分）

	(1)	(2)	(3)	(4)	(5)
1	10 480	15 011	01 536	02 011	81 647
2	22 368	46 573	25 959	85 313	30 995
3	24 130	48 360	22 527	97 265	76 393
4	4 2167	93 093	06 243	61 680	07 856
5	37 570	39 975	81 837	16 656	06 121
6	77 921	06 907	11 008	42 751	27 756
7	99 562	72 905	56 420	69 994	98 872
8	96 301	91 997	05 463	07 972	18 876
9	89 759	14 342	63 661	10 281	17 453
10	85 475	36 875	53 342	53 988	53 060
11	28 018	69 578	88 231	33 276	70 997
12	63 553	40 961	48 235	03 427	49 626
13	09 429	93 069	52 636	92 737	88 974
14	10 365	61 129	87 529	85 689	48 237
15	07 119	97 336	71 048	08 178	77 233

表 7－7 中的每一个数都是运用随机方法选出的随机 5 位数。使用随机数表时，首先应对总体项目进行编号，建立表中数字与总体中项目的一一对应关系；确定使用几位随机数及哪几位随机数；确定随机起点和随机路线；按随机起点、随机路线、随机位数在随机数表中查找。

假定注册会计师从某公司 500 张支票中选取 10 张支票进行审查。从随机数表的第 3 行第 5 列为起点，选号路线为第 5 列、第 4 列、第 3 列、第 2 列、第 1 列，使用前三位随机数。那么，选中的对应的支票样本号码为：078，061，277，188，174，496，482，020，166，427。

系统选样也称等距选样，是以总体中某一标志排列为起点，计算选样间隔，然后再根据间隔顺序选取样本的一种选样方法。选样间隔公式为

$$M=\frac{N}{n}$$

式中，M 为抽样间隔数；N 为总体数量；n 为抽样数量。

例如，注册会计师希望采用系统选样法从 1 000 张凭证中选出 50 为样本。首先计算出选样间隔为 20(1 000÷50)，假定注册会计师确定随机起点为 123，则注册会计师每隔 20 张

凭证选取一张，共选取 50 张凭证作为样本即可。如 123 为第一张，则往下的顺序为 143，163，…，1 103。

随意选样是不考虑金额大小、资料取得的难易程度及个人偏好，以随意的方式选取样本。随意选样的缺点在于很难完全无偏见地选取样本项目。

(3) 评价抽样结果，推断总体特征

注册会计师在对样本实施必要的审计后，需要对抽样结果进行评价。其具体程序和内容如下。

① 分析样本误差。根据预先确定的构成误差的条件，确定某一有问题的项目是否为一项误差。注册会计师按照既定的审计程序无法对样本取得审计证据时，应当实施替代审计程序，以获取相应的审计证据；将有共同特征的项目作为一个整体，实施相应的审计程序，并根据审计结果进行单独的评价。在分析抽样中发现误差时，还应考虑误差的质的方面，包括误差的性质、原因及其对其他相关审计工作的影响。例如，在控制测试中，对样本误差可作如下的定性分析：误差是否超过审计范围？是关键的还是非关键的？分析每一个关键误差的性质和原因，看其是故意的还是非故意的，是系统的还是偶然的，是频繁的还是不频繁的？是否影响到货币金额等；确定这些误差对其他控制测试及细节测试的影响。

② 推断总体误差。当实施控制测试时，注册会计师应当根据样本中发现的偏差率推断总体偏差率，并考虑这一结果对特定审计目标及审计其他方面的影响。

③ 形成审计结论。注册会计师应当对样本结果进行评价，以确定对总体相关特征的评估是否得到证实或需要修正。在控制测试中，注册会计师应当将总体偏差率与可容忍偏差率比较，并要考虑抽样风险。注册会计师根据信赖过度风险和样本中发现的偏差数量，通过控制测试中常用的风险系数表查得风险系数，再根据风险系数和样本量计算可能发生的总体偏差率上限的估计值。计算公式如下。

$$\text{总体偏差率上限 (MDR)} = \frac{R}{n} = \frac{\text{风险系数}}{\text{样本量}}$$

表 7 - 8 列示了在控制测试中常用的风险系数。

表 7 - 8 控制测试中常用的风险系数表

样本中发现偏差的数量	信赖过度风险	
	5%	10%
0	3.0	2.3
1	4.8	3.9
2	6.3	5.3
3	7.8	6.7
4	9.2	8.0
5	10.5	9.3
6	11.9	10.6
7	13.2	11.8
8	14.5	13.0
9	15.7	14.2
10	17.0	15.4

如果估计的总体偏差率上限低于可容忍偏差率，则总体可以接受。这时注册会计师对总体得出结论，样本结果支持计划评估的控制有效性，从而支持计划的重大错报风险评估水平。

如果估计的总体偏差率上限大于或等于可容忍偏差率，则总体不能接受。这时注册会计师对总体得出结论，样本结果不支持计划评估的控制有效性，从而不支持计划的重大错报风险评估水平。此时注册会计师应当修正重大错报风险评估水平，并增加实质性程序的数量。注册会计师也可以对影响重大错报风险评估水平的其他控制进行测试，以支持计划的重大错报风险评估水平。

如果估计的总体偏差率上限低于但接近可容忍偏差率，注册会计师应当结合其他审计程序的结果，考虑是否接受总体，并考虑是否需要扩大测试范围，以进一步证实计划评估的控制有效性和重大错报风险水平。

3）控制测试中属性抽样的具体应用

属性抽样主要有固定样本量抽样、停-走抽样、发现抽样等抽样方法。下面以固定样本量抽样介绍控制测试中属性抽样的具体应用。

固定样本量抽样是一种最为广泛使用的属性抽样，常用于估计审计对象总体中某种误差发生的比例，用“多大比例”来回答问题。注册会计师最后得出的结论一般是：“总体的实际偏差率超过可容忍偏差率的风险很小（很大），因而总体（不）可以接受。”

下面举例说明固定样本量抽样的具体步骤。

（1）确定审计目的

假定注册会计师打算审查企业是否只有在将验收报告与进货发票相核对之后，才核准支付采购货款这一内部控制程序时，他们只会对该程序操作的准确性，以及进货发票与验收报告相核对的控制程序是否正常运行感兴趣。

（2）定义“误差”

对于每张发票及有关的验收单据，若发现下列情形之一者，即可定义为“误差”：未附验收单据的任何发票；发票虽附有验收单据，但该单据却属于其他发票；发票与验收单据所记载的数量不符。

（3）定义总体

假如企业对每笔采购业务均采用连续编号的凭单，每张凭单上要附有验收报告及发票，因此抽样单位是个别的凭单。若此项测试是期中执行的，则假设审计对象总体包括审计年度前 10 个月内购买原材料的若干张凭单。

（4）确定样本选取方法

因为凭单是连续编号的，所以注册会计师决定采用随机选样法来选取样本。

（5）确定样本量

假设从前 3 年的审计中，注册会计师得知上面所描述的内部控制制度发生的误差率为 0.5%、0.9%及 0.7%，误差没有逐年减少的趋势，因此基于稳健原则，可将预期总体误差率定为 1%。

验收报告与订购单之间脱节导致多支付给供应商购货款，即误记进货与应付账款，均会对财务报表产生影响，注册会计师应加以关注。但注册会计师仍准备信赖内部控制，以减小细节测试的范围。基于这些考虑，注册会计师依赖其专业判断，确定可容忍误差率为 4%，信赖过度风险为 5%。

注册会计师根据已制定出的控制测试统计样本量表（见表 7－6），查出可容忍误差率为 4%，预期总体误差率为 1%时，信赖过度风险为 5%，应选取的样本量为 156。

(6) 选取样本并进行审计

注册会计师按随机选样法选取 156 张凭单，并按所定义的“误差”审查每张凭单及附件。

(7) 评价抽样结果

注册会计师对选取的样本进行审查之后，应将查出的误差加以汇总，并评价抽样结果。注册会计师在评价抽样结果时，不仅需要考虑误差的次数，而且也需要考虑误差的性质。

如果注册会计师对 156 张凭单实施了既定的审计程序，查出的误差数量为 1，且没有发现有欺诈舞弊或逃避内部控制的情况，则在既定的可接受的信赖过度风险为 5%的情况下，可以使用统计公式评价样本结果。根据样本结果计算总体最大的偏差率如下。

$$\text{总体偏差率上限（MDR）}=\frac{R}{n}=\frac{\text{风险系数}}{\text{样本量}}=\frac{4.8}{156}=3.1\%$$

其中，风险系数根据可接受的信赖过度风险定为 5%，且误差数量为 1，则在表 7－8 中查得为 4.8。

这意味着，如果样本量为 156 且有 1 个误差，总体实际偏差率超过 3.1%的风险为 5%，即有 95%的把握保证总体实际偏差率不超过 3.1%。由于注册会计师确定的可容忍偏差率为 4%，因此可以得出结论，总体的实际偏差率超过可容忍偏差率的风险很小，总体可以接受。也就是说，样本结果证实注册会计师对控制运行有效性的估计和评估的重大错报风险水平是适当的。

如果在 156 个样本中有 3 个误差，则在既定的可接受信赖过度风险下，按照公式计算的总体偏差率上限如下。

$$\text{总体偏差率上限（MDR）}=\frac{R}{n}=\frac{\text{风险系数}}{\text{样本量}}=\frac{7.8}{156}=5\%$$

这意味着，如果样本量为 156 且有 3 个偏差，总体实际偏差率超过 5%的风险为 5%。在可容忍偏差率为 4%的情况下，注册会计师可以得出结论，总体的实际偏差率超过了可容忍偏差率的风险，因而不能接受总体。

注册会计师通过抽样查出的误差数为 1，且没有发现有欺诈舞弊或逃避内部控制的情况，由于发现的误差数没有超过预期误差数 1，并且从表 7－6 可以看出，注册会计师就可以得出结论：总体的实际偏差率不会超过可容忍偏差率 4%。

注册会计师通过抽样查出的误差数为 3，由于发现的误差数超过预期误差数 1，并且从表 7－6 可以看出，注册会计师就可以得出结论：总体的实际偏差率会超过可容忍偏差率 4%。

3. 细节测试中的抽样技术

在细节测试中运用的审计抽样技术主要是变量抽样法。变量抽样是对审计对象总体的货币金额进行细节测试时所采用的抽样方法。变量抽样法可用于确定账户金额是多是少、是否存在重大误差等。变量抽样法通常用于：检查应收账款的金额；检查存货的数量和金额；检查工资费用；检查交易活动，以确定未经适当批准的交易金额。

1）变量抽样中的基本概念

(1) 正态分布

正态分布是指总体中每个项目值的分配趋向于集中在总体平均数周围。离差的趋势在总体平均值的两侧均等发生。

(2) 标准差

总体的标准差是用来衡量个别项目值在总体平均值周围的可变异或离散程度，可用下列公式计算。

$$S=\sqrt{\frac{\sum_{i=1}^{N}(X_i-\overline{X})^2}{N}}$$

式中：$X_i-\overline{X}$，指每一数值和总体平均值的差；N 指总体内项目数。

各个项目值之间的差异越小，标准差越小；各个项目值之间的差异越大，则标准差越大。根据正态分布及标准差的定义可知：有68.28%的项目值落在总体平均值±1个正态标准差间。这里68.28%也即可信赖程度，与68.28%相对应的1就是可信赖程度系数。可信赖程度系数如表7-9所示。

表7-9　可信赖程度系数表

可信赖程度	可信赖程度系数
80%	1.28
85%	1.44
90%	1.64
95%	1.96
99%	2.58

2）细节测试中变量抽样的运用

变量抽样的基本步骤与属性抽样的基本步骤基本相同。细节测试时，一般可以采用单位平均估计抽样、比率估计抽样和差额估计抽样等变量抽样方法。下面主要通过单位平均估计抽样法介绍变量抽样在细节测试中的具体应用。单位平均估计抽样是通过抽样检查确定样本的平均值，再根据样本平均值推断总体平均值和总值的方法。这种方法适用范围十分广泛，无论被审计单位提供的数据是否完整、可靠，甚至在被审计单位缺乏基本经济业务或事项账面记录的情况下，都可以使用该方法。

使用这种方法时，样本量可以通过以下公式计算得出。

$$n'=\left(\frac{U_r\cdot S\cdot N}{P_a}\right)^2,\quad n=\frac{n'}{1+\frac{n'}{N}}$$

式中：U_r 指可信赖程度系数；S 指估计的总体标准差；N 指总体项目个数；P_a 指计划的抽样误差；n' 指放回抽样的样本量；n 指不放回抽样的样本量（一般地，审计抽样为不放回抽样）。

抽样时，注册会计师通常需要预先选取一个较小的初始样本量（约30个），经检查分析后用初始样本的标准差

$$s=\sqrt{\frac{\sum_{i=1}^{n_0}(x_i-\bar{x})^2}{n_0}}$$

来估计总体的标准差 S，式中 x_i 为各初始样本项目数值，$\bar{x}$ 为初始样本平均值，n_0 为初始样本量。计划的抽样误差可根据可容忍误差与预期总体 $\overline{X}$ 误差之间的差额进行确定。运用这种方法进行抽样结果评价时，应该计算实际抽样误差，其计算公式为

$$P_1=U_r\cdot\frac{S_1}{\sqrt{n_1}}\cdot N\cdot\sqrt{1-\frac{n_1}{N}}$$

式中：P_1 为实际抽样误差；S_1 为实际样本的标准离差；n_1 为实际样本量；

样本评价时，若实际抽样误差大于计划抽样误差，应考虑增加样本量以降低实际抽样误差。

示例

单位平均估计抽样的具体步骤

假定某公司××年 12 月 31 日期末应收账款有 2 000 户顾客，注册会计师欲通过抽样函证来审查应收账款的账面价值。

第一步，确定审计目的。审计目的：确定期末应收账款的账面价值。

第二步，定义审计对象总体。根据被审计单位实际情况，审计对象总体为 2 000 个应收账款账户。

第三步，选定抽样方法。注册会计师选定单位平均估计抽样方法。

第四步，确定样本量。

① 考虑到货币金额的重要性，确定计划抽样误差为±60 000 元；考虑到内部控制及抽样风险的可接受水平，注册会计师确定可信赖程度为 95%，则可信赖程度系数为 1.96。

② 根据被审计单位应收账款明细账，注册会计师估计总体的标准离差为 150 元。

③ 确定样本量，计算如下。

$$n'=\left(\frac{1.96\times150\times2\,000}{60\,000}\right)^2\approx96$$

第五步，确定样本选取方法。注册会计师采用随机选样法，从应收账款明细账中选取 92 个顾客作样本。

第六步，选取样本并进行审计。注册会计师对选取的 92 个顾客发出函证，函证结果表明，样本平均值为 4 032.36 元，样本标准离差为 136 元，实际抽样误差为

$$P_1=1.96\times\frac{136}{\sqrt{92}}\times2\,000\times\sqrt{1-\frac{92}{2\,000}}=54\,292\text{（元）}$$

实际抽样误差小于计划抽样误差，则注册会计师估计的总体金额为 8 064 720 元（即 4 032.36 (2 000)）。于是，注册会计师可以作出这样的结论：有 95%的把握保证 2 000 个应收账款账户的真实总体金额落在 8 064 720±54 292 元之间，即在 8 010 428～8 119 012 元之间。

第七步，评价抽样结果。根据以上抽样结果，如被审计单位应收账款的账面价值为 8 020 000 元，处于 8 010 428～8 119 012 元之间，则其应收账款金额并无重大误差。这时，注册会计师应将估计的总体金额 8 064 720 元与 8 020 000 元之间的差额视为审计差异，并在

对财务报表发表意见时予以考虑。

若抽样结果表明被审计单位应收账款的账面价值没有落入 8 010 428～8 119 012 元之间，则注册会计师应要求被审计单位详细检查其应收账款，并加以调整。

7.2　审计工作底稿

7.2.1　审计工作底稿概述

1. 审计工作底稿的定义

审计工作底稿是审计证据的载体，是指注册会计师对制定的审计计划、实施的审计程序、获取的相关审计证据，以及得出的审计结论作出的记录。

审计工作底稿是注册会计师在审计过程中形成的审计工作记录和获取的资料。它形成于审计过程，也反映整个审计过程。

审计工作底稿的内容是注册会计师形成审计结论、发表审计意见的直接依据。《中国注册会计师审计准则第 1131 号——审计工作底稿》规范了我国注册会计师审计工作底稿的编制、复核、使用及保管等项工作。

2. 编制审计工作底稿的目的

审计工作底稿在注册会计师审计业务中发挥着关键作用，它提供了审计工作实际执行情况的记录，并形成审计报告的基础。审计工作底稿也可用于审计质量控制和审计质量的检查。

注册会计师编制审计工作底稿用于实现以下目的。

① 提供证据，作为注册会计师得出实现总体目标结论的基础。

② 提供证据，证明注册会计师按照审计准则和相关法律法规的规定计划和执行了审计工作。

③ 有助于项目组计划和执行审计工作。

④ 有助于负责督导的项目组成员按照《中国注册会计师审计准则第 1121 号——对财务报表审计实施的质量控制》的规定，履行指导、监督与复核审计工作的责任。

⑤ 便于项目组说明其执行审计工作的情况。

⑥ 保留对未来审计工作持续产生重大影响的事项的记录。

⑦ 便于会计师事务所按照《质量控制准则第 5101 号——会计师事务所对执行财务报表审计和审阅、其他鉴证和相关服务业务实施的质量控制》的规定，实施质量控制复核与检查。

⑧ 便于监管机构和注册会计师协会根据相关法律法规或其他相关要求，对会计师事务所实施执业质量检查。

3. 编制审计工作底稿的要求

注册会计师编制的审计工作底稿，应当使未曾接触该项审计工作的有经验的专业人士清楚了解：按照审计准则和相关法律法规的规定实施的审计程序的性质、时间安排和范围；实施审计程序的结果和获取的审计证据；审计中遇到的重大事项和得出的结论，以及在得出结论时作出的重大职业判断。

有经验的专业人士，是指会计师事务所内部或外部具有审计实务经验，并且对下列方面有合理了解的人士：审计过程；审计准则和相关法律法规的规定；被审计单位所处的经营环境；与被审计单位所处行业相关的会计和审计问题。

4. 审计工作底稿存在的形式和内容

审计工作底稿可以以纸质、电子或其他介质形式存在。

随着信息技术的发展，电子的或其他介质形式的审计工作底稿已经逐渐取代了传统的纸质形式的审计工作底稿。

有的审计工作底稿是审计项目管理、被审计单位背景资料和法律事项资料一类的工作底稿，如审计业务约定书原件、董事会成员名单、公司章程、会议记录等；有的审计工作底稿是与沟通和报告相关的工作底稿，如审计报告和经审计的财务报表、管理建议书等；有的是审计完成阶段的工作底稿，如管理层声明书原件、核对表、重大事项概要、错报汇总、被审计单位财务报表和试算平衡表等；有的是审计计划阶段工作底稿，如总体审计策略、具体审计计划等；有的是特定项目审计程序表，如持续经营、关联方；有的是进一步审计程序的工作底稿，如进一步程序表、控制测试工作底稿、实质性分析程序和细节测试工作底稿等。

审计工作底稿通常不包括已被取代的审计工作底稿的草稿或财务报表的草稿、不全面或初步思考的记录、存在印刷错误或其他错误而作废的文本，以及重复的文件记录等。

7.2.2 审计工作底稿的要素和复核

1. 审计工作底稿的要素

(1) 审计工作底稿的要素

审计工作底稿一般包括下列基本要素：被审计单位名称；审计项目名称、审计项目时点或期间、审计过程记录、审计标识及其说明、审计结论、索引号及页次、编制者姓名及编制日期、复核者姓名及复核日期、其他应说明事项。

表 7－10 举例说明了审计工作底稿的基本要素。

表 7－10 ××事务所货币资金审定表

索引号：C1—2

单位名称：ABC 公司　　编制人：江国庆　　日期：×＋1.1.21　　页次：1

会计截止期：×年 12 月 31 日　　复核人：郑田　　日期：×＋1.1.22　　金额单位：元

索引号	项目	未审数	调整数	审定数
C1－3	现金	776.21	90.29	866.50
C1－6	银行存款	1 878 250.56		1 878 250.56
C－11	其他货币资金			
合计		1 879 026.77	90.29	1 879 17.06TB

审计说明及调整分录：经审计，该现金盘盈 9 029，应予以调整，调整分录如下：

借：现金　90.29

贷：营业外收入　90.29

审计结论：

本科目经审计调整后，余额可以确认

审计标识：

T/B：与试算平衡表核对相符

（2）审计过程的记录和结论

① 注册会计师应当记录测试的特定项目或事项的识别特征。识别特征是指被测试的项目或事项表现出的征象或标志。如在对被审计单位生成的订购单进行细节测试时，注册会计师可能以订购单的日期或编号作为测试订购单的识别特征。

② 注册会计师应当根据具体情况判断某一事项是否属于重大事项。重大事项通常包括：引起特别风险的事项；实施审计程序的结果，该结果表明财务信息可能存在重大错报或需要修正以前对重大错报风险的评估和针对这些风险拟采取的应对措施；导致注册会计师难以实施必要审计程序的情形；导致出具非标准审计报告的事项。

③ 如果识别出的信息与针对某重大事项得出的最终结论相矛盾或不一致，注册会计师应当记录形成最终结论时如何处理该矛盾或不一致的情况。

注册会计师应该恰当的记录审计结论，注册会计师需要根据所执行审计程序及获取的审计证据得出结论，并以此作为对财务报表形成审计意见的基础。在记录审计结论时应注意，在审计工作底稿中记录的审计程序和审计证据足以支持所得出并记录的审计结论。

（3）编制审计工作底稿的基本要求

① 内容完整、格式规范、标识一致、记录清晰、结论明确，以便其他注册会计师或有关人员在复核、检查或使用审计工作底稿时，能够理解和接受审计工作底稿的内容。

② 注明资料来源，实施必要的审计程序，如对有关法律性文件的复印件审阅要同原件核对一致；注册会计师在审阅或核对后，应形成相应的文字记录并签名，方能形成审计工作底稿。

③ 注册会计师在形成审计工作底稿时，工作底稿应有索引编号及顺序编号。同时，相关的审计工作底稿之间应保持清晰的勾稽关系，相互引用时，应注明交叉索引编号。

（4）常用的审计工作底稿类型

审计业务类型不同，被审计单位的经营性质不同，就会出现不同类型的审计工作底稿。就一般年度财务报表审计业务而言，常用的审计工作底稿类型主要包括：

- 与被审计单位设立有关的法律性资料，如企业设立批准证书、营业执照、合同、协议与章程等文件或变更文件的复印件；
- 与被审计单位组织机构及管理层人员结构有关的资料；
- 重要的法律文件、合同、协议和会议记录的摘录或副本；
- 被审计单位相关内部控制的研究与评价记录；
- 审计业务约定书；
- 被审计单位的未审计财务报表及审计差异调整表；
- 审计计划；
- 实施具体审计程序的记录和资料；
- 与被审计单位、其他注册会计师、专家和其他有关人员的会谈记录、往来函件；
- 被审计单位管理当局声明书；
- 审计报告、管理建议书底稿及副本；
- 审计约定事项完成后的工作总结；
- 其他与完成审计约定事项有关的资料，包括有关报刊对被审计单位的宣传介绍、被审计单位所编制的企业简介或企业形象设计等资料。

2. 审计工作底稿的复核

（1）审计工作底稿复核制度与复核的作用

一张审计工作底稿往往由一名专业人员独立完成，编制者对有关资料的引用、对有关事项的判断、对会计数据的加计复算等都可能出现误差。因此，在审计工作底稿编制完成后，通过一定的程序，经过多层次的复核是十分必要的。审计工作底稿复核制度，就是会计师事务所对有关复核人级别、复核程序与要点、复核人职责等作出的明文规定。

审计工作底稿复核的作用主要体现在以下三方面。

① 减少或消除人为的审计误差，以降低审计风险，提高审计质量。

② 及时发现和解决问题，保证审计计划顺利执行，并能够不断地调整审计进度、节约审计时间、提高审计效率。

③ 便于上级管理人员对注册会计师进行审计质量监控和工作业绩考评。

（2）审计工作底稿的复核要点

会计师事务所审计工作底稿的复核制度应当是多层次的，而不同层次的复核人可能有不同的复核重点，但就复核工作的基本要点来看，不外乎以下几点。

① 所引用的有关资料是否翔实、可靠。

② 所获取的审计证据是否充分、适当。

③ 审计判断是否有理有据。

④ 审计结论是否恰当。

（3）审计工作底稿复核的基本要求

复核是会计师事务所进行审计项目质量控制的一项重要程序，复核的基本要求如下。

① 做好复核记录，对审计工作底稿中存在的问题和疑点要明确指出，并以文字记录于审计工作底稿中。

② 复核人签名和签署日期，这样有利于划清审计责任，也有利于上级复核人对下级复核人的监督。

③ 书面表示复核意见。

④ 督促编制人及时修改、完善审计工作底稿。

（4）审计工作底稿三级复核制度

为了保证审计工作底稿复核工作的质量，会计师事务所应建立多层次的审计工作底稿复核制度。所谓审计工作底稿三级复核制度，就是指会计师事务所制定的以项目经理、部门经理（或签字注册会计师）和主任会计师为复核人，对审计工作底稿进行逐级复核的一种复核制度。

① 项目经理（或项目负责人）复核是三级复核制度中的第一级复核，称为详细复核。它要求项目经理对下属审计助理人员形成的审计工作底稿逐张复核，发现问题，及时指出，并督促审计人员及时修改完善。

② 部门经理（或签字注册会计师）是三级复核制度中的第二级复核，称为一般复核。它是在项目经理完成了详细复核之后，再对审计工作底稿中重要会计账项的审计、重要审计程序的执行，以及审计调整事项等进行复核。部门经理复核既是对项目经理复核的一种再监督，也是对重要审计事项的重点把关。

③ 主任会计师（或合伙人）复核是三级复核中的最后一级复核，又称重点复核。它是

对审计过程中的重大会计审计问题、重大审计调整事项及重要的审计工作底稿所进行的复核。主任会计师复核既是对前面两级复核的再监督，也是对整个审计工作的计划、进度和质量的重点把握。

若部门经理作为某一审计项目的项目负责人，该项目又没有项目经理参加，则该部门经理的复核应视为项目经理复核，主任会计师应另行指定人员代为执行部门经理复核工作，以保证三级复核彻底执行。

7.2.3　审计档案的管理

审计工作底稿形成后，注册会计师应按照一定的标准予以归档。归档时，可以按照审计循环或财务报表项目，以及审计工作底稿的使用期限长短先行分类，再编上相应标识号和页次后，分别存档。审计工作底稿经过分类整理、汇集归档后，就形成了审计档案。审计档案是会计师事务所审计工作的重要历史资料，是会计师事务所的宝贵财富，应当妥善管理。

审计档案按其使用期限的长短和作用大小可以分为：永久性档案和当期档案。永久性档案是指由那些记录内容相对稳定，具有长期使用价值，并对以后审计工作具有重要影响和直接作用的审计工作底稿所组成的审计档案。永久性档案主要由综合类工作底稿和备查类工作底稿组成。在这些工作底稿中，有些记录内容十分重要，诸如审计报告书副本等；有些记录内容则是可供以后年度直接使用的，诸如重要的法律性文件、合同及协议等。因此应把它们归入永久性档案进行管理。当期档案又称一般档案，是指由那些记录内容在各年度之间经常发生变化，只供当期审计使用和下期审计参考的审计工作底稿所组成的审计档案。一般档案主要由业务类工作底稿组成，诸如控制测试工作底稿、具体会计账项细节测试的工作底稿等。这些工作底稿所记录的内容在各年度之间是不同的，因此主要供当期审计使用。

审计工作底稿是注册会计师对其执行的审计工作所做的完整记录。从一般意义上讲，审计档案的所有权应属于执行该项业务的注册会计师。但是，我国注册会计师不能独立于会计师事务所之外承揽审计业务，审计业务必须以会计师事务所的名义承接。因此，我国现行审计准则规定审计档案的所有权属于承接该项业务的会计师事务所。

会计师事务所应当制定审计档案保管制度，对审计档案妥善管理，以保证审计档案的安全、完整。对于永久性档案，应当长期保存。对于当期档案，会计师事务所应当自审计报告签发之日起，至少保存 10 年。

会计师事务所应建立严格的审计工作底稿保密制度，并落实专人管理。除下列情况外，会计师事务所不得对外泄露审计档案中涉及的商业秘密及有关内容。

① 法院、检察院及其他部门因工作需要，在按规定办理了手续后，可依法查阅审计档案中的有关审计工作底稿。

② 注册会计师协会对执业情况进行检查时，可查阅审计档案。

不同会计师事务所的注册会计师，因审计工作的需要，并经委托人同意，在下列情况下办理了有关手续后，可以要求查阅审计档案。

③ 被审计单位更换了会计事务所，后任注册会计师可以调阅前任注册会计师的审计档案。

④ 基于合并财务报表审计业务的需要，母公司所聘的注册会计师可以调阅子公司所聘注册会计师的审计档案。

⑤ 联合审计。

⑥ 会计师事务所认为合理的其他情况。

典型例题解析

基本情况 注册会计师对ABC股份有限公司×年度财务报表进行审计。该公司×年度供产销形势与去年相当。该公司提供的未经审计的×年度财务报表附注的部分内容如表7-11所示。主营业务收入和主营业务成本×年度的发生额分别为61 020万元和52 819万元。

表7-11 ABC公司×年度主营业务收入和主营业务成本 单位：万元

品名	主营业务收入		主营业务成本	
	X-1年发生额	X年发生额	X-1年发生额	X年发生额
A产品	400 000	41 000	38 000	33 800
B产品	20 000	20 020	19 000	19 019
合计	60 000	61 020	57 000	52 819

要求： 假如你是注册会计师，请运用专业判断，必要时运用分析程序指出上述内容存在或可能存在的不合理之处，并简单说明理由。

分析思路 当年全部产品销售毛利率大大高于去年，主要是A产品的销售毛利率为17.56%，大大高于头一年的5%，既然公司×年度供产销形势与去年相当，通常可以维持大致相当的销售毛利率水平，审计人员可以对A产品的销售收入和销售成本提出怀疑，并执行其他的测试来证实。

关键术语

审计证据	实物证据	书面证据
口头证据	环境证据	审计证据的充分性
审计证据的适当性	检查记录或文件	检查有形资产
观察	询问	重新计算
分析程序	函证	细节测试
审计工作底稿	审计抽样	属性抽样
变量抽样	抽样风险	非抽样风险
随机选样	系统选样	分层选样
误差	可接受的信赖过度风险	可容忍误差率
预期总体误差率	内部证据	外部证据
审计工作底稿	审计工作底稿三级复核制度	重新执行

本章复习

一、单项选择题

1. 下列审计证据中，既属于书面证据，又属于内部证据的有（　　）。

A. 注册会计师编制的有关计算表　　B. 应收账款函证回函

C. 存货盘点表　　D. 材料入库单

2. 有时审计人员不得不放弃“理想的审计证据”而代之以质量较差但仍可使用的证据，这是（　　）的要求。

A. 审计证据的重要性　　B. 审计证据的充分性

C. 审计证据的可靠性　　D. 审计证据的经济性

3. 在确定审计证据的数量时，下列表述中错误的是（　　）。

A. 错报风险越大，需要的审计证据可能越多

B. 审计证据质量越高，需要的审计证据可能越少

C. 审计证据的质量存在缺陷，可能无法通过获取更多的审计证据予以弥补

D. 通过调高重要性水平，可以降低所需获取的审计证据的数量

4. 在确定审计证据的可靠性时，下列表述中错误的是（　　）。

A. 以电子形式存在的审计证据比口头形式的审计证据更可靠

B. 从外部独立来源获取的审计证据比从其他来源获取的审计证据更可靠

C. 从复印件获取的审计证据比从传真件获取的审计证据更可靠

D. 直接获取的审计证据比推论得出的审计证据更可靠

5. 审计人员检查销售发票副本上负责人签章是（　　）。

A. 控制测试　　B. 细节测试　　C. 双重目的测试　　D. 余额测试

6. 下面哪一种审计方法最不可能包括在控制测试中（　　）。

A. 检查　　B. 观察　　C. 询问　　D. 函证

7. 审计计划是（　　）的一部分，应当归入审计档案。

A. 审计工作底稿　　B. 审计业务约定书

C. 审计报告　　D. 管理建议书

8. 下列证据中证明力最强的是（　　）。

A. 关于应收账款的函证答复　　B. 询问第三者的书面记录

C. 严密的内部控制下的会计记录　　D. 被审单位管理当局的声明书

9. 可容忍误差率与选取的样本量的关系为（　　）。

A. 正比　　B. 反比

C. 无关系　　D. 有时正比，有时反比

10. （　　）是一种用来对总体中某一事件发生率得出结论的统计抽样方法。

A. 变量抽样　　B. 属性抽样

C. 任意抽样　　D. 判断抽样

二、多项选择题

1. 在下列各项中，注册会计师通常认为适合运用实质性分析程序的有（　　）。

A. 存款利息收入　　B. 借款利息支出
C. 营业外收入　　D. 房屋租赁收入

2. 下列审计证据属于内部证据的是（　　）。
A. 被审计单位管理当局的声明书　　B. 银行对账单
C. 银行存款余额调节表　　D. 领料单

3. 审计证据的特性是（　　）。
A. 充分性　　B. 层次性　　C. 公允性　　D. 相关性
E. 可靠性

4. 注册会计师所获取的以下各项审计证据中，可靠程度相对较高的两项有（　　）。
A. 应收账款函证回函　　B. 银行存款函证回函
C. 被审计单位的购货发票　　D. 被审计单位的销售发票

5. 审计证据特性是指充分性和（　　）。
A. 相关性　　B. 可靠性
C. 一贯性　　D. 公允性
E. 强制性

6. 影响审计工作效果的抽样风险是（　　）。
A. 信赖过度风险　　B. 信赖不足风险
C. 误拒风险　　D. 误受风险
E. 经营风险

7. 下列关于分析程序的用法中，正确的有（　　）。
A. 将分析程序用作风险评估程序
B. 将分析程序用作实质性程序
C. 将分析程序用作控制测试程序
D. 将分析程序用作对财务报表进行总体复核的程序

8. 与所选取的样本量反向变动的是（　　）。
A. 可接受的信赖过度风险　　B. 可容忍误差率
C. 预期总体误差率　　D. 重要性水平
E. 检查风险的可接受水平

9. 审计工作底稿是指注册会计师对（　　）作出的记录。
A. 制定的审计计划　　B. 获取的审计证据
C. 得出的审计结论　　D. 实施的审计程序

10. 在下列各项中，审计抽样适合于（　　）。
A. 风险评估　　B. 了解内部控制
C. 控制运行留下轨迹的控制测试　　D. 细节测试

三、问答题

1. 如何理解审计证据？
2. 简述审计证据的特性。
3. 如何评价审计证据的证明力？
4. 简述审计证据获取的方法。

5. 简述审计工作底稿的概念。
6. 请说明审计证据与审计工作底稿的关系。
7. 简述审计工作底稿的复核。
8. 简述审计工作底稿的目的。

四、研究思考题

1. 什么是函证？函证获取什么性质的审计证据？取得的证据有什么特点？
2. 审计人员如何确定审计证据的数量需求？
3. 审计人员最关注的抽样风险是什么？为什么？
4. 判断审计证据可靠性的标准有哪些？
5. 在属性抽样中，影响样本量的因素是什么？他们和审计证据的关系是什么？
6. 常见审计工作底稿有哪些？

五、案例分析题

【题 1】

基本情况　审计人员获得了以下审计证据：

① 被审计单位律师的声明书；
② 被审计单位管理当局的声明书；
③ 银行存款对账单；
④ 被审计单位的销售发票；
⑤ 审计人员对库存现金监盘取得的证据；
⑥ 审计人员亲自计算取得的证据；
⑦ 审计人员对被审计单位有关人员的口头询问；
⑧ 被审计单位的收料单；
⑨ 审计人员实地观察被审计单位的内部控制运行取得的证据；
⑩ 关于应收账款函证的回函。

要求：比较上述审计证据证明力的强弱，并说明理由。

【题 2】

基本情况　注册会计师对 ABC 公司财务报表的审计中做了下面的工作：

① 从主营业务明细账中抽去几笔业务追查到货运单据；
② 观察了 ABC 公司对存货的盘点；
③ 编制了 ABC 公司及行业成本变化趋势的分析表；
④ 用后进先出法对甲产品的发出成本进行了验算；
⑤ 以被审计单位的名义向银行发函；
⑥ 询问管理人员外单位将存货存放在 ABC 公司的情况；
⑦ 实地察看了重要原材料入库的验收程序。

要求：试分析并填写表格内：

(1) 注册会计师是采用什么审计程序来获取审计证据的？
(2) 注册会计师执行的这些程序能证实哪些认定？(回答 1～2 种重要的即可)

情况序号	审计证据获取的方法	认定
①		
②		
③		
④		
⑤		
⑥		
⑦		

【题 3】

基本情况 ABC公司的材料计价采用实际成本法和月末一次加权平均法。审计人员在审阅该公司材料明细账时，发现如下情况：

① 甲材料结存栏只有金额而无数量；

② 乙材料结存栏只有数量而无金额；

③ 丙材料结存栏有数量而金额为红字；

④ 丁材料结存栏的数量与金额均为红字。

要求：说明以上情况可能是什么原因造成的，应如何审查？

【题 4】

基本情况

红黄蓝会计师事务所银行存款审定表

被审计单位：白猫有限责任公司	索引号：ZA
项目：银行存款	页次：#
编制人：张三 ×2年3月31日	财务报表截止日/期间：
复核人：李四 ×2年3月30日	×1年1月1日至×1年12月31日

项目名称	期末未审数	账项调整		重分类调整		期末审定数	上期末审定数	索引号
		借方	贷方	借方	贷方			
A账户	200 000					200 000	略	ZA
B账户	100 000					100 000	略	ZB
C账户	50 000					50 000	略	ZC
其他账户*	30 000					30 000	略	ZD
合计	380 000					380 000 T/B		

审计说明：

*：被审计单位开了多个银行账号，ABC为其主要使用账号，其他很少使用且余额较小的银行账号归入“其他账户”。

审计结论：银行存款余额无问题！

要求：根据上面审计工作底稿，指出其中存在的问题。

【题5】

基本情况　审计人员采用固定样本量抽样对黑猫公司×年×月份的现金支出凭证进行审查，确定可靠程度为95%，预期总体差错为2%，精确度为4%。

要求：(1) 确定抽样规模；

(2) 如果对样本项目审查后发现2张支出凭证有错误，试作出审计结论；

(3) 如果对样本项目审查后发现6张支出凭证有错误，应作怎样的审计结论？

推荐阅读

[1]　赵保卿，李娜．审计证据可靠性之判断标准．中国审计，2012 (2).
[2]　刘克文．浅谈注册会计师延伸审计证据．中国注册会计师，2011 (8).
[3]　谢盛纹．审计证据相关性与充分性界定浅析．财会通讯：综合版，2007 (10).
[4]　李晓慧．新审计证据准则的变化及其运用案例分析．财务与会计：综合版，2006 (9).
[5]　张以宽．审计证据论．审计研究，1998 (3).

第8章

风险评估

【学习目标】

学习本章之后，你应该能够：

- 掌握风险评估程序；
- 掌握风险评估程序中的分析程序；
- 理解“了解被审计单位及其环境”的内容；
- 掌握内部控制的概念和要素；
- 理解风险评估程序在了解被审计单位内部控制方面的具体应用；
- 掌握了解被审计单位内部控制等基本情况及其环境的方法；
- 熟悉了解小型企业基本情况及其环境的基本方法；
- 了解对风险评估的修正。

【内容提要】

注册会计师在执行审计时，必须了解被审计单位及其环境，目的是充分识别和评估财务报表重大错报风险，设计和实施进一步的审计程序。本章包括风险评估和风险应对。风险评估包括风险评估程序、了解被审计单位及其环境、评估重大错报风险等内容；风险应对包括报表层次总体应对措施和认定层次进一步审计程序。

相关案例

中航油事件——管理层凌驾于内部控制之上

中国航油（新加坡）股份有限公司是中国航空油料集团公司的海外控股公司。经国家有关部门批准，新加坡公司在取得中国航油集团公司授权后，自2003年开始做油品套期保值业务。在此期间，新加坡公司总裁陈久霖擅自扩大业务范围，从2003开始从事石油衍生品期权交易，同日本三井银行、法国兴业银行、英国巴克莱银行、新加坡发展银行和新加坡麦戈利银行等在期货交易场外签订了合同。

陈久霖买了“看跌”期权，赌注每桶38美元，没想到国际油价一路攀升——2004年10月以后，新加坡公司所持石油衍生品盘位已远远超过预期价格。根据合同，中航油需向交易对方（银行和金融机构）支付保证金，每桶油价每上涨1美元，中航油新加坡公司要向这些银行支付5000万美元的保证金，其结果导致中航油现金流量枯竭，实际损失和潜在损失总计约5.54亿美元。

陈久霖这种石油期权投机交易，其股东中航油集团公司是明令禁止的。国务院1998年8月1日《国务院关于进一步整顿和规范期货市场的通知》、2001年10月11日证监会发布的《国有企业境外期货套期保值业务管理制度指导意见》都明确规定了取得境外期货业务许可证的企业，在境外市场只能进行套期保值，不能进行投机业务。1999年6月2日国务院发布的《期货交易管理暂行条例》，也规定了国有企业的期货交易仅限于从事套期保值业务（且明令禁止场外交易），并要求期货交易总量应当与其同期现货交易量总量相适应。然而，中航油从事以上交易时，一直未向中国航油集团公司报告，而且中国航油集团也没有发现。直到保证金支付问题难以解决、经营难以为继的情况下，新加坡公司才向中国航油集团公司紧急报告。即便如此，中航油公司也没有向集团公司说明实情。

为了掩饰公司的违法行为，中航油开始向上级公司提供假账，2004年6月，中航油就已经在石油期货交易上面临3580万美元的潜在亏损。但公司仍然一意孤行，继续追加了错误方向“做空”资金，但在财务账面上没有任何显示。由于陈久霖在场外进行交易，集团通过正常的财务报表没有发现陈久霖的秘密，新加坡当地的监督机构也没有发现其有违规现象，因此使得中航油事件从一个并不是很大的失误开始，酿成为石破天惊的大案、要案。

中航油公司本身也有一整套内部控制制度，为了追求制度的完美，他们还聘请了国际四大会计师事务所之一的安永会计师事务所制定了风险管理手册。该手册规定：损失超过500万美元，必须报告董事会，并立即采取止损措施等。然而，当陈久霖在处理期货头寸的过程中，这些规定的流程成为形式，设定的风险管理体系并没有发挥任何作用。由此可见，公司在设计内部控制时是花了相当大的精力，而在如何保证实施制度方面则缺乏应有的措施。

在开展业务过程中出现暗箱操作行为，这往往是发生舞弊的前奏。因此，将所有业务活动分离授权、批准、执行、记录及监督，并将这些职能分别授予不同部分执行，形成一个相互牵制、相互制约的过程，是内部控制的精髓。从中航油事件来看，陈久霖作为一个管理人员，如果其有授权功能，按照控制活动原则，就不应有执行的功能。即使其有执行功能，按照控制活动原则，他就不应有检查与监督功能。但是，在陈久霖越权从事石油金融衍生产品投机的过程中，没有任何阻拦与障碍，而在事后还能一手遮天、隐瞒真实信息，足见该公司在职能分工方面，特别是控制活动与监督这两个要素方面存在严重问题。

陈久霖败走狮城，技术层面的原因非常简单。但是深入挖掘，与中航油公司的控制环境密切相关。作为以创业性的管理层为主导的企业，经常会发生"挟企业过去优秀业绩，以令股东"的管理氛围。中航油管理层在期货交易中，根本没有意识到风险，而是相信自己的判断：油价冲高后必然会落。而在事情完全败露以后，陈久霖还认为："只要再有一笔钱，就能挺过去，就能翻身。"管理层凌驾于企业的内部控制之上，其独断专行之霸气，其企业内部环境之恶劣，可见一斑。

8.1 风险评估

《中国注册会计师审计准则第 1211 号——通过了解被审计单位及其环境识别和评估重大错报风险》是专门规范风险评估的准则，准则规定注册会计师必须了解被审计单位及其环境，以充分识别和评估财务报表重大错报风险，设计和实施进一步审计程序。风险评估的流程见图 8-1。

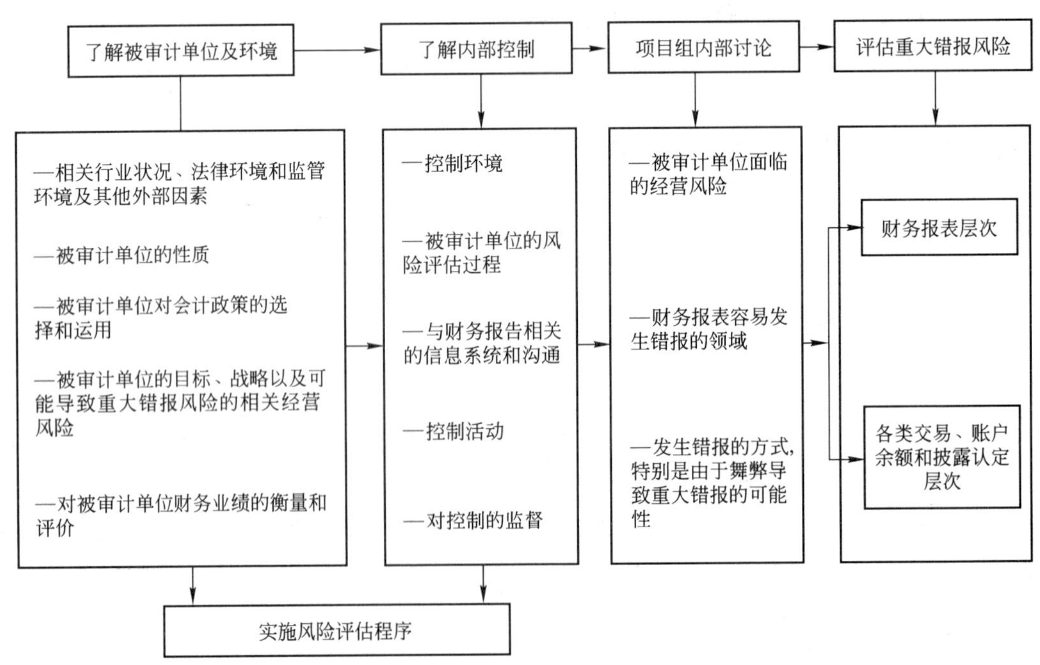

图 8-1 风险评估流程图

8.1.1 风险评估程序和相关活动

1. 风险评估程序

风险评估程序，是指注册会计师为了解被审计单位及其环境，以识别和评估财务报表层次和认定层次的重大错报风险（无论错报由于舞弊或错误导致）而实施的审计程序。

(1) 询问

① 询问管理层和被审计单位内部其他人员。询问管理层和被审计单位内部其他人员是注册会计师了解被审计单位及其环境的一个重要信息来源。注册会计师可以考虑向管理层和财务负责人询问下列事项：

- 管理层所关注的主要问题，如新的竞争对手、主要客户和供应商的流失、新的税收法规的实施及经营目标或战略的变化等；
- 被审计单位最近的财务状况、经营成果和现金流量；
- 可能影响财务报告的交易和事项，或者目前发生的重大会计处理问题，如重大的并购事宜等；
- 被审计单位发生的其他重要变化。如所有权结构、组织结构的变化及内部控制的变化等。

注册会计师通过询问获取的大部分信息来自于管理层和负责财务报告的人员。注册会计师也可以通过询问被审计单位内部的其他不同层级的人员获取信息，如内部审计人员、内部法律顾问、采购人员、生产人员或销售人员等，这些信息有助于识别由于舞弊或错误导致的重大错报风险。

② 询问外部人员。注册会计师除了从被审计单位内部获取信息以外，如果根据职业判断认为从被审计单位外部获取的信息有助于识别重大错报风险，注册会计师应当实施其他审计程序以获取这些信息。例如，询问被审计单位聘请的外部法律顾问、专业评估师、投资顾问和财务顾问等。

阅读外部信息也可能有助于注册会计师了解被审计单位及其环境。外部信息包括证券分析师、银行、评级机构出具的有关被审计单位及其所处行业的经济或市场环境等状况的报告，贸易与经济方面的报纸期刊，法规或金融出版物，以及政府部门或民间组织发布的行业报告和统计数据等。

(2) 实施分析程序

分析程序是指注册会计师通过研究不同财务数据之间及财务数据与非财务数据之间的内在关系，对财务信息作出评价。分析程序还包括调查识别出的、与其他相关信息不一致或与预期数据严重偏离的波动和关系。

分析程序是现代审计的一项重要技术。《中国注册会计师审计准则第1313号——分析程序》对注册会计师运用分析程序作出了专门规定。

分析程序既可用于风险评估和实质性程序，也可在临近审计结束时用于对财务报表的总体复核。注册会计师实施分析程序有助于识别异常的交易或事项，以及对财务报表和审计产生影响的金额、比率和趋势。在实施分析程序时，注册会计师应当预期可能存在的合理关系与被审计单位记录的金额，依据记录金额计算的比率或趋势相比较；如果发现未预期到的关系，注册会计师应当在识别重大错报风险时考虑这些比较结果。

常用的计算及比较包括下列各类。

① 绝对额比较。如将某账户本期金额与上年同期金额或计划金额进行简单比较等。

② 共同比财务报表，也称垂直分析。它是直接计算出某财务报表的各组成要素占有关总额的百分比（例如：现金占总资产的百分比、毛利占销售收入的百分比），再将此比例与计划数或预期数比较。

③ 比率分析。比率分析是注册会计师和财务分析人员常用的分析方法。此方法要求先计算出各种比率，再将其与预期比率进行比较。对计算出来的比率可单独分析，也可归类（如偿债能力、效率及获利比率等）分析。

④ 趋势分析。趋势分析是指比较两个以上会计期间的特定数据（绝对值、共同比或比率），以确定难以由本期和前期比较看出的重大变化。

如果注册会计师实施分析程序，识别出与其他相关信息不一致的波动或关系，或与预期值差异重大的波动或关系，注册会计师应当调查差异原因，询问管理层并针对管理层的答复获取适当的审计证据，并根据具体情况在必要时实施其他审计程序。

（3）观察和检查

观察和检查程序可以支持对管理层和其他相关人员的询问结果，并可以提供有关被审计单位及其环境的信息，注册会计师应当实施下列观察和检查程序。

① 观察被审计单位的经营活动。

② 检查文件、记录和内部控制手册。

③ 阅读由管理层和治理层编制的报告。

④ 实地察看被审计单位的生产经营场所和厂房设备。

⑤ 追踪交易在财务报告信息系统中处理过程（穿行测试）。

2. 相关的活动

（1）利用承接业务或续约过程中获取的信息

注册会计师应当考虑在客户接受或保持过程中获取的信息是否与识别重大错报风险相关。通常，对新的审计业务，注册会计师应在业务承接阶段对被审计单位及其环境有一个初步的了解，以确定是否承接该业务。而对连续审计业务，也应在每年的续约过程中对上年审计作总体评价，并更新对被审计单位的了解和风险评估结果，以确定是否续约。

对于连续审计业务，如果拟利用以往与被审计单位交往的经验和以前审计中实施审计程序获取的信息，注册会计师应当确定被审计单位及其环境，以及审计后是否已发生变化，进而可能影响这些信息对本期审计的相关性。例如，通过前期审计获取的有关被审计单位组织结构、生产经营活动和内部控制的审计证据，以及有关以往的错报和错报是否得到及时更正的信息，可以帮助注册会计师评估本期财务报表的重大错报风险。如果被审计单位或其环境的变化可能导致此类信息在本期审计中已不具有相关性。例如，注册会计师前期已经了解了内部控制的设计和执行情况，但被审计单位及其环境可能在本期发生变化，导致内部控制也发生相应变化。在这种情况下，注册会计师需要实施询问和其他适当的审计程序（如穿行测试），以确定该变化是否可能影响此类信息在本期审计中的相关性。

（2）项目组内部讨论

《中国注册会计师审计准则第1211号——通过了解被审计单位及其环境识别和评估重大错报风险》要求项目合伙人和项目组其他关键成员对被审计单位财务报表存在重大错报的可能性进行讨论，并运用职业判断确定讨论的目标、内容、人员、时间和方式。

① 讨论的目标。项目组内部的讨论为项目组成员提供了交流信息和分享见解的机会。项目组通过讨论可以使成员更好地了解在各自负责的领域中，由于舞弊或错误导致财务报表重大错报的可能性，并了解各自实施审计程序的结果如何影响审计的其他方面，包括对确定进一步审计程序的性质、时间安排和范围的影响。

② 讨论的内容。项目组应当讨论被审计单位面临的经营风险、财务报表容易发生错报的领域及发生错报的方式，特别是由于舞弊导致重大错报的可能性。

③ 参与讨论的人员。注册会计师应当运用职业判断确定项目组内部参与讨论的成员。项目组的关键成员及聘请的专家应当参与讨论。

④ 讨论的时间和方式。项目组应当根据审计的具体情况，在整个审计过程中持续交换有关财务报表发生重大错报可能性的信息。

8.1.2 了解被审计单位及其环境

注册会计师应充分了解被审计单位及其环境，以识别和评估财务报表重大错报风险，设计和实施进一步的审计程序。了解被审计单位及其环境的内容包括：相关行业状况、法律环境和监管环境及其他外部因素；被审计单位的性质；被审计单位对会计政策的选择和运用；被审计单位的目标、战略及可能导致重大错报风险的相关经营风险；对被审计单位财务业绩的衡量和评价；被审计单位的内部控制。

1. 相关行业状况、法律环境和监管环境及其他外部因素

（1）行业状况

了解行业状况有助于注册会计师识别与被审计单位所处行业有关的重大错报风险。

注册会计师应当了解被审计单位的行业状况，了解的主要内容包括：所处行业的市场与竞争，包括市场需求、生产能力和价格竞争；生产经营的季节性和周期性；与被审计单位产品相关的生产技术；能源供应与成本；行业的关键指标和统计数据。

（2）法律环境与监管环境

由于法律法规或监管要求可能对被审计单位经营活动有重大影响，如不遵守将导致停业等严重后果。这些法律法规或监管要求有的规定了被审计单位某些方面的责任和义务，有的规定了被审计单位需要遵循的行业惯例和核算要求。所以，注册会计师应当了解被审计单位所处的法律环境与监管环境。了解的内容主要包括：会计原则和行业特定惯例；受管制行业的法规框架，对被审计单位经营活动产生重大影响的法律法规，包括直接的监管活动；对被审计单位开展经营活动产生影响的政府政策，如货币、财政、税收、贸易等政策；影响行业和被审计单位经营活动的环保要求。

（3）其他外部因素

注册会计师应当了解影响被审计单位经营的其他外部因素，主要包括：宏观经济的景气程度；利率和资金供求状况；通货膨胀水平及币值变动情况；国际经济环境和汇率及外汇管制。

2. 被审计单位的性质

（1）所有权结构

注册会计师应当了解所有权结构及所有者与其他人员或实体之间的关系，考虑关联方关系是否已经得到识别，以及关联方交易是否得到恰当核算。同时，注册会计师可能需要对其控股母公司（股东）的情况作进一步的了解，包括控股母公司的所有权性质、管理风格及其对被审计单位经营活动及财务报表可能产生的影响。

（2）治理结构

良好的治理结构可以对被审计单位的经营和财务运作实施有效的监督，从而降低财务报表发生重大错报的风险。注册会计师应当了解被审计单位董事会的构成情况、董事会内部是否有独立董事；治理结构中是否设有审计委员会或监事会及其运作情况。应当考虑治理层是否能够在独立于管理层的情况下对被审计单位事务（包括财务报告）作出客观判断。

（3）组织结构

注册会计师应当了解被审计单位的组织结构，考虑复杂组织结构可能导致的重大错报风险，包括财务报表合并、商誉减值及长期股权投资核算等问题。

（4）经营活动

了解被审计单位经营活动有助于注册会计师识别预期在财务报表中反映的主要交易类别、重要账户余额和列报。注册会计师应当了解被审计单位的经营活动。主要包括：主营业务的性质；与生产产品或提供劳务相关的市场信息；业务的开展情况；联盟、合营与外包情况；从事电子商务的情况；地区分布与行业细分；生产设施、仓库和办公室的地理位置，存货存放地点和数量；关键客户；货物和服务的重要供应商；劳动用工安排；研究与开发活动及其支出；关联方交易。

（5）投资活动

了解被审计单位投资活动有助于注册会计师关注被审计单位在经营策略和方向上的重大变化。注册会计师应当了解被审计单位的投资活动，主要包括：近期拟实施或已实施的并购活动与资产处置情况；证券投资、委托贷款的发生与处置；资本性投资活动，包括固定资产和无形资产投资，近期或计划发生的变动，以及重大的资本承诺等；不纳入合并范围的投资。

（6）筹资活动

了解被审计单位筹资活动有助于注册会计师评估被审计单位在融资方面的压力，并进一步考虑被审计单位在可预见未来的持续经营能力。注册会计师应当了解被审计单位的筹资活动，主要包括以下方面。

① 债务结构和相关条款，包括资产负债表外融资和租赁安排。例如，获得的信贷额度是否可以满足营运需要；得到的融资条件及利率是否与竞争对手相似，如不相似，原因何在；是否存在违反借款合同中限制性条款的情况；是否承受重大的汇率与利率风险。

② 主要子公司和联营企业（无论是否处于合并范围内）。

③ 实际受益方及关联方。例如，实际受益方是国内的还是国外的，其商业声誉和经验可能对被审计单位产生的影响。

④ 衍生金融工具的使用。例如，衍生金融工具是用于交易目的还是套期目的，以及运

用的种类、范围和交易对手等。

3. 被审计单位对会计政策的选择和运用

注册会计师应当了解被审计单位选择和运用的会计政策。应当根据被审计单位的经营活动，评价会计政策是否适当，并与适用的财务报告编制基础、相关行业使用的会计政策保持一致。

① 重要项目的会计政策和行业特定惯例，包括收入确认方法、存货的计价方法等；公允价值会计核算；外币资产、负债与交易；特定行业的重要活动，如银行业的贷款和投资、医药行业的研究与开发活动等。

② 重大和异常交易的会计处理方法。注册会计师应当考虑对重大的和不经常发生的交易的会计处理方法是否适当，如本期发生的企业合并的会计处理方法；某些被审计单位可能存在与其所处行业相关的重大交易的会计处理方法。

③ 在缺乏权威性标准或共识、有争议的或新兴领域采用重要会计政策产生的影响。在缺乏权威性标准或共识的领域，注册会计师应当关注被审计单位选用了哪些会计政策、为什么选用这些会计政策及选用这些会计政策产生的影响。

④ 会计政策的变更。如果被审计单位变更了重要的会计政策，注册会计师应当考虑变更的原因及其适当性，主要考虑：会计政策变更是否是法律、行政法规或者适用的会计准则和相关会计制度要求的变更；会计政策变更是否能够提供更可靠、更相关的会计信息；会计政策的变更是否得到充分披露。

⑤ 被审计单位何时采用及如何采用新颁布的财务报告准则。注册会计师应考虑被审计的上市公司是否已按照新会计准则的要求做好衔接调整工作，并收集执行新会计准则需要的信息资料。

注册会计师还应关注被审计单位会计政策运用的相关情况：是否采用激进的会计政策、方法、估计和判断；财会人员是否拥有足够的运用会计准则的知识、经验和能力；是否拥有足够的资源支持会计政策的运用等。

注册会计师应当考虑，被审计单位是否按照适用的会计准则和相关会计制度的规定恰当地进行了列报，并披露了重要事项。列报和披露的主要内容包括：财务报表及其附注的格式、结构安排、内容，财务报表项目使用的术语，披露信息的明细程度，项目在财务报表中的分类及列报信息的来源等。

4. 被审计单位的目标、战略及相关经营风险

（1）目标、战略与经营风险

注册会计师应该了解被审计单位的目标和战略，以及可能导致财务报表重大错报的相关经营风险。

目标是企业经营活动的指针。企业管理层或治理层一般会根据企业经营面临的外部环境和内部各种因素，制定合理可行的经营目标。战略是管理层为实现经营目标采用的方法。为了实现某一既定的经营目标，企业可能有多个可行战略，并随着外部环境的变化，企业应对目标和战略作出相应的调整。经营风险是指可能对被审计单位实现目标和实施战略的能力产生不利影响的重要状况、事项、情况、作为（或不作为）而导致的风险，或由于制定不恰当的目标和战略而导致的风险。不同的企业可能面临不同的经营风险，这取决于企业经营的性质、所处行业、外部监管环境、企业的规模和复杂程度。

注册会计师应当了解被审计单位是否存在与下列方面有关的目标和战略，并考虑相应的经营风险：行业发展及其可能导致被审计单位不具备足以应对行业变化的人力资源和业务专长等风险；开发新产品或提供新服务及其可能导致被审计单位产品责任增加的风险；业务扩张及其可能导致被审计单位对市场需求的估计不准确的风险；新的会计要求及其可能导致被审计单位执行不当或不完整，或会计处理成本增加的风险；监管要求及其可能导致被审计单位法律责任增加的风险；本期及未来的融资条件及其可能导致被审计单位由于无法满足融资条件而失去融资机会的风险；信息技术的运用及其可能导致被审计单位信息系统与业务流程难以融合的风险；实施战略的影响，特别是由此产生的需要运用新的会计要求及其可能导致被审计单位执行新要求不当或不完整的风险。

（2）经营风险对重大错报风险的影响

经营风险与财务报表重大错报风险既有联系又有区别。经营风险比财务报表重大错报风险的范围更广泛。注册会计师了解被审计单位的经营风险有助于其识别财务报表重大错报风险。但并非所有的经营风险都与财务报表相关，注册会计师没有责任识别或评估对财务报表没有影响的经营风险。

多数经营风险最终都会产生财务后果，从而影响财务报表，但并非所有的经营风险都会导致重大错报风险。经营风险可能对各类交易、账户余额和披露的认定层次或财务报表层次产生直接影响。例如，企业合并导致银行客户群减少，使银行信贷风险集中，由此产生的经营风险可能增加与贷款计价认定有关的重大错报风险。同样的风险，在经济紧缩时，可能具有更为长期的后果，注册会计师在评估持续经营假设的适当性时需要考虑这一问题。注册会计师应当根据被审计单位的具体情况考虑经营风险是否可能导致财务报表发生重大错报。

管理层通常制定识别和应对经营风险的策略，注册会计师应当了解被审计单位的风险评估过程。此类风险评估过程是被审计单位内部控制的组成部分。

5. 被审计单位财务业绩的衡量和评价

被审计单位管理层经常会衡量和评价关键业绩指标、预算及差异分析、分部信息和分支机构、部门或其他层次的业绩报告及与竞争对手的业绩比较。被审计单位内部或外部对其财务业绩的衡量和评价可能使被审计单位管理层面临重大压力，有时可能采取行动粉饰财务业绩或歪曲财务报表，发生舞弊风险。

因此，注册会计师应当了解被审计单位财务业绩的衡量和评价的情况，考虑这种压力是否可能导致管理层采取行动，以致增加财务报表发生重大错报的风险。

（1）了解被审计单位财务业绩衡量和评价情况的主要方面

① 关键业绩指标（财务或非财务的）、关键比率、趋势和经营统计数据。

② 同期财务业绩比较分析。

③ 预算、预测、差异分析，分部信息与分部、部门或其他不同层次的业绩报告。

④ 员工业绩考核与激励性报酬政策。

⑤ 被审计单位与竞争对手的业绩比较。

（2）关注内部财务业绩衡量的结果

内部财务业绩衡量可能显示未预期的结果或趋势。在这种情况下，管理层通常会进行调查并采取纠正措施。

如果拟利用被审计单位内部信息系统生成的财务业绩衡量指标，注册会计师应当考虑相关信息是否可靠，以及利用这些信息是否足以实现审计目标。

8.1.3 了解被审计单位内部控制

相关案例

有效的物流系统内部控制框架——沃尔玛的内部控制设计

世界上最大的零售企业沃尔玛百货有限公司，由美国人山姆·沃尔顿于1962年创立。在短短几十年间，它从乡村走向城市，从北美走向全球，由一家小型商店发展成为世界上最大的零售企业之一。1991年沃尔玛以326亿美元的销售额成为全美零售业的销售冠军。2002年《财富》评选的"500强"中，沃尔玛更是以2189.12亿美元的销售收入位居首位。

沃尔玛如何能在如此短的时间内不断壮大，超越对手，坐上世界零售企业的头把交椅呢？主要是因为沃尔玛在复杂的物流信息系统中建立了有效的内部控制框架，具体表现在以下方面。

1. 控制环境的建设

沃尔玛有80000多种商品，为满足全球4000多家连锁店的配送需要，沃尔玛每年的运输总量超过780000万箱，总行程达65000万公里。没有强大的信息系统，它根本不可能完成如此大规模的商品采购、运输、存储、物流等管理工作。早在20世纪80年代，沃尔玛就建立起自己的商用卫星系统。在强大的技术支持下，如今的沃尔玛已形成了"四个一"，即"天上一颗星"——通过卫星传输市场信息；"地上一张网"——有一个便于用计算机网络进行管理的采购供销网络；"送货一条龙"——通过与供应商建立的计算机化连接，供货商自己就可以对沃尔玛的货架进行补货；"管理一棵树"——利用计算机网络把顾客、分店或山姆会员店和供货商像一棵大树有机地联系在一起。

其实，最初提出要建立自己的卫星系统时，山姆·沃尔顿是不太赞成的。他认为目前的信息系统已经可以使沃尔玛在同业中处于领先地位，不必要再将如此多的资金投进去。然而公司的其他高层，包括几位董事和技术总监，深知投资新技术对公司发展和控制成本、提高管理的重要性，他们敢于不断地向山姆施压，以大量的数据证明了建立卫星系统的可行性及给沃尔玛带来的巨大效益。在其他高管的不懈努力下，山姆终于被说服了。待意见统一之后，沃尔玛立刻花费大约7亿美元建成了目前拥有的计算机和卫星系统。

沃尔玛作为零售企业，主要采取连锁经营的方式，所以其物流系统是最重要的部门，为了达到减少库存、增加运营效率的目的，企业有必要建立强大的信息支持系统，但是要花费较高的成本，这对于企业的高层管理者来说是一个挑战。此时沃尔玛良好的内部控制环境发挥了作用，虽然企业的创立者不同意，但是其他的董事、技术总监能够利用有效的公司治理机制说服山姆·沃尔顿，最终成功地为企业带来了巨大的经济效益。这种内部控制环境是一种文化，也是一种机制，这正是像"巨人集团"这样的企业所欠缺的控制基础。

2. 保持应有的风险意识

每次有哪位主管想建立新系统，山姆·沃尔顿总要求他们认真地对应用这个系统后可能带来的风险进行评估，并又谨慎地推行系统的应用范围，循序渐进，逐渐推广。1981年，沃尔玛开始试验利用商品条码和电子扫描器实现存货自动控制。公司先定几家商店，在收款台安装读取商品条码的设备。两年后，试验范围扩大到25家店。1984年，试验范围扩大到70家店。1985年，公司宣布将在所有的商店安装条码识别系统，当年又扩大了200多家。到20世纪80年代末，沃尔玛所有商店和配送中心都安装了电子条码扫描系统。一个系统从试验到全面应用相隔差不多十年时间。

现在超市里的条形码已经为我们所熟悉，但是在20世纪80年代还是新生事物，当时沃尔玛并没有把握证明条形码能够有效减少商品丢失现象和提高销售速度，他们意识到新技术的施行具有较大的风险，因此对风险进行了全面的评估和测试，这种试验型的评估方法并不适用于所有企业。沃尔玛用了将近十年的时间评估一项新技术的风险，可见其对风险评估环节的重视程度。而在内部控制实务中，有些企业经常对风险评估走过场，没有经过严格的分析就执行业务，反而扩大了风险。

3. 内部控制活动的开展

在沃尔玛总部，高速计算机和各个发货中心及各家分店的计算机连接，商店付款台上的激光扫描器会把每件货物的条形码输入计算机，再由计算机进行分类统计。当某一货品库存减少到一定数量时，计算机会发出信号，提醒商店及时向总部要求进货。总部安排货源后，送往离商店最近的一个发货中心，再由发货中心的计算机安排发送时间和路线。这样，从商店发出订单到接到货物并把货物提上货架销售，一整套工作完成只要36个小时。这保证了它在拥有巨大规模的同时仍保持高效。

沃尔玛的物流管理系统非常复杂，而且涉及的人员和部门众多，如果不采取有效的控制活动，就很可能出现资产的损失。上述例子中，对于存货管理的控制活动体现了总部控制和销售分部控制的结合，同时既考虑了进货点、进货渠道，又考虑了进货时间和货物的运输路线，这样就通过控制活动完善了整个存货管理的业务过程，而且所耗费的时间很短，这保证了控制活动的效率。

4. 对控制流程的监督

沃尔玛有一个统一的产品代码叫UPC代码（Universal Product Code），可以对它进行扫描、阅读。经理们选择一件商品，扫描一下该商品的UPC代码，不仅可以知道商场目前有多少这种商品、订货量是多少，而且知道有多少这种产品正在运输到商店的途中，会在什么时候运到。这些数据都是通过主干网和通信卫星传递到数据中心。管理人员不但能实时地对销售情况、物流情况等进行实时监控，还可知道当天回收多少张失窃的信用卡、信息卡及相应认可体系是否正常工作，并监督当天做成的交易数目。沃尔玛的数据中心也与供应商建立了联系，从而实现了快速反应的供应链管理。厂商通过运营系统可以进入沃尔玛的计算机分销系统和数据中心，直接从POS得到某供应商的商品流通动态信息，如不同店铺及不同商品的销售统计数据、沃尔玛各仓库的调配状态、销售预测、电子邮件与付款通知等，以此作为安排生产、供货和送货的依据。通过这个信息系统，管理人员掌握到第一手的资料，并对日常运营与企业战略作出分析和决策。

沃尔玛的管理人员利用现代技术和自己的卫星系统，可以全面了解企业上架商品的所有信息，包括库存信息、销售情况、供应商的报价和有关客户的消费情况。这就使得远离销售地点的中高层管理人员能够随时了解各级员工的经营结果，可以进行绩效分析，从而实现对内部控制的监督。应该说沃尔玛的监督工作进行得较好，但是似乎对经理人员的制衡机制有些欠缺，经理的权力较大，这可能存在潜在的风险。

5. 内部控制系统的信息与沟通机制

一个良好的信息与沟通系统有助于提高内部控制的效率和效果。企业须按某种形式在某个时间之内，辨别、取得适当的信息并加以沟通，使员工顺利履行其职责。沃尔玛的信息不仅供内部分店使用，而又与供应商共享。

卫星系统每天可将销售点的资料，快速、直接地传递给 4000 多家供应商，以便供应商及时备用，适应市场需求。对于沃尔玛来说，他们的物流链已经远远超出了本公司的范围，沃尔玛的供应商也被包括进来。20 世纪 80 年代末，通过计算机联网和电子数据交换系统与供应商分享信息，从而建立起伙伴关系。比如说，皇后公司和沃尔玛的合作，两公司的计算机进行联网，让供应商随时了解其商品在沃尔玛各分店的销售和库存变动情况，据此调整公司的生产和发货，提高效率，降低成本。

沃尔玛物流系统的内部控制建立了良好的信息与沟通机制，这有利于掌握更多的信息，同时及时发现业务运行过程中的问题。具体的信息和沟通机制有：与供应商建立了关于信息共享系统，使供应商能够按照企业的需要进行货物的供应，这样就降低了双方的经营成本；通过强大的网络信息系统掌握了客户的信息，对客户需求进行分析，增加了销售收入；另外供应商、客户也可以根据企业内部控制的实际情况提出合理化建议，不断改善物流系统的内部控制制度。

从上述沃尔玛的案例中可以感觉到，沃尔玛的物流系统内部控制框架是一个完善的系统，可以学习的经验有：企业的高层管理者要重视和积极参与到内部控制过程中，充分利用现代信息技术提高企业内部控制的效果和效率，控制活动的制定和实施要经过严格的分析，建立良好的内部和外部信息沟通和反馈机制。

1. 内部控制的基本概念

内部控制是被审计单位为了合理保证财务报告的可靠性、经营效率和效果及对法律法规的遵守，由治理层、管理层和其他人员设计与执行的政策及程序。

① 内部控制的目标。合理保证：财务报告的可靠性，这一目标与管理层履行财务报告编制责任密切相关；经营的效率和效果，即经济有效地使用企业资源，以最优方式实现企业的目标；遵守适用的法律法规的要求，即在法律法规的框架下从事经营活动。

② 内部控制的责任。设计和实施内部控制的责任主体是治理层、管理层和其他人员，组织中的每一个人都对内部控制负有责任。

③ 实现内部控制目标的手段。设计和执行控制政策及程序。

④ 内部控制要素。包括：控制环境；风险评估过程；与财务报告相关的信息系统和沟通；控制活动；对控制的监督。

2. 了解内部控制的目的

对内部控制了解包括评价控制的设计，并确定其是否得到执行。内部控制评价的过程见图 8－2。

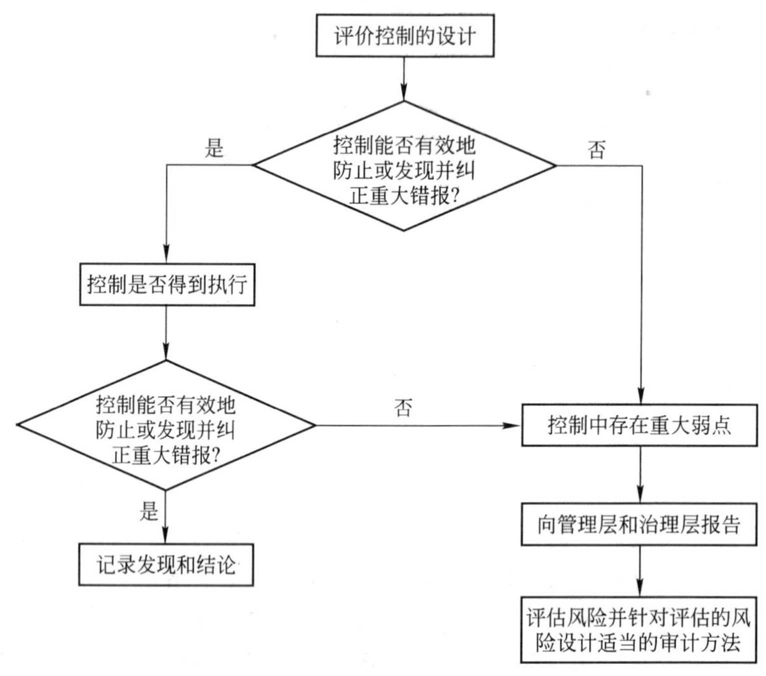

图 8-2 内部控制评价流程图

(1) 评价控制的设计

注册会计师在了解内部控制时，应当评价控制的设计并确定其是否得到执行。评价控制的设计，涉及考虑该控制单独或连同其他控制是否能够有效防止或发现并纠正重大错报。控制得到执行是指某项控制存在且被审计单位正在使用。评估一项无效控制的运行没有什么意义，因此需要首先考虑控制的设计。设计不当的控制可能表明存在值得关注的内部控制缺陷。

(2) 获取控制设计和执行的审计证据

注册会计师通常实施下列风险评估程序，以获取有关控制设计和执行的审计证据：

① 询问被审计单位人员；

② 观察特定控制的运用；

③ 检查文件和报告；

④ 追踪交易在财务报告信息系统中的处理过程（穿行测试）。

这些程序是风险评估程序在了解被审计单位内部控制方面的具体运用。

询问本身并不足以评价控制的设计及确定其是否得到执行，注册会计师应当将询问与其他风险评估程序结合使用。

(3) 了解内部控制与测试控制运行有效性的关系

除非存在某些可以使控制得到一贯运行的自动化控制，否则注册会计师对控制的了解并不足以测试控制运行的有效性。

3. 考虑内部控制的人工控制和信息技术

人工控制可能对内部控制产生的特定风险包括：人工控制可能更容易被规避、忽视或凌驾；人工控制可能不具有一贯性；人工控制可能更容易产生简单错误或失误。相对于自动化控制，人工控制的可靠性较差。

信息技术可能对内部控制产生的特别风险包括：所依赖的系统或程序不能正确处理数据，或处理了不正确的数据，或两种情况并存；在未经授权下访问数据，可能导致数据的毁损或对数据不恰当的修改；信息技术人员可能获得超越其职责范围的数据访问权限，因此破坏了系统应有的职责分工；未经授权改变主文档的数据；未经授权改变系统或程序；未能对系统或程序作出必要的修改；不恰当的人为干预；可能丢失数据或不能访问所需要的数据。

4. 内部控制的局限性

内部控制实现目标的可能性受其固有限制的影响。了解内部控制的固有局限性有助于注册会计师识别相关领域的控制风险。内部控制的固有限制如下。

① 在决策时人为判断可能出现错误和因人为失误而导致内部控制失效。

② 控制可能由于两个或更多的人员串通或管理层不当地凌驾于内部控制之上而被规避。

③ 行使控制职能的人员素质不适应岗位要求，也会影响内部控制功能的正常发挥。

④ 实施内部控制的成本效益问题也会影响其效能。

⑤ 内部控制一般都是针对经常而重复发生的业务设置的，如果出现不经常发生或未预计到的业务，原有控制就可能不适用。

5. 对内部控制要素的了解

（1）了解被审计单位的控制环境

控制环境包括治理职能和管理职能，以及治理层和管理层对内部控制及其重要性的态度、认识和措施。具体包括以下内容。

① 对诚信和道德价值观念的沟通与落实。诚信和道德价值观念是控制环境的重要组成部分，影响到重要业务流程的设计和运行。注册会计师考虑的主要因素一般包括：被审计单位是否有书面的行为规范并向所有员工传达；被审计单位的企业文化是否强调诚信和道德价值观念的重要性；管理层是否身体力行，高级管理人员是否起表率作用；对违反有关政策和行为规范的情况，管理层是否采取适当的惩罚措施。

② 对胜任能力的重视。胜任能力是指具备完成某一职位的工作所应有的知识和能力。注册会计师考虑的主要因素一般包括：财务人员及信息管理人员是否具备与被审计单位业务性质和复杂程度相称的足够的胜任能力和培训，在发生错误时，是否通过调整人员或系统来加以处理；管理层是否配备足够的财务人员以适应业务发展和有关方面的需要；财务人员是否具备理解和运用会计准则所需的技能。

③ 治理层的参与程度。被审计单位的控制环境在很大程度上受治理层的影响。

治理层对控制环境影响的要素有：治理层相对于管理层的独立性、成员的经验和品德、治理层参与被审计单位经营的程度和收到的信息及其对经营活动的详细检查、治理层采取措施的适当性，包括提出问题的难度和对问题的跟进程度，以及治理层与内部审计人员和注册会计师的互动等。

注册会计师考虑的主要因素一般包括：董事会是否建立了审计委员会或类似机构；董事会、审计委员会或类似机构是否与内部审计人员及注册会计师有联系和沟通，联系和沟通的性质及频率是否与被审计单位的规模和业务复杂程度相匹配；董事会、审计委员会或类似机构的成员是否具备适当的经验和资历；董事会、审计委员会或类似机构是否独立于管理层；审计委员会或类似机构会议的数量和时间是否与被审计单位的规模和业务复杂程度相匹配；董事会、审计委员会或类似机构是否充分地参与了监督编制财务报告的过程；董事会、审计委员会或类似机构是否对经营风险的监控有足够的关注，进而影响被审计单位和管理层的风险评估过程；董事会成员是否保持相对的稳定性。

④ 管理层的理念和经营风格。注册会计师考虑的主要因素一般包括：管理层是否对内部控制，包括信息技术的控制，给予了适当的关注；管理层是否由一个或几个人所控制；董事会、审计委员会或类似机构对其是否实施了有效监督；管理层在承担和监控经营风险方面是风险偏好者还是风险规避者；管理层在选择会计政策和作出会计估计时是倾向于激进还是保守；管理层对于信息管理人员及财会人员是否给予了适当关注；对于重大的内部控制和会计事项，管理层是否征询了注册会计师的意见，或者经常在这些方面与注册会计师存在不同意见。

⑤ 组织结构及职权与责任的分配。注册会计师在对被审计单位组织结构和职权与责任的分配进行了解和评估时，考虑的主要因素可能包括：在被审计单位内部是否有明确的职责划分；是否将业务授权、业务记录、资产保管和维护及业务执行的责任尽可能地分离；数据的所有权划分是否合理；是否已针对授权交易建立适当的政策和程序。

⑥ 人力资源政策与实务。注册会计师在对被审计单位人力资源政策与实务进行了解和评估时，考虑的主要因素可能包括：被审计单位在招聘、培训、考核、咨询、晋升、薪酬、补救措施等方面是否都有适当的政策和实务；是否有书面的员工岗位职责手册；人力资源政策与实务是否清晰等。

注册会计师应当对控制环境的构成要素获取足够的了解，并考虑内部控制的实质及其综合效果，以了解管理层和治理层对内部控制及其重要性的态度、认识及所采取的措施。

在评价控制环境各个要素时，注册会计师应当考虑控制环境的各个要素是否得到执行。因为管理层也许建立了合理的内部控制，但未有效执行。

控制环境对重大错报风险的评估具有广泛影响，但其本身并不能防止或发现并纠正各类交易、账户余额和披露认定层次的重大错报，注册会计师在评估重大错报风险时，应当将控制环境连同其他内部控制要素产生的影响一并考虑。

（2）了解被审计单位的风险评估过程

① 被审计单位对风险的评估。任何经济组织在经营活动中都会面临各种各样的风险，有的来自外部因素，有的来自内部因素。风险对其生存和竞争能力会产生影响。很多风险并不为经济组织所控制，但管理层应当确定可以承受的风险水平，识别这些风险并采取一定的应对措施。产生风险的事项很多，如监管及经营环境的变化、新员工的加入、新信息系统的使用或对原系统进行升级、业务快速发展等。

风险评估过程的作用是识别、评估和管理影响被审计单位实现经营目标能力的各种风险。而针对财务报告目标的风险评估过程则包括识别与财务报表相关的经营风险，评估风险的重大性和发生的可能性，以及采取措施管理这些风险。

被审计单位的风险评估过程包括识别与财务报告相关的经营风险，以及针对这些风险所采取的措施。注册会计师应当了解被审计单位的风险评估过程和结果。

② 注册会计师对风险评估过程的了解。在评价被审计单位风险评估过程的设计和执行时，注册会计师应当确定管理层如何识别与财务报告相关的经营风险，如何估计该风险的重要性，如何评估风险发生的可能性，以及如何采取措施管理这些风险。如果被审计单位的风险评估过程符合其具体情况，了解被审计单位的风险评估过程和结果有助于注册会计师识别财务报表的重大错报风险。

注册会计师在对被审计单位整体层面的风险评估过程进行了解和评估时，主要考虑的因素：被审计单位是否已建立并沟通其整体目标，并辅以具体策略和业务流程层面的计划；是否已建立风险评估过程，包括识别风险、估计风险的重大性、评估风险发生的可能性及确定需要采取的应对措施；是否已建立某种机制，识别和应对可能对被审计单位产生重大且普遍影响的变化；会计部门是否建立了某种流程，以识别会计准则的重大变化；当被审计单位业务操作发生变化并影响交易记录的流程时，是否存在沟通渠道以通知会计部门；风险管理部门是否建立了某种流程，以识别经营环境包括监管环境发生的重大变化。

注册会计师应当询问管理层识别出的经营风险，并考虑这些风险是否可能导致重大错报。

在审计过程中，如果发现与财务报表有关的风险要素，注册会计师可通过向管理层询问和检查有关文件确定被审计单位的风险评估过程是否也发现了该风险；如果识别出管理层未能识别的重大错报风险，注册会计师应当考虑被审计单位的风险评估过程为何没有识别出这些风险，以及评估过程是否适合于具体环境。

(3) 了解被审计单位的信息系统与沟通

① 被审计单位与财务报告相关的信息系统。与财务报告相关的信息系统，包括可以生成、记录、处理和报告交易、事项和情况，对相关资产、负债和所有者权益履行经营管理责任的程序和记录。交易可能通过人工或自动化程序生成。记录包括识别和收集与交易、事项有关的信息。处理包括编辑、核对、计量、估价、汇总和调节活动，可能由人工或自动化程序来执行。报告是指用电子或书面形式编制财务报告和其他信息，供被审计单位用于衡量和考核财务及其他方面的业绩。

与财务报告相关的信息系统应当与业务流程相适应。业务流程是指被审计单位开发、采购、生产、销售、发送产品、记录信息等一系列活动。与财务报告相关的信息系统所生成信息的质量，对管理层能否作出恰当的经营管理决策及编制可靠的财务报告具有重大影响。

② 注册会计师对财务报告相关的信息系统的了解。注册会计师应当了解与评估财务报告相关的信息系统时应该考虑：在被审计单位经营过程中，对财务报表具有重大影响的各类交易；在信息技术和人工系统中，被审计单位的交易生成、记录、处理、必要的更正、结转至总账及在财务报表中报告的程序；用以生成、记录、处理和报告（包括纠正不正确的信息及信息如何结转至总账）交易的会计记录、支持性信息和财务报表中的特定账户；被审计单位的信息系统如何获取除交易以外的对财务报表重大的事项和情况；用于编制被审计单位财务报表的财务报告过程；与会计分录相关的控制，这些分录包括用于记录非经常性的、异常

的交易或调整的非标准会计分录。

自动化程序和控制可能降低了发生无意错误的风险，但是并不能消除个人凌驾于控制之上的风险，发生篡改可能不会留下痕迹或证据。

③ 对与财务报告相关的沟通的了解。与财务报告相关的沟通包括使员工了解各自在与财务报告有关的内部控制方面的角色和职责、员工之间的工作联系，以及向适当级别的管理层报告例外事项的方式。

注册会计师应当了解被审计单位内部如何对财务报告的岗位职责及与财务报告相关的重大事项进行沟通。

（4）了解被审计单位的控制活动

① 控制活动内容。控制活动是指有助于确保管理层的指令得以执行的政策和程序，包括与授权、业绩评价、信息处理、实物控制和职责分离等相关的活动。

注册会计师应当了解与授权有关的控制活动，包括一般授权和特别授权。授权的目的在于保证交易在管理层授权范围内进行。一般授权是指管理层制定的要求组织内部遵守的普遍适用于某类交易或活动的政策。特别授权是指管理层针对特定类别的交易或活动逐一设置的授权，如重大资本支出和股票发行等。特别授权也可能用于超过一般授权限制的常规交易。例如，因某些特别原因，同意对某个不符合一般信用条件的客户赊销商品。

注册会计师应当了解与业绩评价相关的控制活动，主要包括被审计单位分析评价实际业绩与预算（或预测、前期业绩）的差异，综合分析财务数据与经营数据的内在关系，将内部数据与外部信息来源相比较，以及对发现的异常差异或关系采取必要的调查与纠正措施。

注册会计师应当了解与信息处理有关的控制活动，包括信息技术的一般控制和应用控制。在了解被审计单位与信息处理相关的控制活动时，注册会计师应当了解被审计单位如何应对信息技术导致的风险。

注册会计师应当了解实物控制，主要包括了解对资产和记录采取适当的安全保护措施，对访问计算机程序和数据文件设置授权，以及定期盘点并将盘点记录与会计记录相核对。实物控制的效果影响资产的安全，从而对财务报表的可靠性及审计产生影响。

注册会计师应当了解职责分离，主要包括了解被审计单位如何将交易授权、交易记录及资产保管等职责分配给不同员工，以防范同一员工在履行多项职责时可能发生的舞弊或错误。

② 对控制活动的了解。在了解控制活动时，注册会计师应当重点考虑一项控制活动单独或连同其他控制活动，是否能够及如何防止或发现并纠正各类交易、账户余额和披露存在的重大错报。注册会计师的工作重点是识别和了解针对重大错报可能发生的领域的控制活动。如果多项控制活动能够实现同一目标，注册会计师不必了解与该目标相关的每项控制活动。

注册会计师在了解和评估被审计单位整体层面的控制活动时考虑的主要因素包括：被审计单位的主要经营活动是否都有必要的控制政策和程序；管理层在预算、利润和其他财务及经营业绩方面是否都有清晰的目标，在被审计单位内部，是否对这些目标都加以清晰的记录和沟通，并且积极地对其进行监控；是否存在计划和报告系统，以识别与目标业绩的差异，并向适当层次的管理层报告该差异；是否由适当层次的管理层对差异进行调查，并及时采取适当的纠正措施；不同人员的职责应在何种程度上相分离，以降低舞弊和不当行为发生的风险；会计系统中的数据是否与实物资产定期核对；是否建立了适当的保护措施，以防止未经授权接触文件、记录和资产；是否存在信息安全职能部门负责监控信息安全政策和程序。

（5）了解被审计单位对控制的监督

① 对控制监督的内容。对控制的监督是指被审计单位评价内部控制在一段时间内运行有效性的过程。该过程包括及时评价控制的设计和执行的有效性并采取必要的补救措施。

监督活动通常贯穿于被审计单位日常经营活动与常规管理工作中。被审计单位可能使用内部审计人员或具有类似职能的人员对内部控制的设计和执行进行专门的评价，以找出内部控制的优点和不足，并提出改进建议。

② 对内部控制监督的了解。注册会计师在对被审计单位整体层面的监督进行了解和评估时，考虑的主要因素包括：被审计单位是否定期评价内部控制；被审计单位人员在履行正常职责时，能够在多大程度上获得内部控制是否有效运行的证据；与外部的沟通能够在多大程度上证实内部产生的信息或者指出存在的问题；管理层是否采纳内部审计人员和注册会计师有关内部控制的建议；管理层是否及时纠正控制运行中的偏差；管理层根据监管机构的报告及建议是否及时采取纠正措施；是否存在协助管理层监督内部控制的职能部门。

6. 在整体层面和流程层面了解内部控制

内部控制的某些要素，如控制环境更多地对被审计单位整体层面产生影响、信息系统与沟通、控制活动等可能更多地与特定业务流程相关。在实务中，注册会计师应当从被审计单位整体层面和业务流程层面分别了解和评价被审计单位的内部控制。

（1）在整体层面了解内部控制

整体层面的控制主要是控制环境，包括对管理层凌驾于内部控制之上的控制和信息技术一般控制中的控制，通常在所有业务活动中普遍存在。

整体层面的内部控制对业务流程层面内部控制的设计和执行具有重要影响。整体层面的控制较差甚至可能使最好的业务流程层面控制失效。例如，被审计单位可能有一个有效的采购系统，但如果会计人员不胜任，仍然会发生大量错误，且其中一些错误可能导致财务报表存在重大错报。管理层凌驾于内部控制之上（它们经常在企业层次出现）也是不好的公司行为中的普遍问题。

注册会计师可以重点关注整体层面内部控制的变化情况，包括由于被审计单位及其环境的变化而导致内部控制发生的变化及采取的对策。注册会计师还需要特别考虑因舞弊而导致重大错报的可能性及其影响。

注册会计师可以考虑将询问被审计单位人员、观察特定控制的应用、检查文件和报告及执行穿行测试等风险评估程序相结合，以获取审计证据。

注册会计师在整体层面了解内部控制主要是从内部控制的构成要素进行了解，注册会计师应当对被审计单位整体层面的内部控制的设计进行评价，并确定这些要素在实际中是否得到执行。

注册会计师应当将对被审计单位整体层面内部控制各要素的了解要点和实施的风险评估程序及其结果等形成审计工作记录，并对影响注册会计师对整体层面内部控制有效性进行判断的因素加以详细记录。

财务报表层次的重大错报风险很可能源于薄弱的控制环境，因此注册会计师在评估财务报表层次的重大错报风险时，应当将被审计单位整体层面的内部控制状况和了解到的被审计单位及其环境其他方面的情况结合起来考虑。

被审计单位整体层面的内部控制是否有效将直接影响重要业务流程层面控制的有效性，进而影响注册会计师拟实施的进一步审计程序的性质、时间安排和范围。

(2) 在业务流程层面了解内部控制

业务流程层面控制主要是对工薪、销售和采购等交易的控制。在实务中，注册会计师应该了解重要交易的流程和相关控制。

① 确定重要业务流程和重要交易类别。在实务中，将被审计单位的整个经营活动划分为几个重要的业务循环，有助于注册会计师更有效地了解和评估重要业务流程及相关控制。通常，对制造业企业，可以划分为销售与收款循环、采购与付款循环、生产与存货循环、人力资源与工薪循环、投资与筹资循环等。经营活动的性质不同，所划分的业务循环也不同。

重要交易类别是指可能对被审计单位财务报表产生重大影响的各类交易。重要交易类别应与相关账户及其认定相联系。例如，对于一般制造业企业，销售收入和应收账款通常是重大账户，销售和收款都是重要交易类别。

② 了解重要交易流程，并进行记录。在确定重要的业务流程和交易类别后，注册会计师便可着手了解每一类重要交易在信息技术或人工系统中生成、记录、处理及在财务报表中报告的程序，即重要交易流程。这是确定在哪个环节或哪些环节可能发生错报的基础。

交易流程通常包括一系列工作：输入数据的核准与修订，数据的分类与合并，进行计算、更新账簿资料和客户信息记录，生成新的交易，归集数据，列报数据。而与注册会计师了解重要交易相关的流程通常包括生成、记录、处理和报告交易等活动。例如，在销售循环中，这些活动包括输入销售订购单、编制货运单据和发票、更新应收账款信息记录等。相关的处理程序包括通过编制调整分录，修改并再次处理以前被拒绝的交易，以及修改被错误记录的交易。

注册会计师了解重要交易流程的方法：检查被审计单位的手册和其他书面指引；询问被审计单位的适当人员；观察所运用的处理方法和程序；穿行测试。

③ 确定可能发生错报的环节。注册会计师需要确认和了解被审计单位应在哪些环节设置控制，以防止或发现并纠正各重要业务流程可能发生的错报。注册会计师所关注的控制，是那些能通过防止错报的发生，或者通过发现和纠正已有错报的人工或自动化控制程序，这些控制程序能够确保每个流程中业务活动具体流程（从交易的发生到记录于账目）顺利运转。

尽管不同的被审计单位为确保会计信息的可靠性会对业务流程设计和实施不同的控制，但设计控制的目的是为了实现某些控制目标，如表 8-1 所示。

表 8-1　控制目标和控制程序

控制目标	控制程序
1. 完整性：所有的有效交易都已记录	确保没有漏记实际发生的交易必需的控制程序
2. 存在和发生：每项已记录的交易均真实	确保会计记录没有虚构的或重复入账的项目必需的控制程序
3. 适当计量交易	确保交易以适当的金额入账必需的控制程序
4. 恰当确定交易生成的会计期间（截止性）	确保交易在适当的会计期间内入账（例如，月、季度、年等）必需的控制程序
5. 恰当分类	确保将交易记录记入正确的总分类账，必要时，记入相应的明细账内必需的控制程序
6. 正确汇总和过账	确保所有作为账簿记录中的借贷方余额都正确地归集（加总），确保加总后的金额正确过入总账和明细账分类账必需的控制程序

对于每个交易流程，注册会计师都会考虑这些控制目标。评价是否实现这些目标的重要标志是是否存在控制来防止错报的发生，或发现并纠正错报，然后重新提交到业务流程处理程序中进行处理。

④ 识别和了解相关控制。通过对被审计单位的了解，包括在被审计单位整体层面对内部控制各要素的了解，以及对重要业务流程的了解，注册会计师可以确定是否有必要进一步了解在业务流程层面的控制。在某些情况下，注册会计师之前的了解可能表明被审计单位在业务流程层面针对某些重要交易流程所设计的控制是无效的，或者注册会计师并不打算信赖控制，这时注册会计师没有必要进一步了解在业务流程层面的控制。特别需要注意的是，如果认为仅通过实质性程序无法将认定层次的检查风险降至可接受的水平，或者针对特别风险，注册会计师应当了解和评估相关的控制活动。

如果注册会计师计划对业务流程层面的有关控制进行进一步的了解和评价，主要是针对业务流程中容易发生错报的环节确定：被审计单位是否建立了有效的控制，以防止或发现并纠正这些错报；被审计单位是否遗漏了必要的控制；是否识别了可以最有效测试的控制。

业务流程中的控制通常划分为预防性控制和检查性控制。

预防性控制通常用于正常业务流程的每一项交易，以防止错报的发生。在流程中防止错报是信息系统的重要目标。缺少有效的预防性控制增加了数据发生错报的可能性，特别是在相关账户及其认定存在较高重大错报风险时更是如此。预防性控制可能是人工的，也可能是自动化的。

检查性控制的目的是发现流程中可能发生的错报（尽管有预防性控制还是会发生的错报）。被审计单位通过检查性控制，监督其流程和相应的预防性控制能否有效地发挥作用。检查性控制通常是管理层用来监督实现流程目标的控制。检查性控制可以由人工执行，也可以由信息系统自动执行。

业务流程中重要交易类别的有效控制应同时包括预防性控制和检查性控制，因为没有相应的预防性控制，检查性控制也不能充分发挥作用。

注册会计师应当获取有关控制的足够信息，以使其能够识别控制，了解各种控制如何执行、由谁执行，以及执行中所使用的数据报告、文件和其他材料。此外，注册会计师也需要确认，执行控制之后所形成的实物证据是什么，以及该控制是否足够敏感，能够及时防止或发现并纠正重大错报。

⑤ 执行穿行测试，证实对交易流程和相关控制的了解。为了解各类重要交易在业务流程中发生、处理和记录的过程，注册会计师通常会每年执行穿行测试。执行穿行测试可以：确认对业务流程的了解；确认对重要交易的了解是完整的；确认所获取的有关流程中的预防性控制和检查性控制信息的准确性；评估控制设计的有效性；确认控制是否得到执行；确认之前所做的书面记录的准确性。

注册会计师应将对业务流程和相关控制的穿行测试情况记录于工作底稿。

⑥ 初步评价和风险评估。第一，对控制的初步评价。在识别和了解控制后，注册会计师需要评价控制设计的合理性并确定其是否得到执行。注册会计师对控制的评价结论可能是：所设计的控制单独或连同其他控制能够防止或发现并纠正重大错报，并得到执行；控制本身的设计是合理的，但没有得到执行；控制本身的设计就是无效的或缺乏必要的控制。第二，风险评估需考虑因素。包括：账户特征及已识别的重大错报风险；对被审计单位整体层面控制的评价。第三，评价决策。在对控制进行初步评价及风险评估后，注册会计师需要利用实施上述程序获得的信息，回答以下问题：控制本身的设计是否合理；控制是否得到执行；是否更多地信赖控制并拟实施控制测试。

8.1.4 评估重大错报风险

评估重大错报风险是风险评估的最后一个阶段。通过实施风险评估程序，主要用于对财务报表层次及各类交易、账户余额和披露认定层次评估重大错报风险，评估的重大错报风险将作为确定进一步审计程序的性质、范围和时间的基础，以应对识别的风险。

1. 评估财务报表层次和认定层次的重大错报风险

(1) 评估重大错报风险的审计程序

在评估重大错报风险时，注册会计师应当实施下列审计程序。

① 在了解被审计单位及其环境（包括与风险相关的控制）的整个过程中，结合对财务报表中各类交易、账户余额和披露的考虑，识别风险。

② 结合对拟测试的相关控制的考虑，将识别出的风险与认定层次可能发生错报的领域相联系。

③ 评估识别出的风险，并评价其是否更广泛地与财务报表整体相关，进而潜在地影响多项认定。

④ 考虑发生错报的可能性。包括发生多项错报的可能性，以及潜在错报的重大程度是否足以导致重大错报。

注册会计师应当利用实施风险评估程序获取的信息，包括在评价控制设计和确定其是否得到执行时获取的审计证据，作为支持风险评估结果的审计证据。注册会计师应当根据风险评估结果，确定实施进一步审计程序的性质、时间安排和范围。

(2) 识别两个层次的重大错报风险

在对重大错报风险进行识别和评估后，注册会计师应当确定，识别的重大错报风险是与特定的某类交易、账户余额和披露的认定相关，还是与财务报表整体广泛相关，进而影响多项认定。

（3）控制环境对评估财务报表层次重大错报风险的影响

财务报表层次的重大错报风险很可能源于薄弱的控制环境。薄弱的控制环境带来的风险可能对财务报表产生广泛影响，难以限于某类交易、账户余额和披露，注册会计师应当采取总体应对措施。

（4）控制对评估认定层次重大错报风险的影响

在评估重大错报风险时，注册会计师应当将所了解的控制与特定认定相联系。控制有助于防止或发现并纠正认定层次的重大错报。

控制可能与某一认定直接相关，也可能与某一认定间接相关。关系越间接，控制在防止或发现并纠正认定中错报的作用越小。

注册会计师应当将控制活动和其他要素综合考虑。因为单个的控制活动本身并不足以控制重大错报风险，只有多种控制活动和内部控制的其他要素综合作用才足以控制重大错报风险。

注册会计师应当考虑对识别的各类交易、账户余额和披露认定层次的重大错报风险予以汇总和评估，以确定进一步审计程序的性质、时间安排和范围。评估认定层次重大错报风险汇总表如表 8-2。

表 8-2　评估认定层次的重大错报风险汇总表

重大账户	认定	识别的重大错报风险	风险评估结果
列示重大账户，如应收账款	列示相关的认定，如存在、完整性、计价或分摊等	汇总实施审计程序识别出的与该重大账户的某项认定相关的重大错报风险	评估该项认定的重大错报风险水平（应考虑控制设计是否合理、是否得到执行）

注：注册会计师也可以在该表中记录针对评估的认定层次重大错报风险而制定相应的审计方案。

（5）考虑财务报表的可审计性

注册会计师在了解被审计单位内部控制后，可能对被审计单位财务报表的可审计性产生怀疑。如果通过对内部控制的了解发现下列情况，并对财务报表局部或整体的可审计性产生疑问，注册会计师应当考虑出具保留意见或无法表示意见的审计报告：被审计单位会计记录的状况和可靠性存在重大问题，不能获取充分、适当的审计证据以发表无保留意见；对管理层的诚信存在严重疑虑。必要时，注册会计师应当考虑解除业务约定。

2. 需要特别考虑的重大错报风险

特别风险，是指注册会计师识别和评估的、根据判断认为需要特别考虑的重大错报风险。

（1）确定特别风险时应考虑的事项

注册会计师应当根据风险的性质、潜在错报的重要程度和发生的可能性，判断风险是否属于特别风险。

注册会计师在确定风险的性质时，应当考虑下列事项：风险是否属于舞弊风险；风险是否与近期经济环境、会计处理方法或其他方面的重大变化相关，因而需要特别关注；交易的复杂程度；风险是否涉及重大的关联方交易；财务信息计量的主观程度，特别是计量结果是否具有高度不确定性；风险是否涉及异常或超出正常经营过程的重大交易。

（2）非常规交易和判断事项导致的特别风险

特别风险通常与重大的非常规交易和判断事项有关。

非常规交易是指由于金额或性质异常而不经常发生的交易。例如，企业购并、债务重组、重大或有事项等。与重大非常规交易相关的特别风险可能导致更高的重大错报风险。非常规交易具有下列特征：管理层更多地干预会计处理：数据收集和处理进行更多的人工干预；复杂的计算或会计处理方法；非常规交易的性质可能使被审计单位难以对由此产生的特别风险实施有效控制。

判断事项通常包括作出的会计估计具有计量的重大不确定性，如资产减值准备金额的估计、需要运用复杂估值技术确定的公允价值计量等。与重大判断事项相关的特别风险可能导致更高的重大错报风险，判断事项导致特别风险的原因：对涉及会计估计、收入确认等方面的会计原则存在不同的理解；所要求的判断可能是主观和复杂的，或需要对未来事项作出假设。

（3）考虑与特别风险相关的控制

了解与特别风险相关的控制，有助于注册会计师制定有效的审计方案予以应对。对特别风险，注册会计师应当评价相关控制的设计情况，并确定其是否已经得到执行。由于与重大非常规交易或判断事项相关的风险很少受到日常控制的约束，注册会计师应当了解被审计单位是否针对该特别风险设计和实施了控制。

如果管理层未能实施控制以恰当应对特别风险，注册会计师应当认为内部控制存在重大缺陷，并考虑其对风险评估的影响。在此情况下，注册会计师应当就此类事项与治理层沟通。

3. 仅通过实质性程序无法应对的重大错报风险

作为风险评估的一部分，如果认为仅通过实质性程序获取的审计证据无法将认定层次的重大错报风险降至可接受的低水平，注册会计师应当评价被审计单位针对这些风险设计的控制，并确定其执行情况。

在被审计单位对日常交易采用高度自动化处理的情况下，审计证据可能仅以电子形式存在，其充分性和适当性通常取决于自动化信息系统相关控制的有效性，注册会计师应当考虑仅通过实施实质性程序不能获取充分、适当审计证据的可能性。

例如，某企业通过高度自动化的系统确定采购品种和数量，生成采购订购单，并通过系统中设定的收货确认和付款条件进行付款。除了系统中的相关信息以外，该企业没有其他有关订购单和收货的记录。在这种情况下，如果认为仅通过实施实质性程序不能获取充分、适当的审计证据，注册会计师应当考虑依赖的相关控制的有效性，并对其进行了解、评估和测试。

汇总识别的重大错报风险见表 8－3。

表8-3 识别的重大错报风险汇总

识别的重大错报风险	对财务报表的影响	相关的各类交易账户类别、账户余额和披露认定	是否与财务报表整体广泛相关	是否属于特别风险	是否属于仅通过实质性程序无法应对的重大错报风险
记录识别的重大错报风险	描述对财务报表的影响和导致财务报表发生重大错报的可能性	列示相关的各类交易、账户余额和披露及其认定	考虑是否属于财务报表层次的重大错报风险	考虑是否属于特别风险	考虑是否属于仅通过实质性程序无法应对的重大错报风险

4. 对风险评估的修正

注册会计师对认定层次重大错报风险的评估，可能随着审计过程中不断获取审计证据而做出相应的变化。

例如，注册会计师对重大错报风险的评估可能基于相关控制可以防止或发现纠正认定层次的重大错报。但在测试控制运行的有效性时，注册会计师获取的证据可能表明相关控制在被审计期间并未有效运行。同样，在实施实质性程序后，注册会计师可能发现错报的金额和频率比在风险评估时预计的金额和频率要高。因此，如果通过实施进一步审计程序获取的审计证据与初始评估获取的审计证据相矛盾，注册会计师应当修正风险评估结果，并相应修改原计划实施的进一步审计程序。

因此，评估重大错报风险与了解被审计单位及其环境一样，也是一个连续和动态的过程，对风险评估的修正贯穿于整个审计项目的始终。

8.2 风险应对

《中国注册会计师审计准则第1231号——针对评估的重大错报风险采取的应对措施》规范了注册会计师针对评估的重大错报风险确定总体应对措施，设计和实施进一步审计程序。因此，注册会计师应当针对评估的重大错报风险实施程序，即针对评估的财务报表层次重大错报风险确定总体应对措施，并针对评估的认定层次重大错报风险设计和实施进一步审计程序，以将审计风险降至可接受的低水平。

8.2.1 针对财务报表层次重大错报风险的总体应对措施

注册会计师了解被审计单位及其环境，针对评估的财务报表层次重大错报风险确定总体应对措施，并针对评估的认定层次重大错报风险设计和实施进一步审计程序，以将审计风险降至可接受的低水平。

1. 财务报表层次重大错报风险与总体应对措施

识别的重大错报风险是与财务报表整体广泛相关的，进而影响多项认定。注册会计师应当针对评估的财务报表层次重大错报风险确定下列总体应对措施：

① 收集和评价审计证据过程中保持职业怀疑态度；

② 分派更有经验或具有特殊技能的审计人员，或利用专家的工作；

③ 提供更多的督导；

④ 在选择拟实施的进一步审计程序时融入更多的不可预见的因素；

⑤ 修改拟实施审计程序的性质、时间和范围。

注册会计师根据对控制环境的了解，评估财务报表层次重大错报风险。如果控制环境存在缺陷，注册会计师在对拟实施审计程序的性质、时间和范围作出总体修改时应当考虑：在期末而非期中实施更多的审计程序；通过实质性程序获取更多的审计证据；修改审计程序的性质，获取更具说服力的审计证据；扩大审计程序的范围。

2. 增加审计程序的不可预见性

注册会计师可以通过增加审计程序提高审计程序的不可预见性。

① 对某些以前未测试的低于设定的重要性水平或风险较小的账户余额和认定实施实质性程序。

② 调整实施审计程序的时间，使其超出被审计单位的预期。

③ 采取不同的审计抽样方法，使当年抽取的测试样本与以前有所不同。

④ 选取不同的地点实施审计程序，或预先不告知被审计单位所选定的测试地点。

注册会计师应该增加不可预见性的审计程序的实施，要点如下：注册会计师需要与被审计单位的高层管理人员事先沟通，要求实施具有不可预见性的审计程序，但不能告知其具体内容；虽然对于不可预见性程度没有量化的规定，但审计项目组可根据对舞弊风险的评估等确定具有不可预见性的审计程序；项目合伙人需要安排项目组成员有效地实施具有不可预见性的审计程序，但同时要避免使项目组成员处于困难境地。

增加审计程序不可预见性的示例见表8－4。

表8－4 审计程序的不可预见性示例

审计领域	一些可能适用的具有不可预见性的审计程序
存货	向以前审计过程中接触不多的被审计单位员工询问，如采购、销售、生产人员等
	在不事先通知被审计单位的情况下，选择一些以前未曾到过的盘点地点进行存货监盘
销售和应收账款	向以前审计过程中接触不多或未曾接触过的被审计单位员工询问，如负责处理大客户账户的销售部人员
	改变实施实质性分析程序的对象，如对收入按细类进行分析
	针对销售和销售退回延长截止测试期
	实施以前未曾考虑过的审计程序，例如： ① 函证确认销售条款或者选定销售额较不重要、以前未曾关注的销售交易，如对出口销售实施实质性程序 ② 实施更细致的分析程序，如使用计算机辅助审计技术复核销售及客户账户 ③ 测试以前未曾函证过的账户余额，如，金额为负或是零的账户，或者余额低于以前设定的重要性水平的账户 ④ 改变函证日期，即把所函证账户的截止日期提前或者推迟 ⑤ 对关联公司销售和相关账户余额，除了进行函证外，再实施其他审计程序进行验证

续表

审计领域	一些可能适用的具有不可预见性的审计程序
采购和应付账款	如果以前未曾对应付账款余额普遍进行函证，可考虑直接向供应商函证确认余额。如果经常采用函证方式，可考虑改变函证的范围或者时间
	对以前由于低于设定的重要性水平而未曾测试过的采购项目，进行细节测试
	使用计算机辅助审计技术审阅采购和付款账户，以发现一些特殊项目，如是否有不同的供应商使用相同的银行账户
现金和银行存款	多选几个月的银行存款余额调节表进行测试
	对有大量银行账户的，考虑改变抽样方法
固定资产	对以前由于公共开支设定的重要性水平而未曾测试的国有资产进行测试，例如考虑实地盘查一些价值较低的固定资产，如汽车和其他设备等
	修改分支机构审计工作范围或者区域（如增加某些较次要分支机构的审计工作量，或实地去分支机构开展审计工作）

财务报表层次重大错报风险可能对财务报表的多项认定产生广泛影响。因此，注册会计师评估的财务报表层次重大错报风险及采取的总体应对措施，对针对认定层次重大错报风险拟实施进一步审计程序的总体审计方案具有重大影响。

8.2.2 针对认定层次重大错报风险的进一步审计程序

识别的重大错报风险是与特定的某类交易、账户余额和披露的认定相关，则属于认定层次的重大错报风险。

1. 进一步审计程序的含义和要求

(1) 进一步审计程序的含义

进一步审计程序相对于风险评估程序而言，是指注册会计师针对评估的各类交易、账户余额和披露认定层次重大错报风险实施的审计程序，包括控制测试和实质性程序。

注册会计师应当针对评估的认定层次重大错报风险设计和实施进一步审计程序，包括审计程序的性质、时间安排和范围。

(2) 进一步审计程序的设计

在设计进一步审计程序时，注册会计师应当考虑下列因素。

① 风险的重要性。风险的重要性是指风险可能造成的后果的严重程度。风险的后果越严重，就越需要注册会计师关注和重视，越需要精心设计有针对性的进一步审计程序。

② 重大错报发生的可能性。重大错报发生的可能性越大，同样越需要注册会计师精心设计进一步审计程序。

③ 涉及的各类交易、账户余额和披露的特征。不同的交易、账户余额和披露，产生的认定层次的重大错报风险也会存在差异，适用的审计程序也有差别，需要注册会计师区别对待，并设计有针对性的进一步审计程序予以应对。

④ 被审计单位采用的特定控制的性质。不同性质的控制（尤其是人工控制还是自动化控制）对注册会计师设计进一步审计程序具有重要影响。

⑤ 注册会计师是否拟获取审计证据，以确定内部控制在防止或发现并纠正重大错报方

面的有效性。如果注册会计师在风险评估时预期内部控制运行有效，随后拟实施的进一步审计程序就必须包括控制测试，且实质性程序自然会受到之前控制测试结果的影响。

（3）进一步审计程序总体审计方案的选择

注册会计师对认定层次重大错报风险的评估为确定进一步审计程序的总体审计方案奠定了基础。因此，注册会计师应当根据对认定层次重大错报风险的评估结果，恰当选择进一步审计程序的总体审计方案

进一步审计程序的总体审计方案包括实质性方案和综合性方案。其中，实质性方案是指注册会计师实施的进一步审计程序以实质性程序为主；综合性方案是指注册会计师在实施进一步审计程序时，将控制测试与实质性程序结合使用。当评估的财务报表层次重大错报风险属于高风险水平时，拟实施进一步审计程序的总体方案往往更倾向于实质性方案。

注册会计师对重大错报风险的评估毕竟是一种主观判断，可能无法充分识别所有的重大错报风险，同时内部控制存在固有局限性（特别是存在管理层凌驾于内部控制之上的可能性）。因此，无论选择何种方案，注册会计师都应当对所有重大的各类交易、账户余额和披露设计和实施实质性程序。

2. 进一步审计程序的性质

（1）进一步审计程序的性质的概念

进一步审计程序的性质是指进一步审计程序的目的和类型。

进一步审计程序的目的包括通过实施控制测试以确定内部控制运行的有效性，通过实施实质性程序以发现认定层次的重大错报。

（2）进一步审计程序的性质的选择

注册会计师应当根据认定层次重大错报风险的评估结果选择进一步审计程序的性质。评估的认定层次重大错报风险越高，对通过实质性程序获取的审计证据的相关性和可靠性的要求越高，从而可能影响进一步审计程序的类型及其综合运用。

在确定拟实施的审计程序时，注册会计师应当考虑评估的认定层次重大错报风险产生的原因，包括考虑各类交易、账户余额和披露的具体特征及内部控制。例如，注册会计师可能判断某特定类别的交易即使在不存在相关控制的情况下发生重大错报的风险仍较低，此时注册会计师可能认为仅实施实质性程序就可以获取充分、适当的审计证据。

如果在实施进一步审计程序时拟利用被审计单位信息系统生成的信息，注册会计师应当就信息的准确性和完整性获取审计证据。例如，注册会计师在实施实质性分析程序时，使用了被审计单位生成的非财务信息或预算数据。注册会计师应当获取关于这些信息的准确性和完整性的审计证据。

3. 进一步审计程序的时间

（1）进一步审计程序的时间的概念

进一步审计程序的时间是指注册会计师何时实施进一步审计程序，或审计证据适用的期间或时点。进一步审计程序的时间，在某些情况下指的是审计程序的实施时间，在另一些情况下是指需要获取的审计证据适用的期间或时点。

（2）进一步审计程序的时间的选择

注册会计师可以在期中或期末实施控制测试或实质性程序。当重大错报风险较高时，注册会计师应当考虑在期末或接近期末实施实质性程序，或采用不通知的方式，或在管理层不

能预见的时间实施审计程序。

在期末实施审计程序在很多情况下非常必要，但注册会计师在期中实施审计程序也能发挥积极作用。在期中实施进一步审计程序，可能有助于注册会计师在审计工作初期识别重大事项，并在管理层的协助下及时解决这些事项；或针对这些事项制定有效的实质性方案或综合性方案。但是，注册会计师往往难以仅凭在期中实施的进一步审计程序获取有关期中以前的充分、适当的审计证据。而且，即使注册会计师在期中实施的进一步审计程序能够获取有关期中以前的充分、适当的审计证据，但从期中到期末这段剩余期间还往往会发生重大的交易或事项。此外，被审计单位管理层有可能在注册会计师在期中实施了进一步审计程序之后对期中以前的相关会计记录作出调整甚至篡改，这些就会导致注册会计师在期中实施了进一步审计程序所获取的审计证据已经发生了变化。因此，如果注册会计师在期中实施了进一步审计程序，还应当针对剩余期间获取审计证据。

在确定何时实施审计程序时，注册会计师应当考虑下列因素。

① 控制环境。良好的控制环境可以抵消在期中实施进一步审计程序的局限性，使注册会计师在确定实施进一步审计程序的时间时有更大的灵活度。

② 何时能得到相关信息。例如，某些控制活动可能仅在期中（或期中以前）发生，而之后可能难以再被观察到。注册会计师如果希望获取相关信息，则需要考虑能够获取相关信息的时间。

③ 错报风险的性质。例如，被审计单位可能为了保证盈利目标的实现，而在会计期末以后伪造销售合同以虚增收入，此时注册会计师需要考虑在期末（即资产负债表日）这个特定时点获取被审计单位截至期末所能提供的所有销售合同及相关资料，以防范被审计单位在资产负债表日后伪造销售合同虚增收入的做法。

④ 审计证据适用的期间或时点。注册会计师应当根据需要获取的特定审计证据确定何时实施进一步审计程序。

虽然注册会计师在很多情况下可以根据具体情况选择实施进一步审计程序的时间，但也存在着一些限制选择的情况。某些审计程序只能在期末或期末以后实施，包括将财务报表与会计记录相核对，检查财务报表编制过程中所作的会计调整等。此外，如果被审计单位在期末或接近期末发生了重大交易，或重大交易在期末尚未完成，注册会计师应当考虑交易的发生或截止等认定可能存在的重大错报风险，并在期末或期末以后检查此类交易。

4. 进一步审计程序的范围

(1) 进一步审计程序的范围的概念

进一步审计程序的范围是指实施进一步审计程序的数量，包括抽取的样本量、对某项控制活动的观察次数等。

(2) 确定进一步审计程序的范围时考虑的因素

在确定进一步审计程序的范围时，注册会计师应当考虑下列因素。

① 确定的重要性水平。确定的重要性水平越高，注册会计师实施进一步审计程序的范围越广。

② 评估的重大错报风险。评估的重大错报风险越高，对拟获取审计证据的相关性、可靠性的要求越高，因此注册会计师实施的进一步审计程序的范围也越广。

③ 计划获取的保证程度。计划获取的保证程度越高，对测试结果可靠性要求越高，注

册会计师实施的进一步审计程序的范围越广。

随着重大错报风险的增加，注册会计师应当考虑扩大审计程序的范围。但是，只有当审计程序本身与特定风险相关时，扩大审计程序的范围才是有效的。

在确定进一步审计程序的范围时，为提高进一步审计程序的效率，可以使用计算机辅助审计技术对电子化的交易和账户文档进行更广泛的测试，包括从主要电子文档中选取交易样本，或按照某一特征对交易进行分类，或对总体而非样本进行测试。

注册会计师使用恰当的抽样方法通常可以得出有效结论。但如果存在下列情形，注册会计师依据样本得出的结论可能与对总体实施同样的审计程序得出的结论不同，出现不可接受的风险：从总体中选择的样本量过小；选择的抽样方法对实现特定目标不适当；未对发现的例外事项进行恰当的追查。

8.2.3 控制测试

1. 控制测试的概念和要求

（1）控制测试的概念

控制测试是指为评价内部控制在防止或发现并纠正认定层次重大错报的运行有效性而设计的审计程序。

测试控制运行的有效性与确定控制是否得到执行所需获取的审计证据是不同的。在实施风险评估程序以获取控制是否得到执行的审计证据时，注册会计师应当确定某项控制是否存在，被审计单位是否正在使用。在测试控制运行的有效性时，注册会计师应当从下列方面获取关于控制是否有效运行的审计证据：

① 控制在所审计期间的相关时点是如何运行的；

② 控制是否得到一贯执行；

③ 控制由谁执行；

④ 控制以何种方式执行。

控制运行有效性强调的是控制能够在各个不同时点按照既定设计得以一贯执行。因此，在了解控制是否得到执行时，注册会计师只需抽取少量的交易进行检查或观察某几个时点。但在测试控制运行的有效性时，注册会计师需要抽取足够数量的交易进行检查或对多个不同时点进行观察。

测试控制运行的有效性与确定控制是否得到执行所需获取的审计证据虽然存在差异，但两者也有联系。为评价控制设计和确定控制是否得到执行而实施的某些风险评估程序并非专为控制测试而设计，但可能提供有关控制运行有效性的审计证据，注册会计师可以考虑在评价控制设计和获取其得到执行的审计证据的同时测试控制运行有效性，以提高审计效率；同时注册会计师应当考虑这些审计证据是否足以实现控制测试的目的。

（2）控制测试的要求

控制测试并非在任何情况下都需要实施。当存在下列情形之一时，注册会计师应当实施控制测试。

① 在评估认定层次重大错报风险时，预期控制的运行是有效的。如果在评估认定层次重大错报风险时预期控制的运行是有效的，注册会计师应当实施控制测试，就控制在相关期间或时点的运行有效性获取充分、适当的审计证据。注册会计师通过实施风险评估程序，可

能发现某项控制的设计是存在的，也是合理的，同时得到了执行。在这种情况下，出于成本效益的考虑，注册会计师可能预期，如果相关控制在不同时点都得到了一贯执行，与该项控制有关的财务报表认定发生重大错报的可能性就不会很大，也就不需要实施很多的实质性程序。为此，注册会计师可能会认为值得对相关控制在不同时点是否得到了一贯执行进行测试，即实施控制测试。这种测试主要是出于成本效益的考虑，其前提是注册会计师通过了解内部控制以后认为某项控制存在着被信赖和利用的可能。因此，只有认为控制设计合理、能够防止或发现和纠正认定层次的重大错报，注册会计师才有必要对控制运行的有效性实施测试。

② 仅实施实质性程序并不能够提供认定层次充分、适当的审计证据。如果认为仅实施实质性程序获取的审计证据无法将认定层次重大错报风险降至可接受的低水平，注册会计师应当实施相关的控制测试，以获取控制运行有效性的审计证据。

2. 控制测试的性质

(1) 控制测试的性质的概念

控制测试的性质是指控制测试所使用的审计程序的类型及其组合。

注册会计师应当选择适当类型的审计程序以获取有关控制运行有效性的保证。在计划和实施控制测试时，对控制有效性的信赖程度越高，注册会计师应当获取越有说服力的审计证据。当拟实施的进一步审计程序主要以控制测试为主，尤其是仅实施实质性程序无法或不能获取充分、适当的审计证据时，注册会计师应当获取有关控制运行有效性的更高的保证水平。

虽然控制测试与了解内部控制的目的不同，但两者采用审计程序的类型通常相同，包括询问、观察、检查和重新执行。

① 询问。注册会计师可以向被审计单位适当员工询问，获取与内部控制运行情况相关的信息。

② 观察。观察是测试不留下书面记录的控制（如职责分离）的运行情况的有效方法。

③ 检查。对运行情况留有书面证据的控制，检查非常适用。

④ 重新执行。通常只有当询问、观察和检查程序结合在一起仍无法获得充分的证据时，注册会计师才考虑通过重新执行来证实控制是否有效运行。

询问和观察程序往往不足以测试控制运行的有效性，因此注册会计师需要将询问与其他审计程序结合使用。而观察提供的证据仅限于观察发生的时点，因此将询问与检查或重新执行结合使用，可能比仅实施询问和观察获取更高水平的保证。

(2) 控制测试的性质的选择

注册会计师在选择控制测试的性质时通常会考虑下列要素。

① 特定控制的性质。注册会计师应当根据特定控制的性质选择所需实施审计程序的类型。某些控制可能存在反映控制运行有效性的文件记录，在这种情况下，注册会计师可以检查这些文件记录以获取控制运行有效的审计证据；某些控制可能不存在文件记录，或文件记录与能否证实控制运行有效性不相关，注册会计师应当考虑实施检查以外的其他审计程序，以获取有关控制运行有效性的审计证据。

② 测试与认定直接相关和间接相关的控制。在设计控制测试时，注册会计师不仅应当考虑与认定直接相关的控制，还应当考虑这些控制所依赖的与认定间接相关的控制，以获取

支持控制运行有效性的审计证据。例如，被审计单位可能针对超出信用额度的例外赊销交易设置报告和审核制度。

③ 应用控制的自动化。对于一项自动化的应用控制，由于信息技术处理过程的内在一贯性，注册会计师可以利用该项控制得以执行的审计证据和信息技术一般控制（特别是对系统变动的控制）运行有效性的审计证据，作为支持该项控制在相关期间运行有效性的重要审计证据。

（3）实施控制测试时对双重目的的实现

控制测试的目的是评价控制是否有效运行，细节测试的目的是发现认定层次的重大错报。尽管两者目的不同，但注册会计师可以考虑针对同一交易同时实施控制测试和细节测试，以实现双重目的。例如，注册会计师通过检查某笔交易的发票可以确定其是否经过适当的授权，也可以获取关于该交易的金额、发生时间等细节证据。当然，如果拟实施双重目的的测试，注册会计师应当仔细设计和评价测试程序。

（4）实施实质性程序的结果对控制测试结果的影响

注册会计师应当考虑实施实质性程序发现的错报对评价相关控制运行有效性的影响，如降低对相关控制的信赖程度、调整实质性程序的性质、扩大实质性程序的范围等。如果实施实质性程序发现被审计单位没有识别出的重大错报，通常表明内部控制存在重大缺陷，注册会计师应当就这些缺陷与管理层和治理层进行沟通。

3. 控制测试的时间安排

（1）控制测试的时间的概念

控制测试的时间包含两层含义：一是何时实施控制测试；二是测试所针对的控制适用的时点或期间。如果测试特定时点的控制，注册会计师仅得到该时点控制运行有效性的审计证据；如果测试某一期间的控制，注册会计师可获取控制在该期间有效运行的审计证据。因此，注册会计师应当根据控制测试的目的确定控制测试的时间，并确定拟信赖的相关控制的时点或期间。

（2）考虑期中审计证据

注册会计师可能在期中实施进一步审计程序。对于控制测试，注册会计师在期中实施此类程序具有更积极的作用。但即使注册会计师已获取有关控制在期中运行有效性的审计证据，仍然需要考虑如何能够将控制在期中运行有效性的审计证据合理延伸至期末。如果已获取有关控制在期中运行有效性的审计证据，并拟利用该证据，注册会计师应当实施下列审计程序：获取这些控制在剩余期间发生重大变化的审计证据；确定针对剩余期间还需获取的补充审计证据。

如果这些控制在剩余期间没有发生变化，注册会计师可能决定信赖期中获取的审计证据；如果这些控制在剩余期间发生了变化（如信息系统、业务流程或人事管理等方面发生变动），注册会计师需要了解并测试控制的变化对期中审计证据的影响，获取针对期中证据以外的、剩余期间的补充证据。注册会计师应当考虑下列因素。

① 评估的认定层次重大错报风险的重要程度。评估的重大错报风险对财务报表的影响越大，注册会计师需要获取的剩余期间的补充证据越多。

② 在期中测试的特定控制，以及自期中测试后发生的重大变动。例如，对自动化运行的控制，注册会计师更可能测试信息系统一般控制的运行有效性，以获取控制在剩余期间运

行有效性的审计证据。

③ 在期中对有关控制运行有效性获取的审计证据的程度。如果注册会计师在期中对有关控制运行有效性获取的审计证据比较充分，可以考虑适当减少需要获取的剩余期间的补充证据。

④ 剩余期间的长度。剩余期间越长，注册会计师需要获取的剩余期间的补充证据越多。

⑤ 在信赖控制的基础上拟缩小实质性程序的范围。注册会计师对相关控制的信赖程度越高，通常在信赖控制的基础上拟减少进一步实质性程序的范围就越大。在这种情况下，注册会计师需要获取的剩余期间的补充证据越多。

⑥ 控制环境。在注册会计师总体上拟信赖控制环境的前提下，控制环境越薄弱（或把握程度越低），注册会计师需要获取的剩余期间的补充证据越多。

被审计单位对控制的监督起到的是一种检验相关控制在所有相关时点是否都有效运行的作用，因此除了测试剩余期间控制的运行有效性外，通过测试剩余期间控制的运行有效性或测试被审计单位对控制的监督，注册会计师可以获取补充审计证据。

（3）考虑以前审计获取的审计证据

内部控制中的诸多要素对于被审计单位来说往往是相对稳定的，注册会计师在本期审计时还可以适当考虑利用以前审计获取的有关控制运行有效性的审计证据。

① 基本思路。考虑拟信赖的以前审计中测试的控制在本期是否发生变化。因为考虑与控制变化有关的审计证据有助于注册会计师决定合理调整拟在本期获取的有关控制运行有效性的审计证据。

② 不同处理。当控制在本期发生变化时注册会计师应当考虑以前审计获取的有关控制运行有效性的审计证据是否与本期审计相关。

当控制在本期未发生变化时注册会计师应当运用职业判断确定是否在本期审计中测试其运行有效性。

③ 考虑因素。在确定利用以前审计获取的有关控制运行有效性的审计证据是否适当及再次测试控制的时间间隔时，注册会计师应当考虑的因素包括：内部控制其他要素的有效性，包括控制环境、对控制的监督及被审计单位的风险评估过程；控制特征（人工控制还是自动化控制）产生的风险；信息技术一般控制的有效性；控制设计及其运行的有效性，包括在以前审计中测试控制运行有效性时发现的控制运行偏差的性质和程度，以及是否发生了对控制运行产生重大影响的人事变动时；由于环境发生变化而特定控制缺乏相应变化导致的风险；重大错报的风险和对控制的信赖程度。

如果拟信赖以前审计获取的某些控制运行有效性的审计证据，注册会计师应当在每次审计时从中选取足够数量的控制，测试其运行有效性；不应将所有拟信赖控制的测试集中于某一次审计，而在之后的两次审计中不进行任何测试。

④ 特别风险的控制测试。鉴于特别风险的特殊性，对于旨在减轻特别风险的控制，不论该控制在本期是否发生变化，注册会计师都不应依赖以前审计获取的证据。因此，如果确定评估的认定层次重大错报风险是特别风险，并拟信赖旨在减轻特别风险的控制，注册会计师不应依赖以前审计获取的审计证据，而应在本期审计中测试这些控制的运行有效性。也就是说，如果注册会计师拟信赖针对特别风险的控制，那么所有关于该控制

运行有效性的审计证据必须来自当年的控制测试。相应地，注册会计师应当在每次审计中都测试这类控制。

4. 控制测试的范围

对于控制测试的范围，主要是指某项控制活动的测试次数。注册会计师应当设计控制测试，以获取控制在整个拟信赖的期间有效运行的充分、适当的审计证据。

（1）确定控制测试的范围时考虑的因素

当针对控制运行的有效性需要获取更具说服力的审计证据时，可能需要扩大控制测试的范围。在确定控制测试的范围时，除考虑对控制的信赖程度外，注册会计师还可能考虑以下因素。

① 在拟信赖期间，被审计单位执行控制的频率。控制执行的频率越高，控制测试的范围越大。

② 在所审计期间，注册会计师拟信赖控制运行有效性的时间长度。拟信赖控制运行有效性的时间长度不同，在该时间长度内发生的控制活动次数也不同。拟信赖期间越长，控制测试的范围越大。

③ 控制的预期偏差。控制的预期偏差率越高，需要实施控制测试的范围越大。如果控制的预期偏差率过高，注册会计师应当考虑控制可能不足以将认定层次的重大错报风险降至可接受的低水平，从而针对某一认定实施的控制测试可能是无效的。

④ 通过测试与认定相关的其他控制获取的审计证据的范围。针对同一认定，可能存在不同的控制。当针对其他控制获取审计证据的充分性和适当性较高时，测试该控制的范围可适当缩小。

⑤ 拟获取的有关认定层次控制运行有效性的审计证据的相关性和可靠性。

（2）两个层次的控制测试的考虑

控制测试可用于被审计单位每个层次的内部控制。整体层次控制测试通常更加主观（如管理层对胜任能力的重视）。对整体层次控制进行测试，通常比业务流程层次控制（如检查付款是否得到授权）更难以记录。因此，整体层次控制和信息技术一般控制的评价通常记录的是文件备忘录和支持性证据。

8.2.4 实质性程序

1. 实质性程序的概念和要求

（1）实质性程序的概念

实质性程序是指用于发现认定层次重大错报的审计程序，包括对各类交易、账户余额和披露的细节测试及实质性分析程序。

（2）实施实质性程序的总体要求

注册会计师实施的实质性程序应当包括下列与财务报表编制完成阶段相关的审计程序。

① 将财务报表与其所依据的会计记录进行核对或调节。

② 检查财务报表编制过程中作出的重大会计分录和其他调整。注册会计师对会计分录和其他会计调整检查的性质和范围，取决于被审计单位财务报告过程的性质和复杂程度及由此产生的重大错报风险。

（3）针对特别风险实施的实质性程序

如果认为评估的认定层次重大错报风险是特别风险，注册会计师应当专门针对该风险实施实质性程序。例如，如果认为管理层面临实现盈利指标的压力而可能提前确认收入，注册会计师在设计询证函时不仅应当考虑函证应收账款的账户余额，还应当考虑询证销售协议的细节条款（如交货、结算及退货条款）；注册会计师还可考虑在实施函证的基础上针对销售协议及其变动情况询问被审计单位的非财务人员。

如果针对特别风险实施的程序仅为实质性程序，这些程序应当包括细节测试，或将细节测试和实质性分析程序结合使用，以获取充分、适当的审计证据。

2. 实质性程序的性质

（1）实质性程序的性质的概念

实质性程序的性质，是指实质性程序的类型及其组合。前已述及，实质性程序的两种基本类型包括细节测试和实质性分析程序。

细节测试是对各类交易、账户余额和披露的具体细节进行测试，目的在于直接识别财务报表认定是否存在错报。细节测试被用于获取与某些认定相关的审计证据，如存在、准确性、计价等。

实质性分析程序从技术特征上讲仍然是分析程序，主要是通过研究数据间关系评价信息，只是将该技术方法用作实质性程序，即用以识别各类交易、账户余额和披露及相关认定是否存在错报。实质性分析程序通常更适用于在一段时间内存在可预期关系的大量交易。

（2）细节测试和实质性分析程序的适用性

由于细节测试和实质性分析程序的目的和技术手段存在一定差异，因此各自有不同的适用领域。注册会计师应当根据各类交易、账户余额和披露的性质选择实质性程序的类型。细节测试适用于对各类交易、账户余额和披露认定的测试，尤其是对存在或发生、计价认定的测试；对在一段时间内存在可预期关系的大量交易，注册会计师可以考虑实施实质性分析程序。

（3）细节测试的方向

对于细节测试，注册会计师应当针对评估的风险设计细节测试，获取充分、适当的审计证据，以达到认定层次所计划的保证水平。注册会计师需要根据不同的认定层次的重大错报风险设计有针对性的细节测试。在针对存在或发生认定设计细节测试时，注册会计师应当选择包含在财务报表金额中的项目，并获取相关审计证据；在针对完整性认定设计细节测试时，注册会计师应当选择有证据表明应包含在财务报表金额中的项目，并调查这些项目是否确实包括在内。

（4）设计实质性分析程序时考虑的因素

在设计实质性分析程序时，注册会计师应当考虑的因素包括：对特定认定使用实质性分析程序的适当性；对已记录的金额或比率作出预期时，所依据的内部或外部数据的可靠性；作出预期的准确程度是否足以在计划的保证水平上识别重大错报；已记录金额与预期值之间可接受的差异额。

当实施实质性分析程序时，如果使用被审计单位编制的信息，注册会计师应当考虑测试与信息编制相关的控制，以及这些信息是否在本期或前期经过审计。

3. 实质性程序的时间

实质性程序的时间选择与控制测试的时间选择有共同点，也有很大差异。共同点在于，两类程序都面临着对期中审计证据和对以前审计获取的审计证据的考虑。两者的差异在于：①在控制测试中，期中实施控制测试并获取期中关于控制运行有效性审计证据的做法更具有一种“常态”；而由于实质性程序的目的在于更直接地发现重大错报，在期中实施实质性程序时更需要考虑其成本效益的权衡。②在本期控制测试中拟信赖以前审计获取的有关控制运行有效性的审计证据，已经受到了很大的限制；而对于以前审计中通过实质性程序获取的审计证据，则采取了更加慎重的态度和更严格的限制。

（1）考虑是否在期中实施实质性程序

在期中实施实质性程序，一方面消耗了审计资源，另一方面期中实施实质性程序获取的审计证据又不能直接作为期末财务报表认定的审计证据，注册会计师仍然需要消耗进一步的审计资源，使期中审计证据能够合理延伸至期末。这两部分审计资源的总和是否能够显著小于完全在期末实施实质性程序所需消耗的审计资源，是注册会计师需要权衡的。注册会计师在考虑是否在期中实施实质性程序时应当考虑以下因素。

① 控制环境和其他相关的控制。控制环境和其他相关的控制越薄弱，注册会计师越不宜在期中实施实质性程序。

② 实施审计程序所需信息在期中之后的可获得性。如果实施实质性程序所需信息在期中之后可能难以获取，注册会计师应考虑在期中实施实质性程序；但如果实施实质性程序所需信息在期中之后的获取并不存在明显困难，该因素不应成为注册会计师在期中实施实质性程序的重要影响因素。

③ 实质性程序的目标。如果针对某项认定实施实质性程序的目标就包括获取该认定的期中审计证据，注册会计师应在期中实施实质性程序。

④ 评估的重大错报风险。注册会计师评估的某项认定的重大错报风险越高，针对该认定所需获取的审计证据的相关性和可靠性要求也就越高，注册会计师越应当考虑将实质性程序集中于期末（或接近期末）实施。

⑤ 特定类别交易或账户余额及相关认定的性质。例如，某些交易或账户余额及相关认定（如收入截止认定、未决诉讼）的特殊性质决定了注册会计师必须在期末（或接近期末）实施实质性程序。

⑥ 针对剩余期间，能否通过实施实质性程序或将实质性程序与控制测试相结合，降低期末存在错报而未被发现的风险。如果针对剩余期间注册会计师可以通过实施实质性程序或将实质性程序与控制测试相结合，较有把握地降低期末存在错报而未被发现的风险，注册会计师可以考虑在期中实施实质性程序；但如果针对剩余期间注册会计师认为还需要消耗大量审计资源才有可能降低期末存在错报而未被发现的风险，甚至没有把握通过适当的进一步审计程序降低期末存在错报而未被发现的风险，注册会计师就不宜在期中实施实质性程序。

（2）考虑期中审计证据的考虑

如果在期中实施了实质性程序，注册会计师应当针对剩余期间实施下列程序之一，以将期中测试得出的结论合理延伸至期末：其一是针对剩余期间实施进一步的实质性程序；其二是将实质性程序和控制测试结合使用。

如果拟将期中测试得出的结论延伸至期末，注册会计师应当考虑针对剩余期间仅实施实质性程序是否足够。如果认为实施实质性程序本身不充分，注册会计师还应测试剩余期间相关控制运行的有效性或针对期末实施实质性程序。

对于舞弊导致的重大错报风险（作为一类重要的特别风险），被审计单位存在故意错报或操纵的可能性，那么注册会计师更应慎重考虑能否将期中测试得出的结论延伸至期末。因此，如果已识别出由于舞弊导致的重大错报风险，为将期中得出的结论延伸至期末而实施的审计程序通常是无效的，注册会计师应当考虑在期末或者接近期末实施实质性程序。

（3）以前审计获取的审计证据的考虑

在以前审计中实施实质性程序获取的审计证据，通常对本期只有很弱的证据效力或没有证据效力，不足以应对本期的重大错报风险。只有当以前获取的审计证据及其相关事项未发生重大变动时（如以前审计通过实质性程序测试过的某项诉讼在本期没有任何实质性进展），以前获取的审计证据才可能用做本期的有效审计证据。但是，如果拟利用以前审计中实施实质性程序获取的审计证据，注册会计师应当在本期实施审计程序，以确定这些审计证据是否具有持续相关性。

4. 实质性程序的范围

评估的认定层次重大错报风险和实施控制测试的结果是注册会计师在确定实质性程序的范围时的重要考虑因素。在确定实质性程序的范围时，注册会计师应当考虑评估的认定层次重大错报风险和实施控制测试的结果。注册会计师评估的认定层次的重大错报风险越高，需要实施实质性程序的范围越广。如果对控制测试结果不满意，注册会计师应当考虑扩大实质性程序的范围。

在设计细节测试时，注册会计师除了从样本量的角度考虑测试范围外，还要考虑选样方法的有效性等因素。例如，从总体中选取大额或异常项目，而不是进行代表性抽样或分层抽样。

实质性分析程序的范围有两层含义：一是对什么层次上的数据进行分析。注册会计师可以选择在高度汇总的财务数据层次进行分析，也可以根据重大错报风险的性质和水平调整分析层次；二是需要对什么幅度或性质的偏差展开进一步调查。实施分析程序可能发现偏差，但并非所有的偏差都值得展开进一步调查。可容忍或可接受的偏差（即预期偏差）越大，作为实质性分析程序一部分的进一步调查的范围就越小。

在设计实质性分析程序时，注册会计师应该确定已记录金额与预期值之间可接受的差异额。在确定该差异额时，注册会计师应当主要考虑各类交易、账户余额和披露及相关认定的重要性和计划的保证水平。

关键术语

风险评估程序	分析程序	内部控制
控制环境	控制活动	内部控制目标
不相容职务	流程图法	特别风险
总体应对措施	进一步审计程序	控制测试
实质性程序	细节测试	

本章复习

一、单项选择题

1. 在下列各项中，不属于内部控制要素的是（ ）。

A. 控制风险　B. 控制活动　C. 对控制的监督　D. 控制环境

2. 职责分离要求将不相容的职责分配给不同员工。下列职责分离做法中正确的是（ ）。

A. 交易授权、交易执行、交易付款分离　B. 交易授权、交易记录、交易保管分离

C. 资产保管、交易执行、交易报告分离　D. 交易授权、交易付款、交易记录分离

3. 在确定控制活动是否能够防止或发现并纠正重大错误时，下列审计程序中可能无法实现这一目的的是（ ）。

A. 询问员工执行控制活动的情况　B. 使用高度汇总的数据实施分析程序

C. 观察员工执行的控制活动　D. 检查文件和记录

4. 下列因素中，最有可能导致被审计单位产生财务报表层次重大错报风险的是（ ）。

A. 控制环境　B. 赊销审批　C. 业绩评价　D. 控制程序

5. 由下列（ ）原因导致的重大错报风险通常影响财务报表整体。

A. 管理层舞弊　B. 事项记录不完整　C. 账户余额不正确　D. 交易未授权

6. 以下选项中，可能产生特别风险的是（ ）。

A. 日常的交易　B. 简单的事项

C. 经过正规处理的交易　D. 经过主观判断的事项

7. 当存在下列（ ）情况时，注册会计师仅通过实质性程序无法应对重大错报风险。

A. 关键内部控制均有人工执行　B. 审计证据仅以电子形式存在

C. 内部控制存在多处重大缺陷　D. 审计证据均以纸质形式存在

8. 相对而言，将询问程序与（ ）程序结合运用所获取的审计证据在证实控制运行有效性方面的保证程度最低。

A. 观察　B. 检查　C. 重新执行　D. 穿行测试

9. 控制测试的范围与下列（ ）因素呈反向变动关系。

A. 控制的执行频率

B. 对控制的信赖程度

C. 其他控制获取审计证据的充分性和适当性较高时

D. 所需证据的可靠性

10. 在确定进一步审计程序的性质时，注册会计师首先需要考虑的是（ ）。

A. 报表层次重大错报风险的评估结果　B. 被审计单位内部控制的有效性

C. 认定层次重大错报风险的评估结果　D. 对被审计单位及其环境的了解

二、多项选择题

1. 按规定，注册会计师应当实施的风险评估程序包括（ ）

A. 函证程序

B. 询问管理层和被审计单位内部其他人员

C. 分析性程序

D. 观察和检查

2. 下列活动中，注册会计师认为属于控制活动的有（　　）。

A. 授权　B. 业绩评价　C. 风险评估　D. 职责分离

3. 在对内部控制进行初步评价并进行风险评估后，注册会计师通常需要在审计工作底稿中形成结论的有（　　）。

A. 控制本身的设计是否有效　B. 控制是否得到执行

C. 是否信赖控制并实施控制测试　D. 是否实施实质性程序

4. 复杂的组织结构可能导致被审计单位某些特定业务产生重大错报风险。下列各项中，属于这种特定业务的有（　　）。

A. 财务报表合并　B. 商誉减值　C. 长期股权投资　D. 固定资产租赁

5. 了解被审计单位对会计政策的选择和运用时，注册会计师应关注以下（　　）方面。

A. 重大交易的会计处理方法　B. 在新兴领域采用的重要的会计政策

C. 新颁布的财务报告准则　D. 会计估计的变更和披露

6. 内部控制的基本要素包括（　　）。

A. 信息处理控制　B. 风险评估过程

C. 与财务报告相关的信息系统和沟通　D. 对控制的监督

7. 非常规交易容易导致特别风险。非常规交易具有下列（　　）特征。

A. 管理层更多地干预会计处理　B. 数据收集和处理几乎不涉及人工成分

C. 复杂的计算或会计处理方法　D. 难以对产生的特别风险实施有效控制

8. 在测试内部控制的运行有效性时，注册会计师应当获取的审计证据有（　　）。

A. 控制是否存在

B. 控制在所审计期间不同时点是如何运行的

C. 控制是否得到一贯执行

D. 控制由谁执行

9. 在确定控制测试的范围时，注册会计师正确的做法有（　　）。

A. 在风险评估时对控制运行有效性的拟信赖程度较高，通常应当考虑扩大实施控制测试的范围

B. 如果控制的预期偏差率较高，通常应当考虑扩大实施控制测试的范围

C. 对于一项持续有效运行的自动化控制，通常应当考虑扩大实施控制测试的范围

D. 如果拟信赖控制运行有效性的时间长度较长，通常应当考虑扩大实施控制测试的范围

10. 下列关于分析程序的用法中，正确的有（　　）。

A. 将分析程序用作风险评估程序

B. 将分析程序用作实质性程序

C. 将分析程序用作控制测试程序

D. 将分析程序用作对财务报表进行总体复核的程序

三、问答题

1. 什么是风险评估程序?
2. 什么是内部控制? 如何了解内部控制?
3. 什么是进一步审计程序?
4. 什么是控制测试?
5. 什么是实质性程序?

四、研究思考题

1. 注册会计师了解被审计单位及其环境的意义何在? 了解被审计单位及其环境可以通过实施哪些风险评估程序? 需要了解哪些方面?
2. 如何识别和评估财务报表层次和认定层次的重大错报风险?
3. 如何理解特别风险? 注册会计师如何应对?
4. 针对财务报表层次的重大错报风险,注册会计师应采取哪些总体应对措施?
5. 如何确定进一步审计程序的性质、时间和范围?

五、案例分析题

【题1】

基本情况 X公司是主要从事小型电子消费品生产和销售的公司。A和B注册会计师负责审计X公司2012年度财务报表。A和B注册会计师在审计工作底稿中记录了了解的X公司及其环境情况,部分内容摘录如下。

① 在2011年度实现销售收入增长10%的基础上,X公司董事会确定的2012年销售收入增长的目标为20%。X公司管理层实行年薪制,总体薪酬水平根据上述目标的完成情况上下浮动。X公司所处行业2012年的平均销售增长率为12%

② X公司财务总监已为X公司工作超过6年,于2012年9月劳动合同到期后被X公司的竞争对手高薪聘请。由于工作压力大,X公司会计部门人员流动频繁,除会计主管服务超过4年外,其余人员的平均服务期少于2年。

③ X公司的产品面临快速更新换代的压力,市场竞争激烈。为巩固市场占有率,X公司于2012年4月将主要产品(C产品)的售价下调了8%至10%。另外,X公司在2012年8月推出了D产品(C产品的改良型号),市场表现良好,计划在2013年全面扩大产量,并在2013年1月针对C产品开始实施新一轮的降价促销,平均降价幅度为10%。

④ X公司销售的产品均由经客户认可的运输公司实施运输,运费由X公司承担,但运输途中风险仍由客户自行承担。由于受能源价格上涨的影响,2012年的运输单价比上年平均上升了15%,但运输商同意将运费结算周期从原来的30天延长至60天。

⑤ 2012年度X公司主要原料的价格与上年持平,供应商也没有太大的变化。但由于技术要求发生变化,D产品所耗高档金属材料的比例比C产品略有上升,使得D材料的原材料成本比C产品上升了3%。

⑥ 除了2011年12月借入的2年期、年利率6%的银行借款5 000万元,X公司没有其他借款。上述长期借款专门用于扩建一条生产线,以满足D产品的生产需要。该生产线总投资6 500万元,2011年12月开工,2012年7月完工投入使用(假定不考虑利息收入)。

⑦ A和B注册会计师在审计工作底稿中记录所获取的财务数据部分内容如下。

项目	2012年		2011年	
	C产品	D产品	C产品	D产品
产成品	2 000	1 800	2 500	0
存货跌价准备	0		0	
营业收入	18 500	8 000	20 000	0
营业成本	17 000	5 600	16 800	0
销售费用—运费	1 200	1 150		
利息支出	300	25		
减：利息资本化	250	25		
净利息支出	50	0		

要求：针对资料①～⑦，结合⑦，假定不考虑其他条件，请逐项指出①～⑥所列事项是否可能表明存在重大错报风险。如果认为存在，请简要说明理由，并分别说明该风险是属于财务报表层还是认定层次。如认为是认定层次，指出相关事项与何种交易或账户的何种认定相关，可填入表内。

情况序号	是否存在重大错报风险及其理由	风险的层次	相关的账户和认定
①			
②			
③			
④			
⑤			
⑥			

【题2】

基本情况 XYZ公司是公开发行A股的上市公司，主要经营计算机硬件的开发、集成与销售，主要是根据安装验收报告开具发票并确认收入。注册会计师于2013年初对XYZ公司2012年度的财务报表进行审计。经了解XYZ公司2012年度的经营形势、管理及经营机构与2011年度比较未发生重大变化，且未发生重大重组行为。

资料一：XYZ公司2012年末利润表和2011年度已审利润表如下。

（单位：万元）

项目	2012年（未审数）	2011年（审定数）
一、主营业务收入	104 300	58 900
减：主营业务成本	91 845	53 599
主营业务税金及附加	560	350
二、主营业务利润	11 895	4 951
加：其他业务利润	40	56
减：营业费用	2 800	1 610
管理费用	2 300	3 260
财务费用	180	150

续表

项目	2012 年（未审数）	2011 年（审定数）
三、营业利润	6 575	(13)
加：投资收益	—	—
补贴收入	980	—
营业外收入	100	150
减：营业外支出	260	300
四、利润总额	7 395	(163)
减：所得税（税率 33%）	800	—
五、净利润	6 595	(163)

资料二：XYZ 公司 2012 年 1—12 月份未审主营业务收入、主营业务成本列示如下。

月份	主营业务收入	主营业务成本
1	7 800	7 566
2	7 600	6 764
3	7 400	6 512
4	7 700	6 768
5	7 800	6 981
6	7 850	6 947
7	7 950	7 115
8	7 700	6 830
9	7 600	6 832
10	7 900	7 111
11	8 100	7 280
12	18 900	15 139
合计	104 300	91 845

要求：为确定重点审计领域，注册会计师拟实施分析程序。请对资料一进行分析后，指出利润表中的重点审计领域，并简要说明理由；对资料二进行分析后，指出主营业务收入和主营业务成本的重点审计领域，并简要说明理由。

【题 3】

基本情况 远大公司请注册会计师就下列问题提供咨询服务，该公司有三位员工必须分担以下工作：

① 记录并保管总账；

② 记录并保管应付账款明细账；

③ 记录并保管应收账款明细账；

④ 记录货币资金日记账；

⑤ 记录、填写支票；

⑥ 发出销货退回及折让的贷项通知单；
⑦ 调节银行贷款日记账与银行存款对账单；
⑧ 保管并送存现金收入。

要求：请指出应如何将这 8 项工作分配给三位职员，才能达到内部控制制度的要求。

【题 4】

基本情况 A 公司有以下几项工作：
① 批准物资采购的工作；
② 执行物资采购的工作；
③ 对采购的物资进行验收的工作；
④ 物资保管和发放的工作；
⑤ 物资保管账的记录工作；
⑥ 物资明细账的记录工作；
⑦ 物资总分类账的记录工作；
⑧ 物资的定期清查工作。

要求：分析该公司上述工作中哪些是不相容职务，并说明理由。

推荐阅读

[1] 王泽霞，黎良燕．注册会计师应关注的重大错报风险探析．中国注册会计师，2009 (3).
[2] 何玉．职务舞弊与内部控制、内部审计：兼评法国兴业银行职务舞弊案例．审计研究，2009 (2).
[3] 金或防，李若山，徐明磊．COSO 报告下的内部控制新发展：从中航油事件看企业风险管理．会计研究，2005 (2).
[4] 朱荣恩，贺欣．内部控制框架的新发展：企业风险管理框架 COSO 委员会新报告《企业风险管理框架》简介．审计研究，2003 (6).
[5] 阎达五，杨有红．内部控制框架的构建．会计研究，2001 (2).
[6] 朱荣恩．建立和完善内部控制制度的思考．会计研究，2001 (1).
[7] 吴水澎，陈汉文，邵贤弟．企业内部控制理论的发展与启示．会计研究，2000 (5).

第 9 章

销售与收款循环审计

【学习目标】

学习本章以后，你应该能够：

- 理解账户法审计与交易循环法审计的区别；
- 了解销售与收款循环所涉及的主要业务活动、关键内部控制环节、相关原始单据、主要会计科目和财务报表项目；
- 了解销售与收款循环内部控制的关键环节及对销售与收款循环进行控制测试的要点；
- 了解营业收入审计的实质性程序，熟悉和理解营业收入审计实质性分析性程序，了解营业收入审计实质性细节测试程序，掌握营业收入审计的重要细节测试；
- 了解应收账款审计的实质性程序，熟悉和理解应收账款审计分析性程序，了解应收账款审计实质性细节测试程序，掌握应收账款审计的重要细节测试；
- 了解坏账准备审计的实质性程序。

【内容提要】

本章首先介绍了交易循环审计法的特点及交易循环审计法与账户审计法的区别。在接下来的几章中，将分别介绍对各个交易循环进行审计中应当执行的审计程序。各个交易循环包括：销售与收款循环、采购与付款循环、生产与存货循环、人力资源与工薪循环、投资循环、筹资循环、货币资金。本章列示了各循环所涉及的主要财务报表项目。

销售与收款循环在本章中进行介绍，它是企业重要的日常经济业务之一，是财务报表审计的重要组成内容。本部分在介绍销售与收款循环业务特点、内部控制关键环节的基础之上，阐述了对该循环进行审计时的关注重点及重要审计方法，继而以主营业务收入、应收账款、坏账准备等典型财务报表项目为例，详细介绍了对其进行审计时，应考虑执行的实质性程序，以及在各项实质性程序中重要程序的概念和要点。

9.1　交易循环审计法

1. 交易循环与交易循环审计

交易循环（Transaction Cycle）是指处理某一类经济业务的工作程序和先后顺序。通常，制造业企业的交易循环可分为销售与收款循环、采购与付款循环、生产与存货循环、人力资源与工薪循环、投资循环、筹资循环等，而会计估计、关联交易、期初余额等事项，以及货币资金业务则可能结合到上述各交易循环中。

交易循环审计（Cycle Approach Audit）又称切块审计法，是指在运用交易循环法了解、审查和评价被审计单位内部控制系统及其执行情况的基础上，对其财务报表信息披露的合法性、公允性进行审计的方法。与被审计单位的交易循环相对应，交易循环审计即可分成销售与收款循环审计、采购与付款循环审计、生产与存货循环审计、人力资源与工薪循环审计、投资循环审计、筹资循环审计等内容。考虑到货币资金业务的特殊性，通常将其作为一项单独的审计内容。而会计估计、关联交易、期初余额等事项则不仅作为单独审计内容，还应在对各个交易循环进行审计的过程中加以关注。

2. 交易循环审计与账户审计法

与交易循环审计相对的审计方法为账户审计法（Account Approach Audit）。这是一种传统的审计方法，是指按财务报表项目组织实施审计。在账户审计法下，首先将财务报表项目按资产、负债、所有者权益、收入、费用等类别分工，继而再进行进一步划分。例如，将资产划分为流动资产和非流动资产分别审计，对流动资产再划分为货币资金、应收账款、存货等项目分别审计。

由于账户审计法直接依据被审计单位的账户设置体系及财务报表的构成项目来组织审计工作，所以具有直观、操作方便等优点。然而，账户审计法具有两项重大缺点：其一，它将原本紧密相关的账户（例如，营业收入与应收账款）人为分割，容易造成整个审计工作的脱节和重复，不利于审计效率的提高，且难以发现问题；其二，该种审计方法与被审计单位的内部控制体系脱节，进而不利于审计人员在理解被审计单位内部控制的基础上进行审计工作。正因为如此，在现代审计实务中，通常采用交易循环审计法进行财务报表审计。

在交易循环法中，根据财务报表项目的性质与交易循环的关系，通常将两者的关系作如表 9-1 所示的分类。

表 9-1　业务循环与主要财务报表项目对照表

业务循环	资产负债表项目	利润表项目	现金流量表项目
销售与收款循环	资产项目：应收票据、应收账款、长期应收款 负债项目：预收款项、应交税费	收入项目：营业收入、其他业务利润 支出项目：营业税金及附加、销售费用	经营活动现金流量：销售商品、提供劳务收到的现金；收到的税费返还；支付的各项税费

续表

业务循环	资产负债表项目	利润表项目	现金流量表项目
采购与付款循环	资产项目：预付款项、固定资产、在建工程、工程物资、固定资产清理、无形资产、开发支出、商誉、长期待摊费用 负债项目：应付票据、应付账款、长期应付款	支出项目：管理费用	经营活动现金流量：购买商品、接受劳务支付的现金 投资活动现金流量：处置固定资产、无形资产和其他长期资产收回的现金净额；购建固定资产、无形资产和其他长期资产支付的现金
生产与存货循环	资产项目：存货	支出项目：营业成本	
人力资源与工薪循环	负债项目：应付职工薪酬		经营活动现金流量：支付给职工以及为职工支付的现金
投资循环	资产项目：交易性金融资产、应收利息、其他应收款、其他流动资产、可供出售金融资产、持有至到期投资、长期股权投资、投资性房地产、递延所得税资产、其他非流动资产	支出项目：资产减值损失、公允价值变动收益、投资收益、营业外收入、营业外支出	投资活动现金流量：收回投资收到的现金、取得投资收益收到的现金；处置子公司及其他营业单位收到的现金净额；投资支付的现金；取得子公司及其他营业单位支付的现金净额
筹资循环	负债项目：短期借款、交易性金融负债、应付利息、应付股利、其他应付款、其他流动负债、长期借款、应付债券、专项应付款、预计负债、递延所得税负债、其他非流动负债 权益项目：实收资本（或股本）、资本公积、盈余公积、未分配利润	支出项目：财务费用、所得税费用	经营活动现金流量： 收到的税费返还 筹资活动现金流量：吸收投资收到的现金；借款收到的现金；偿还债务所支付的现金；分配股利、利润或偿付利息支付的现金
货币资金循环	资产项目：货币资金		现金净流量

9.2 销售与收款循环概述

相关案例

东方电子公司

一、公司简介

东方电子公司全称为烟台东信电子信息产业股份有限公司，证券简称为东方电子(000682)。该公司登记的主营业务涉及电力、通信、计算机等行业。它曾一度被誉为经典蓝筹股、中国最优秀的上市公司，是中国配电自动化的龙头企业，当地纳税大户。

二、基本情况

1997年1月上市以后，东方电子经过历年大比例送配，由1997年上市时的总股本6 830万股，社会公众股1 720万股，扩张为总股本9.17亿元，流通股6亿多股。如果按照复权价计算，其股价最高到300元以上，流通市值一度超过120亿元。

在股本大幅扩张的同时，东方电子的每股收益一直保持在0.5元以上，每年利润率保持50%以上的增长速度。从1996年至2000年该公司披露的主营业务收入如表9-2所示。

表9-2 东方电子公司主营业务收入（1996—2000年）

年份	主营业务收入（金额单位：人民币亿元）
1996年	1.37
1997年	2.36
1998年	4.5
1999年	8.55
2000年	13.75

在业绩"高速增长"的支持下，几年里置身其中的投资者无不获利丰厚；而东方电子2亿多股内部职工股上市的强劲走势，也让其持有者一夜之间暴富。

(1) 东窗事发

2000年东方电子的主营业务利润率达到了43%左右，有人从理论上指出它的"不现实性"：东方电子的财务报表显示，1998—2000年三年累计主营业务收入高达27亿元，而整个农网电力系统自动化改造市场的份额约50亿元。换言之，东方电子一家公司即占整个市场份额的50%以上，其同行竞争者们从现实中指出了它的"不可能性"。

2001年7月，中国证监会开始调查东方电子公司，最终发现其违规炒股、提供虚假财务报告等事实。在几年的时间里，公司形成了一个在董事长指挥下的由证券部、财务部和经营销售部门分工合作组成的"造假小组"。该"造假小组"的主要造假领域为将高达10.39亿元的变卖内部职工股和炒股收益，记入了财务报告中的"主营业务收入"项目当中。

2001年9月7日，东窗事发后，股价从2001年5月的19.64元一路下跌到2003年1月3日的3.5元最低点。

(2)"重大会计差错"

2001年11月8日，东方电子发布因重大会计差错可能导致经营业绩下滑的风险预警公告。2002年4月30日，东方电子公告将最近几年出售股票收入10.39亿元作为重大会计差错进行更正，将全部收入扣除税金以外的部分暂挂其他应付款科目，待证监会的处理决定下达后，再进行调整。东方电子也因10.39亿元列为其他应付款，使得每股净资产低于面值，股票被ST处理。

东方电子在年报中将自己的炒股所得称为"出售股票收入"，其金额占到未调整前近三年主营业务收入的40%以上，而其登记的主营业务不可能找到"出售股票"这一项，从会计审计的专业术语来看，该公司混淆了营业收入和投资收益，属于收入的“分类”认定的错误。

扣除股票收入所得之后，公司往年的收入和利润等指标与2001年相差悬殊，1999年甚至是亏损。将2000年和2001年的指标对比，主营业务利润减少了5.14亿元，营业利润减少5.45亿元，主营业务收入减少了5.74亿元，利润总额减少了4.789亿元，净利润减少了4.07亿元，每股收益由连续三年平均0.5元多降到了0.068元，营业利润出现了亏损。

(3) 为何造假

经审理查明，东方电子原董事长、总经理隋某早于1994年初在东方电子定向募集期间，与当时负责股票发行的董秘高某密谋，指使财务处负责人注册成立空壳公司——烟台振东高新技术发展公司，并以该公司名义累计购买本公司内部职工股1 044万股。后盗用他人名义，在证券公司营业部开设44个个人股票账户，全部股票交由东方证券部掌管。

自1997年1月东方电子股票上市到2001年8月间隋某等人虚造公司业绩，相继抛售1 044万原始股。此外，隋某还指使公司财务人员，向高某控制的69个个人账户累计投入6.8亿元，在二级市场进行股票炒作，将大部分股市收益在会计处理上用于虚增主营业务收入，又继续推动自家股票价格的上涨。

(4) 对付审计

为了应付审计，隋某安排公司工作人员，采用私刻客户印章、粘贴复印等方式伪造销售合同1 242份，合同金额17.296 8亿元，虚开销售发票2 079张，金额17.082 3亿元。为了掩盖资金的真实来源，隋某、方某等通过在银行设立的东方电子户头、账户，中转、拆分由证券公司所得的收入，并根据伪造的客户合同、发票，伪造1 509份银行进账单及相关的对账单，金额共计17.047 5亿元。

三、审计质疑

东方电子的审计师是山东乾聚会计师事务所，它是烟台市唯一一家具有上市公司审计资格的会计师事务所。此案例引起对审计质量的讨论。

东方电子将10亿元的“股票买卖收入”列为“主营业务收入”，为其审计的会计师事务所未在其审计意见中对此问题作出任何提示，是否应该承担审计责任？

在审计程序中，对于“主营业务收入”这一项目的审查，不管“东方电子”公司在会计记账时是以货物发出作为确认收入的标准，还是以发票的开出为标准，均需在确定重大错报领域的基础上，对其执行控制测试、分析性程序及细节测试。会计师事务所未能找出相关问题，到底是哪个环节出了问题？如果从事后进行分析，可能注意到以下问题。

其一，如果在分析性程序中，对其收入在同行业中所占的比例、其平均利润率的高低进行调查和了解，应当对异常的收入比重及其超高的利润率保持应有的职业谨慎。

其二，会计师事务所在对东方电子的审计中已经发现了函证的回函率不理想，这一点应当予以关注。在审计惯例中，在回函不理想时，可以执行替代程序。关于应收账款的“存在”认定的重要替代程序之一，是检查期后入账的情况，如果其已收到款项，则可以基本确定该项应收账款的存在。在东方电子案例中，刚好绕过了这一问题——相关的款项均已如期收回。在此情况下，如果被审计单位巧妙地将其他支持证据准备完备，则此项审计程序趋于无效。因此，审计人员必须关注经营业务的实质，即不能仅仅囿于财务会计部门的工作，而需要多方面加以了解，从业务生产经营人员那里了解经营业务的实际情况，以确定会计数据在多大程度上反映经营业务的实质，继而找出“破绽”。

“东方电子”案例仅仅是众多销售与收款循环审计案例中的一个。在审计实例中，销售与收款循环是舞弊审计失败问题的高发领域。不论是国内、国外，均有众多著名的审计案例涉及营业收入不实的事实。表 9-3 列示了其中一些典型案例的基本情况。

表 9-3 国内外典型销售与收款循环案例概况

被审计单位		基本情况
国内	原野	在两座大厦一个没有动工、一个刚打地基的情况下，将其承包利润 8 500 万元作为本年实现的利润入账，并倒算出销售收入 2.76 亿元，同时倒挤出销售成本和销售税金等数字。
	琼民源	将合作方香港冠联置业公司投入的股本及合作建房资金 1.95 亿元确认为收入；通过三次循环转账手法，虚构收到转让北京民源大厦部分开发权和商场经营权的款项 2.7 亿元，从而确认收入 3.2 亿元；将收到的合作方民源大厦的建设补偿费 5 100 万元确认为收入。
	银广夏	通过伪造购销合同、伪造出口报关单、虚开增值税专用发票、伪造免税文件和伪造金融票据等手段，虚构主营业务收入，虚构巨额利润 7.45 亿元，其中 1999 年为 1.78 亿元，2000 年为 5.67 亿元。
	东方电子	将三年来逾 10 亿元的炒股收入作为其主营业务收入入账，而其主营业务为电力自动化设备制造。
	黎明股份	为虚增主营业务收入 1.5 亿人民币，从进货、生产、销售各环节造假，被称为“造假手段近乎完美”。
	东方锅炉	将第一个会计年度的销售收入 1.76 亿元和销售利润 3 800 万元，调整至第二个会计年度。在第二个会计年度又以同样的方法，将该年度的销售收入 2.26 亿元和销售利润 4 700 万元转移到第三个会计年度，从而创造连续 3 年稳定盈利，净资产利润率增长平衡的假象。
	紫鑫药业	通过关联方实现营业收入的巨额增长。
国外	美国在线	在与时代华纳合并前，通过将“.COM”公司的广告违约金、法律纠纷收入、代理业务收入、认股权证方式收入、循环交易收入等确认为“广告和商业收入”的手法，掩饰其江河日下的广告收入。
	南方保健	最主要造假手段是通过“契约调整”（Contractual Adjustment）这一收入备抵账户进行利润操纵。营业收入总额减去“契约调整”的借方余额，在南方保健的收益表上反映为营业收入净额。而这一账户的数字取决于南方保健高管人员的估计和判断。它是萨班斯—奥克斯利法案（SOX）颁布后，美国上市公司曝光的又一典型舞弊案例。
	美国 Informix 公司	提前确认收入及记录虚构收入。手法包括：将信用期延长到 12 个月以上；允许中间商退还未出售的许可证等。
	山登公司	随意改变收入确认标准，在 1995 至 1997 年期间，共虚构了 15.77 亿美元的营业收入、超过 5 亿美元的利润总额和 4.39 亿美元的净利润，虚假净利润占对外报告净利润的 56%。

续表

被审计单位		基本情况
国外	DELL 公司	从 2003 年到 2007 年期间，在尚未完成向客户销售产品或提供服务的环节，以及尚未转移物权和风险前即确认收入；且存在着在物权和风险之后延迟确认收入的情况。以上两种情况均可以根据公司会计年度的成本费用情况调节利润。
	马蒂尔公司案例	采用一种被称之为“持有货单”的销售手法。利用该手法，公司虚增了 1 500 万美元的销售收入，并由此而虚增了税前利润 800 万美元。所谓“持有货单”，是指客户未来才能购买，而该公司现在就入了账。

虚构营业收入可称为国内外公开发行股份公司最热衷采用的操纵利润的手法。

对于非公开发行股份的被审计单位而言，可能因筹集资金的需要虚增营业收入；因避税的需要虚减营业收入。

对于股票公开发行、交易的公司而言，其“虚饰财务报表”（即 Window - dressing）的重要手段之一就是虚构营业收入，由此伴随着应收账款、应收票据等项目的虚增，或者采取营业收入的确认时间不当、利用关联方调节收入等手段。因此，注册会计师对此类型公司的财务报表审计，尤其需要关注销售与收款循环可能出现的舞弊行为。

营业收入的不实在企业账务上常常会与应收账款类科目相关。常见的现象是，通过计提坏账准备方式冲销虚增收入形成应收账款；或在未满足营业收入确认的情况下，提前确认收入，形成无法收回的应收账款。

9.3 销售与收款循环的特征

销售与收款循环是指企业将商品销售或将劳务提供给购买者，或者让渡资产使用权，以获得经济利益流入的一系列经营活动。销售与收款循环是被审计单位的重要交易循环。任何企业的生存发展，最终目标均是通过销售而取得收益。通常，企业需要通过销售收回资金，以补偿生产耗费，并进行再生产及扩大再生产。表 9 - 4 是不同行业类型的收入来源情况。

表 9 - 4 不同行业类型的收入来源

行业类型	收入来源
一般制造业	通过采购原材料并将其用于生产流程制造产成品销售给客户
商品零售业	向最终消费者零售商品
专业服务业	律师、会计师、商业咨询师主要通过提供专业服务取得服务费收入；医疗服务机构通过提供医疗服务取得收入
银行业	向客户提供金融服务取得银行手续费；向客户发放贷款取得贷款利息收入
建筑业	通过提供建筑服务完成建筑合同取得收入

销售与收款循环所涉及的主要业务活动包括：销售业务授权、向客户交付货物、向客户开具账单并记录销售、办理和记录资金的收入、定期与客户、开户行对账等。

销售与收款循环所涉及的主要业务活动及其相关会计资料如图 9 - 1 所示。

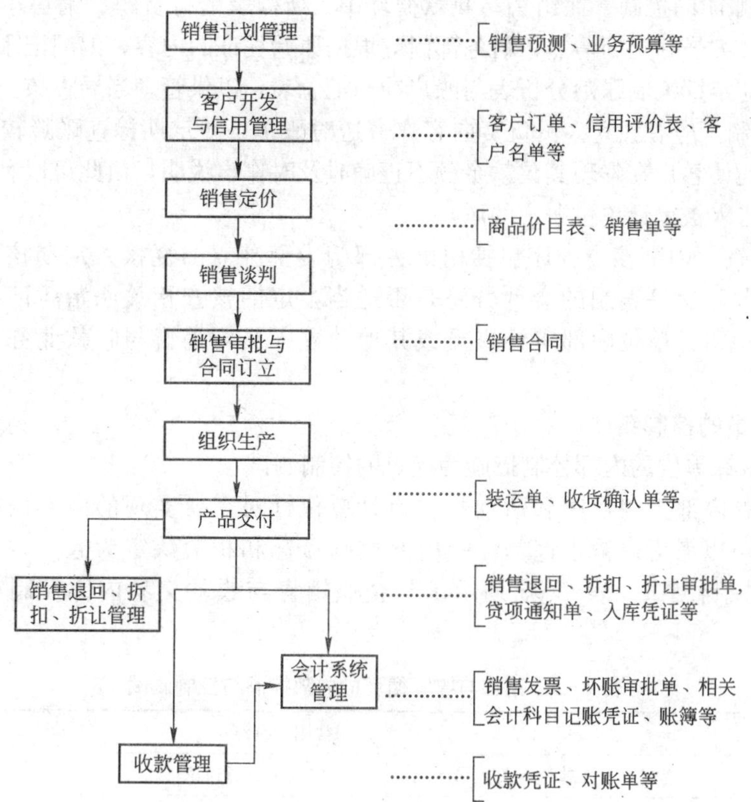

图 9-1　销售与收款循环的主要业务活动及相关单据示意图

9.4　销售与收款循环的控制测试

1. 被审计单位的内部控制

通常，被审计单位会十分重视对销售与收款循环的内部控制。审计人员在了解被审计单位及其环境并评估重大错报风险的过程中，需评估被审计单位下述内部控制程序设计和执行的有效性。

① 不相容的职责分离。在销售与收款循环，接受客户订单、填制销售单、信用审批、批准销售、发运货物、开具发票、收取货款、会计记录及账目核对等工作，应由不同职能部门或人员来完成。

② 授权审批控制。在销售与收款循环中，以下业务应获得适当的授权方可实施：

- 销售价格、付款条件、运费、赊销的批准；
- 销售合同的签订；
- 对发货的核准；
- 销售退回、折让与折扣；
- 坏账的冲销。

③ 凭证和账簿的控制。在销售与收款循环中，所涉及的订货单、销售单、发运单、销售发票均需连续编号并定期清点；财务部门应根据原始凭证的内容，编制记账凭证、登记账簿；财务部门应定期编制账龄分析表与账户冲销汇总表，以供管理当局查核。

④ 对账控制。应有独立人员负责向客户寄送对账单，并定期检查账龄较长的欠款。这种控制手段，能使客户在发现其欠款余额不正确时及时作出说明，由此可以有效地防止经手人收回账款但未入被审计单位账户的风险。

⑤ 内部核查。内部核查程序包括由财务部门内部独立的复核人定期核对账目，定期核对为销售与收款交易编制的会计分录是否适当，定期核查相关原始凭证编号的完整性等，也包括由被审计单位内部审计人员或其他独立人员对销售与收款业务相关账簿和凭证的核查。

2. 审计人员的控制测试

(1) 以被审计单位的内部控制措施为起点的控制测试

特定企业的内部控制程序和活动是被审计单位针对需要实现的内部控制目标而设计的，审计人员可以考虑以被审计单位的内部控制目标和相关认定为起点，针对相关关键内部控制进行控制测试。表 9－5 列示了与企业销售与收款交易内部控制相对应的控制测试。

表 9－5　销售与收款循环的内部控制与控制测试

关键内部控制	常用控制测试
不相容的职责分离	观察被审计单位有关人员的活动；与这些人员进行讨论
授权审批控制	检查凭证在各审批环节上是否经过审批
凭证和账簿的控制	清点各种凭证
对账控制	观察指定人员寄送对账单；客户复函档案和管理层的审阅记录
内部核查	检查内部审计人员的报告；检查其他独立人员在他们核查的凭证上的签字

典型例题解析

基本资料　黑猫公司销售与收款循环相关业务流程与内部控制如下。

① 公司设有销售部门、货物保管装运部门、生产部门和会计部门。

② 销售部门职员接受客户订单，与经批准销售的顾客名单核对，对未列入名单的客户由销售部门经理来决定批准销售与否。

③ 对于已经批准的顾客订单，销售部门经理与客户已经批准的信用额度相核对，符合信用额度的销售，编制一式多联的销售单。

④ 货物保管装运部门根据经过批准的销售单发出产品，填写产品装运信息，并将产品装运信息传递给财务部门。

⑤ 财务部门的财务人员甲根据经过批准的销售单和产品装运凭证填写打印销售发票，交给装运部门一并送往客户，同时登记“营业收入”和“应收账款”账簿。

⑥ 财务人员乙负责事后对销售发票的编制作内部审查，将销售发票的商品总数与装运凭证的商品总数相核对，将销售发票的商品价格与经过批准的商品价目表相核对，并且重新计算发票计价和计算的正确性。

⑦ 财务人员丙每月核对应收账款明细账与总账，向客户寄送对账单。要求客户将任何例外情况向公司会计部门报告。

⑧ 财务人员甲负责收取客户货款，收取后登记“银行存款”和“应收账款”账簿。

要求：请分析黑猫公司相关内部控制中存在的缺陷，并提出改进建议。

参考答案　黑猫公司上述内部控制存在的缺陷及改进建议如下。

① 销售部门经理决定批准信用额度，有可能出现销售人员为扩大销售、实现销售业绩而使企业承受不适当的信用风险。建议黑猫公司需要设置信用管理部门，专门负责信用额度的审批。

② 货物保管装运职责设置在同一部门，不符合不相容职责分离原则。建议按照经批准的销售单供货与按照销售单装运货物职责相分离，避免装运职员在未经授权的情况下装运产品。

③ 装运信息仅在装运部门与财务部门沟通，不利于销售部门掌握已销信息。建议将相关信息与销售部门实现实时共享。

④ 财务人员仅根据经过批准的销售单和产品装运凭证登记“营业收入”和“应收账款”账簿不符合收入确认原则。应在获得客户确认收到货物后确认收入的实现。建议在取得客户签收证据后登记“营业收入”和“应收账款”账簿。

⑤ 销售发票编制的内部审查工作建议在交给客户之前进行，以避免发票编制错误造成的不利后果。

⑥ 向客户按月寄送对账单时，建议要求客户不论正确与否均回函，以免因未收到函件而错误地确认相关事项没有差错。此外，回函应由黑猫公司指定的不掌管货币资金也不记载营业收入和应收账款账目的人员处理。

⑦ 登记应收账款明细账，登记银行存款明细账，收取客户货款属于不相容职责，建议将相关职责赋予不同的工作人员。

⑧ 建议对所有的单据编号，包括订单、销售单、装运凭证等。

（2）以风险为起点的控制测试

审计人员也可以在风险评估阶段所识别的重大风险领域为起点，对被审计单位相关的内部控制进行了解，进而实施相应的控制测试。表 9－6 举例列示了销售与收款交易相关的风险、旨在降低这些风险的可能存在的计算机控制和人工控制，以及相应的控制测试程序。

表 9－6　销售与收款交易的风险、控制和控制测试

风险	计算机控制	人工控制	控制测试
信用控制和赊销			
可能向没有获得赊销授权或超出了其信用额度的客户赊销	● 订购单上的客户代码与应收账款主文档记录的代码一致。目前未偿付余额加上本次销售额在信用限额范围内。只有上述两项均满足才能获得发货批准并生成发运凭证	● 信用控制程序包括复核信用申请、收入和信用状况的支持性信息，批准信用限额，授权增设新的账户，以及适当授权超过信用限额的人工控制	● 通过询问员工、检查相关文件证实上述控制的实施

续表

风险	计算机控制	人工控制	控制测试
发运商品			
可能在没有批准发运凭证的情况下发出了商品。 已发出商品可能与发运凭证上的商品种类和数量不符。 客户可能拒绝承认已收到商品	● 当客户订购单在系统中获得发货批准时，系统自动生成连续编号的发运凭证。 ● 计算机把所有准备发出的商品与销售单上的商品种类和数量进行比对。打印种类或数量不符的例外报告，并暂缓发货	● 商品打包发运前，对商品和发运凭证内容进行独立核对 ● 在发运凭证上签字以示商品已与发运凭证核对且种类和数量相符 ● 销售人员关注快到期的发运凭证和未完成的订购单，督促尽快向客户发货。保安人员只有当商品附有发运凭证时才能放行 ● 客户要在发运凭证上签字以作为收到商品且商品与订购单一致的证据 ● 管理层复核例外报告和暂缓发货的清单，并解决问题	● 执行观察、检查程序 ● 检查发运凭证上相关员工和客户的签名，作为发货的证据 ● 检查例外报告和暂缓发货的清单
开具发票			
商品发运可能未开具销售发票	● 发货以后系统根据发运凭证及相关信息自动生成连续编号的销售发票。定期打印销售发票。系统自动复核连续编号的发票和发运凭证的对应关系，并定期生成例外报告	● 复核例外报告并调查原因	● 执行观察程序 ● 检查例外报告
由于定价或产品摘要不正确，以及订购单或发运凭证或销售发票代码输入错误，可能使销售价格不正确	● 通过逻辑准入系统控制定价主文档的更改 ● 只有得到授权的员工才能进行更改 ● 系统通过使用和检查主文档版本序号，确定正确的定价主文档版本已经被上传 ● 系统检查录入的产品代码的合理性	● 核对经授权的有效的价格更改清单与计算机获得的价格更改清单是否一致 ● 如果发票由手工填写或没有定价主文档，则有必要对发票的价格进行独立核对	● 检查文件以确定价格更改是否经授权 ● 重新执行以确定打印出的更改后价格与授权是否一致（这可以使用计算机辅助审计方法加以实施） ● 通过检查 IT 的一般控制和收入交易的应用控制，确定正确的定价主文档版本是否已被用来生成发票 ● 检查发票中价格复核人员的签名。通过核对经授权的价格清单与发票上的价格，重新执行检查
发票上的金额可能出现计算错误	● 每张发票的单价、计算、商品代码、商品摘要和客户账户代码均由计算机程序控制 ● 如果由计算机控制的发票开具程序的更改是受监控的，在操作控制帮助下，可以确保使用的是正确的发票生成程序版本 ● 系统代码有密码保护，只有经授权的员工才可以更改 ● 定期打印所有系统上作出的更改	● 如果由手工开具发票，独立复核发票上计算的增值税和总额的正确性 ● 上述程序的所有更改由上级复核和审批	● 检查与发票计算金额正确性相关的人员的签名 ● 重新计算发票金额，证实其是否正确 ● 询问发票生成程序更改的一般控制情况，确定是否经授权以及现有的版本是否正在被使用 ● 检查有关程序更改的复核审批程序

续表

风险	计算机控制	人工控制	控制测试
记录赊销			
销售发票入账的会计期间可能不正确	● 系统根据销售发票的信息自动汇总生成当期销售入账记录	● 定期执行人工销售截止检查程序 ● 检查发票打印件的连续编号 ● 复核并调查所有与发票不匹配的发运凭证	● 检查发票，重新执行销售截止检查程序
销售发票可能计入不正确的应收账款账户	● 系统将客户代码、商品发送地址、发运凭证、发票与应收账款主文档中的相关信息进行比对	● 应收账款客户主文档中明细余额的汇总金额应与应收账款总分类账核对 ● 向客户发送月末对账单，调查并解决客户质询的差异	● 检查应收账款客户主文档中明细余额汇总金额的调节结果与应收账款总分类账是否核对相符，以及负责该项工作的员工签名 ● 检查客户质询信件并确定问题是否已得到解决
上述所有风险		● 管理层根据关键业绩指标复核实际业绩。例如，实际销售与计划销售；实现的毛利率；应收账款周转天数；当前已逾期的应收账款账龄分析；注销坏账占逾期应收账款的比率	● 检查用于证明识别和解决与关键业绩指标不符的实际业绩问题的文件 ● 询问管理层针对上述问题所采取的解决措施
记录现金销售			
现金销售可能没有在销售时被记录 收到的现金可能没有存入银行	● 现金销售通过统一的收款台用收银机集中收款，并自动打印销售小票	● 销售小票应交予客户 ● 通过监视器监督收款台 ● 每个收款台都打印每日现金销售汇总表 ● 计算每个收款台收到的现金，并与相关销售汇总表调节相符 ● 独立检查所有收到的现金已存入银行	● 实地检查收银台、销售点并询问管理层，以确定在这些地方是否有足够的物理监控 ● 检查结算记录上负责计算现金和与销售汇总表相调节工作的员工的签名 ● 检查存款单和销售汇总表上的签名，证明已实施复核 ● 重新检查已存入金额和销售汇总表金额
应收账款收款			
客户使用支票支付货款，收取后可能未被存入银行	● 应收账款的内容和收取的数额都通过终端记录	● 任何可用于流通的支票必须被严格控制，由收款人在收到款项清单上签字 ● 如果存款清单没有在收取支票时自动生成，由负责生成存款清单的人员在支票签收清单上签字，以证明收到了这些款项 ● 独立检查所有收到的支票都被存入银行	● 检查在收到款项清单上的签字 ● 检查支票签收清单上相关人员的签字 ● 检查支票签收清单和存款清单上相关人员的签字 ● 对所有通过邮寄收到的支票是否都被存入银行重新执行一次检查

续表

风险	计算机控制	人工控制	控制测试
应收账款收款			
客户通过电子货币转账系统或银行汇款支付的款项收取后可能没有被记录		● 无论客户通过电子货币转账系统还是银行汇款直接支付，均应分别将汇款通知上的金额与银行每日的电子货币转账清单或直接汇款清单进行比对	● 检查清单上相关人员的签名 ● 重新执行比对程序
记录收款			
收款可能被记入不正确的应收账款账户	● 在录入应收账款账户的代码时，姓名和其他信息均取自主文档并在终端上显示	● 将终端显示的信息与汇款通知或支票的相关信息进行比较 ● 向客户发送月末对账单，对客户质询的差异应予以调查并解决	● 检查客户质询信件并确定问题是否已被解决 ● 询问尚未解决的质询和计划采取的措施
应收账款记录的收款与银行存款可能不一致	● 在编制存款清单时，系统自动贷记应收账款	● 定期独立编制银行存款余额调节表	● 检查负责编制银行存款余额调节表的员工签名
上述所有风险		● 管理层的监控主要涉及以下方面：将每日现金汇总表和收款清单与银行存款清单相比较；客户对应收账款的质询和解决措施：应收账款主文档汇总金额与应收账款总分类账之间的调节；银行存款余额调节表；在应收账款账龄分析表中反映长期无法收回的金额；将实际业绩与关键业绩指标进行比较	● 询问这些事项 ● 检查证明实施这些监控程序的记录和文件

9.5 营业收入审计的实质性程序

被审计单位的营业收入项目核算企业在销售商品、提供劳务等主营业务活动中所产生的收入，以及企业确认的除主营业务活动以外的其他经营活动实现的收入，包括出租固定资产、出租无形资产、出租包装物和商品、销售材料等实现的收入。营业收入分为主营业务收入和其他业务收入。营业收入审计的实质性程序分为实质性分析程序和细节测试两大类。

1. 营业收入审计的实质性分析程序

审计人员应以被审计单位的主营业务收入明细表为基础，运用趋势分析、比率分析或合理性分析等方法，对主营业务收入执行实质性分析程序，确定异常情况，并进一步查明原因。下面列示了审计人员可以选择执行的实质性分析程序。

① 将收入、成本及毛利率与同行业数据对比分析，分析差异的合理性。

② 比较当年度及以前年度按不同品种的主要产品的收入和毛利率，并查明异常情况的原因。

③ 比较当年度及以前年度按销售区域的主要产品的主营业务收入、毛利率，并查明异常情况的原因。

④ 比较当年度及以前年度销售退回、销售折扣与折让的总额及其与主营业务收入的比率，并查明异常情况的原因。

⑤ 比较当年度及以前年度截止日前后两个月的主营业务收入、毛利率、销售退回、销售折扣与折让的总额及其与主营业务收入的比率，并查明异常情况的原因。

⑥ 比较当年度及以前年度各月主营业务收入，并查明异常波动的原因。

⑦ 比较当年度及以前年度现销与赊销的比例，并查明异常情况的原因。

⑧ 比较当年度及以前年度销售佣金率、销售折扣率、销售运费率和其他销售费用率，并查明异常情况的原因。

⑨ 根据产品生产能力、仓储能力和运输能力，原材料采购数量及单位产品材料耗用定额，生产工人数量、生产工时及劳动生产率分析产品生产量和销售量的合理性，并查明异常情况的原因。

⑩ 核对相互独立部门的数据，如：

- 发票上记载的销售数量与发货单记载的数量、订单数量和产品销售成本中的销货数量；
- 账面销售数量与商品采购和生产数量；
- 出纳记录的销售收款与应收账款贷方发生额；
- 应收账款借方发生额与销售订单金额总计；
- 运货部门记录的运货数与仓库记录的发货量；
- 主营业务收入贷方发生额与发运部门记录的运货价值；
- 账面销售额与增值税纳税申报的收入。

⑪ 了解下游企业产品同期销售情况，分析被审计单位产品销售量的合理性，并查明异常情况的原因。

⑫ 将营业收入、主营业务利润与经营活动产生的现金流量、净利润进行对比分析，判断营业收入、主营业务利润的合理性。

⑬ 将营业收入与收入相关的税金如营业税、增值税等进行对比分析，判断其比例关系是否合理。

⑭ 将营业收入与成本、销售佣金、广告费用、运输费用、保险费用等进行对比分析，判断营业收入的合理性。

相关案例

营业收入与应付账款

审计人员在对黑猫公司×年度的营业收入进行分析性复核时，发现被审计年度的营业收入比上年明显减少。对照在了解被审计单位情况时获知的信息，获知黑猫公司本年度生产销售情况是历史上最好的实际情况。因此，审计人员对营业收入的真实性产生怀疑。针对此情况，审计人员抽查了 9 月份、12 月份相关的会计凭证，发现有的原始凭证中包括销货发票的记账联，而记账凭证中反映的会计分录是“应付账款”。

审计人员继而询问了有关的当事人，并向应付账款的对方企业函证。结果发现黑猫公司是将企业正常的营业收入反映在“应付账款”中，即作为其他企业的暂存款处理。审计人员采取了进一步的审计程序。

① 扩大抽查原始凭证的比例，检查其他月份是否存在将正常销售收入反映在“应付账款”中的事项。

② 提请被审计单位作相应的会计调整，并调整财务报表相关的数额。

③ 如果被审计单位拒绝接受调整，则把查证金额与重要性水平相比，选择相应的审计报告的类型。

典型例题解析

基本资料 在对黑猫公司×年度的财务报表进行审计时，审计人员编制了 A 产品营业收入分析表（表 9-7）。

表 9-7 黑猫公司×年度营业收入分析表

金额单位：元

被审计单位名称：黑猫公司　　财务报表期间：×年度　　工作底稿索引号：R3-1

编制人：××				日期：×+1 年 3 月 3 日	
复核人：××				日期：×+1 年 3 月 4 日	
项目质量控制复核人：				日期：	
月份	实际收入额	计划收入额	上年度收入	计划完成/%	收入增长/%
1	318 769	250 000	265 380	127.51	120.12
2	226 430	150 000	148 750	150.95	152.22
3	538 667	400 000	423 880	134.67	127.08
4	414 239	350 000	336 526	123.09	123.09
5	383 882	400 000	413 897	95.97	92.75
6	406 391	400 000	363 571	101.60	111.78
7	476 558	400 000	398 275	119.14	119.66
8	321 676	300 000	287 643	107.23	111.83
9	487 439	500 000	452 788	97.49	107.65
10	619 887	550 000	534 266	112.71	116.03
11	223 164	450 000	437 659	49.59	50.99
12	181 435	350 000	331 272	51.84	54.77
合计	4 598 537	4 500 000	4 393 907	102.19	104.66

审计结论：

要求：对该公司年度收入情况进行分析，并初步确定审计结论。

参考答案 从该公司营业收入分析表可以看出，该公司本年度的收入情况良好，较好地完成了本年度的收入计划，比上一年的收入水平有所提高。

从各月份的相对数分析可以看出，该公司上半年收入的增长幅度大，下半年前4个月也保持了持续增长的势头。然而，表中数据显示，该公司在接近年末时的2个月收入情况不佳，仅完成收入计划及上年度实际业务量的一半。

因此，审计人员应将11月、12月两个月份作为重点审计范围，进一步按收入类别、各产品进行销售收入分析，以判断该公司的实际情况，并进一步审查该公司有无在年末月份漏计、少计甚至隐瞒收入，为下一年经营目标的实现留有余地等问题。

讨论 在某些特殊的行业，如餐饮、娱乐业，几乎不会以销售发票的开具作为支持记录主营业务收入的依据。那么，对这类行业，审计人员可以采用哪些办法来确定主营业务收入数额的恰当性呢？

分析思路 对缺乏销售发票作为记账依据的行业，执行分析性复核可能是一个有效的办法。为此，审计人员可考虑的思路包括：

- 考虑行业总体经济状况；
- 比较不同会计期间的收入金额；
- 考虑被审计单位生产的季节性影响因素，从而比较被审计年度内各月销售额的变化；
- 考虑促销方案的影响；
- 考虑激烈竞争的影响；
- 考虑重要客户的统计数据；
- ⋮

---

2. 营业收入审计的基本细节测试

一般地，对营业收入审计时的基本细节测试如下。

测试1：获取或编制营业收入明细表，复核加计正确，并与总账数和明细账合计数核对是否相符，结合其他业务收入科目与报表数核对是否相符。在存在非记账本位币营业收入的情况下，检查以非记账本位币结算的营业收入的折算汇率及折算是否正确。

测试2：检查主营业务收入的确认条件、方法是否符合企业会计准则，前后期是否一致；关注周期性、偶然性的收入是否符合既定的收入确认原则、方法。

测试3：获取产品价格目录，抽查售价是否符合定价政策，并注意销售给关联方或关系密切的重要客户的产品价格是否合理，有无低价或高价结算以转移收入的现象。

测试4：抽取本期一定数量的发运凭证，审查存货出库日期、品名、数量等是否与销售发票、销售合同、记账凭证一致。

测试5：抽取本期一定数量的记账凭证，审查入账日期、品名、数量等是否与销售发票、发运凭证、销售合同一致。

测试6：结合对应收账款实施的函证程序，选择主要客户函证本期销售额。

测试7：对于出口销售，应当将销售记录与出口报关单、货运提单、销售发票等出口销售单据进行核对，必要时向海关函证。

测试8：实施营业收入截止期测试。

测试 9：存在销货退回的，检查相关手续是否符合规定，结合原始销售凭证检查其会计处理是否正确，结合存货项目审计关注其真实性。

测试 10：检查销售折扣与折让。检查要点包括：

- 获取或编制销售折扣与折让明细表，复核加计正确，并与明细账合计数核对相符；
- 取得被审计单位有关折扣与折让的具体规定和其他文件资料，并抽查较大的折扣与折让发生额的授权批准情况，与实际执行情况进行核对，检查其是否经授权批准，是否合法、真实；
- 销售折扣与折让是否及时足额提交对方，有无虚设中介、转移收入、私设账外“小金库”等情况；
- 检查折扣与折让的会计处理是否正确。

测试 11：检查有无特殊的销售行为。如附有销售退回条件的商品销售、委托代销、售后回购、以旧换新、商品需要安装和检验的销售、分期收款销售、出口销售、售后租回等，选择恰当的审计程序进行审核。

测试 12：调查向关联方销售的情况，记录其交易品种、价格、数量、金额及占营业收入总额的比例。对于合并范围内的销售活动，记录应予合并抵销的金额。

测试 13：调查集团内部销售的情况，记录其交易价格、数量和金额，并追查在编制合并财务报表时是否已予以抵销。

测试 14：确定营业收入的列报是否恰当。

3. 营业收入审计的重要细节测试：营业收入确认的适当性

对营业收入认定的再认定的核心工作在于确定收入确认的适当性。美国证券交易委员会（SEC）针对收入确认实际操作中的问题，发布 SAB 第 101 号规则，规定企业只有在以下四个条件均得到满足时，才能确认收入：有关交易事项特定条件的最终理解已有了具有说服力的证据；产品已经发出或服务已经提供；交易金额已经固定或可确定；交易价款的回收已得到合理的保证。

在中华人民共和国财政部颁布的《企业会计准则第 14 号——收入》中，采用的是与国际会计准则相一致的要求。在该准则中，将收入分成三类，即销售商品的收入、提供劳务收入、让渡资产使用权的收入。

销售商品的收入的确认应同时满足下列条件：企业已将商品所有权上的主要风险和报酬转移给购货方；企业既没有保留通常与所有权相联系的继续管理权，也没有对已售出的商品实施控制；收入的金额能够可靠地计量；相关的经济利益很可能流入企业；相关的已发生或将发生的成本能够可靠地计量。

提供劳务收入的确认应同时满足以下条件：收入的金额能够可靠地计量；相关的经济利益很可能流入企业；交易的完工程度能够可靠地确定；交易中已发生和将发生的成本能够可靠地计量。

让渡资产使用权收入的确认应同时满足以下条件：相关的经济利益很可能流入企业；收入的金额能够可靠地计量。

案例

审计人员在审计某房地产公司的销售收入时，发现该公司与子公司合作开发的美丽年华家园已开发完毕，且已通过建筑工程核验。该房地产公司就上述楼盘的部分房屋已与购买业主签订了销售合同，合同约定金额为人民币 16 000 万元，且收到部分售房款计人民币 10 000 万元。截至资产负债表日止，该房地产公司尚未办理完毕业主入住手续。该房地产公司的账务处理根据已收售房款确认销售收入 10 000 万元，并在其财务报表附注中对此予以披露。

对此情况，审计人员检查了相应的销售合同、收款凭证及其会计处理，认为不能获取其他充分的证据确定该商品房所有权上的重要风险和报酬已转移，因此该项营业收入不能确认。审计人员据此提请该房地产公司做相应的调整分录。

相关热点问题：软件销售收入的确认

有些商品的销售具有特殊的性质，相关企业有必要在收入确认一般标准的基础上，建立适合于自身销售特点的会计制度。例如，软件销售。对于这种商品销售的确认问题，至少需要考虑以下因素。

① 软件销售方式。目前，软件销售可由企业直接进行，也可由中间商代理进行。在代销方式下，由于软件从中间商传递至最终用户之间存在许多不确定因素，因此企业应当在销售合同的相关条款中明确规范买卖双方的权利、义务及其相应的有效期限，通过商品所有权上主要风险和报酬的转移时间判断销售收入应在何时确认。

② 软件的通用性问题。那些通用性高的软件，通过进行大量生产，可以按照标准合同进行生产和交货，因而与生产性企业的产品销售收入确认原则基本一致：不论该软件是客户从企业网站下载，还是由企业通过一定的载体转移产品，只要这种行为有相关的协议支持，已经提交主产品（或首份拷贝），具有固定或可确定的收费标准，且该收入所代表的经济利益能够流入企业，则可认为该软件的销售收入已经实现。而对于通用性不高的软件，其开发过程需要时刻考虑客户的特殊要求，因而无法实现批量生产，在这种情况下，对这种软件的销售采用完工百分比或完成合同法进行会计处理更加适当，并应在此基础上，进一步考虑软件售出后是否具有调试期或测试期，换言之，只有在收入确有保证的基础上才可以确认销售收入。

③ 软件销售的附加协议。如特定软件销售实现时，是否有附加技术支持或使客户享有优惠升级权利？在此情况下，账务处理时，是将主合同与附加合同合并考虑，还是将合同分立，是软件销售确认准则必须考虑的问题。从合同的性质来看，主合同与附加协议内在相连，客户可能在有技术支持的情况下购买软件，然而技术支持费用或升级费用的真正收回却并不必定会成事实。因此，审计人员需考虑主合同和附加协议的具体条款的内容，对被审计单位确认收入的适当性进行再认定。

4. 营业收入审计的重要细节测试：营业收入的截止期测试

相关案例

东方锅炉的收入确认

一、公司简介

东方锅炉（集团）股份有限公司（简称东方锅炉），是 1988 年经自贡市人民政府批准，由东方锅炉厂以部分生产经营性账面净资产折为国家股，独立发起成立的股份制试点企业。

东方锅炉于1988年8月18日和1989年3月2日，分别向社会公众发行3 000万元和2 400万元社会个人股，两次共募集资金计5 400万元。在经过一系列的规范化改制运作后，于1993年10月4日，经国家体改委批准，成为继续向社会公开发行股票的股份制试点企业。

1996年12月27日，东方锅炉在上海证券交易所正式挂牌上市，股票简称“东方锅炉”，交易代码为600786，发行量为54 000万股。

1999年初，东方锅炉受到中国证监会的处罚，该公司主要存在两方面的违法行为：其一，东方锅炉采取非法手段包装上市，即财务报表造假；其二，一部分董事私自将公司股票进行场外交易牟取暴利及私吞公司财产。

二、财务报表造假情况

东方锅炉在财务报表上主要采取了虚增利润和调节利润的方法，具体办法是如下。

① 为了实现股票上市的目标，东方锅炉连续多年编制虚假财务报告，虚增净利润1.23亿元。

② 为了维护公司股价，东方锅炉在上市后采取了调节利润的办法。公司将应列作1996年度的销售收入1.76亿元、销售利润3 800万元转列到1997年度。而将应列作1997年度的销售收入2.26亿元、销售利润4 700万元转列到1998年。由此创造出连续三年稳定盈利，净资产利润率增长平衡的假象。

“东方锅炉”管理层认为：只要销售收入是确实存在的，尽管在时间上有所出入，也不能算违法行为。然而，如此调节利润的行为，违背了其应当承担的会计责任。

在会计准则的规定中，企业只有在符合一定条件下才能确认销售收入。销售收入既不能提前确认，也不能推迟确认，同时能够确认的收入金额还应当满足一定的标准。如果未能按照收入确认标准确认收入，公司即违反了会计法规。

三、案例评析

从审计责任来看，对于营业收入，“截止期测试”是审计人员必须执行的重要细节测试之一。

“截止期”又称截期（Cut - 0ff），即注册会计师在对被审计对象进行审查时，要确定接近资产负债表日的交易是否已计入适当的期间。截止期概念对营业收入、存货等项目的意义尤其重大，直接影响当期利润表的填报和披露。在销售与收款循环审计中，审计人员尤其需要重点关注营业收入、应收账款、销售折让及退还等科目的截止期是否适当。

在东方锅炉的案例中，审计人员首先应当了解东方锅炉收入确认的标准是否适当，然后再通过抽样、检查、函证、分析性复核等方法，获取有效的审计证据以确定该标准报告的适当性。如果审计人员未能完全履行程序，导致没有能够查出营业收入截止期中存在的问题，则应负担审计责任。

对营业收入进行截止期测试的关键是要确认发票开具日期或者收款日期、记账日期、发货或提供劳务的日期这三个重要日期是否归属于同一会计期间。其中，发票开具日期是指开具增值税专用发票或普通发票的日期。收款日期是指实际收到销售对价的日期。记账日期是指被审计单位确认主营业务收入实现并将该笔经济业务记入主营业务收入账户的日期。发货日期是指仓库开具出库单并发出库存商品的日期。

对此情况进行的测试可以分为以下三种路线。

审计路线一：以账簿记录为起点。其基本办法为：从资产负债表日前后若干天的账簿记录查至记账凭证，直至发票存根与发运凭证。这条路线的优点在于它比较直观，并且由于是从账簿追查至相关凭证记录，以确定是否应在本期确认收入，符合被审计单位会计资料整理的规律，因而效率较高。然而，其缺点也是明显的，即它只能查多记，无法查漏记。

审计路线二：以销售发票为起点。其基本办法为：从资产负债表日前后若干天的发票存根查至发运凭证与账簿记录。这条路线的优点在于容易发现漏记的收入。而由于它不符合被审计单位会计资料整理的规律，因而比较费时费力，并且不易发现多计的收入。

审计路线三：以发运凭证为起点。其基本办法为："从资产负债表日"前后若干天的发运凭证查至发票开具情况与账簿记录。此方法的优缺点与以销售发票为起点的路线基本类似。

在实务中，审计人员可能同时并用上述三条审计路线，以分别实现不同的审计目标。

适用于营业收入截止期测试的方法有：审查资产负债表日前后若干天的发运凭证和记账凭证；复核资产负债表日前后的销售和发货水平；审查资产负债表日后所有的销售退回记录；结合应收账款函证查找未被对方认可的销售；调查重大跨期销售。

对营业收入的截止期测试，可以使用如表 9-8 所示格式的表格：

表 9-8　营业收入截止期测试表

营业收入截止期测试表

被审计单位名称　　　　财务报表期间　　　　工作底稿索引号

编制人：	日期：
复核人：	日期：
项目质量控制复核人：	日期：

发票号	客户名称	发票内容						记账日期	核对			备注
		日期	品名	规格	数量	单价	总价		1	2	3	

核对说明：
1. 品名、数量与发运单核对是否相符；
2. 是否将销售业务正确录入销售、应收账款等明细账；
3. 是否将明细会计记录正确过入总账。

审计说明：

审计结论：

典型例题解析

红黄兰会计师事务所的审计人员在对黑猫公司×年度营业收入进行截止期测试时发现以下审计线索。

① ×年12月28日，黑猫公司开出了一张销售发票，其相关会计分录为

借：应收账款——A公司 1 170 000
　贷：主营业务收入 1 000 000
　　　应交税金——应交增值税（销项税额） 170 000
借：主营业务成本 780 000
　贷：库存商品——甲产品 780 000

在×+1年1月15日，黑猫公司的账簿中有一笔红字冲销分录，冲销了该笔会计分录。

② ×年12月30日，黑猫公司从仓库发出乙商品180 000元，并开出销售发票。黑猫公司的相关会计分录为：

借：应收账款——B公司 234 000
　贷：主营业务收入 200 000
　　　应交税金——应交增值税（销项税额） 34 000
借：主营业务成本 180 000
　贷：库存商品——乙产品 180 000

审计人员查阅该项交易的销售合同后预计×+1年2月8日商品才到达销售合同中约定的口岸。

③ ×年12月31日从仓库发出丙商品110 000元，黑猫公司没有作相应会计处理。审计人员发现在×+1年1月3日，黑猫公司开出了销售发票，并作了如下会计分录：

借：应收账款——C公司 187 200
　贷：主营业务收入 160 000
　贷：应交税金——应交增值税（销项税额） 27 200
借：主营业务成本 110 000
　贷：库存商品——丙产品 110 000

要求：分别分析上述三种情况是否存在问题，以及审计人员应当如何作进一步的处理。

参考答案　第一种情况：如果被审计单位因为发生了销售退回而作红字冲销分录，审计人员应当检查相关凭证并予以确认。审计人员应根据确认的结果判断是否应当建议黑猫公司调整被审计年度的主营业务收入及其成本。如果无法找到被审计单位销售退回等相关原始凭证，审计人员应当实施追加审计程序判断是否是虚构收入。

第二种情况：如果检查销售合同发现采用到岸价格，虽然×年12月发出商品并开具了发票，但由于与商品相关的风险和报酬并没有转移，所以不能确认为×年度收入。在此情况下，审计人员应建议被审计单位作调整分录，冲销收入确认的会计分录。

第三种情况：如果审计人员检查销售合同、发票及其运货单后发现销售成立，应建议把此项收入作为×年度发生的业务，并相应调整被审计年度的财务报表。

5. 营业收入审计的相关实质性程序工作底稿

根据被审计单位的实际情况及审计人员认为需要采取的具体审计程序，对主营业务收入进行实质性程序所使用的工作底稿主要包括：营业收入审计程序表、营业收入明细表、销售折扣与折让明细表、营业毛利分析表、连续三年营业收入比较表、营业收入截止期测试表等。

需要注意的是，营业收入审计往往需要同时与营业成本、营业税金及附加等项目相比较，因此还可能将有些项目放在一张表中进行直接的对比。例如，表 9－9 所示的表格即将营业收入和营业成本放在一张表格中，以确定营业成本率的大小。

表 9－9　营业收入及营业成本审定表

营业收入及营业成本审定表

被审计单位名称　　财务报表期间　　工作底稿索引号

编制人：	日期：
复核人：	日期：
项目质量控制复核人：	日期：

类别 时间	全部产品			主要产品					
				其中：A产品			其中：B产品		
	营业收入	营业成本	营业成本率	营业收入	营业成本	营业成本率	营业收入	营业成本	营业成本率
1月									
2月									
3月									
4月									
5月									
6月									
7月									
8月									
9月									
10月									
11月									
12月									
本年合计									
调整后合计									
上年合计									
审计说明：									
审计结论：									

相关知识：潜在错报

① 销售发票开票过程中的非法行为，如虚开发票、代替其他单位或个人开具发票、开具上下联次内容不相符合的发票等。

② 人为改变销售的入账时间，如在销售未最终实现的情况下确认销售收入；将本期销售延迟到下期入账或者长期不入账；将下期收入提前到本期入账等。

③ 有意或无意漏记销售收入，如只记合格产品的销售，不记残次品的销售；只记主要产品的销售收入，不计算副产品、自制半成品、边角余料的销售；不记特殊销售，如将自制产品用于本单位的基本建设、福利设施等。

④ 入账金额不正确。

⑤ 混淆各种主营业务收入的分类。包括主营业务收入本身类别及主营业务收入与其他业务收入、营业外收入的区分。

⑥ 利用关联方调节收入，如母子公司之间销售定价异常、联营公司之间互开发票等。

典型例题解析

基本情况 审计人员在审查黑猫公司年底的利润表时，发现临近年末的三天之内该公司实现销售收入100万元，以应收账款入账。经查对，审计人员发现该公司年末的商品库中没有这么多的产成品。

要求：请分析黑猫公司该项业务中可能存在的问题及审计人员应采取的措施。

分析思路 该公司账面上三天之内实现销售收入100万元，全部以应收账款入账，而商品库中没有这么多的产品，在性质上属于高估销售收入、高估应收账款的行为。对此，审计人员可以采取以账簿记录为起点，追查至相关账簿、相关销售发票及发运凭证的审计路线以查清问题所在。具体地，可以结合存货明细账、应收账款明细账进行检查，确定是否属于虚构销售收入。由于该项业务发生在年末，有两种可能：一是年终为了增加销售收入而虚开发票虚列收入，下年初再以退货形式冲回，以达到虚增收入和利润的目的。为确定是否属于这种情况，审计人员应检查下年初是否有退货业务，如果有，就应核对退货的入库凭证和退给对方货款取得的收据，以确定问题的真相；二是可能为了扩大本期销售而将下年初的销售业务提前入账。为确定是否属于这种情况，审计人员应审查应收账款的有关原始单据，确定正确的入账时间。如果确实属于提前确认收入，审计人员就应当明确向被审计单位提出，要求被审计单位进行调整。将查验的情况记录于工作底稿，并根据被审计单位的调整情况，以及相关事项的重要性，确定审计报告的意见类型。

9.6 应收账款审计的实质性程序

被审计单位的应收账款是指企业因销售商品、提供劳务而形成的债权，即由于企业销售商品、提供劳务等原因，应向购货客户或接受劳务的客户收取的款项或代垫的运杂费，是企业的债权性资产。企业的应收账款是在销售交易或提供劳务过程中产生的，因此应收账款的审计应结合销售交易来进行。应收账款余额一般包括应收账款账面余额和相应的坏账准备两部分。

应收账款的主要错报领域包括：虚列应收账款，由此虚列销售收入；应收账款长期挂账。企业赊销商品而产生的应收账款，本应及时收回，但有时出于各种原因而造成被审计单位应收销货款的长期挂账。例如，购货双方存在业务纠纷，购货方故意长期占用应付货款，购货方已无还款能力等。不论出于什么原因，被审计单位都应尽快处理，并确定该应收账款是否能收回。

应收账款审计的实质性程序分为实质性分析程序和细节测试两大类。

1. 应收账款审计的实质性分析程序

适用于应收账款的实质性分析程序，除考虑与该科目本身有关的财务指标之外，还需同时考虑坏账准备计提的适当性。审计人员对应收账款可以选择采用的实质性分析程序如下。

① 复核应收账款借方累计发生额与主营业务收入关系是否合理，并将当期借方发生额占销售收入净额的百分比与管理层考核指标和被审计单位相关赊销政策比较。

② 计算应收账款周转率、应收账款周转天数等指标，并与被审计单位相关赊销政策、被审计单位以前年度指标、同行业同期相关指标对比分析。

③ 将被审计年度超过一定限额的客户欠款余额合计与以前年度的数据进行比较，以寻找应收账款记录方面是否出现差错的可能性。

④ 将被审计年度的期末应收账款余额与上年同期数据进行比较，可查找被审计年度期末应收账款余额高估或低估的可能性。

⑤ 将被审计年度各种账龄的账款占应收账款的百分比同以前年度比较，可查找被审计年度各种账龄的应收账款在财务报表中披露的适当性。

⑥ 将被审计年度发生坏账损失占全部主营业务收入的比例同以前年度比较，以查找并确定期末坏账准备计提的适当性。

⑦ 将被审计年度计提坏账准备占应收账款的百分比同以前年度比较，以查找是否高估或低估坏账准备。

2. 应收账款审计的基本细节测试

实务中，审计人员对应收账款执行的基本细节测试如下。

测试 1：核对应收账款。具体工作包括：取得或编制应收账款明细表，复核加计正确，并与总账数和明细账相符，结合坏账准备科目与报表数核对是否相符。检查非记账本位币应收账款的折算汇率及其折算是否正确；分析有贷方余额的项目，查明原因。必要时，建议作重分类调整；结合其他应收款、预收款项等往来项目的明细余额，调查有无同一客户多处挂账，异常余额或与销售无关的其他款项（如代销账户、关联方账户或员工账户）。

测试 2：检查应收账款账龄分析是否正确，分类是否合理。

测试 3：向债务人函证应收账款。

测试 4：确定已收回的应收账款金额。对已收回金额较大的款项进行常规检查，如核对收款凭证、银行对账单、销货发票等，并注意凭证发生日期的合理性，分析收款时间是否与合同相关要素一致。

测试 5：对未函证或多次函证无法得到回复的应收账款实施替代审计程序。例如，抽查销售合同、销售订购单、销售发票副本、发运凭证及回款单据等，以验证相关应收账款的真实性。

测试6：检查坏账的确认和处理。

测试7：抽查有无不属于结算业务的债权。

测试8：检查应收账款的贴现、质押或出售。

测试9：对应收账款实施关联方及其交易审计程序。

测试10：确定应收账款的列报是否恰当。

3. 应收账款审计的重要细节测试：应收账款的账龄分析

审计人员可以自行编制或向被审计单位索取应收账款账龄分析表。如果由被审计单位提供，审计人员应验算其中的计算是否有误、将分析表中的合计数与应收账款总账余额核对，并从分析表所列项目中抽取样本与应收账款明细账、销售发票、运输记录相核对。

应收账款账龄分析表可以作为测试相关内部控制有效性的抽样总体、核对应收账款的总账金额的依据、控制应收账款回函的依据，以及了解应收账款可收回性的依据。表9-10是应收账款账龄分析表示例。

表9-10　应收账款账龄分析表

客户名称	期末余额	账龄			
		1年以内	1～2年	2～3年	3年以上
合计					

典型例题解析

黑猫公司是红黄兰会计师事务所的常年审计客户，适用的增值税税率为17%。注册会计师在对该公司×年度财务报表进行审计时，注意到以下事项。

① 黑猫公司会计政策规定，对应收款项进行减值测试时采用账龄分析法。黑猫公司根据债务单位的财务状况、现金流量等情况，确定坏账准备计提比例分别为：账龄1年以内的（含1年，以下类推），按其余额的10%计提；账龄1～2年的，按其余额的30%计提；账龄2～3年的，按其余额的50%计提；账龄3年以上的，按其余额的80%计提。

② 黑猫公司×年12月31日未经审计的资产负债表“应收账款”金额为53 261 000元。

③ 黑猫公司的应收账款账面余额明细情况如表9-11所示。

表9-11　黑猫公司的应收账款账龄分析表　（单位：人民币元）

债务人	1年以内	1～2年	2～3年	3年以上
A公司	45 350 000	200 000	932 000	
B公司	2 000 000	15 100 000	54 000	
C公司	600 000		25 000	
D公司	1 000 000	−120 000 00		
E公司				808 000
合计	48 950 000	3 300 000	1 011 000	808 000

要求： 分析上述资料中是否存在问题。若存在问题，请提出审计处理建议，在必要的情况下编制审计调整分录。

参考答案　上述资料中存在以下问题。

"应收账款——D公司"明细账的贷方余额反映的是预收的货款，应在资产负债表中"预收款项"项目中列示。对此情况，审计人员应建议黑猫公司作重分类调整，并调整坏账准备。调整分录为

借：应收账款　12 000 000

　贷：预收款项　12 000 000

借：资产减值损失——计提坏账准备　3 600 000

　贷：应收账款——坏账准备　3 600 000

资产负债表中的"应收账款"金额应以"应收账款"扣除"坏账准备"后的金额列示。计算坏账准备余额的过程如表9-12所示。

表9-12　黑猫公司的应收账款坏账准备计算表　（单位：人民币元）

债务人	1年以内	1~2年	2~3年	3年以上	合计
A公司	45 350 000	200 000	932 000		
B公司	2 000 000	15 100 000	54 000		
C公司	600 000		25 000		
D公司	1 000 000				
E公司				808 000	
应收账款合计	48 950 000	15 300 000	1 011 000	808 000	66 069 000
坏账计提比例	10%	30%	50%	80%	
计提坏账	4 895 000	4 590 000	505500	646 400	10 636 900

则黑猫公司×年底资产负债表中"应收账款"项目应有余额为

$$66\ 069\ 000-10\ 636\ 900 = 55\ 432\ 100(\text{元})$$

审计人员应建议黑猫公司进行相应的账目调整，将资产负债表"应收账款"项目调整至应有余额。

---

4. 应收账款审计的重要细节测试：函证应收账款

函证，是指审计人员为了获取影响财务报表或相关披露认定的项目的信息，通过直接来自第三方对有关信息和现存状况的声明，获取和评价审计证据的过程。对应收账款的函证，是对应收账款实施实质性程序的重要程序。

（1）函证的范围

除非有充分证据表明应收账款对财务报表不重要或函证很可能无效，否则都必须对应收账款进行函证。如果不对应收账款函证，审计人员应当在工作底稿中说明理由。如果认为函证很可能无效，审计人员应当实施替代审计程序，获取充分、适当的审计证据。函证数量多少、范围大小的决定因素有以下几种。

① 应收账款在全部资产中的重要性。应收账款在全部资产中所占的比重越大，需要函

证的范围越大。

② 被审计单位内部控制的强弱。被审计单位内部控制越有效，函证量可相对越少。

③ 以前期间函证结果。以前期间函证中发现过重大差异或欠款纠纷较多，则函证范围应相应扩大。

(2) 函证对象的选择

选择函证样本时，样本应当足以代表总体。一般情况下，函证对象还应选择以下项目：大额或账龄较长的项目；与债务人发生纠纷的项目；重大关联项目；主要客户项目；交易频繁但期末余额较小甚至余额为零的项目；可能产生重大错报或舞弊的非正常项目。

(3) 函证方式

按函证方式划分，函证可以分为积极式和消极式两种。审计人员可以根据情况采用，也可以将两者结合运用于同一被审计单位。

有时，积极式函证（Positive Confirmation）也称为肯定式、正面式函证。这种函证方式要求函证对象无论被函证内容正确与否均请回函，以确认询证函所列示信息是否正确，或填列询证函要求的信息。在一般情况下，审计人员会选择采用此种函证方式。

以下列示了积极式询证函的一个参考格式。

企业询证函

编号：

××（公司）：

本公司聘请的××会计师事务所正在对本公司××年度财务报表进行审计，按照中国注册会计师审计准则的要求，应当询证本公司与贵公司的往来账项等事项。下列数据出自本公司账簿记录，如与贵公司记录相符，请在本函下端“信息证明无误”处签章证明；如有不符，请在“信息不符”处列明不符金额。回函请直接寄至××会计师事务所。

回函地址：

邮编：　　　　电话：　　　　传真：　　　　联系人：

1. 本公司与贵公司的往来账项列示如下。

单位：元

截止日期	贵公司欠	欠贵公司	备注

2. 其他事项。

本函仅为复核账目之用，并非催款结算。若款项在上述日期之后已经付清，仍请及时函复为盼。

（公司盖章）

年　月　日

结论：1. 信息证明无误。

（公司盖章）
年　月　日
经办人：

2. 信息不符，请列明不符的详细情况：

（公司盖章）
年　月　日
经办人：

在消极式函证（Negative Confirmation）方式下，审计人员只要求被询证者仅在不同意询证函列示信息的情况下才予以回函。由于这种方式存在较大风险，只有当同时存在下列情况时，审计人员可考虑采用消极的函证方式：重大错报风险评估为低水平；涉及大量余额较小的账户；预期不存在大量的错误；没有理由相信被询证者不认真对待函证。

以下列示了消极式询证函的一个参考格式。

企业询证函

编号：

××（公司）：

本公司聘请的××会计师事务所正在对本公司××年度财务报表进行审计，按照中国注册会计师审计准则的要求，应当询证本公司与贵公司的往来账项等事项。下列数据出自本公司账簿记录，如与贵公司记录相符，则无需回复；如有不符，请直接通知会计师事务所，并请在空白处列明贵公司认为是正确的信息。回函请直接寄至××会计师事务所。

回函地址：

邮编：　　　　　　电话：　　　　　　传真：　　　　　　联系人：

1. 本公司与贵公司的往来账项列示如下。

截止日期	贵公司欠	欠贵公司	备注

2. 其他事项。

本函仅为复核账目之用，并非催款结算。若款项在上述日期之后已经付清，仍请及时核对为盼。

（公司盖章）
年　月　日

××会计师事务所：

上面的信息不正确，差异如下：

（公司盖章）
年 月 日
经办人：

（4）函证时间的选择

审计通常以资产负债表日为截止日，在资产负债表日后适当时间内实施函证。如果重大错报风险评估为低水平，可选择资产负债表日前适当日期为截止日实施函证，并对所函证项目自该截止日起至资产负债表日止发生的变动实施实质性程序。

（5）对函证实施的控制

当实施函证时，审计人员应当对选择被询证者、设计询证函及发出和跟进（包括收回）询证函保持控制。

一般地，审计人员应当采取下列措施对函证实施过程进行控制：

① 将被询证者的名称、地址与被审计单位有关记录核对。

② 将询证函中列示的账户余额或其他信息与被审计单位有关资料核对。

③ 在询证函中指明直接向接受审计业务委托的会计师事务所回函。

④ 询证函经被审计单位盖章后，由审计人员直接发出。

⑤ 将发出询证函的情况形成审计工作记录。

⑥ 将收到的回函形成审计工作记录，并汇总统计函证结果。

在函证实施过程中，可能会遇到一些特别的情况，审计人员应针对不同的情况进行不同的处理。例如，如果被询证者以传真、电子邮件等方式回函，审计人员应当直接接收，并要求被询证者寄回询证函原件；如果采用积极的函证方式实施函证而未能收到回函，审计人员应当考虑与被询证者联系；如果未能得到被询证者的回应，审计人员应当实施替代审计程序；如果实施函证和替代审计程序都不能提供财务报表有关认定的充分、适当的审计证据，审计人员则应当实施追加的审计程序。

上段所称的替代程序，包括检查与销售有关的文件，包括销售合同、销售订货单、销售发票副本及发运凭证等；审查资产负债表日后的收款情况等。

（6）对函证不符事项的处理

收到函证回函时，如果显示存在不符事项，审计人员应对这些不符事项进行分析，确认不符事项产生的原因，在需要时作进一步的核实。一般地，函证回函所显示的差异可能产生的原因可能有以下 3 种。

① 时间性差异，如，购销双方登记入账的时间不同、债务方已付款；询证函发出时，被审计单位的货物已经发出并已作销售记录，但货物仍在途中，债务人尚未收到货物；债务人由于某种原因将货物退回，而被审计单位尚未收到；债务人对收到的货物的数量、质量及价格等方面有异议或部分拒付货款等。

② 由于一方或双方的记账错误或存在弄虚作假或舞弊行为。

③ 双方存在款项纠纷等。

（7）对函证结果的总结和评价

对函证的总结和评价包括三个方面的工作：其一，对函证或替代审计程序本身是否能获取充分、适当的审计证据进行评价；其二，对函证过程的评价；其三，考虑不符事项对审计意见的影响。

在评价实施函证和替代审计程序获取的审计证据是否充分、适当时，审计人员应当考虑：函证和替代审计程序的可靠性；不符事项的原因、频率、性质和金额；实施其他审计程序获取的审计证据。

在评价函证的可靠性时，审计人员应当考虑：对询证函的设计、发出及收回的控制情况；被询证者的胜任能力、独立性、授权回函情况、对函证项目的了解及其客观性；被审计单位施加的限制或回函中的限制。

需要注意的是，如果有迹象表明收回的询证函不可靠，审计人员应当实施适当的审计程序予以证实或消除疑虑。

最后，审计人员应当考虑不符事项是否构成错报及其对财务报表可能产生的影响，并将结果形成审计工作记录。如果不符事项构成错报，审计人员应当重新考虑所实施审计程序的性质、时间和范围。

典型例题解析

基本情况 红黄兰会计师事务所的审计人员获得被审计单位×年末应收账款明细资料如表 9－13 所示。

表 9－13 应收账款明细表 单位：人民币元

债务单位	账面余额	
	年初数	年末数
A 商场	38 000	51 000
B 百货公司	45 890	37 800
C 软件公司	108 000	94 000
D 物资公司	89 000	89 000
E 药店	19 080	23 890
F 旅游公司	201 000	154 000
合计	500 970	499 690

审计人员于次年 1 月对该公司应收账款进行了全部函证，截至次年 1 月 25 日止除 D 物资公司外，收到全部回函。除下列存在异议外，均与应收账款明细账相符。

① A 商场回函，仅欠款 11 000 元，其余已于次年 1 月 15 日支付，支票号码为 876。经追查，该笔款项已于次年 1 月 18 日收到，并已入账。

② E 药店回函称所欠款项中的 18 000 元因商品质量问题，只能支付 70%，双方已达成一致。

要求：请根据以上情况，分析审计人员应采取哪些进一步的审计措施。

分析思路 ① 回函表示没有差异的应收账款余额基本可以确认。

② A 商场往来款项的差异属于被审计单位未达账项，且审计人员已确认该笔款项已经入账，因此不涉及账务调整问题。

③ D 物资公司的款项由于期初、期末余额相等，且未收到回函，审计人员应进一步分析产生这种情况的原因。一是确定 D 物资公司的联系方式是否正确，再次发函，直至第三次，并根据回函情况进行分析；二是执行替代程序，检查该笔应收款项发生时的相关单据，确认该交易是否确实发生。根据检查结果，可能会涉及账务调整问题。

④ 对E药店的款项，审计人员应进一步获得相关的协议文件，确定所述情况的真实性。在确定所述情况为事实的情况下，由于其折价要求已获批准，被审计单位应作调整分录，在应收账款上反映折扣后的情况，即扣减应收账款。

5. 应收账款审计的相关实质性程序工作底稿

根据被审计单位的实际情况及审计人员认为需要采取的具体审计程序，对应收账款进行实质性程序所使用的工作底稿主要包括：应收账款审计程序表、应收账款余额明细表、应收账款账龄分析表、应收账款函证核对表、应收账款函证未回替代程序检查表等。

9.7 坏账准备审计的实质性程序

坏账准备通常是审计的重点领域。坏账是指企业无法收回或收回可能性极小的应收款项（包括应收票据，应收账款、预付款项、其他应收款和长期应收款等）。由于发生坏账而产生的损失称为坏账损失。企业通常应当定期或者至少于每年年度终了，对应收款项进行全面检查，预计各项应收款项可能发生的坏账，相应计提坏账准备。

坏账准备的主要错报领域包括：通过调节坏账准备而达到调节利润的目的，如调整坏账计提比例、调整计提坏账准备的金额，由此达到调节当期利润的目的。坏账损失任意确认，如将本可以收回的应收账款作坏账核销，实际收回时成为账外资金或者对无法收回的坏账不予核销，长期挂账；人为改变应收账款账龄，如将具有较高账龄的应收账款金额调入较低账龄应收账款的金额中、以每一户头最后一笔往来款发生的时间作为确定该户头账龄的时间等。

对坏账准备执行的实质性审计程序如下。

① 取得或编制坏账准备明细表，复核加计是否正确，与坏账准备总账数、明细账合计数核对是否相符。

② 将应收账款坏账准备本期计提数与资产减值损失相应明细项目的发生额核对是否相符。

③ 检查应收账款坏账准备计提和核销的批准程序，取得书面报告等证明文件，评价计提坏账准备所依据的资料、假设及方法。

④ 实际发生坏账损失的，检查转销依据是否符合有关规定，会计处理是否正确。

⑤ 已经确认并转销的坏账重新收回的，检查其会计处理是否正确。

⑥ 检查函证结果。

⑦ 实施分析程序。通过比较前期坏账准备计提数和实际发生数，以及检查期后事项，评价应收账款坏账准备计提的合理性。

⑧ 确定应收账款坏账准备的披露是否恰当。企业应当在财务报表附注中清晰地说明坏账的确认标准、坏账准备的计提方法和计提比例。

典型例题解析

基本资料 红黄兰会计师事务所在审查黑猫公司坏账准备项目时发现了以下情况。

① W公司原欠黑猫公司1 000万元，因财务状况不佳，多年不能偿还。上年度黑猫公司董事会已经决定作坏账处理，并报经有关部门审核批准。在被审计年度，W公司经营状

况好转，偿还了原欠款中的 500 万元。黑猫公司会计处理为

借：银行存款　　500 万元

　贷：坏账准备　　500 万元

② 黑猫公司采用“账龄分析法”计提坏账准备，当年全额提取坏账准备的账户有 8 笔，共计 5 000 万元。其中：未到期的应收账款 2 笔，计 2 000 万元；计划进行债务重组 1 笔，计 1 500 万元；与母公司发生的交易 1 笔，计 1 000 万元；其他虽已逾期但无充分证据证明不能收回的 4 笔，计 500 万元。

③ M 公司已停产，近期无法偿还欠黑猫公司的债务 2 000 万元。黑猫公司在确定计提坏账比例时，决定对该笔欠款按 30%计提坏账准备。

要求：分析上述事项中存在的问题，并说明审计人员的应对措施。

参考答案　第一个事项：对已作为坏账处理的欠款，为全面反映欠款单位的信用程度和经济事项发生的全过程，应在收到还款时借记“银行存款”科目，贷记“应收账款”科目。同时，借记“应收账款”科目，贷记“坏账准备”科目。黑猫公司上述会计处理，不符合会计处理的一般规则，虽对财务报表的数额未产生影响，但属于不规范的会计行为，仍应提醒黑猫公司作相应的会计调整。

第二个事项：通常，下列情况不能全额提取坏账准备：当年发生的应收款项及未到期的应收款项；计划对应收款项进行债务重组，或以其他方式进行重组的；与关联方发生的应收款项，特别是母子公司交易或事项产生的应收款项；其他已逾期，但无确凿证据不能收回的应收款项。因此，黑猫公司在计提坏账准备的账务处理上不适当的，应予纠正。对已停产的债务人欠款计提的坏账比例过低，审计人员应建议黑猫公司提高该笔欠款的坏账准备计提比例。

相关概念：大盆操作（Big Bath）

大盆操作，或称巨额冲销，是指在经营恶劣的会计期间，管理层报告更多的损失，其目的是希望增加未来会计期间的利润。

根据谨慎性原则的要求，企业应对应收账款和其他应收款计提坏账准备，以真实反映企业的资产状况和收益水平。对坏账准备的审查是财务报表审计的一项重要内容，为此审计人员应审查坏账准备计提的方法是否正确，前后期是否保持一致；计提比例的确定方法是否合理，前后期是否一致；计提坏账准备的会计处理方法是否正确等。不少被审计单位都存在通过改变坏账准备计提比例来操纵会计利润的问题。比如，在经营状况不佳的会计年度计提巨额的坏账准备，即一次亏个够（Big Bath），而在下一年度转回，从而实现账面盈利。

典型例题（CPA2009）

基本资料　甲公司主要从事汽车轮胎的生产和销售，其销售收入主要来源于国内销售和出口销售。ABC 会计师事务所负责甲公司 2××3 年度财务报表审计，并委派 A 注册会计师担任项目负责人。

资料一：

① 甲公司的收入确认政策为：对于国内销售，在将产品交付客户并取得客户签字的收货确认单时确认收入；对于出口销售，在相关产品装船并取得装船单时确认收入。

② 在甲公司的会计信息系统中，国内客户和国外客户的编号分别以D和E开头。

③ 2××3年12月31日，中国人民银行公布的人民币对美元汇率为1美元=6.8元人民币。

资料二：

甲公司编制的应收账款账龄分析表摘录如下（表9-14）。

表9-14 甲公司编制的应收账款账龄分析表（摘录）

2××3年12月31日账龄分析						
客户类别	原币/万元	人民币/万元	其中：			
			1年以内	1～2年	2～3年	3年以上
国内客户		41 158	28 183	7 434	4 341	1 200
国外客户	美元2 046	15 345	10 981	2 164	2 200	0
合计		56 503	39 164	9 598	6 541	1 200

2××2年12月31日账龄分析						
客户类别	原币/万元	人民币/万元	其中：			
			1年以内	1～2年	2～3年	3年以上
国内客户		31 982	23 953	4 169	3 860	0
国外客户	美元2 006	14 046	11 337	2 539	170	0
合计		46 028	35 290	6 708	4 030	0

资料三：

注册会计师选取4个应收账款明细账户，对截至2××3年12月31日的余额实施函证，并根据回函结果编制了应收账款函证结果汇总表。有关内容摘录如下。

客户编号	客户名称	甲公司账面金额（原币万元）	回函金额（原币万元）	差异金额（原币万元）	回函方式	审计说明
D1	A公司	人民币7 616	5 000	2 616	原件	①
D2	B公司	人民币9 054	6 054	3 000	原件	②
D3	C公司	人民币7 618	7 618	0	传真件	③
E1	E公司	美元1 448	未回函	不适用	未回函	④

审计说明：

① 回函直接寄回本所。经询问甲公司财务经理得知，回函差异是由于A公司的回函金额已扣除其在2××3年12月31日以电汇的方式向甲公司支付的一笔2 616万元的货款。甲公司于2××4年1月4日实际收到该笔款项，并记入×+1年应收账款明细账中。该回函差异不构成错报，无需实施进一步的审计程序；

② 回函直接寄回本所。经询问甲公司财务经理得知，回函差异是由于甲公司在2××3年12月31日向B公司发出一批产品（合同价款3 000万元），同时确认了应收账款3 000万元及相应的销售收入。B公司于2××4年1月5日收到这批产品。其回函未将该3 000万元款项包括在回函金额中，经检查相关的销售合同、销售发票、出库单及相关记账凭证，没有发现异常。该回函差异不构成错报，无需实施进一步的审计程序；

③ 回函由C公司直接传真至本所。回函没有差异，无需实施进一步的审计程序；

④ 未收到回函。执行替代测试程序：从应收账款借方发生额选取样本，检查相关的销售合同、销售发票、出库单及相关记账凭证，并确认这些文件中的记录是一致的。没有发现异常，无需实施进一步的审计程序。

要求：(1) 针对资料二，结合资料一，假定不考虑其他条件，指出资料二中应收账款账龄分析表存在哪些不当之处，并简单说明理由。

(2) 针对资料三中的审计说明①至②项，结合资料一，假定不考虑其他条件，逐项指出A注册会计师实施的审计程序及其结论是否存在不当之处。如果存在，简要说明理由并提出改进建议。

参考答案　(1) 资料二中应收账款账龄分析表存在的不当之处如下。

① 国外客户应收账款2××3年12月31日美元2 046万元，未按2××3年12月31日"人民币对美元汇率为1美元=6.8元人民币"进行折算。

② 2××2年12月31日账龄分析表中"1～2"年列的国内客户余额比2××3年12月31日账龄分析表中"2～3"年的相应栏次的余额都小，存在不合理之处。

(2)

审计说明序号	实施的审计程序及其结论是否存在不当之处（是/否）	理由	改进建议
①	是	未对被审计单位资产负债表后是否真实收到2 616万元货款进行追查	结合货币资金审计，确认被审计单位在资产负债表日后是否实际收客户A公司的2 616万元货款
②	是	未向B公司进一步函证	应当向B公司再次函证，询证B公司于2××4年1月5日是否收到这批产品，以验证赊销业务的真实性
③	是	未向C公司获取询证函回函原件	C公司直接传真至会计师事务所后，还应当要求将原件寄回到会计师事务所
④	是	未再次向E公司实施函证	应再次向E公司实施函证

关键术语

交易循环审计	账户审计法	Big Bath
销售单	销售发票	发运单
营业收入	收入确认	截止期测试
应收账款	应收账款账龄分析表	函证
积极式函证	消极式函证	坏账准备
控制测试	实质性程序	细节测试
实质性分析程序		

本章复习

一、单项选择题

1. 与账户审计法相比，循环审计法的最大优点是（　　）。

A. 便于进行双重目的的测试

B. 便于进行控制测试

C. 便于进行实质性程序

D. 便于将对内部控制的评估与财务报表审计相结合

2. 审计人员审计应收账款的目的，不应包括（　　）。

A. 确定应收账款的存在性

B. 确定应收账款记录的完整性

C. 确定应收账款的回收期

D. 确定应收账款在财务报表上披露的恰当性

3. 审查应收账款的最重要的实质性程序是（　　）。

A. 函证　　B. 询问　　C. 观察　　D. 计算

4. 对凭证预先连续编号，在防止多记或少记销售业务，即在保证管理当局对销售业务的存在或发生认定、完整性认定方面是十分有效的。但连续编号能否发挥其作用，最直接地取决于（　　）这样的后续措施。

A. 由独立人员每月定期寄送客户对账单

B. 填制各种凭证的人员必须签名、盖章

C. 定期清点凭证的张数并与凭证号码对照

D. 对凭证妥善保管，限制无关人员接近

5. 设计信用批准控制与应收账款账面余额最相关的认定是（　　）。

A. 存在　　B. 完整性　　C. 计价和分摊　　D. 权利和义务

6. 为证实所有销售交易均已登记入账，注册会计师在执行审计程序时，常用的交易实质性程序是（　　）。

A. 检查证明销售交易分类正确的原始证据

B. 将发运凭证与相关的销售发票和营业收入明细账及应收账款明细账中的分录进行核对

C. 追查营业收入明细账中的分录至销售单、销售发票副联及发运凭证

D. 将营业收入明细账中的分录与销售单中的赊销审批和发运审批进行核对

7. 对于下列销售收入认定，通过比较资产负债表日前后几天的发货单日期与记账日期，审计人员认为最可能证实的是（　　）。

A. 发生　　B. 完整性　　C. 截止　　D. 分类

8. 对于下列应收账款认定，通过实施函证程序，审计人员认为最可能证实的是（　　）。

A. 计价和分摊　　B. 分类　　C. 存在　　D. 完整性

9. 收入截止期测试的关键是检查发票开具日期或收款日期、记账日期、发货日期是否（　　）。

A. 在同一天　　B. 相差不超过 15 天

C. 相差不超过 30 天　　D. 在同一会计期间

10. 对大额逾期应收账款如无法获取询证函回函，审计人员应当（　　）。

A. 检查所审计期间应收账款回收情况

B. 了解大额应收账款客户的信用情况

C. 检查与销货有关的销售订单、发票、发运凭证等文件

D. 提请被审计单位提高坏账准备提取比例

二、多项选择题

1. 被审计单位在销售及收款循环中的业务活动有（　　）。

A. 批准赊销　　B. 按销售单装运货物

C. 办理和记录现金收入　　D. 办理和记录销货退回、销货折扣与折让

2. 销售与收款循环业务涉及的利润表项目主要有（　　）。

A. 营业收入　　B. 营业成本　　C. 管理费用　　D. 所得税费用

3. 对于销货业务的授权审批，审计人员主要关心的内部控制环节有（　　）。

A. 赊销审批职能与销货职能分离

B. 在赊销发生之前，是否经适当授权人士的批准

C. 未经正当审批，不得发出货物

D. 销售价格、销售条件、运费、折扣等必须经审批

4. 如果应收账款账龄分析表由客户提供，审计人员应当（　　）。

A. 弃之不用，重新独立编制

B. 验算其中的计算是否有误

C. 将分析表中的合计数与应收账款总账余额核对

D. 从分析表所列项目中抽取样本与应收账款明细账相核对

5. 下列有关销售与收款循环所涉及的主要凭证与会计记录的说法中正确的有（　　）。

A. 一般情况下，发运凭证和销售发票都是一联寄送给客户，其余联由企业保留

B. 贷项通知单是一种用来表示由于销售退回或经批准的折让而引起的应收销货款减少的凭证，格式通常与销售发票的格式相同，用来证明应收账款的减少

C. 汇款通知书是一种与销售发票一起寄给客户，一般由客户在付款时再寄回销售单位的凭证

D. 客户月末对账单是一种按月定期寄送给客户的用于购销双方定期核对账目的凭证

6. 在下列各项中，通常认为适合运用实质性分析程序的有（　　）。

A. 存款利息收入　　B. 借款利息支出　　C. 营业外收入　　D. 房屋租赁收入

7. 在对营业收入进行审计时，有必要实施分析程序，下列说法中正确的有（　　）。

A. 根据增值税发票申报表或普通发票，分析产品销售结构和价格变动是否异常，并分析异常变动的原因

B. 将本期重要产品的毛利率与同行业进行对比分析，估算全年收入，与实际收入金额比较

C. 将本期重要产品的毛利率，与上期比较，检查是否存在异常，各期之间是否存在重大波动，查明原因

D. 比较本期各月各类主营业务收入的波动，分析其变动趋势是否正常，是否符合被审计单位季节性、周期性的经营规律

8. 在审计实务中，审计人员实施营业收入截止期测试的起点有（　　）。

A. 以销售发票为起点　　B. 以账簿记录为起点

C. 以财务报表为起点　　D. 以发运凭证为起点

9. 由于购销双方登记入账的时间不同而使审计人员收回的询证函产生差异，其产生的原因可能是（　　）。

A. 货物仍在途中，债务人尚未收到货物或未经验收入库

B. 债务人对收到货物的数量、质量及价格等有争议而全部或部分拒付货款

C. 记账错误

D. 债务人在函证日前已付款，而被审计单位在函证日前尚未收到款项

10. 以下属于审计人员对销售与收款循环进行内部控制测试的内容有（　　）。

A. 发函询证应收账款　　B. 实地观察不相容职务划分情况

C. 检查销售发票是否经过授权批准　　D. 检查营业收入账务处理的正确性

三、问答题

1. 简述销售与收款循环所涉及的主要业务活动及主要会计资料。

2. 对营业收入执行实质性分析程序可以有哪些思路?

3. 截止期测试是审计中被广泛运用的一种测试技术，它主要用来测试会计记录的归属期是否正确，同时还可防止所测试项目的高估或低估。审计人员正在考虑对被审计公司的主营业务收入进行截止期测试。请问：

(1) 为了证实会计记录的归属期是否正确，审计人员可以选择哪些截止测试路线?

(2) 每种截止测试路线除了能证实主营业务收入的归属期是否正确外，还具有什么特点?

4. 什么是积极式函证与消极式函证? 消极式函证适用于哪些情况?

四、研究思考题

1. 上市公司提供给审计人员审计的财务报表中，被审计单位为何更多地是存在高估收入、高估资产的现象，而不是低估收入、低估资产现象?

2. 收入属于舞弊的高风险领域，哪些方面可能表明被审计单位存在收入舞弊的迹象?

五、案例分析题

【题 1】

基本情况　红黄兰会计师事务所接受委托，准备审计白猫公司×年度的财务报表。白猫公司的财务主管建议：公司设置了三名会计人员和一名出纳。三位会计人员分别掌管资产类账户、负债及权益类账户和损益类账户。为了便于交流，减少对公司正常经营活动的干扰，并节约审计时间，可以分别指派三位审计人员分别执行对资产类账户、负债类及权益类账户及损益类账户的实质性程序。

要求：请问，审计项目经理是否能够接受客户的建议? 并请列出为什么不能按资产、负债及权益、损益类账户的分类来分配审计工作的理由。

【题 2】

基本情况　红黄兰会计师事务所对赤猫公司与销售收款循环相关的内部控制的情况描述如下。

① 销售部门收到顾客的订单后，由经理甲对品种、规格、数量、价格、付款条件、结算方式等详细审核后签章，交仓库办理发货手续。

② 仓库在发运商品出库时，均必须由管理员乙根据经批准的订单，填制一式四联的销售单。在各联上签章后，第一联作为发运单，由工作人员配货并随货交顾客；第二联送会计部；第三联送应收账款专管员丙；第四联则由乙按编号顺序连同订单一并归档保存，作为盘存的依据。

③ 会计部收到销货单后，根据单中所列资料，开具统一的销售发票，将顾客联寄送顾客，将销售联交应收账款专管员丙，作为记账和收款的凭证。

④ 应收账款专管员丙收到发票后，将发票与销货单核对，如无错误，据以登记应收账款明细账，并将发票和销货单按顾客顺序归档保存。

要求： 请分析赤猫公司相关内部控制中存在的问题。

【题 3】

基本情况　红黄兰会计师事务所在对紫猫公司的营业收入进行审计时发现紫猫公司对产品销售收入的确认需要履行客户在公司统一印制的“售出确认书”上签字盖章的手续。审计人员在抽查过程中发现一张金额为 5 000 元的“售出确认书”未经购货方签字盖章。

要求： 请分析该事项可能存在的问题，以及审计人员应当采取的进一步措施。

【题 4】

基本情况　审计人员对蓝猫公司应收账款账户进行审计时发现以下信息。

单位名称	金额/元	账龄	备注
甲公司	10 000 000	2 至 5 年	
乙公司	100 000	1 年以内	
丙公司	200 000	2 年	丙公司因产品质量问题与 A 公司发生纠纷
丁公司	5 000		丁公司是 A 公司的关联公司
戊公司	100 000	1 年半	

要求： (1) 如果应选择 3 个债务人进行积极式函证，1 个进行消极式函证，请确定审计人员应作怎样的选择？请列出函证对象和函证方式及理由。

(2) 在什么情况下，应收账款可以不实施函证程序？对于未函证的应收账款，设计两个有效的审计程序以验证其真实性。

(3) 如果被询证者以传真、电子邮件等方式回函，审计人员应如何控制？

(4) 如果采用积极式函证而没有收到回函，审计人员应如何处理？

(5) 如果丙公司回函称：“贵公司已开出红字退货发票金额 5 000 元，本公司不欠贵公司任何款项。”审计人员应如何处理？

【题 5】

基本情况 红黄兰会计师事务所接受委托，审计了红猫公司×年度的财务报表。审计人员取得了×年度 12 月 31 日的应收账款明细表，并采用积极式函证对所有重要客户寄发了询证函。审计人员将与函证结果相关的重要异常情况汇总如表 9－15 所示。

表 9－15 重要异常情况汇总表

	函证编号	债务人名称	债务人地址	函证日期	账面金额/元	函证结果	差异金额及说明	审定金额/元
1	8	甲公司	略	1.9	80 000	回函说明款项已于×年 12 月 28 日以支票付讫		
2	11	乙公司		1.9	120 000	回函说明因产品质量不符要求，已于×年 12 月 25 日退货		
3	29	丙公司		1.9	150 000	回函称为 A 公司委托本公司代销的货物 15 万元，尚未实现销售		
4	87	丁公司		1.9	250 000	回函称为采用分期付款方式购货 25 万元，根据合同已付 5 万元		
5	123	戊公司		1.9	700 000	因地址错误，信函被退回		

要求：针对上述各种情况，请分析审计人员分别应实施哪些重要审计程序。

【题 6】

红黄兰会计师事务所的审计人员在审计灰猫公司预收账款项目时，发现以下审计线索。

① 灰猫公司 3 年前预收 W 公司款项 800 万元，当年根据 W 公司的委托支付给 H 公司 200 万元，剩余 600 万元，截至被审计年度资产负债表日账面余额为 600 万元。

② 被审计年度的 12 月 25 日，灰猫公司根据银行存款未达账项调整 1 000 万元记入“预收账款”。审计人员逐笔核对了记账凭证及其后附的销售合同等，随后又根据合同所列产品名称及数量，到仓库审查了产品库存明细账，证实以上各批产品已发货，有关原始凭证已传递到会计部门。

要求：上述审计线索分别可能表明被审计单位存在什么问题，并请分析审计人员分别应实施哪些重要审计程序。

【题 7】

基本情况 红黄兰会计师事务所对黄猫公司×年度的财务报表进行审计，该公司提供了以下资料和信息。

① 该公司的坏账准备采用备抵法，应收账款的坏账准备均按期末余额的千分之五计提。

② 资产负债表中×年底应收账款余额 318 万元。

③ 应收账款明细账中×年底借方合计数为 400 万元，贷方合计数为 80 万元。

④ 坏账准备总账余额为 2 万元。

⑤ 黄猫公司的应收账款借方余额账龄分析表如下（表 9-16)。

表 9-16 黄猫公司应收账款账龄分析表

×年 12 月 31 日

金额单位：万元

客户名称	期末余额	账龄			
		1 年以内	1~2 年	2~3 年	3 年以上
A		120			
B			50		
C				100	
D					130
合计	400	120	50	100	130

要求：请指出上述会计处理中可能存在的不合理之处，并简要说明理由。

推荐阅读

[1] 廖冠民，吴溪. 收入操纵、舞弊审计准则与审计报告谨慎性. 审计研究，2013 (1)：103-112.

[2] 李晓慧，孙蔓莉. 业绩归因分析在审计风险识别中的运用研究. 会计研究，2012 (9)：82-88.

[3] 陈小林，林昕. 盈余管理盈余管理属性与审计意见：基于中国证券市场的经验证据. 会计研究，2011 (6)：77-85.

[4] 李晓慧. 审计学：实务与案例. 北京：中国人民大学出版社：2011.

[5] 刘华. 审计理论与案例. 上海：复旦大学出版社：2005.

[6] 吴晓根. 东方电子会计报表审计的理性认定：审计失败. 审计研究，2003 (4)：43-47.

[7] 企业内部控制应用指引——销售业务.

[8] 企业会计准则第 14 号——收入.

[9] 中国注册会计师审计准则——函证.

[10] 中国注册会计师审计准则——工作底稿.

第 10 章

采购与付款循环审计

【学习目标】

学习本章以后，你应该能够：

- 了解采购与付款循环所涉及的主要业务活动、关键内部控制环节、相关原始单据、主要会计科目和财务报表项目；
- 了解采购与付款循环内部控制的关键环节及对采购与付款循环进行控制测试的要点；
- 了解固定资产审计的实质性程序，熟悉和理解固定资产审计实质性分析性程序，了解固定资产审计的细节测试程序，掌握对固定资产——期末余额、累计折旧、固定资产减值准备审计时的重要细节测试；
- 了解应付账款审计的实质性程序，熟悉和理解应付账款审计实质性分析性程序，了解应付账款审计的细节测试程序，掌握应付账款审计的重要细节测试。

【内容提要】

采购与付款循环是企业日常发生的重要经济业务之一，是财务报表项目审计的重要组成内容。本部分介绍了该循环所涉及的主要业务活动、会计资料，介绍了该循环的内部控制要点与控制测试的要点，并以固定资产、应付账款这两个重要财务报表项目为例，详细介绍了对它们执行实质性程序的基本程序及其中的重要程序。

相关案例

麦科特的“空手道”

1. 上市过程

1998年，麦科特集团提出收购甘肃光学仪器厂计划，后者是当时国内最大的光学仪器厂之一。麦科特集团以此计划为基础的上市方案获得了认可。1998年12月23日，麦科特集团获得广东省1997年度上市公司指标，只是收购甘肃光学仪器厂的计划从未实现。因为甘肃光学仪器厂是一个规模远较麦科特集团大的国有企业，他们要求控股合并后的新公司，这是一个麦科特不可能答应的条件。收购计划最终破灭，然而麦科特集团拿到了上市指标，绝对不可以浪费。

1999年1月中旬，麦科特筹备上市的“三师一商会”召开，这次会议的议题即是“已拿到上市资格的‘麦科特’究竟拿什么资产来上市”。与会的除了麦科特集团公司的相关人员，还有南方证券有限公司、广东明大律师事务所、深圳华鹏会计师事务所和广东大正联合资产评估公司。

按照当时《公司法》及中国证监会公司改制上市的有关规定，非公司制企业改制为股份制公司上市，需要达到发起人至少为五家、连续三年盈利、资产要以历史成本计算的要求。为了达到顺利上市并募集到四至五亿元资金的计划，此次会议基本上描绘出了行动的主线，即虚假变更公司资料、虚增资产、虚增利润，而目标就是构造出一个发起人为五个、净资产为1.1亿元、连续三年盈利的上市主体。并约定公司构架以承销商及律师事务所为主，与公司构架相应的财务资料的调整由麦科特负责。

为了给增加的1.1亿元资产找到来源，该公司进行了详尽繁复的造假活动。

① 将麦（惠州）机电进口的机器设备由原进口报关价格13 450 120港元提高到108 086 735.69港元，价格虚增94 636 615.69港元，由惠州市海关出具了内容虚假的《中华人民共和国海关对外商投资企业减免税进口货物解除监管证明》，从而确定了上述进口机器设备产权归麦（惠州）机电所有。

② 采用倒制会计凭证等办法编造麦（惠州）机电虚假的销售收入和销售成本的会计凭证、会计账簿记录和会计报表，使其从1996年至1999年底的会计报表累计虚增净利润人民币164 862 469.24元。其控股母公司麦科特集团光学工业总公司根据子公司每年虚增的净利润增大本身的长期投资额和投资收益，从而使麦科特集团光学工业总公司截至1999年12月31日累计虚增净利润人民币113 076 143.10元。

③ 编造虚假的会计凭证，采用“以表代账”的方法虚增麦科特集团光学工业总公司1996年至1999年12月31日止净资产123 329 920.49元人民币，应付股利22 000 000元人民币，与之对应虚增的资产主要是长期股权投资金额119 309 808.31元人民币。

2000年7月21日，麦光电股份以1.1亿元净资产向社会公开发行7 000万新股，每股定价7.68元，共募集资金5.376亿元人民币，发行顺利成功，并于8月7日上市。

2. 违规证据

包装换来的是麦科特公司5.376个亿的资金入账，换来的是相关中介机构取得1 760万元的服务报酬。2000年11月，中国证监会对麦科特利润虚假问题立案调查，确认了如下的违法违规证据。

① 更改工商登记，虚构股权转让。明大律师事务所律师制作了三份时间为1993年3月

23日的虚假转让协议书和一份时间为1993年3月26日的虚假《麦科特集团机电开发总公司董事会会议决议》，“凭空捏造”了惠州市广厦制冷空调设备工程公司持有麦科特集团机电开发总公司45.19%的股权；然后又虚构了日期为1995年11月10日的“麦科特集团光学工业总公司股权转让合同”和日期为1995年11月13日的“麦科特集团光学工业总公司股东大会会议决议”，将惠州市广厦制冷空调设备工程总公司持有公司45.19%的股权转让给惠州市益发光学机电有限公司27.29%、惠州市科技投资有限公司16%和麦科特集团制冷有限公司1.9%。这样，麦科特集团光学工业总公司的股东由原来的三家变为五家，亦拥有足够长的改制历史，具有了上市的起始资格。

② 虚增上市公司资产及利润。会计之于造假者更像数字游戏，为了界定虚增的94 636 615.69元港币的进口机器设备产权，用倒签方式分别以麦（惠州）机电和香港新标志有限公司的名义签订了1994年6月18日和1998年7月5日虚假的融资租赁合同和协议书，制作虚假的进口设备统计表、进口设备清单和一份金额为108 086 735.69元港币的虚假进口设备发票。

为了配合虚增麦（惠州）机电巨额利润和掩盖该公司是来料加工企业的性质，以麦（惠州）机电和香港新标志有限公司的名义分别签订了五套虚假的购货合同，由香港新标志提供47份虚假的材料进货发票和六套虚假的销货合同，实际上，同期内新标志只支付过加工费。

经过上述会计处理，麦（惠州）机电和麦科特集团光学工业总公司的虚假会计报表进行合并后的麦光电股份1996年至1999年末虚增净资产118 623 122.72元人民币，虚增应付股利23 100 000元人民币。1997至1999年度三年累计虚增净利润93 466 225.51元人民币。

3. 调查结果

2001年9月，中国证监会宣布调查结果如下。

① 麦光电股份通过伪造进口设备融资租赁合同，虚构固定资产9 074万港元；采用伪造材料和产品的购销合同、虚开进出口发票、伪造海关印章等手段，虚构收入30 118万港元，虚构成本20 798万港元，虚构利润9 320万港元。

② 在麦科特发行上市过程中，深圳华鹏会计师事务所、广东大正联合资产评估有限责任公司、广东明大律师事务所、南方证券有限公司为其出具了严重失实的审计报告、资产评估报告、法律意见书及发行申报文件。

在中国证监会宣布麦科特欺诈上市后，股票于2002年1月23日跌至最低价3.98元，与2000年10月23日的最高价28.5元相比，投资者的名义损失最大为14.868亿元。

10.1 采购与付款循环的特征

10.1.1 采购与付款循环的业务活动及相关单据

采购与付款循环是指企业购买各种商品和劳务，验收入库并支付货款，准备投入生产经营过程的一系列业务总和。部分采购支出可能与产品收入直接相关，部分采购支出可能会形成企业资产。采购与付款交易通常具有以下特点。

① 业务发生频繁。是企业日常业务活动的重要构成内容之一。

② 涉及企业内外多个主体和环节，容易产生漏洞。通常企业应根据采购类别，分别加以管理。

③ 与生产和销售计划联系紧密。采购与生产和销售直接相关，通常是企业预算或计划管理的重点内容之一。

④ 采购业务与负债增加、货币资金支付直接相关。在采购的各个环节，需确保不相容职责分离，及审批权限的划分。

不同的企业性质决定企业除了有一些共性的费用支出外，还会发生一些不同类型的支出。不同行业类型的企业典型采购和费用支出项目如表 10－1 所示。

表 10－1　不同行业类型的采购和费用支出

行业类型	典型的采购和费用支出
贸易业	产品的选择和购买、产品的存储和运输、广告促销费用、售后服务费用
一般制造业	生产过程所需的设备支出、原材料、易耗品、配件的购买与存储支出，市场经济费用，把产成品运达顾客或零售商发生的运输费用，管理费用
专业服务业	律师、会计师、财务顾问的费用支出包括印刷、通讯、差旅费、计算机、车辆等办公设备的购置和租赁，书籍资料和研究设施的费用
金融服务业	建立专业化的安全的计算机信息网络和用户自动存取款设备的支出，给付储户的存款利息，支付其他银行的资金拆借利息、手续费、现金存放、现金运送和网络银行设施的安全维护费用，客户关系维护费用
建筑业	建材支出，建筑设备和器材的租金或购置费用，支付给分包商的费用；保险支出和安保成本；建筑保证金和通行许可审批方面的支出；交通费、通讯费等。当在外地施工时还会发生建筑工人的住宿费用

采购与付款循环所涉及的主要业务活动包括：购买商品或劳务；记录采购业务；支付账款；定期与供货方、开户行对账。其所涉及的主要会计凭证与会计记录包括：请购单、订购单、验收单、卖方发票、付款凭单、转账凭证、付款凭证、应付账款明细账、现金日记账和银行存款日记账、卖方对账单等。

采购与付款循环所涉及的主要业务活动及会计资料如图 10－1 所示。

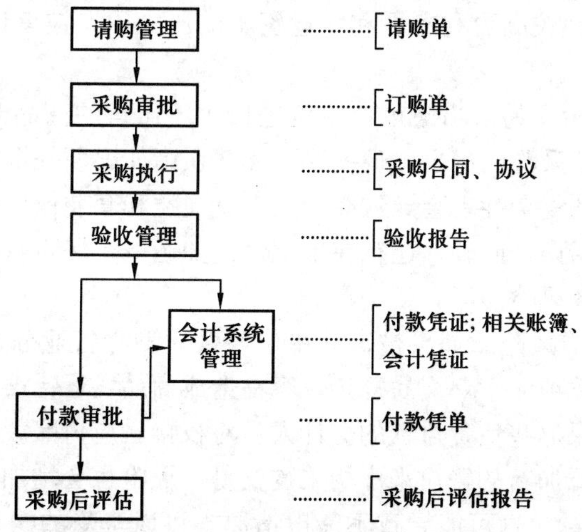

图 10－1　采购与付款循环所涉及的主要业务活动及相关单据示意图

10.1.2 影响采购与付款循环的重大错报风险

影响采购与付款循环的重大错报风险集中体现在遗漏交易，采用不正确的费用支出截止期，以及错误划分资本性支出和费用性支出等领域。它们将对采购与付款交易的完整性、截止、发生、存在、准确性和分类认定产生影响。影响采购与付款交易和余额的重大错报风险可能包括以下情形。

① 管理层错报费用支出的偏好和动因。被审计单位管理层可能为了完成预算，满足业绩考核要求，保证从银行获得额外的资金，吸引潜在投资者，影响股东，影响公司股价，或通过把私人费用计入公司进行个人盈利而错报支出。常见的方法可能有以下几种。

- 把通常应当及时计入损益的费用资本化，然后通过资产的逐步摊销予以消化，这对增加当年的利润和留存收益都将产生影响。
- 平滑利润。通过多计准备或少计负债和准备，把损益控制在被审计单位管理层希望的程度。
- 利用特别目的实体把负债从资产负债表中剥离，或利用关联方间的费用定价优势制造虚假的收益增长趋势。
- 通过复杂的税务安排推延或隐瞒所得税和增值税。
- 被审计单位管理层把私人费用计入企业费用，把企业资金当作私人资金运作。

② 费用支出的复杂性。例如，被审计单位开始在国外开展销售交易，管理层对于可能遭遇的问题解决经验有限，甚至不具备进行正确交易的能力。这可能导致费用支出分配的错误、外币换算错误和准备计提的错误。

③ 管理层凌驾于控制之上和员工舞弊的风险。例如，通过与第三方串通，把私人费用计入企业费用支出，或有意无意地重复付款。

④ 采用不正确的费用支出截止期。将本期采购并收到的商品计入下一会计期间；或者将下一会计期间采购的商品提前计入本期。例如，被审计单位采用离岸价结算方式进口的商品期末尚在途中，由于商品的所有权已经转移，就可能存在低估在途商品的风险。

⑤ 低估。在承受反映较高盈利水平和营运资本的压力下，被审计单位管理层可能试图低估应付账款和减值准备。

⑥ 不正确地记录外币交易。当被审计单位进口用于出售的商品时，可能由于采用不恰当的外币汇率而导致该项采购的记录出现差错。在存在诸如远期外汇担保或套期保值交易的情形下，外汇交易记录的复杂性也会导致在记录汇兑损益和套期保值损益时出错，从而使进口存货成本的核算产生错误。此外，还存在未能将诸如运费、保险费和关税等与存货相关的进口费用进行正确分摊的风险。

⑦ 舞弊和盗窃的固有风险。如果被审计单位经营大型零售业务，由于所采购商品和固定资产的数量及支付的款项庞大，交易复杂，容易造成商品发运错误，员工和客户发生舞弊和盗窃的风险较高。如果那些负责付款的会计人员有权接触应付账款主文档，并能够通过在应付账款主文档中擅自添加新的账户来虚构采购交易，风险也会增加。

⑧ 延迟向供应商付款。这可能导致不能申请原本可以享受的购货折扣，或者即使提出申请也不被接受，增加了不必要的开支。

⑨ 存货的采购成本没有按照适当的计量属性确认。结果可能导致存货成本和销售成本的核算不正确。

⑩ 存在未记录的权利和义务。这可能导致资产负债表分类错误及财务报表附注不正确或披露不充分。

10.2　采购与付款循环的控制测试

10.2.1　被审计单位的内部控制

采购与付款循环的内部控制可分为购货交易的内部控制和付款交易的内部控制两大部分。审计人员在了解被审计单位及其环境并评估重大错报风险的过程中，需确认被审计单位在此循环中是否在执行以下内部控制程序。

① 不相容的职责分离。在采购与付款循环，物品请购、发出订购单、采购的审批、物品采购回的验收、付款、储存及保管、会计记录等工作，应由不同职能部门或人员来完成。

② 授权审批控制。在采购与付款循环中，以下业务应获得适当的授权方可实施：购货价格、付款条件的批准；物品的处置、报废、清理办法的批准。

③ 单据和账簿的控制。在采购与付款循环中，所涉及的请购单、订购单、验收单需连续编号并定期清点；财务部门应根据原始凭证的内容，编制记账凭证、登记账簿。

④ 实物控制。采购的物品必须存放在安全的地方，并仅限经过批准的人接近；资产定期及不定期的盘点制度。

⑤ 内部核查程序。内部核查程序包括由财务部门内部独立的复核人定期核对为采购与付款交易编制的会计分录是否适当，应付账款余额与业务部门应付账款的记录是否一致，以及相关原始凭证编号的完整性等，也包括由被审计单位内部审计人员或其他独立人员对采购与付款业务相关账簿和凭证的核查。

10.2.2　审计人员的控制测试

1. 对内部控制措施的控制测试

针对被审计单位在采购与付款业务循环中所执行的内部控制程序，审计人员可以选择采用的控制测试如下。

① 询问企业采购主管、相关业务人员和会计人员有关购货内控执行情况，重点询问各项批准手续和内部复核、对账程序。

② 实地观察不相容职责是否分离，如采购职责与请购、批准和验收货物等职责；验收职责与仓库保管和记账职责；核对应付账款明细账和卖方对账单与记账职责等。

③ 观察验收部门验货的情况。

④ 抽取部分单据，审查：从采购合同追查至相关的请购单、订单、购货发票、验收报告、入库单、付款凭证、记账凭证直至相关的账簿，确定内容是否相符，单据是否连续编号，以及是否有完备的审批手续；验收单的完整性及没有采购合同的验收单；付款凭单的填制，确定是否有相应的请购单、订单、验收单和购货发票，对应项目的内容是否一致等。

典型例题

基本资料 红黄兰会计师事务所在对黑猫公司的内部控制进行了解和测试时，获得以下信息。

① 公司的材料采购需要经授权批准后方可进行。所有采购均需由采购部编制请购单，请购单经批准后，由采购人员货比三家，再向经审批同意的供应商发出订购单。

② 货物运达后，验收部门根据订购单的要求验收货物，并编制一式多联的验收单。

③ 仓库根据验收单验收货物，在验收单上签字后将货物移入仓库加以保管。验收单上有数量、品名、单价项目。验收单一联交采购部登记采购明细账和编制付款凭单，付款凭单经批准后，月末交会计部；一联交会计部登记材料明细账；一联由仓库保留并登记材料明细账。

④ 会计部根据附有验收单的付款凭单登记有关账簿。

要求：请分析黑猫公司的上述内控程序是否存在缺陷，说明理由。

参考答案 黑猫公司上述内控程序存在以下问题。

① 在请购环节，应由使用部门或仓库保管部门提出，以确保采购的必要性。

② 在采购方式上，不是所有采购均采取货比三家的方式。建议根据物资采购的重要性，分别采用议价、合同协议或招标的方式确定供应商。

③ 验收环节，验收执行人应由请购部门、采购部门、专门验收部门人员和供应商组成。

④ 验收内容：验收时还应对所购货物的质量方面进行验证，并审查是否与采购合同协议中的内容一致。

⑤ 会计部门：记账时所依据的原始单据还应包括供应商的发票、订购单。

⑥ 付款凭单在月末交会计部门不适当，应当及时提交至会计部门。

2. 以风险为起点的控制测试

表 10－2 举例列示了采购与付款交易相关的风险、旨在降低这些风险可能存在的计算机控制和人工控制，以及相应的控制测试程序。

表 10－2 采购与付款交易的风险、控制和控制测试

风险	计算机控制	人工控制	控制测试
订购商品和劳务			
未经授权的供应商可能进入经批准的供应商主文档	• 程序设定只允许经授权的人员修改经批准的供应商主文档	• 只有采购部门高级员工才被授权在供应商主文档中增加新供应商信息	• 询问管理层并检查证明这些控制完成情况的文件
可能向未经批准的供应商采购	• 处理之前，计算机自动与供应商主文档中每一份订购单比对。将不符事项记录于例外报告中	• 复核例外报告并解决问题。绕过计算机控制的人工处理经恰当审批	• 检查复核例外报告的证据，以及批准僭越控制的人工处理的恰当签名
采购可能由未经授权的员工执行	• 访问控制只允许经授权的员工处理订购单，菜单层面的控制授权限定至单个员工	• 复核正式的授权级别并定期修订，采购人员有权在限额内进行采购或处理某些类型的支出。僭越控制的、人工接受的订购单，需经采购主管或高级管理层批准	• 询问、检查授权批准和授权越权的文件。检查订购单并确定其是否在授权批准的范围之内

续表

风险	计算机控制	人工控制	控制测试
订购的商品或劳务可能未被提供	● 计算机自动对所有发出的订购单事先编号，并与随后的采购入库通知单和供应商发票进行比对。比对不符的订购单被单独打印	● 长期未执行的订购单被记录于未执行订购单的文件上，并采取跟进行动	● 询问并检查文件，以证实对未执行的订购单的跟进情况
采购订购单的项目或数量可能不准确	● 计算机将订购单上的产品摘要和存货代码与存货主文档明细进行比对。当再订货数量超过存货主文档记录的再订货数量，或者现有的存货项目数量超过再订货水平时，生成订货例外报告。	● 由采购部门复核例外报告，取消订购单或在经过恰当授权后处理	● 检查例外报告，证实问题已被适当处理
收到商品和劳务			
收到商品可能未被记录	● 当商品接收仓库索取订购单以核对货物时，计算机生成一分事先编号的采购入库通知单。定期打印未完成订购单	● 由采购部门复核和追踪未完成订购单报告。定期将报表余额调整至应付账款余额	● 检查打印文件并追踪未完成订购单。检查应付账款的调整，并重新执行这些程序，以获取其是否正确的证据
收到的商品可能不符合订购单的要求或可能已被损坏	● 收货人员将收到的商品情况、实际收货数量录入采购入库通知单，将采购入库通知单与订购单上的具体信息进行比对，并就比对不符商品的情况和数量生成例外报告	● 清点从供应商处收到的商品，将商品的情况、收货数量与订购单进行核对。检查货物的状况，复核例外报告并解决所有差异	● 询问、观察商品实物并与订购单进行核对，检查打印文件以获取复核和跟进的证据
记录采购和应付账款			
收到的商品可能未被计入采购	● 由计算机打印一份没有相应发票记录的采购入库通知单的完整清单。在一些计算机系统中，可能根据订购单上的采购价格在临时文档中生成一份预开单据，当实际收到供应商发票时，再按发票金额转账	● 由会计部门人员追踪遗失的发票	● 询问、检查例外报告和其他文件，以追踪商品已收到但发票未到、未作采购记录的情况
对发票已到，但商品或劳务尚未收到的可能作采购记录，或者可能重复作采购记录	● 由计算机比对订购单、采购入库通知单和发票，只有比对一致后，采购才能被记录至总分类账；对比对不符和重复的发票生成例外报告。在分批次处理系统中，由计算机控制各采购入库通知单金额的总额，并与相应的供应商发票金额比对，对出现的差异打印成例外报告	● 由会计部门人员追踪例外报告中提及的供应商发票与订购单或采购入库通知单比对不一致问题或重复问题	● 询问和检查例外报告，并追踪已收到但比对不符的发票

续表

风险	计算机控制	人工控制	控制测试
采购发票可能未被记录于正确的会计期间	● 由计算机将记录采购的上期和采购入库通知单上的日期进行比对，如果这些日期归属不同的会计期间，应生成打印文档	● 由会计人员输入必要的分录，确保对计入当期的负债的核算是恰当的	● 询问和检查打印文件并重新执行截止程序
记录的采购价格可能不正确	● 由计算机将供应商发票上的单价与订购单上单价进行比对，如有差异应生成例外报告	● 复核例外报告，并解决问题	● 询问和检查打印文件，以及解决差异的证据。通过对照发票价格与订购单上的价格，重新执行价格测试
供应商发票可能未被分配至正确的应付账款账户	● 由计算机将订购单和采购入库通知单上的代码与发票上的供应商名称和代码进行比对，并将其与应付账款账户明细核对	● 由会计部门人员追踪例外报告上供应商名称和代码比对不符的情况	● 询问和观察例外报告，以及解决例外情况的证据。重新执行分配费用支出的测试
发票可能未分配至单个客户的账户，或者在更新时使用了错误的应付账款文档	● 更新后，由计算机将应付账款期初余额合计数，加上本期购货，减去本期支付，得到应付账款期末余额合计数，与应付账款总分类的期末余额进行比对。每次更新前，由计算机检查日期和更新前的版本号。每次更新后，应付账款主文档会注明日期或顺序编号	● 由适当的会计人员执行连续运行总额调节。复核并重新揭示未分配采购发票的例外报告。利用外部文件标签和整理功能来标明使用哪一版本的主文档	● 检查连续运行控制总额的打印文件。询问对 IT 程序的一般控制，以确保应付账款主文档使用正确的版本
在记录或处理采购发票时可能出现错误	● 在处理运行过程中检查发票计算的准确性；检查商品数量，将数量乘以单价与发票总额核对，并计算得出应收的折扣	● 每月根据供应商对账单调整应付账款金额，编制汇款通知单并邮寄给供应商。询问处理供应商付款的人员是否与记录采购发票的人员职责分离。应付账款明细账合计数应调节与应付账款总分类账一致	● 询问、检查并重新执行应付账款总分类账的调节程序
购买的商品或劳务可能未被记录于正确的费用或资产账户	● 由计算机将订购单、采购入库通知单和发票上的账户代码与总分类账上的账户代码进行比对。定期（如按周或按月）打印采购交易中费用和资产的分配	● 复核交易打印文件的合理性	● 询问和检查打印文件，以获取经管理层复核的证据。询问对于发现的错误是否采取了改正措施
上述所有风险		● 由管理层根据关键业绩指标复核实际业绩，如实际采购、计划采购及月度趋势分析；实现的毛利率；应付账款的周转天数	● 检查用于证明已经识别和解决与关键业绩指标不符的实际业绩问题的文件。询问管理层针对这一问题采取的措施。行政机关执行复核和跟进程序

续表

风险	计算机控制	人工控制	控制测试
记录开具的支票和电子货币转账支付			
开具的支票和电子货币转账支付凭证可能未被记录	● 在开具支票过程中，由计算机生成事先顺序编号的支票。对空白支票实施接触控制，只有得到授权的员工才能接触。由支票支付系统打印所有开具的支票	● 如果支票是手工开具的，应控制尚未签发的事先顺序编号的支票表；由高级员工开具支票；按顺序检查支票编号；调节银行存款余额	● 询问并观察实物控制和接触控制，重新执行顺序检查和调节银行余额的程序
电子货币转账支付可能由未经授权的人员执行	● 只有得到授权、掌握密码的员工才能接触电子货币转账专用终端机	● 授权执行电子货币支付交易的人员，根据支付次数的多少，按月、按周或按日复核电子货币支付清单打印文件，以发现不正常或未经授权的支付	● 询问、观察实物控制和接触控制
可能向不正确的供应商银行账户进行电子货币转账支付	● 对于为处理电子货币转账支付而从银行下载的供应商的银行账户详细信息，实施严格的控制	● 只授权高级员工出于处理电子货币转账支付的目的，在银行记录中变更或增加供应商银行信息。详细信息由供应商书面提供，并在供应商文档中保存。依靠银行的安全控制对此进行监督	● 询问和检查经恰当授权签字的记录
开具的支票和电子货币转账支付凭证可能未被及时记录或分配到正确的应付账款账户	● 付款被自动记入相关应付账款或费用账户和银行存款账户。每一次开具支票后，及时调节相关总分类账的变动	● 定期进行银行存款调节。按月根据银行存款余额调节表对应付账款账户余额进行调节	● 检查并重新执行调节程序
可能就虚构或未经授权的采购开具支票和电子货币转账支付凭证	● 由计算机比对订购单、采购入库通知单和发票，以及经批准的供应商主文档上的供应商账户代码和名称，打印例外报告	● 如果支票由人工开具，由支票开具人员检查所有支持性文件，包括支票开具供应商的应付账款调节表和汇款通知。由管理层复核应付账款明细表以发现非正常的支付	● 询问和观察支票开具流程。检查例外报告并追踪问题的解决
可能重复开具支票和电子货币转账支付	● 由计算机将付款金额和应付账款余额进行比对，并就支付金额超过应付金额的情况生成例外报告	● 支持性凭证应该注明“已付讫”标记以防止重复支付。复核例外报告并检查例外事项的处理	● 检查例外报告，以确定任何付款额超过应付余额的情况是否已得到解决。检查已注明“已付讫”标记的凭据
开具支票和电子货币转账支付的金额可能不正确	● 由计算机比对订购单、采购入库通知单、发票及在每一应付账款记录中的供应商账户代码和金额	● 如果支票由人工开具，由支票开具人员检查所有支持性文件，包括支票开具前供应商的应付账款调节表和汇款通知	● 询问和观察支票开具流程，并重新执行调节程序
上述所有风险		● 管理层的监控主要涉及以下方面：日常零用现金或现金支付清单应该反映分摊到应付账款、费用或资产总分类账户的金额，并就异常的金额对供应商进行询问；定期复核应付账款的账龄分析，追踪异常的金额或不熟悉的供应商名称；监控关键业绩指标	● 询问、观察管理层的复核程序及对任何异常事项的追踪 ● 重新执行复核和追踪程序

10.3 固定资产审计

固定资产在企业资产总额中一般都占有较大的比例，固定资产的安全、完整对企业的生产经营影响极大，审计人员应对固定资产的审计给予高度重视。

资产负债表上“固定资产”项目的余额由固定资产科目余额扣除累计折旧科目余额和固定资产减值准备科目余额构成，因而固定资产的审计范围应当包括这三个科目。而被审计单位通过各种途径增加固定资产时，可能涉及货币资金、应付账款、预付款项、在建工程、股本、资本公积、长期应付款、递延所得税负债等项目；被审计单位通过各种途径减少固定资产时，又可能与固定资产清理、其他应收款、营业外收入和营业外支出等项目有关。另外，被审计单位按月计提固定资产折旧，这又与制造费用、销售费用、管理费用等项目联系在一起。因此，在进行固定资产审计时，应当关注这些相关项目。

相关案例

绿大地公司

一、公司简介

云南绿大地生物科技股份有限公司（股票代码 002200.SZ，简称“绿大地”）始建于1996年，2001年完成股份制改造，2007年12月21日，公司公开发行股票并在深圳证券交易所挂牌上市，募集资金达3.46亿元，是云南省第一家民营上市企业。公司的主营业务为绿化工程设计及施工，绿化苗木种植及销售。

二、基本案情

1. 上市前

在公司上市前的2004年至2007年6月间，根据云南云审司法鉴定中心的司法鉴字（2011）第07号《司法会计鉴定意见书》证实，绿大地存在以下几种虚增的情况。

虚增一：2004年2月，绿大地以55万元承包马龙县旧县村委会土地960亩，使用年限是40年。绿大地入账金额为955.20万元，虚增土地成本900.20万元。2004年至2007年3月，接任旧县村委会主任称，在他任职期间，从未收到过绿大地支付的任何土地转让款。

虚增二：2005年至2006年期间，绿大地通过昆明鑫景园艺工程有限公司（简称“鑫景园艺”），转款170万元给马龙县外资办作为3 500亩土地使用权转让费及相关赔偿费。其中105万元用于支付马鸣村委员会土地转让费，65万元用于赔偿云南牧草研究所和马龙县农工商贸有限公司在该地块上的设施补偿费。2005年4月，绿大地入账记录显示购买土地使用权共计3 500亩，金额为3 360.00万元，虚增土地成本3 190.00万元。

虚增三：截至2007年6月30日，绿大地在马龙县马鸣基地灌溉系统、灌溉管网等项目上价值虚增797.20万元。

虚增四：2007年，绿大地财务报告披露，对马鸣乡基地实施的土壤改良，合计投入2 529.13万元，经鉴定确认马鸣乡基地土壤改良价值虚增2 124.00万元。

虚增五：绿大地在招股说明书披露2004年至2007年1-6月累计收入为62 629.51万

元，虚增收入 29 610.29 万元。

2. 上市后

司法鉴定证实，在绿大地上市后有以下几种虚增的情况。

虚增一：2008 年，绿大地会计报告披露的购买马龙县月望乡 9 000 亩土地使用权价值 8 370.00万元。经司法机关鉴定，确认购买马龙县月望乡 9 000 亩土地使用权价值虚增 8 370.00万元。

马龙县月望乡猫猫洞村委会主任称，与绿大地公司签订的《马龙县有偿出让集体荒山使用权合同书》上出让的 9 000 亩土地，金额为 50.40 万元的合同，是以 100 亩为载体名义而签订的，是虚构编造的。他们村也没有收到过 8 370.00 万元土地的转让费，只收到 430 万元的转让费。

虚增二：2008 年，绿大地会计报告披露，购建月望基地灌溉系统 4 270.00 万元，经鉴定虚增购建月望基地灌溉系统 3 438.02 万元。

公诉机关提交的证人证言显示，2008 至 2010 年，绿大地的修路、开挖水池方等工程的总工程造价在 500 万元左右。工程承包方没有与绿大地签过月望基地灌溉系统施工合同，只是在 2010 年 6 月 17 日按绿大地的要求，写明收到工程款 620 万元。

虚增三：2008 年，绿大地会计报告披露的月望基地土壤改良投入为 4 527.30 万元，经鉴定虚增价值 4 527.30 万元。

虚增四：2009 年，绿大地会计报告披露的购置广南林地使用权价值 11 011.05 万元，经鉴定虚增林地使用权价值 10 407.06 万元。

三、危险的审计信号

自绿大地 2007 年底挂牌以来，三次更换会计师事务所，且每次都是在年报披露前夕。此外，该公司还连换两任财务总监，四次变更业绩预告，高管频繁离职，种种不合常理的行为都足以引起审计人员的怀疑。

---

1. 固定资产领域错报高发领域

① 新增固定资产计价中的错报。固定资产增加可能有不同来源，不同固定资产来源的固定资产有不同的计价要求，不论被审计单位出于有意或无意未完全按照计价要求处理相关账务，都会造成固定资产价值计量中的错弊。

② 固定资产减少中的错报，如固定资产变价收入不入账；固定资产清理完毕，不及时结转营业外收入等。

③ 混淆资本性支出和收益性支出。企业如果有意增加当期成本、费用，可能将符合固定资产标准的物品划入低值易耗品；而如果有意减少当期成本、费用，则可能将应属于低值易耗品的物品划入固定资产进行管理，延缓其摊销速度。由此，混淆资本性支出和收益性支出的结果是，使固定资产和存货之间产生此生彼消的关系，使会计信息产生错报。

④ 固定资产分类不准确。一般企业采用按经济用途和使用情况对固定资产进行分类。对固定资产的分类正确与否主要涉及企业对哪些固定资产应计提折旧及折旧费用的列支问题。这样的问题直接影响到企业费用和成本的计算、财务成本的确定和计算所得税的依据。例如，企业混淆经营租赁方式租入的固定资产和融资租赁方式租入固定资产，由此对计提的

折旧费用产生影响。

⑤ 累计折旧计算的错误，如折旧年限的选择、折旧方法的确定、残值率的估计、折旧范围不当等。

⑥ 对固定资产减值准备的估算和转回进行人为调节。

2. 固定资产的控制测试

表 10－3 列示了与固定资产相关的内部控制制度及其控制测试要点。

表 10－3 固定资产内部控制及控制测试要点

内部控制制度	控制测试要点
固定资产的预算制度	选取固定资产投资预算和投资可行性项目论证报告，检查是否编制预算并进行论证，以及是否经适当层次审批；对实际支出与预算之间的差异及未列入预算的特殊事项，应检查其是否履行特别的审批手续
固定资产的授权批准制度	检查被审计单位固定资产授权批准制度本身是否完善；选取固定资产请购单及相关采购合同，检查是否得到适当审批和签署，关注授权批准制度是否得到切实执行
固定资产的账簿记录制度	检查固定资产明细分类账和登记卡，以分析固定资产的取得和处置，复核折旧费用和修理支出的列支
固定资产的职责分工制度	查阅固定资产职责分工制度；实地观察固定资产职责的分工
资本性支出和收益性支出的区分制度	检查该制度是否遵循企业会计准则的要求，是否适应被审计单位的行业特点和经营规模；抽查实际发生与固定资产相关的支出时是否按照该制度进行恰当的会计处理
固定资产的处置制度	关注被审计单位是否建立了有关固定资产处置的分级申请报批程序；抽取固定资产盘点明细表，检查账实之间的差异是否经审批后及时处理；抽取固定资产报废单，检查报废是否经适当批准和处理；抽取固定资产内部调拨单，检查调入、调出是否已进行适当处理；抽取固定资产增减变动情况分析报告，检查是否经复核
固定资产的定期盘点制度	了解和评价企业固定资产盘点制度，并应注意查询盘盈、盘亏固定资产的处理情况
固定资产的保险情况	抽取固定资产保险单盘点表，检查是否已办理商业保险

3. 固定资产审计的实质性分析程序

对固定资产执行的实质性分析程序可考虑的思路如下。

① 计算固定资产原值与本期产品产量的比率，与以前期间比较，可能发现闲置固定资产或已减少固定资产未在账户上注销的问题。

② 计算累计折旧与固定资产总成本的比率，与上期比较，可能发现累计折旧核算上的错误。

③ 比较本期各月之间、本期与以前各期之间的修理及维护费用，可能发现资本性支出和收益性支出区分上可能存在的错误。

④ 比较本期与以前各期的固定资产增加和减少。深入分析其差异，并根据被审计单位以往和今后的生产经营趋势，判断差异产生的原因是否合理。

⑤ 分析固定资产的构成及其增减变动情况，与在建工程、现金流量表、生产能力等相关信息交叉复核，检查固定资产相关金额的合理性和准确性。

⑥ 对折旧计提的总体合理性进行分析。在不考虑固定资产减值准备的前提下，可以用

应计提折旧的固定资产乘以本期的折旧率，判断计算结果与账户余额的差异的合理性。

⑦ 计算本期计提的折旧占固定资产原值的比率，并与上期比较，分析本期折旧计提额的合理性和准确性。

⑧ 计算累计折旧占固定资产原值的比率，评估固定资产的老化率，并估计因闲置、报废等原因可能发生的固定资产损失，结合固定资产减值准备，分析其是否合理。

⑨ 计算本期末固定资产减值准备占期末固定资产原值的比率，并与期初该比率比较，分析固定资产的质量状况。

除此之外，对固定资产执行实质性分析时还可考虑使用固定资产周转率（销售净额/平均固定资产）、固定资产报酬率（净利润/平均固定资产）、固定资产与股东权益之比（固定资产/股东权益）、固定资产修理费用与销售净额之比（修理费用/销售净额）等。

4. “固定资产——账面余额”审计的细节测试

(1)“固定资产——账面余额”审计的基本细节测试

一般地，对“固定资产——账面余额”项目执行的基本细节测试如下。

测试 1：获取或编制固定资产和累计折旧分类汇总表，检查固定资产的分类是否正确并与总账数和明细账合计数核对是否相符，结合累计折旧、减值准备科目与报表数核对是否相符。

测试 2：实地检查重要固定资产（如为首次接受审计，应适当扩大检查范围），确定其是否存在，关注是否存在已报废但仍未核销的固定资产。

测试 3：检查固定资产的所有权或控制权。

测试 4：检查本期固定资产的增加。

测试 5：检查本期固定资产的减少。

测试 6：检查固定资产的后续支出，确定固定资产有关的后续支出是否满足资产确认条件。

测试 7：检查固定资产的租赁。

测试 8：获取暂时闲置固定资产的相关证明文件，并观察其实际状况，检查是否已按规定计提折旧，相关的会计处理是否正确。

测试 9：获取已提足折旧仍继续使用固定资产的相关证明文件，并作相应记录。

测试 10：获取持有待售固定资产的相关证明文件，并作相应记录。检查对其预计净残值调整是否正确、会计处理是否正确。

测试 11：检查固定资产保险情况，复核保险范围是否足够。

测试 12：检查有无与关联方的固定资产购售活动，是否经适当授权，交易价格是否公允。对于合并范围内公司之间的购售活动，记录应予合并抵销的金额。

测试 13：检查借款费用资本化的计算方法和资本化金额，以及会计处理是否正确。

测试 14：检查购置固定资产时是否存在与资本性支出有关的财务承诺。

测试 15：检查固定资产的抵押、担保情况。结合对银行借款等的检查，了解固定资产是否存在重大的抵押、担保情况。如存在，应取证，并作相应的记录，同时提请被审计单位作恰当披露。

测试 16：检查固定资产是否已按照企业会计准则的规定在财务报表中作出恰当列报。

(2)“固定资产——账面余额”审计的重要细节测试：获取或编制固定资产及累计折旧分类汇总表

审计人员应当获取或编制固定资产及累计折旧分类汇总表，以分析固定资产账户余额的变动，并为固定资产的取得、处置和出售等提供进一步的证据。可采用的工作底稿格式如表 10－4 所示。

表 10－4 固定资产及累计折旧分类汇总表

被审计单位名称　　财务报表截止期　　工作底稿索引号

编制人：	日期：
复核人：	日期：
项目质量控制复核人：	日期：

固定资产类别	固定资产				累计折旧					
	期初余额	本期增加	本期减少	期末余额	折旧方法	折旧率	期初余额	本期增加	本期减少	期末余额
合计										
审计说明：										
审计结论：										

在表 10－5 中，除其他项目外，审计人员还需对固定资产及累计折旧的期初余额予以特别关注，因为期初余额是本期变动额的基础，从而直接影响固定资产及累计折旧期末余额的准确性。

对固定资产和累计折旧的期初余额，通常分三种情况分析核实；第一，在连续常年审计情况下，注意与上期审计工作底稿的期末余额相核对；第二，在变更委托情况下，后任审计人员应借调、参阅前任审计人员有关工作底稿，并考虑前任会计师事务所的信誉；第三，在初次审计的情况下，应对期初余额进行较全面的审计。尤其是当被审计单位的固定资产数量多、价值大，占资产总额比重高时，最理想的方法是彻底审计所有重要的借贷记录。

(3)“固定资产——账面余额”审计的重要细节测试：检查固定资产的增加

固定资产增加可能有不同的途径，对不同方式增加的固定资产，其审核要点应根据具体情况而定。对固定资产增加的一般审查要点如表 10－5 所示。

表 10－5 不同固定资产增加方式的审计要点

固定资产增加的方式	审查要点
外购	① 审查购买固定资产的批准文件，以查明其是否经过合法的授权批准 ② 核对购货发票、合同、保险单、运输凭证等文件，审阅固定资产明细账的记录是否正确 ③ 审查固定资产的验收报告 ④ 审查购进土地、房屋等的契约和结算单，以确定其所有权的归属 ⑤ 确定被审计单位估计的固定资产使用年限和残值是否合理 ⑥ 测试固定资产计价是否正确，会计处理是否正确 ⑦ 对于以一笔款项购入多项没有单独标价的固定资产，还应检查是否按各项固定资产公允价值的比例对总成本进行分配，以分别确定各项固定资产的入账价值

续表

固定资产增加的方式	审查要点
在建工程转入	① 审查建设项目的批准文件，以查明是否经过合法的授权批准 ② 审查建设成本的构成内容是否符合规定，计算是否正确 ③ 审查竣工决算、验收和移交报告是否正确，并与在建工程相关的记录是否核对相符，资本化利息金额是否恰当 ④ 对已经在用但尚未办理竣工决算的固定资产，检查其是否已经暂估入账，并按规定计提折旧，竣工决算完成后是否及时调整 ⑤ 确定被审计单位估计的固定资产使用年限和残值是否合理
投资者投入	① 交接手续是否齐全 ② 如果是全新固定资产，确定其入账价值是否与相关发票的价值一致 ③ 如果是已使用过的固定资产，确定其入账价值是否与资产评估报告及投资协议的结果一致
更新改造	① 根据更新改造过程中的相关原始凭证，复核增加的固定资产原值是否真实，是否符合资本化的条件 ② 重新确定的剩余折旧年限是否恰当
债务人抵债	① 产权过户手续是否齐全 ② 固定资产计价是否符合相关会计制度的规定
非货币性交易换入	① 入账价值的处理是否符合公允会计准则的要求 ② 法律手续是否齐全
盘盈或其他方式	对盘盈的固定资产，应确定入账价值是否公允；如为其他方式，应检查相关的原始凭证，核对其计价及会计处理是否正确，法律手续是否齐全

检查固定资产的增加，可以使用如表 10－6 所示的表格。

表 10－6　固定资产增加测试情况表

被审计单位名称　　　　财务报表截止期　　　　工作底稿索引号

编制人：	日期：
复核人：	日期：
项目质量控制复核人：	日期：

月	日	凭证号	固定资产类别	固定资产名称	增加情况			测试情况				
					数量	原价	累计折旧	1	2	3	4	5
测试内容： ① 新增固定资产的计价是否正确。 ② 新增固定资产原始凭证手续是否齐备。 ③ 新增固定资产计提折旧方法、开始计提折旧的时间是否正确。 ④ 新增固定资产的所有权归属。 ⑤ 新增固定资产的会计处理是否正确。												
审计说明：												
审计结论：												

典型例题解析

基本情况 在审计A公司固定资产明细账时，审计人员发现有一笔增加业务，为A公司从外地购入专用生产设备一台，购货发票上的价格为400 000元。该公司会计处理为

借：固定资产——专用设备 400 000

贷：银行存款 400 000

专用设备于当月开始投入使用（假设预计净残值为0，采用直线法按五年计提折旧）。

要求：请分析以上情况中存在的问题，并提出调整建议。

分析思路 该设备从外地购买，却没有运杂费，另外，按常理该设备应经过安装调试后才能投入生产使用，也没有安装、调试费。既然这些费用如果没有资本化，则很可能被记入了期间费用。因此，审计人员可以审阅在设备购入前后的管理费用、营业费用的明细账中的有关支出记录，以确定有无与该专用设备有关的这些费用，将其调整入固定资产的原值中，一并作为计提折旧的基础。由此会涉及固定资产原值的调整问题，折旧计提金额的调整问题，以及期间费用的调整问题。

(4)“固定资产——账面余额”审计的重要细节测试：检查固定资产的减少

引起固定资产减少的原因有出售转让、报废、投资转出、盘亏等几种情况。一般地，检查固定资产减少的审计要点有以下几个方面。

① 审查固定资产减少的合法性。固定资产的减少应经过批准和技术性分析及鉴定，应有具体职能部门的报告。只有经审批部门批准后，才可进行固定资产减少的处理。

② 审查因不同原因减少固定资产数额计算的正确性，会计处理是否符合核算规定。一般通过检查固定资产明细表、账卡、报废清单等凭证资料来验证。

③ 结合“固定资产清理”、“待处理财产损溢”账户，抽查固定资产账面价值转销额是否正确。

④ 检查是否存在未作记录的固定资产减少业务。一般可采用的方法包括：查明有无用新固定资产代替旧固定资产的情况；分析营业外收支账户，有无出售固定资产的价款及报废固定资产的变价收入；查明有无因停产某种产品而停用的设备，其处理情况如何；向有关人员询问本期固定资产减少的情况等。

检查固定资产的减少，可以使用如表10-7所示的表格形式。

表10-7 固定资产减少测试情况表

被审计单位名称　　　　财务报表截止期　　　　工作底稿索引号

编制人：	日期：
复核人：	日期：
项目质量控制复核人：	日期：

月	日	凭证号	固定资产类别	固定资产名称	减少情况			测试情况				
					数量	原价	累计折旧	1	2	3	4	5

续表

<table>
<tr><td rowspan="2">月</td><td rowspan="2">日</td><td rowspan="2">凭证号</td><td rowspan="2">固定资产类别</td><td rowspan="2">固定资产名称</td><td colspan="3">减少情况</td><td colspan="5">测试情况</td></tr>
<tr><td>数量</td><td>原价</td><td>累计折旧</td><td>1</td><td>2</td><td>3</td><td>4</td><td>5</td></tr>
<tr><td></td><td></td><td></td><td></td><td></td><td colspan="8"></td></tr>
<tr><td></td><td></td><td></td><td></td><td></td><td colspan="8"></td></tr>
<tr><td></td><td></td><td></td><td></td><td></td><td colspan="8"></td></tr>
<tr><td colspan="13">测试内容：
① 减少固定资产的计价是否正确。
② 减少固定资产原始凭证手续是否齐备。
③ 减少固定资产计提折旧方法是否正确。
④ 减少的固定资产在减少之前是否归被审计单位所有。
⑤ 减少固定资产的会计处理是否正确。</td></tr>
<tr><td colspan="13">审计说明：</td></tr>
<tr><td colspan="13">审计结论：</td></tr>
</table>

典型例题解析

基本情况　红黄兰会计师事务所的审计人员在审计黑猫公司的“固定资产”项目时，发现下列情况，如表 10 - 8 所示。

表 10 - 8　黑猫公司固定资产情况一览表

固定资产名称	固定资产明细账	固定资产卡片	实存数量
甲	10 台	10 台	8 台
乙	8 台	8 台	9 台
丙	10 台	9 台	10 台
丁	3 台	2 台	2 台

要求：请分析产生各种情况的可能原因及审计人员应提出的调整建议。

参考答案　① 甲设备账卡相符，实物短缺 2 台，原因可能是：该设备已报废处理，但账卡未注销，若为事实，应建议对方予以注销账卡；因保管不善，设备被盗，若为事实，应建议对方追究保管者的责任；设备出租，但没有计入“出租固定资产”账户，若为事实，应建议被审计单位补记。

② 乙设备账卡相符，实物多出 1 台，原因可能是：该设备已报废处理，卡片已注销，但实物仍在使用；购进时未作固定资产入账，而作低值易耗品入账，但盘点时作为固定资产，查明后，应对照其价值和使用年限，确认其是否符合标准，补记固定资产明细账和卡，若不符标准，则不作盘盈，不记入固定资产账簿；将租入固定资产误记作盘盈，查明后应将

设备在备查簿上登记。

③ 丙设备明细账与实物相符，但卡片少了 1 台，原因可能是购进时，有 1 台没有在卡片上登记，若为事实，应建议对方补记卡片。

④ 丁设备卡片与实物相符，但固定资产明细账多出 1 台，有可能是该台设备已出售，但明细账没有注销，若为事实，应建议对方及时予以注销。

一般地，审计人员在抽查固定资产时，应关注固定资产的账、卡、物是否相符。如果不相符，应查明原因，提请被审计单位纠正。同时，对于造成被审计单位的账、卡、物不相符的内部控制制度，应提出改善意见。

(5)“固定资产——账面余额”审计的重要细节测试：验证固定资产的所有权

对各类固定资产，审计人员应查阅相关原始凭证，以确定所审查的固定资产是否确实为被审计单位的合法财产。具体验证时应注意：

① 对外购的机器设备类固定资产，通常应审核采购发票、购货合同；

② 对房地产类固定资产，应查阅有关的合同、产权证明、财产税单、抵押贷款的还款凭据、保险单等书面文件；

③ 对融资租入的固定资产，应验证有关融资租赁合同，证实其并非经营租赁；

④ 对汽车等运输设备，应验证有关运营执照等证件。

5.“固定资产——累计折旧”审计的细节测试

(1)“固定资产-累计折旧”审计的基本细节测试

一般地，在对“固定资产-累计折旧”项目执行实质性程序中，需采用以下细节测试。

测试 1：获取或编制累计折旧分类汇总表，复核加计是否正确，并与总账数和明细账合计数核对是否相符。

测试 2：检查被审计单位制定的折旧政策和方法是否符合相关会计准则的规定；确定其所采用的折旧方法能否在固定资产预计使用寿命内合理分摊其成本；前后期是否一致，预计使用寿命和预计净残值是否合理。

测试 3：复核本期折旧费用的计提和分配。

测试 4：将“累计折旧”账户贷方的本期计提折旧额与相应成本费用中的折旧费用明细账户的借方相比较，检查本期所计提折旧金额是否已全部摊入本期产品成本或费用。若存在差异，应追查原因，并考虑是否应建议作适当调整。

测试 5：检查累计折旧的减少是否合理、会计处理是否正确。

测试 6：检查累计折旧的披露是否恰当。

(2)“固定资产——累计折旧”重要细节测试：折旧政策与方法是否合规

关于固定资产折旧的政策与方法的规定较多，举例如下。

① 应计折旧额的规定。被审计单位应根据固定资产原价减预计净残值后的余额计算应计折旧额。预计净残值数额的大小根据不同企业而定。

② 折旧年限的规定。不同类别的固定资产应采用符合其实际情况的折旧年限。

③ 计提折旧范围的规定。

④ 折旧时间的规定。相关规定包括：企业一般应按月计提折旧。当月增加的固定资产，当月不计提折旧，从下月开始计提；当月减少的固定资产，当月仍计提折旧，

从下月起停止计提。提前报废的固定资产，不再补提折旧；超期使用的固定资产，不计提折旧。

⑤ 折旧方法的规定。企业可以选用的折旧方法有平均年限法、工作量法、双倍余额递减法、年数总和法。折旧方法一经选定，不得随意变更。

被审计单位对折旧政策和方法的选用，会直接影响到被审计会计期间计提的折旧金额，进而影响到当年度所得税的计算。因此，审计人员应在考查被审计单位选用的折旧政策、方法与税法或其他财务规定中的折旧政策与方法存在何种差异的基础上，确认被审计单位采用的折旧政策和方法是否适当，以及当期所得税的计算和调整是否恰当。

6. “固定资产——固定资产减值准备”审计的细节测试

一般地：“在对固定资产——固定资产减值准备”执行实质性程序中，应采用以下细节测试。

测试 1：获取或编制固定资产减值准备明细表，复核加计是否正确，并与总账数和明细账合计数核对是否相符。

测试 2：检查被审计单位计提固定资产减值准备的依据是否充分，会计处理是否正确。

测试 3：获取闲置固定资产的清单，并观察其实际状况，识别是否存在减值迹象。

测试 4：检查资产组的认定是否恰当，计提固定资产减值准备的依据是否充分，会计处理是否正确。

测试 5：检查被审计单位处置固定资产时原计提的减值准备是否同时结转，会计处理是否正确。

测试 6：检查是否存在转回固定资产减值准备的情况，确定减值准备在以后会计期间没有转回。

测试 7：检查固定资产减值准备的披露是否恰当。

7. 固定资产审计相关实质性程序工作底稿

根据被审计单位的实际情况及审计人员认为需要采取的具体审计程序，对固定资产、累计折旧进行实质性程序所使用的工作底稿主要包括：固定资产、累计折旧审计程序表，固定资产及累计折旧分类汇总表，固定资产及累计折旧余额明细表，固定资产数量检查情况表，累计折旧检查情况表，固定资产抽查表，固定资产增加测试情况表，固定资产减少测试情况表，出租、租入固定资产明细表，未使用、不需用固定资产明细表等。

典型例题解析

基本资料 红黄兰会计师事务所的审计人员在对黄猫公司的固定资产进行审计时，发现以下问题。

① 在审计新增固定资产的过程中，发现有已投入使用但未办理竣工验收手续先行估价的固定资产价值为 1 500 万元，低于原概算价值的 25%（原概算为 2 000 万元）。审计人员现场观察和了解施工的结算情况，预计实际支出为 2 150 万元。

② 在审查减少的固定资产时发现，该公司有一笔设备提前报废的业务，该公司对此项业务的有关账务处理的会计分录为

借：固定资产清理 64 000

累计折旧 16 000

贷：固定资产 80 000

借：营业外支出——非常损失 64 000

贷：固定资产清理 64 000

③ 审计人员发现黄猫公司2012年10月购入一台设备，价款为580万元，运杂费及设备安装费支出为72万元，后者均计入了“营业费用”账户。该固定资产于当月安装完毕并投入使用。(假设该固定资产的使用期为5年，按直线法计提折旧，残值率为5%)

④ 审计人员在按实地检查固定资产时，发现黄猫公司接受某公司捐赠的客货车两辆，未进行会计处理，所以固定资产账面未反映其实物存在。

⑤ 审计人员在对折旧的总体合理性进行分析时发现，办公设备的折旧计提5～9月份明显高于其他月份，结果查出公司所有的夏季使用的空调设备，只按实际使用月份（5～9月）计提。

要求：分别针对以上发现的情况，分析存在的问题，并提出审计人员的应当如何处理？

参考答案 对于第①项：不正确。应按较为实际的估价值调整入账。

对于第②项：审计人员应对此进行关注，因为该设备在成新率较高时提前报废，并进一步关注该笔业务中是否涉及私分企业财产的舞弊行为。

对于第③项：该会计处理不合理。应将相关的运杂和设备安装费计入固定资产，并补提该部分折旧。

对于第④项：应按有关凭据补记入账。

对于第⑤项：不正确。因为该类设备属于“季节性停用的固定资产”，按财务制度规定，该种固定资产其他停用月份，应照常计提折旧。

10.4 应付账款审计

相关案例

美国巨人零售公司

美国巨人零售公司是一家大型零售折扣商店，创建于1959年，总部设在马萨诸塞州的詹姆斯福特。公司在20年的时间内迅速发展，到1971年，已经拥有112家零售批发商店。但就在那一年，巨人零食公司的管理部门面临着历史上第一次重大经营损失。为了掩盖这一真相，它们决定修改公司的会计记录，把1971年发生的250万美元的经营损失改为150万美元收益，并且提高与之相关的流动比率和周转率。

罗斯会计师事务所担任巨人零售公司1972年年报审计工作，签发了无保留意见的审计报告。

1972年4月28日，巨人零售公司把经过审计的财务报表提交给美国证券交易委员会，申请并获准发行了300万美元的股票，并贷到了1 200万美元的流动资金。但1973年初，罗斯会计师事务所撤回了其签发的无保留意见的审计报告。1973年8月，巨人零售公司向波士顿法院提交破产申请，两年后法院宣告公司破产。

根据法庭查证事实，巨人零售公司蓄意调整 1972 年 1 月 29 日结束的会计年度的应付账款余额的情况如表 10－9 所示。

表 10－9　巨人零售公司对应付账款的蓄意调整情况表

债务方	应付账款减少金额/美元	应付账款减少的理由
1 100 家广告商	300 000	以前未入账的预付广告费用
米尔布鲁克公司	257 000	① 商品退回；② 总购折扣；③ 折扣优惠
罗斯盖尔公司	130 000	商品退回
健身器材公司	170 000	以前购买货物索价过高
健美产品制造商	163 000	商品退回

巨人零售公司舞弊行为与罗斯会计师事务所审计行为列示如下。

① 巨人零售公司的总裁和财务主管在 1972 年 1 月 29 日结束的会计年度中，命令广告部门的经理准备了 14 页的备忘录，虚构了大约 1 100 家的广告商名单，记载着巨人零售公司以前曾向它们预付广告费用但并未入账。

罗斯事务所的审计师为验证这些预付广告费是否属实，抽取了 24 个样本，向其中 4 个广告商发函询证，并要求巨人零售公司为另外 20 笔未入账的费用提供证明文件。虽然 4 个广告商的回函曾指出预付广告费是错误的，但审计师并没有进一步追查，反而根据巨人零售公司提供的证明文件及询证函确认了巨人零售公司预付 30 万美元广告费。

② 巨人零售公司的财务副总裁伪造了 28 个虚假的贷项通知单（红字发票），以此来抵减外发的应付给米尔布鲁克公司的账款 25.7 万美元。

审计师注意到这些贷项通知单，询问公司的职员，得到先后三个不同的解释。为证实这一事项，审计师要求向米尔布鲁克公司的高级行政人员求证此事。为了满足这个要求，巨人零售公司的财务副总裁当着审计师的面，打电话给一个听起来像是米尔布鲁克公司总裁的人，短暂交谈后，巨人零售公司的财务副总裁把电话递给了审计师，电话另一头的那个人口头上证实了这一事项，并同意递交罗斯会计师事务所一份书面证明。但几天后，巨人零售公司的财务副总裁告诉审计师，米尔布鲁克公司总裁改变了签发书面证明的主意。

为此，审计师写了一份备忘录，附在工作底稿中，对贷项通知单的真实性提出质疑。但负责巨人零售公司审计工作的事务所合伙人却认为已经搜集到充分的证据，可以证实贷项通知单的真实性，就不再深入追查此事。

③ 巨人零售公司通过发出 35 份假造的贷项通知单，蓄意减少了 13 万美元的应付给另一个供应商罗斯盖尔公司的账款。

审计师在审阅这些通知单的复印件时，发现有种特殊标志被隐藏在单据中，当把这些通知单高举在光线下观察时，他发现了单据中被隐藏起来的句子："只有在收到货物时才可以记账"。于是，审计师打电话给罗斯盖尔公司的一位会计人员，询问他有关这些商品退回的问题，回答是并无任何商品曾被巨人零售公司退回。因此，审计师将这件事情报告给了事务所的合伙人。当合伙人与巨人零售公司副总裁交流时，巨人零售公司副总裁解释道，审计师误解了有关贷项通知单的电话询问，并断言的确是由于退回货物，才发出通知单，但却以巨人零售公司和罗斯盖尔公司即将产生法律诉讼为理由，拒绝合伙人和罗斯盖尔公司联系。最终，合伙人由于收到了信件证实了这些由巨人零售公司收到的、然后又退回罗斯盖尔公司的有争议的货物确实“存在”，从而接受了巨人零售公司对此项贷项通知单的解释。

④ 巨人零售公司虚构几百个曾被供应商索价过高的赊购事项，减少应付账款 17 万美元。

罗斯会计师事务所为调查这些问题，从巨人零售公司提供的名单中随意抽取几个供应商，然后给它们打电话，求证索价过高是否真实。然而，在 15 个电话求证过程中，会计师居然允许巨人零售公司先同供应商联系并通知此事，接着又打了个电话，再一次解释事务所要询问的事项。随后才把电话递给会计师，直至那时，罗斯会计师事务所的会计师才能与供应商通话。罗斯会计师事务所据此有限测试接受了巨人零售公司因索价过高而抵减应付账款的理由。

⑤ 巨人零售公司假造了发给健美产品制造商的贷项通知单，用根本没被确认的 16.3 万美元的商品退回来减少应付账款。

1978 年，巨人零售公司的四位管理者被陪审团以舞弊罪名起诉，经联邦法院判定为有罪。1979 年 1 月，美国证券交易委员会在经过调查后，严厉谴责了罗斯会计师事务所，并在联邦法院处理此事前，暂停负责该公司审计的合伙人执业 5 个月。证券交易委员会同时要求：由独立专家中的一位陪审员，对罗斯事务所的审计程序，进行一次大规模的检查。

---

1. 应付账款审计的实质性分析程序

对应付账款进行实质性分析的一般思路如下。

① 观察月度（或每周）已记录采购总额趋势，与往年或预算相比较。任何异常波动都必须与管理层讨论，如果有必要还应做进一步的调查。

② 将实际毛利水平与以前年度和预算相比较。如果被审计单位以不同的加价销售产品，就需要将相似利润水平的产品分组进行比较。任何重大的差异都需要进行调查。因为毛利可能由于销售额、销售成本的错误被歪曲，而销售成本的错误则又可能是受采购记录的错误所影响。

③ 计算应付账款的赊购天数，并将其与以前年度相比较。超出预期的变化可能由多种因素造成，包括未记录采购、虚构采购记录或截止问题。

④ 检查常规账户和付款。例如，租金、电话费和电费。这些费用是日常发生的，通常按月支付。通过检查可以确定已记录的所有费用及其月度变动情况。

⑤ 检查异常项目的采购。例如，大额采购，从不经常发生交易的供应商处采购，以及未通过采购账户而是通过其他途径记入存货和费用项目的采购。

⑥ 无效付款或金额不正确的付款，可以通过检查付款记录和付款趋势得以发现。例如，通过查找金额偏大的异常项目并深入调查，可能发现重复付款或记入不恰当应付账款账户的付款。

⑦ 将期末应付账款余额与期初余额进行比较，分析波动原因。

⑧ 分析长期挂账的应付账款，要求被审计单位作出解释，判断被审计单位是否缺乏偿债能力或利用应付账款隐瞒利润，并注意其是否可能无须支付，对确实无须支付的应付款的会计处理是否正确，依据是否充分；关注账龄超过 3 年的大额应付账款在资产负债表日后是否偿还，检查偿还记录、单据及披露情况。

⑨ 计算应付账款与存货的比率，应付账款与流动负债的比率，并与以前年度相关比率对比分析，评价应付账款整体的合理性。

⑩ 分析存货和营业成本等项目的增减变动判断应付账款增减变动的合理性。

2. 应付账款审计的基本细节测试

实务中，审计人员对应付账款执行的基本细节测试如下。

测试 1：获取或编制应付账款明细表。复核加计正确，并与报表数、总账数和明细账合计数核对是否相符；检查非记账本位币应付账款的折算汇率及折算是否正确；分析出现借方余额的项目；调查有无同挂的项目、异常余额或与购货无关的其他款项。

测试 2：函证应付账款。

测试 3：检查应付账款是否计入正确的会计期间，是否存在未入账的应付账款。

测试 4：针对已偿付的应付账款，追查至银行对账单、银行付款单据和其他原始凭证，检查其是否在资产负债表日前真实偿付。

测试 5：针对异常或大额交易及重大调整事项（如大额的购货折扣或退回、会计处理异常的交易、未经授权的交易或缺乏支持性凭证的交易等），检查相关原始凭证和会计记录，以分析交易的真实性、合理性。

测试 6：检查带有现金折扣的应付账款是否按发票上记载的全部应付金额入账，在实际获得现金折扣时再冲减财务费用。

测试 7：被审计单位与债权人进行债务重组的，检查不同债务重组方式下的会计处理是否正确。

测试 8：标明应付关联方的款项，执行关联方及其交易审计程序，并注明合并报表时应予抵销的金额。

测试 9：检查应付账款是否已按照企业会计准则的规定在财务报表中作出恰当列报。

3. 应付账款审计的重要细节测试：函证应付账款

在一般情况下，应付账款不需要函证。这是因为：一方面，函证不能保证查出未记录的应付账款。应付账款的侧重点是被审计单位低估的风险，函证难以达到此目的。而应收账款审计的侧重点是被审计单位的高估风险，函证能取得证实账面债权的凭据，可有效查找高估资产的情形。另一方面，审计人员能够取得采购发票等具有较强可靠性的外部凭证来证实应付账款的余额，而应收账款的其他证据主要来自于公司内部。因此，在一般情况下，函证应付账款并非是必经程序。然而，如果控制风险较高，某应付账款明细账户金额较大或被审计单位处于财务困难阶段，则应进行应付账款的函证。

在对应付账款进行函证时，通常应选择较大金额的债权人，以及那些在资产负债表日金额不大，甚至为零，但为被审计单位重要供货人的债权人作为函证对象。应付账款函证通常采用积极式函证方式，并具体说明应付金额。同应收账款函证一样，审计人员必须对函证的过程进行控制，要求债权人直接回函，并根据回函情况编制与分析函证结果汇总表，对未回函的，应考虑是否再次函证。

如果存在未回函的重大项目，审计人员应采用替代审计程序。比如，可以检查决算日后应付账款明细账及库存现金和银行存款日记账，核实其是否已支付，同时检查该笔债务的相关凭证资料，如合同、发票、验收单，核实应付账款的真实性。

比较之一

应收账款函证与应付账款函证（表 10－10）

表 10－10 应收账款函证与应付账款函证的比较

比较项目	应收账款函证	应付账款函证
性质	必要的、公认的审计程序	认为有必要时才实施的审计程序
函证对象的选择	通常为应收账款余额大的债务人	通常为重要的供货人
主要目标	证实应收账款的存在性	证实应付账款的完整性
方式	积极式、消极式、积极和消极相结合	通常只用积极式

比较之二

购货发票、卖方对账单、应付账款函证回函审计证据的可靠性

购货发票是被审计单位单次购买货物的凭证，审计人员通过查验购货发票与有关的证明文件，如验收单和订购单，可获得高度可靠的单项业务估价的证据。而卖方对账单通常只包括交易的总额及欠款余额，它未把采购的数量单位、价格、运费和其他信息包括在内。因此，卖方对账单更适于应付账款的余额。

应付账款函证和卖方对账单的最重要区别则在于信息来源不同。卖方对账单是由独立的第三方编制，但在审计人员查验时是由客户保管的。这就给客户以更改卖方对账单或不提供对审计人员有用的对账单的方便。而应付账款函证是一个分项目的询证信函，由卖方直接送交审计人员。因此，它提供的虽是同样的信息，但却比卖方对账单更加可靠。此外，在应付账款函证时，审计人员还可同时询问有关应付票据及卖方存放在被审计单位的寄存存货等信息。

4. 应付账款审计的重要细节测试：查找未入账的应付账款

为查找未入账的应付账款，在审计实务中审计人员可采用以下方法。

① 检查债务形成的相关原始凭证，如供应商发票、验收报告或入库单等，查找有无未及时入账的应付账款，确定应付账款期末余额的完整性。

② 检查资产负债表日后应付账款明细账贷方发生额的相应凭证，关注其购货发票的日期，确认其入账时间是否合理。

③ 获取被审计单位与其供应商之间的对账单（应从非财务部门，如采购部门获取），并将对账单和被审计单位财务记录之间的差异进行调节（如在途款项、在途货物、付款折扣、未记录的负债等），查找有无未入账的应付账款，确定应付账款金额的准确性。

④ 针对资产负债表日后付款项目，检查银行对账单及有关付款凭证（如银行划款通知、供应商收据等），询问被审计单位内部或外部的知情人员，查找有无未及时入账的应付账款

⑤ 结合存货监盘程序，检查被审计单位在资产负债日前后的存货入库资料（验收报告或入库单），检查是否有大额料到单未到的情况，确认相关负债是否计入了正确的会计期间。

典型例题解析

基本情况　红黄兰会计师事务所的审计人员在财务报表外勤审计工作即将结束时，被审计单位的会计负责人提出不必抽查本年度付款凭证来证实被审计年度的会计记录，其理由如下。

① 被审计年度的有些发票因收到太迟，来不及记入当年度 12 月份的账簿，公司已经全部用“暂估”的转账分录入账。

② 被审计年度后，公司内部审计人员已经对这一部分业务进行了抽查。

③ 公司愿意提供无漏记负债业务的申明书。

要求：请问针对这一情况，审计人员应如何处理？

分析思路　① 被审计单位因迟收发票，而未根据发票的实际金额入账，只是以“暂估”金额入账，这种做法本身减少了进一步调整的可能性，但它并不影响审计人员抽查次年度的付款凭证。这与被审计单位声明其报表内容真实、完整，而审计人员仍应执行相应的审计程序的道理完全相同。

② 如果审计人员已查明内部审计人员具有专业胜任能力和合理的独立性，并且已抽查了未入账的债务，在与内部审计人员讨论了其程序的性质、时间、范围并审阅其工作底稿后，审计人员可减少本身拟进行的未入账债务抽查工作，但绝不能取消抽查工作。

③ 获取被审计单位提供的“无漏记负债业务声明书”不能作为可以信赖的审计程序，它仅仅只是给审计人员以额外的保证，作为内部证据，其证明力较弱，它无法减轻审计人员抽查的责任。

5. 应付账款审计相关实质性程序工作底稿

根据被审计单位的实际情况及审计人员认为需要采取的具体审计程序，对应付账款执行实质性程序所使用的工作底稿主要包括：应付账款审计程序表、应付账款明细表、函证控制结果控制表、采购业务检查情况表、应付账款抽查表等。

相关知识：潜在错报

① 利用应付账款隐瞒收入。有的企业将营业外收入列入“应付账款”，而不按会计制度规定计入有关收入账户中，以达到人为调节损溢、减少当期应交税金的目的。

② 应付账款长期挂账。出现长期挂账的原因可能有：被审计单位不按合同规定的期限及时偿还货款；双方之间有业务纠纷；账务处理错误；对方已破产或倒闭。不论出于哪种原因，长期挂账的应付账款都应得到及时处理。

③ 虚列应付账款。有的企业采用伪造发票、虚开验收单和入库单等手段，虚列应付账款，以达到虚增费用、虚减利润、偷税漏税的目的，甚至用“应付账款”记录非法收支活动。

④ 少计应付账款。有的企业为了粉饰财务状况，在期末对已收到的购货发票或货到单未到不作账务处理，少列应付账款。

关键术语

请购单	购货发票	验收单
固定资产	累计折旧	固定资产减值准备
应付账款	特殊目的实体	高估
低估	控制测试	实质性程序
实质性分析程序	细节测试	

本章复习

一、单项选择题

1. 以下选项中，（　　）无法查找到未入账的应付账款。

A. 检查被审计单位在资产负债表日未处理的不相符的购货发票

B. 检查有材料入库凭证但未收到购货发票的经济业务

C. 检查应付账款明细账并追查其原始凭证

D. 检查资产负债表日后收到的购货发票，确认其入账时间是否正确

2. 审计人员证实被审计单位应付账款是否在资产负债表上充分披露时，不需考虑的是（　　）。

A. 应付账款发生是否恰当

B. 预付账款明细账的贷方余额是否并入应付账款项目

C. 应付账款明细账的期末借方余额是否并入预付账款项目

D. 应付账款的分类是否恰当

3. 以下程序中，（　　）可以用于发现闲置固定资产或已减少固定资产未在账户上注销的问题。

A. 比较本期与以前各期的固定资产增加或减少

B. 分析固定资产的构成及本期增减变动情况

C. 计算固定资产原值与本期产品产量的比率，并与以前期间比较

D. 计算本期计提折旧额与固定资产成本的比率，并同上期比较

4. 如果被审计单位初次接受审计，审计人员需要对固定资产期初余额审计。下列方法中最佳的是（　　）。

A. 详细审查固定资产相关内部控制的有效性

B. 仔细审计各次固定资产的盘点记录

C. 仔细了解内部审计人员对固定资产的审计情况

D. 仔细审计自开业起固定资产和累计折旧账户中所有重要的借贷记录

5. 审计人员认为被审计单位固定资产折旧计提不足的迹象是（　　）。

A. 经常发生大额的固定资产清理损失　　B. 累计折旧与固定资产原值的比率较大

C. 提取折旧的固定资产账面价值庞大　　D. 固定资产保险额大于其账面价值

6. 审计人员确定固定资产为审计重点领域。在制定具体审计计划时，项目负责人考虑下列审计程序中，能够确定当年新购置固定资产的计价是否正确的是（　　）。

A. 计算固定资产原值与产品产量的比率，并进行分析

B. 检查与在建工程相关的记录，并检查竣工决算、验收报告是否正确

C. 核对购货合同、发票、保险单及发运凭证等文件

D. 检查购置固定资产的授权批准文件

7. 下列有关固定资产审计程序的表述中，审计人员认为不恰当的是（　　）。

A. 审计固定资产减少的目的在于查明业已减少的固定资产是否已做相应的会计处理

B. 实施实地观察审计程序时，可以以固定资产明细账为起点进行追查

C. 实地观察固定资产的重点应放在当期增加和减少的固定资产

D. 对已交付使用但尚未办理竣工决算手续的固定资产，应检查其是否已暂估入账并计提折旧

8. 采购与付款循环的审计中，对于请购单的处理，正确的是（　　）。

A. 请购单只能由仓库负责填写

B. 大多数企业对正常经营所需物资的购买均作特别授权

C. 租赁合同和资本支出，企业通常不要求作特别授权

D. 每张请购单必须经过对这类支出预算负责的主管人员签字批准

9. 在采购与付款审计的实质性分析程序中，审计人员要识别需进一步调查的差异并调查异常数据关系。下列关于这类程序的说法，错误的是（　　）。

A. 观察月度已记录采购总额趋势，与往年相比较，对异常波动必须与管理层讨论

B. 将实际毛利与以前年度和预算相比较，对任何差异都要进行调查

C. 计算记录在应付账款上的赊购天数，并将其与以前年度相比较

D. 检查常规账户和付款及其异常项目的采购

10. 下列审计程序中，与实现采购交易截止目标最相关的是（　　）。

A. 从验收单追查至采购明细账

B. 追查存货的采购至存货永续盘存记录

C. 将验收单和卖方发票上的日期与采购明细账中的日期进行比较

D. 参照卖方发票，比较会计科目表上的分类

二、多项选择题

1. 为验证被审计单位对外购固定资产的所有权，审计人员应获取哪些书面证据？（　　）

A. 采购发票　　B. 固定资产总分类账

C. 固定资产明细分类账　　D. 买卖合同或协议

2. 审计人员为验证被审计单位是否有低估应付账款的行为，可以采取的审计程序有（　　）。

A. 检查资产负债表日后收到的购货发票

B. 检查资产负债表日未处理的不相符的购货发票

C. 检查资产负债表日后预付账款明细账贷方发生额的相应凭证

D. 检查有材料库存但未收到购货发票的经济业务

3. 审计人员拟测试被审计年度所计提折旧费用的总体合理性。以下各项审计程序中，能够实现上述审计目标的有（　　）。

A. 用被审计年度应计提折旧的固定资产原价乘以本期的折旧率，将计算结果和被审计单位的本期计提折旧总额比较

B. 计算被审计年度计提折旧额占固定资产原值的比率，并与上年度进行比较

C. 计算被审计年度折旧费用与固定资产原值的比率，并与上年度进行比较

D. 复核折旧费用分配汇总表，并与总账和明细账进行核对

4. 下列属于采购与付款交易实质性程序的有（　　）。

A. 追查存货的采购至存货永续盘存记录

B. 审核批准采购价格和折扣的标记

C. 将采购明细账中记录的交易同卖方发票、验收单和其他证明文件比较，核实记录的金额、数量是否有差异

D. 复核采购明细账、总账及应付账款明细科目，注意是否有大额或不正常的金额

5. 下列关于采购与付款循环涉及凭证所证明的认定的说法中，正确的有（　　）。

A. 请购单是证明有关采购交易的“发生”认定的证据之一，也是采购交易轨迹的起点

B. 请购单是证明有关采购交易的“完整性”认定的证据之一，也是采购交易轨迹的起点

C. 验收单是支持资产或费用及与采购有关的负债的“完整性”认定的重要凭证

D. 验收单是支持资产或费用及与采购有关的负债的“存在或发生”认定的重要凭证

6. 注册会计师实施的下列审计程序中，能证实采购交易记录的完整性认定的有（　　）。

A. 从验收单追查至采购明细账　　B. 从卖方发票追查至采购明细账

C. 追查存货的采购至存货永续盘存记录　　D. 检查取得的固定资产

7. 下列职责分离制度中，合理的有（　　）。

A. 采购员小王负责市场询价，经货比三家，确定了一家供应商

B. 采购员小李订立了采购合同，由其经理进行审批

C. 采购员小刘负责采购，小张负责验收，小宋负责会计记录

D. 经过相关部门的付款审批后，小赵负责付款的执行

8. 下列选项中，属于与固定资产的内部控制相关的制度有（　　）。

A. 固定资产预算制度和授权批准制度

B. 账簿记录制度和职责分工制度

C. 资本性支出和收益性支出的区分制度

D. 固定资产处置、定期盘点和维护保养制度

9. 为了评估有关交易或付款的重大错报风险，注册会计师应该通过（　　）等方法详细了解有关交易或付款的内部控制。

A. 审阅以前年度审计工作底稿　　B. 观察内部控制执行情况

C. 询问管理层和员工　　D. 检查相关的文件和资料

10. 注册会计师应该根据被审计单位的实际情况，选择以下（　　）方法对应付账款执行实质性分析程序。

A. 将期末应付账款的余额与期初余额进行比较，分析波动原因

B. 分析长期挂账的应付账款，要求被审计单位作出解释，判断被审计单位是否缺乏偿债能力或利用应付账款隐瞒利润，并注意其是否可能无须支付

C. 计算应付账款与存货的比率、应付账款与流动负债的比率，并与以前年度相关比率对比分析，评价应付账款整体的合理性

D. 分析存货和营业成本等项目的增减变动，判断应付账款增减变动的合理性

三、简答题

1. 简述采购与付款循环所涉及的主要业务活动及会计资料。
2. 固定资产内部控制的主要目标有哪些？
3. 对固定资产实施的实质性分析程序主要有哪些方法？
4. 简述对购入固定资产的审计要点。
5. 对累计折旧实施的实质性分析程序主要有哪些方法？
6. 如何选择应付账款的函证对象？
7. 向卖主函证应付账款与向买主函证应收账款是否同样有效？
8. 简述在不同情况下，审计人员对固定资产期初余额的审计责任。

四、研究思考题

1. 请分析如果被审计单位想高估利润，那么其负债容易被高估还是低估？
2. 应付账款函证与应收账款函证有哪些相同点和不同点？
3. 查找未入账的负债有哪些可行思路？
4. 在查找未入账的应付账款程序中，你认为哪一种程序最为重要？

五、案例分析题

【题 1】

基本情况　红黄兰会计师事务所的审计人员在审计黄猫公司的应付账款明细账时，发现以下事项。

①“应付账款——甲工厂”账户的贷方余额为 100 000 元，经审查是三年前黄猫公司向甲工厂购买原料的货款。

② 黄猫公司因财务状况不佳，无力支付乙公司货款 100 万元（增值税项略），经与乙公司协商，乙公司同意以黄猫公司生产总成本为 60 万元的产品抵偿上述债务，双方已在被审计年度履行了债务重组协议，但黄猫公司未按规定进行账务处理。

③“应付账款——丙公司”账户的贷方余额 30 万元，但通过查阅原始凭证和询问有关人员，未能取得充分审计证据可以证明此款项的业务性质，无法判定负债的存在性。

要求：分别针对以上各事项，分析可能存在的问题，并提出审计人员应采取哪些进一步的审计措施？

【题 2】

基本情况　红黄兰会计师事务所的审计人员正在对紫猫公司×年度的财务报表进行审计。在执行余额测试的过程中，审计人员发现了以下情况。

① 在观察紫猫公司固定资产的实物时，发现账面上的一辆奥迪汽车无实物。经询问，有关人员称其是某银行委托被审计单位出面代购，现该车由该银行使用。审计人员经实施追

加审计程序查明“其他应付款”账户确有该银行贷方余额22万元。

② 审计人员发现紫猫公司现用的营业楼已投入使用3年，但固定资产账面无此项目，补充实施审计程序查验该项目仍在“在建工程”科目反映。经询问有关人员，得知该营业楼尚未办理完工交付手续，因而无法确认其具体价值。

③ 审计人员发现紫猫公司将当期发生的装修、装潢费用作为固定资产的改良支出，计入固定资产的价值入账。

④ 审计人员在检查“固定资产清理”项目时，发现紫猫公司处理了一辆使用了2年的汽车，该汽车原值为500 000元，已提累计折旧95 000元，现出售价格为450 000元，获得收益45 000元，转入“营业外收入”科目。

⑤ 审计人员发现紫猫公司固定资产本年度增加数内有接受M公司作为投资转入的固定资产价值净值1 300万元（是经评估后双方确认，评估原值为1 625万元，累计折旧325万元）。紫猫公司的会计处理为

借：固定资产　　1 300万元

　贷：实收资本　　1 300万元

另：紫猫公司已按财务制度规定年限确定了年折旧率，并计提了折旧。

要求：请分别针对上述各种情况，分析其对财务报表的反映造成的影响，以及审计人员应采取的进一步的审计措施。

【题3】

基本情况　红黄兰会计师事务所的审计人员在审查赤猫公司固定资产时，发现赤猫公司在被审计年度新增了以下几种固定资产。

① 从甲公司购进了一台机床。

② 由乙建筑公司新建完工、已交付赤猫公司使用的实验楼。

③ 从丙投资公司融资租入的数码机床。

④ 丁公司投资转入了一台运输设备。

要求：请分别针对上述各种情况，说明审计人员应如何查实各新增固定资产的所有权及入账价值？

【题4】

红黄兰会计师事务所的审计人员在审计橙猫公司×年度财务报表的“固定资产”和“累计折旧”项目时，发现下列情况。

①“生产用固定资产”中有“固定资产——A设备”已于被审计年度1月份停用，并转入“未使用固定资产”，当年度不再计提折旧。

② 橙猫公司所使用的单冷空调，当年计提折旧按实际使用的月份（5～9月）提取。

③ 5月份购入设备一台，价值65万元，当月达到预定可使用状态，8月份交付使用，橙猫公司从9月份起开始计提折旧。

④ 橙猫公司对设备B采用平均年限法计提折旧。该设备预计可使用年限10年，预计净残值率为5%，公司确定的该设备的年折旧率为10%。

要求：针对上述情况，分别指出审计人员应关注的可能存在或存在的问题。

推荐阅读

[1] 李晓慧. 审计学：实务与案例. 北京：中国人民大学出版社，2011.
[2] 刘华. 审计理论与案例. 上海：复旦大学出版社，2005.
[3] 黄春铃. 证券监管效率和承销商声誉：基于南方证券“麦科特事件”的案例研究. 管理世界，2005 (7)：129－138.
[4] 唐曦. 绿大地事件中深圳鹏城会计师事务所责任分析. 经济研究导刊，2012 (16)：92－93.
[5] MOUSELLI S, JAAFAR A., HUSSAINEY K. Accruals quality vis－à－vis disclosure quality：Substitutes or complements? The British Accounting Review 2012 (44)：36－46.
[6] DANIEL R K，ROBERT B H，BEVERLY B T. The relationships between supplier development，commitment，social capital accumulation and performance improvement. Journal of Operations Management，2007 (25)：528－545.
[7] 中华人民共和国增值税暂行条例.
[8] 中华人民共和国增值税暂行条例实施细则.
[9] 中华人民共和国企业所得税法.
[10] 中华人民共和国企业所得税法实施细则.
[11] 企业会计准则——固定资产.
[12] 企业会计准则——资产减值.
[13] 企业内部控制应用指引——采购业务.
[14] 企业内部控制应用指引——资产管理.

第 11 章

生产与存货循环审计

【学习目标】

学习本章以后，你应该能够：

- 了解生产与存货循环所涉及的主要业务活动、关键内部控制环节、相关原始单据、主要会计科目和财务报表项目；
- 了解生产与存货循环内部控制的关键环节及对生产与存货循环进行控制测试的要点；
- 了解存货审计的实质性程序，熟悉和理解存货实质性分析性程序；
- 了解存货实质性细节测试的基本程序；
- 掌握审计人员监盘存货的责任及监盘的程序；
- 掌握存货审计的计价测试要点；
- 掌握存货审计的截止期测试要点。

【内容提要】

生产与存货循环由原材料转化为产成品的有关活动组成，它可分成实物循环和价值循环两大部分。生产与存货循环的核心是对存货项目进行审计，而存货项目审计历来是财务报表审计的重点。在对存货执行的实质性程序中，本章着重介绍了存货监盘、存货计价测试、存货的截止期测试等细节测试。

相关案例

黎明公司

一、公司简介

沈阳黎明服装股份有限公司（简称：黎明股份）1998 年 12 月 23 日公开发行 7 000 万社会公众股，1999 年 1 月 28 日股票上市，股票代码：60 0167。公司主营业务：服装、毛纺制品及原辅料开发设计、加工、制造、批发、仓储等。

上市当年该公司为粉饰经营业绩，通过非法手段编造虚假财务数据，虚增资产 8 996 万元，虚增负债 1 956 万元，虚增所有者权益 7 413 万元，虚增主营业务收入 1.527 7 亿元，虚增利润总额 8 679 万元，虚增主营业务收入和利润总额两项分别占对外披露数字的 37%和 166%，于 2001 年被财政部驻辽宁省财政监察专员办事处查出。

二、主要造假手段

黎明股份造假的主要手段如下。

① 通过与关联企业或非关联企业对开增值税发票虚增收入和利润。例如，该公司所属的黎明毛纺织厂通过与 11 户企业对开增值税发票，虚增主营业务收入 1.07 亿元，虚转成本 7 812 万元，虚增利润 2 902 万元，虚增存货 2 961 万元，巧妙利用增值税抵扣制度，对开增值税发票，即达到虚增收入的目的，又不增加税负。

② 虚开销售发票、虚增收入和利润。该公司为了达到虚增收入和利润的目的，不惜付出真纳税的代价。1996 年 6 月和 12 月，公司所属营销中心虚拟了两个销售对象即沈阳红尊公司、宜昌盛泰服饰公司，虚开不能作进项抵扣的普通增值税发票，虚拟主管业务收入 2 269万元，虚增主管业务成本 1 124 万元，管理费用 105 万元，虚增利润 1 039 万元，相应虚增应收账款 1 748 万元，坏账准备 105 万元，预提费用 174 万元，应交税金 224 万元，虚减内部往来款 206 万元。

③ 利用有关出口货物优惠政策虚构收入。该公司利用出口货物可以自制发票的条件，虚拟外销业务以达到虚增收入、利润的目的。例如，公司所属的进出口公司 1999 年 6 月通过这种方法虚增主营业务收入 582 万元，虚增主营业务成本 519 万元，虚增利润 63 万元，相应虚增应收账款 582 万元，虚减存货 519 万元。

④ 人为扩大出口企业销售核算的范围、虚增收入。例如，黎明进出口公司擅自将本应在“委托发出材料”科目核算的委托加工服装业务，通过与被委托单位对开发票的形式进行销售核算，虚增销售收入 888 万元。

11.1　生产与存货循环的特征

生产与存货循环的目的是生产出满足管理当局政策和计划要求的产品。不同行业类型的存货示例如表 11 - 1 所示。

表 11－1 不同行业类型的存货性质

行业类型	存货性质
贸易业	从厂商、批发商或其他零售商处采购的商品
一般制造商	采购的原材料、易耗品和配件等，生成的成品和半成品
金融服务业	一般只有消耗品存货，如仅有文具、教学器材及行政用的计算机设备等
建筑业	建筑材料、在建项目成本（一般包括建造活动发生的直接人工成本和间接费用，以及支付给分包商的建造成本等）

在制造业中，生产与存货循环所涉及的主要业务活动包括：计划和安排生产、发出原材料、生产产品、核算产品成本、储存产成品、发出产成品等。上述业务活动通常涉及以下部门：生产计划部门、仓库部门、生产部门、人事部门、销售部门、会计部门等。相关单据包括：生产指令、领发料凭证、产量和工时记录、工薪汇总表及工薪费用分配表、材料费用分配表、制造费用分配汇总表、成本计算单、存货明细账等。

生产与存货循环所涉及的主要业务活动及相关单据如图 11－1 所示。

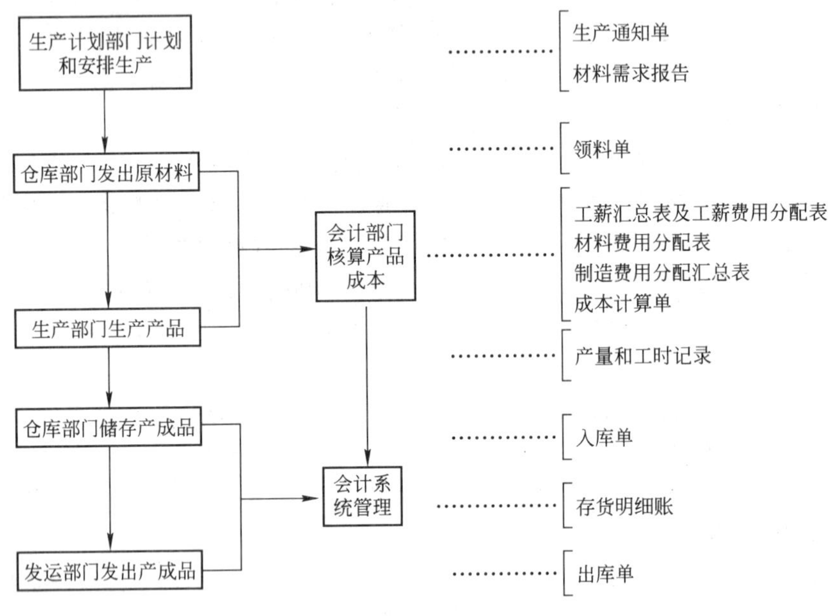

图 11－1 生产与存货循环的主要业务活动及相关单据示意图

在财务报表中，生产与存货循环涉及的主要相关项目为存货和主营业务成本。存货常常涉及财务记录中的多个总账科目，如原材料、半成品、产成品、低值易耗品、包装物、材料成本差异、库存商品、发出商品、商品进销差价、委托加工物资、委托供销商品、受托代销商品、存货跌价准备与存货跌价损失、生产成本、制造费用、劳务成本等。

对以生产或商品交易为主的被审计单位而言，对其生产与存货循环进行审计的过程通常较为复杂。该循环交易和余额的重大错报风险可能包括以下方面。

① 交易的数量和复杂性。制造类企业交易的数量庞大，业务复杂，这就增加了错误和舞弊的风险。

② 成本基础的复杂性。制造类企业的成本基础是复杂的。虽然原材料和直接人工等直接费用的分配比较简单，但间接费用的分配就可能较为复杂，并且同一行业中的不同企业也可能采用不同的认定和计量基础。

③ 产品的多元化。这可能要求聘请专家来验证其质量、状况或价值。另外，计算库存存货数量的方法也可能是不同的。例如，计量煤堆、筒仓里的谷物或糖、钻石或者其他贵重的宝石、化工品和药剂产品的存储量的方法都可能不一样。这并不是要求注册会计师每次清点存货都需要专家配合，如果存货容易辨认，存货数量容易清点，就无需专家帮助。

④ 某些存货项目的可变现净值难以确定。例如价格受全球经济供求关系影响的存货，由于其可变现净值难以确定，会影响存货采购价格和销售价格的确定，并将影响注册会计师对与存货计价认定有关的风险进行的评估。

⑤ 将存货存放在很多地点。大型企业可能将存货存放在很多地点，并且可以在不同的地点之间配送存货，这将增加商品途中毁损或遗失的风险，或者导致存货在两个地点被重复列示，也可能产生转移定价的错误或舞弊。

⑥ 寄存的存货。有时候存货虽然还存放在企业，但可能已经不归企业所有。反之，企业的存货也可能被寄存在其他企业。

11.2 生产与存货循环的控制测试

1. 被审计单位的内部控制

被审计单位与生产与存货循环相关的内部控制的目标有：确保生产业务是根据管理层一般或特定的授权而进行；确保记录的成本为实际发生而非虚构的成本；确保所有的相关耗费和物化劳动均反映在成本中；确保成本以正确的金额，在恰当的会计期间及时记录于适当的账户中；确保存货的实物安全；确保存货的记录与存货实物相符。

被审计单位为了实现内部控制目标，在生产与存货循环设置的内部控制关键点如下。

① 不相容的职责分离。在生产与存货循环，存货的采购、保管与会计记录等工作，应由不同职能部门或人员来完成。

② 授权审批控制。在生产与存货循环中，以下业务应获得适当的授权方可实施：应根据生产计划和控制部门批准的生产任务通知单进行生产；存货的发出必须有授权审批的领料单。

③ 单据和账簿的控制。在生产与存货循环中，相关的凭证，如发运单、销售单及销售发票等应事先连续编号。存货验收入库或发出后，应及时将相关单据交会计部门处理。成本核算应以生产任务通知单、领料单、各种成本计算单、成本分配表为依据。

④ 实物控制。对存货实物应实施限制接近措施，建立资产定期及不定期的盘点制度。

⑤ 内部核查程序。内部核查程序包括由财务部门内部独立的复核人定期核对存货的永续盘存记录和存货科目账，定期核对为生产与存货循环编制的会计分录是否适当，定期核查相关原始凭证编号的完整性等，也包括由被审计单位内部审计人员或其他独立人员对生产与存货循环相关账簿和凭证的核查。

2. 生产循环的控制测试

(1) 对内部控制措施的控制测试

针对被审计单位在生产与存货循环中所执行的各种内部控制措施，审计人员可以选择采用的控制测试如下。

① 获取并审阅与生产和存货业务相关的内部控制制度、生产报告和其他政策性文件。

② 询问企业生产主管、仓储主管、相关业务人员和会计人员有关生产和存货内部控制的执行情况。

③ 实地观察不相容的职责是否分离。例如，存货的验收、仓储、使用和记账的职责；半成品和产成品的验收与生产部门的职责；存货报废的核销、审批与仓储、使用部门的职责；保管存货与监督定期实地盘点的职责等。

④ 实地观察存货是否分类安全存放和保管，重要存货有无良好的防护措施；保管人员是否对入库存货进行点验并填制入库单；仓储部门是否依据领料单或提货单发货并填写出库单；在产品在各生产部门或工序间的转移有无严格手续等。

⑤ 抽查入库单和出库单，确定其要素填写是否齐全，是否有审批手续。

⑥ 检查存货计价方法是否符合财务制度的规定，计价方法发生变化有无批准程序。

⑦ 审查对存货盘盈和盘亏的处理是否有管理当局的批准，处理是否及时，是否符合财务制度的规定。

典型例题解析

基本情况 红黄兰会计师事务所的审计人员在审查黑猫公司材料采购业务时，发现本年内一笔业务的处理如下：从外地购进原材料一批，共 8 500 公斤，计价款 300 000 元，运杂费 3 000 元。财会部门将原材料价款计入原材料成本，运杂费计入管理费用。材料入库后，仓库转来材料入库验收单，发现材料短缺 40 公斤，查明是在运输途中的合理损耗。

要求：(1) 根据上述资料，指出被审计单位在材料采购管理中存在的问题。

(2) 不考虑增值税的影响，分析审计人员对有关问题应如何处理？

参考答案 (1) 上述资料描述的材料采购业务，财会部门记账在前、仓库验收在后，财会部门并不以验收单作为记账依据的做法，说明该企业未能很好地执行材料记账、验收相互牵制的内部控制系统，不但采购业务容易出错，账簿记录也容易混乱或造成账实不符。

(2) 审计人员可作如下处理：第一，审计人员可以向被审计单位管理部门提出改变原材料采购成本计价方法的建议；第二，扩大实质性测试范围，估计错报金额的总额，确定对审计意见的影响；第三，要求财务会计部门作出调整分录。财会部门对材料采购成本的处理有误，外地运杂费应计入材料采购成本，而不应计入当期的期间费用。应要求企业作如下调整分录。

借：原材料	3 000	
贷：管理费用		3 000

至于运输途中合理损耗的短缺，可不调整入库材料总金额（按规定材料合理损耗应计入材料采购成本），但应调整材料明细账的入库材料的数量和单价。

(2) 以风险为起点的控制测试

以风险为起点的生产与存货循环的控制测试示例如表 11－2 所示。

表 11－2　生产循环的风险、控制和控制测试

风险	计算机控制	人工控制	控制测试
计划和开始生产			
生产规模可能不适当；可能因生产过量导致存货滞销，或者因产量不足导致存货脱销	● 根据销售需求量对存货生产数量实施计算机化监督，以显示具体存货项目的再次订购数量和经济订购数量	● 计划和生产进度由生产部门监控，并取得生产经理批准	● 检查授权生产的证据
产品可能没有按照客户要求的规格生产，导致顾客拒收而滞销		● 生产开始前，获取客户对于产品设计和规格的认可。计划和生产进度由生产部门监控，并取得生产经理批准	● 检查客户签署的认可函和生产经理批准的证据
生产流程			
发出原材料			
原材料的发出可能未经授权或者发出用于生产的原材料可能不正确 原材料缺货可能导致生产延误 发出的原材料可能未分配或者未正确分配到生产任务中	● 将事先编号的原材料通知单录入系统，生成发出原材料给工厂以供生产的原材料发出通知单 ● 每日指定发出至生产过程的原材料，以及包含在生产任务通知单中的原材料发出通知单代码 ● 每日打印未完成的原材料通知单和没有分配到特定生产任务的原材料发出通知单	● 由经授权的生产人员签署所有生产任务或供生产使用的原材料通知单 ● 由生产经理复核载有每日发出至生产过程中的原材料信息的打印文件，并与由生产人员签署的原材料通知单核对一致 ● 由生产人员监督没有完成的原材料通知单，并跟进发出原材料的延误 ● 由生产人员分别就每个生产阶段逐个签署生产任务通知单，以表明为每一项生产任务所记录的原材料是完整和准确的	● 检查生产经理复核生产任务通知单、跟进未分配的原材料和未完成的原材料通知单的情况 ● 特别地，在期末查询没有分配的原材料发出通知单对于在产品的影响
原材料可能被盗		● 确保原材料仓储的实物安全，仅允许经授权的人员进入原材料仓库 ● 在生产地点安置监控录像机，控制安全通道。对于生产高价值或高度危险的产品地方，设置严密的安保系统	● 通过询问和观察以获取控制被执行的证据

续表

风险	计算机控制	人工控制	控制测试
在生产阶段间转移商品			
直接人工工时可能未被记录或者未被分配至正确的生产任务 直接机器工时可能未被记录或者未被分配至正确的任务	● 每天在各生产任务上花费的人工时间要与按照每个员工的计时工资时间或工时记录比对一致 ● 对分配到生产任务中直接人工工时与每天的工时记录的差异要打印在例外报告上 ● 每天计入生产任务的机器工时要与机器生产能力总数比对一致，未分配的工时要打印在例外报告上。 ● 每日生产报告累计所有生产任务所耗费的工时，并与每日工时总数比对一致	● 由管理层复核每日生产报告及对直接人工总工时分配的调节表 ● 由管理层复核例外报告，并改正分配直接人工工时和机器工时中的错误	● 检查管理层复核生产报告和工时调节表的证据 ● 检查管理层复核工时差异例外报告的证据，并检查其纠正例外报告所反映的错误的证据
在产品可能未包括移送下一个生产阶段之前的所有累计成本	● 记录各个生产阶段中的产品移动，但在产品转移到下一个阶段前需经授权的生产人员的电子签名 ● 出于这一目的，通过密码和菜单对授权人员的输入实施控制 ● 下一生产阶段的成本核算直到前一生产阶段已经完成才能进行记录 ● 每日生产报告记录生产任务从一个阶段转移到下一阶段的日期和时间，并识别授权转移的员工 ● 每个连续性生产阶段最后的累计成本也要在每日生产报告中反映	● 经授权人员的电子签名要显示在生产任务通知单和每日生产报告中，以表明在批准向下一阶段转移生产任务前，该人员已经检查并确认所有的直接材料、人工和机器工时成本是正确和完整的 ● 生产管理层检查已分配的成本，并询问不一致的情况	● 对于期末在产品，检查授权将生产任务转移至下一阶段的相关签名 ● 比较原材料、人工工时和机器工时与完成该阶段生产任务的说明书，并检查生产经理监督和更正差异的证据
转移产品至产成品仓库			
产成品仓库人员可能未记录接收的已完成产品，或接收了生产的残次品	● 转移完工产品前需要生产经理的电子签名 ● 产成品仓库人员通过电子签名显示接收已完工产品，以完成产品从在产品到完工产品的转移 ● 由计算机将已完工产品转移的数量和成本记录至完工产品存货主文档 ● 由计算机生成关于所有生产任务已转移至产成品存货的完工生产报告	● 由质量控制人员检查每一生产阶段完工的存货，以确保其在送达产成品仓库前符合质量标准 ● 损坏的产品或者不符合质量标准的产品应当立即撤出并处理 ● 检查人员认为满意后在生产任务通知单上签字 ● 除了他们的电子签名，产成品仓库人员还应当通过在有关生产任务通知单上的签章证明已经接收了有关的产成品 ● 生产经理每日检查完工生产报告，询问并调整所有与预期不一致的成本和数量	● 检查接收完工产品到产成品仓库的证据 ● 检查管理层复核完工生产报告和追踪出现的误差的证据 ● 使用计算机辅助审计方法，将完成的生产任务与转移到产成品仓库的完工产品进行比对，检查转移的数量、成本是否一致

续表

风险	计算机控制	人工控制	控制测试
产成品可能被盗	● 定期打印存货主文档中的产成品记录，反映仓库中的存货项目	● 对产成品进行实物保护，如仅有经授权的员工才可以进入到仓库 ● 在产成品仓库有选择地安装监控摄像机 ● 由管理层持续地对存货进行盘点，并调整存货实物数量和存货主文档中存货余额之间的差异 ● 对接收的产成品、采购和销售的商品实施截止测试	● 询问并观察安全措施的充分性 ● 监盘和观察客户持续或定期的盘点程序，并调整记录在存货主文档中的存货余额 ● 检查出于存货损耗和对期末完工产品、采购商品、销售商品实施截止测试产生的调整
分配至生产的存货的成本可能存在错误，包括：分配至生产的原材料的金额发生错误；直接人工工时和机器工时未正确分配到生产任务或分配的金额不正确	● 每日生产报告详细记录分配给各项任务的直接材料、人工和机器工时，并将其与发出原材料、计时工资记录和机器工时记录进行比较 ● 将比对不一致的直接成本生成例外报告	● 由管理层复核每日生产报告和例外报告，并采取措施纠正在产品在各阶段转移过程中的错误和分配错误	● 检查每日生产报告和例外报告，获取管理层复核及采取相关措施的证据
分配到在产品和产成品的间接费用成本可能没有正确计算，可能未分配至正确的生产任务，或导致应该被费用化的部分可能被记入存货成本	● 计算机通常以直接人工、直接机器工时或者其他特定的生产流程为基础来分配间接成本 ● 每日生产报告应该反映标准成本差异及间接费用的分配	● 由管理层定期审批间接费用分配率和分配基础或分配至在产品的标准成本。 ● 由管理层定期复核并调查标准成本差异，并根据市场中的有关销售价格考虑产品的可变现净值	● 检查管理层对标准成本、费用的分配率和分配基础的审批 ● 询问会计政策的一贯性 ● 检查管理层复核标准成本差异的证据及产品可变现净值的证据
已完工产品的生产成本可能没有转移到产成品中	● 每日完工产品报告中反映了转移到产成品中的成本，以及经授权的生产人员批准这一转移，和经授权的产成品仓库人员接收完工产品至产成品仓库的签字	● 由生产管理层复核每日的产成品报告，询问并调整报告与预期不一致的成本或产量	● 使用计算机辅助审计方法，将完工产品与产成品仓库接收的产品的成本和数量进行核对 ● 检查每日完工产品报告及管理层复核的证据
保管存货和维护存货主文档			
记录的存货数量可能与实际存货数量不一致		● 定期或者持续执行存货盘点，调整存货主文档中的存货余额和总分类账户的余额 ● 对于接收的完工产品、外购和销售的商品实施截止测试	● 检查存货盘点记录的存货余额 ● 检查授权调整已记录存货余额的证据

续表

风险	计算机控制	人工控制	控制测试
存货主文档中总额可能和存货总分类账的金额不一致	• 由计算机将总分类账和存货主文档中的总额进行持续的比对，并打印比对不一致的交易和余额的例外报告	• 对接收的产成品、外购和销售的商品实施截止测试 • 对于存货主文档和存货总分类账中存货的损耗和错误进行调整	• 检查管理层复核和经授权调整的证据
存货过时或者状况恶化，以至于其账面价值可能超过了可变现净值	• 打印出各存货项目的销售量，以及与现有销售需求对应的当前库存情况	• 经常复核过时毁损的存货，定期进行存货减值测试 • 期末按照过往经验和一贯的会计政策计算存货跌价准备 • 检查存货的销售情况及各存货项目的最后销售日，以便识别销售缓慢和没有销售出去的存货	• 检查管理层复核存货过时和存货减值的证据 • 询问计算存货减值准备人员的胜任能力 • 确认行业标准并考虑被审计单位的假设是否合理 • 测试确定存货销售量的程序化的控制
控制环境和控制活动可能未能使管理层关注存货的变动、计量或者计价，以及与之高度相关的财务报表中可能存在潜在错误、错报和舞弊		• 高级管理层的监控主要涉及以下方面：生产量和生产成本；原材料和产成品存货水平；根据存货盘点的数量和存货主文档及存货的损耗和丢失情况进行调整；与销售需求有关的脱销和储存过量情况；标准成本差异和间接费用分配应当与企业的实际情况和行业的一般情况匹配；监控关键业绩指标	• 检查管理层监控程序和关键业绩指标的有效性，以防止、发现并纠正生产与存货交易和余额相关的错误和舞弊

11.3 存货审计的实质性程序

1. 存货的特点及对审计的影响

(1) 存货的特点

存货本身具有多样性的特点，审计关注的重点也有所不同。

① 具有漫长制造过程的存货，如飞机制造、酿酒等。其审计重点包括递延成本、预期发生成本及未来市场波动可能对当期损益的影响等。

② 具有固定价格合约的存货。审计重点可能是预期发生成本的不确定性。

③ 服装行业的存货。由于服装产品的消费者对服装风险或颜色的偏好容易发生变化，需重点关注其是否过时。

④ 鲜活、易腐商品存货。由于物质特性和保质期短暂，需重点关注其是否变质。

⑤ 具有高科技含量的存货。由于技术更新较快，需重点关注其是否过时。

⑥ 单位价值高昂、容易被盗窃的存货。需重点关注其资产安全。

（2）存货审计的特点

存货审计通常是审计中最复杂也最费时的部分。影响存货重大错报风险的因素具体包括：存货的数量和种类、成本归集的难易程度、陈旧过时的速度或易损坏的程度、遭受失窃的难易程度、技术因素等。导致存货审计复杂性的主要原因如下。

① 存货通常是资产负债表中的一个主要项目，并可能由数量较多的小项目组成。对许多企业，尤其是制造业或商品流通企业而言，存货是流动资产的主体，在资产总额中往往占有相当大的比重。与此同时，存货在资产总额中比重虽大，但就某一单项存货而言，其单位价值相对于固定资产而言一般均不高。不同项目的存货具有不同的规格、质量、性能和数量。在一个制造业或商品流通企业的各种账户中，有关存货的明细账往往是最多的。

② 存货存放地点可能比较分散。这使得对它的实物控制和盘点都很困难。企业必须将存货存放于便于产品生产和销售的地方，但是这种分散也带来了审计的困难。

③ 存货项目的多样性也给审计带来了困难。不同的存货可能有不同的品质特征与工艺流程。审计人员要想把存货项目审计清楚，必须熟悉一些相关的专业知识。例如，化学制品、宝石、电子元件及其他的高科技产品。

④ 存货本身的陈旧及存货成本的分配也使得存货的估价出现困难。

⑤ 允许采用的存货计价方法的多样性。

存货的以上特点给审计带来的影响为：耗用的审计工时较多，使用的审计程序复杂，对审计人员的专业素质与相关业务知识要求较高。因此，在审计项目小组中，往往将存货项目的审计分派给专业知识面广、经验较丰富的人员来完成。

（3）存货易错领域

常见存货项目的易错领域如下。

① 存货成本计价中的错报。例如，随意变更存货计价方法，造成会计指标前后各期口径不一致，人为调节生产和销售成本，调节当期利润；存货成本项目的不合理分摊；虚计在产品完工程度，由此调整完工产品成本等。

② 存货分类中的错报。例如，以次等品冒充优等品；以廉价物品换贵重物品；以旧商品换好商品；混淆不同批号、不同产地、不同价格的物资等。由此形成存货期末价值失实。

③ 对货到票未到的材料，不暂估入库。根据财务制度的规定，对于月末已收到的购入材料应暂估入库处理，待下月初红字冲回。但有些企业对于收到的部分材料，月末不作财务处理，造成账实不符。

④ 材料盘盈、盘亏不作处理。为了调节利润，被审计单位可能只处理材料盘盈，或者只处理材料盘亏；还有的被审计单位处理材料盘盈盘亏时不符合财务制度的规定，或者在发生材料盘亏时不转出相应的“进项税额”等。

2. 存货审计的实质性分析程序

对存货进行实质性分析的方法可以分为两大类，即简单比较法和比率分析法。

（1）简单比较法

可以采用的方法如下。

① 比较前后各期及被审计年度各月份存货余额及其构成，以评价期末存货余额及其构成的合理性。

② 比较前后各期及被审计年度各月待摊费用、预提费用及待处理流动资产损失，以评

价其总体合理性。

③ 对被审计年度每月存货成本差异率进行比较，以确定是否存在调节成本的现象。

④ 比较前后各期及被审计年度内各月份生产成本总额及单位成本，以评价本期生产成本的总体合理性。

⑤ 比较前后各期及被审计年度各月份制造费用总额及其构成，以评价制造费用及其构成的总体合理性。

⑥ 比较前后各期及本年被审计年度主营业务成本总额及单位销售成本，以评价主营业务成本的总体合理性。

⑦ 比较前后各期及被审计年度内各月份直接材料成本，以评价直接材料成本的总体合理性。

⑧ 将存货余额与现有的订单、资产负债表日后各期的销售额和下一年度的预测销售额进行比较，以评估存货滞销和跌价的可能性。

⑨ 将存货跌价准备与被审计年度存货处理损失的金额相比较，判断被审计单位是否计提足额的跌价损失准备。

⑩ 将与关联企业发生存货交易频率、规模、价格和账款结算条件等，与非关联企业对比，判断被审计单位是否利用与关联企业的存货的交易虚构业务交易、调节利润。

(2) 比率分析法

对存货执行实质性分析常用的财务比率如表 11-3 所示。

表 11-3 存货审计实质性分析时常用财务比率

财务比率	计算公式
毛利率	(销售净额—销售成本)/销售净额
存货周转率	销售成本/平均存货
存货周转天数	365/存货周转率
存货占流动资产总额的比率	存货/流动资产总额

案例

利用毛利率法对存货执行实质性分析的操作过程

审计人员在审计白猫木材加工批发公司年度财务报表时，采用了毛利率法分析。其具体程序如下。

第一步，计算三种产品的毛利率，并取得相关资料如下。

	2××4 年的毛利率/%		2××3 年的毛利率/%		2××2 年的毛利率/%	
	白猫公司	同行业	白猫公司	同行业	白猫公司	同行业
硬木	36.3	32.4	36.4	32.5	36.1	32.3
软木	23.9	22.0	20.3	22.1	20.5	22.3
夹合板	40.3	50.1	44.2	54.3	45.4	55.6

第二步，向有关人员如会计负责人等询问有关事宜。审计人员得到的解释如下。

① 本公司硬木产品的毛利率一直高于同行业水平，因为在硬木产品销售上，公司重视那些他们可以制订较高售价而不强调销售量的市场。

② 在夹合板产品市场上，公司拥有顾客的数量比较少，由于单个客户的销售量很大，这些顾客都要求较低的售价。

③ 在 2××2 年和 2××3 年，竞争压力导致同行业和公司的夹合板的毛利率都有所下降。软木市场上，2××3 年以前，公司的毛利率一直略低于同行业水平，而在 2××3 年由于积极扩大销售，软木的毛利率有了大幅度的增长。

第三步，根据已知的事实，审计人员确定被审计单位对硬木和和夹合板市场的解释与实际所获得的资料一致。而对于软木产品，审计人员认为三年来软木毛利率的行业水平一直比较稳定，但白猫公司的软木毛利率却增长了较大数额，因而审计人员决定将软木产品的销售收益作为一个关注点。为此，审计人员采取了如下措施。

首先，计算潜在错报额并评价该金额的重要性。

潜在错报额等于＝(23.9％－20.3％)×软木的销售额

经过计算，审计人员认为该金额可能是重要的。

其次，确定该变化的可能原因，如销售收入的高估、商品销售成本的低估等。

最后，在工作底稿中注明对软木销售收入和销售成本的怀疑，标明对与之相关的领域需要扩大实施其他审计测试。

---

3. 存货审计的基本细节测试

一般地，存货审计执行实质性程序时可以选择采用下述基本细节测试。

测试 1：取得或编制存货明细表，并与存货总账、明细账相核对。

测试 2：监督盘点存货。

测试 3：存货的计价和产品成本测试。

测试 4：测试存货截止的正确性。

测试 5：检查存货的抵押合同和寄存合同。

测试 6：检查、计算、询问和函证存货的可变现净值。

测试 7：确定存货在资产负债表上的表达与披露是否恰当。

4. 存货审计中的重要细节测试：存货监督盘点

相关案例

法摩公司

法摩公司（Phar－Mor Inc.）于 1982 年创设于美国俄亥俄州的 Youngstown，是一家杂货连锁店。在成立之后，公司业务发展十分迅速，至 1992 年，其连锁店的家数已由最初的 1 家发展为 300 家，营业额高达 30 亿美元。而就在 1992 年，法摩公司的总经理 Monus，以公司的支票支付其私人投资拥有的世界篮球公司旅费，支票最后落入意外的第三者，由此才被公司的董事长发觉其舞弊行为，并对外公布，指明公司总经理与财务副总及其他二位高级经理人共同作弊，时间长达 3 年，舞弊金额高达 3.5 亿美元（最后的调查结果是舞弊金额高达 5 亿美元），盗用公司资金 1 000 万美元，其主要舞弊手法即以虚列存货价值的方式掩饰其虚假的盈余。

法摩公司的会计制度并不复杂，其存货的盘点使用循环盘点法，存货的盘点及计价均使用零售价盘存法，并由专业的存货盘点服务公司负责，每星期盘点 300 个店中的 10 个店。法摩公司的应付账款制度以发票为入账依据，而不是以验收时点为依据。这造成的情况是，应付账款要等到发票收到才入账，结果可想而知：收益与成本未适当配比。舞弊正是从这里开始。

法摩公司的舞弊主要涉及两个项目的操纵。一个是“存货”。法摩公司把操纵的各店虚拟存货记录到总公司存货科目。在月底时，因总公司没有这些存货，因此将虚拟的存货分配到各个连锁店（会计师事务所曾前往监盘存货的连锁店除外）。由此，当会计师事务所的查核人员来检查存货记录时，并未发现这个情况。另一个项目是“Exclusivity Contract Money”，是法摩公司与某些供应厂商签订合约，在一定期间内，因专卖其产品而不卖竞争者的产品，而向供应厂商收取权利金。这种权利金可按合约期间按比例转成收益，但法摩公司却在收到现金时，一次性确认为当期收益。

舞弊案爆发后，法摩公司董事长将总经理 Monus 解聘，并起诉签证会计师 Coopers & Lybrand 失职，未能查出存在 3 年之久的舞弊案。最终双方达成庭外和解，会计师事务所赔偿金额合计约 1.8 亿美元。

1）审计人员的责任和被审计单位管理层的责任

存货监督盘点简称为存货监盘，是指审计人员现场观察被审计单位存货的盘点，并对已盘点的存货进行适当检查。定期盘点存货，合理确定存货的数量和状况是被审计单位管理层的责任。实施存货监盘，获取有关期末存货数量和状况的充分、适当的审计证据是审计人员的责任。

如果存货对财务报表是重要的，审计人员应当在存货盘点现场实施监盘（除非不可行），并对期末存货实施审计程序，以确定其是否准确反映实际的存货盘点结果。

具体实施存货监盘时，审计人员应当：

① 检查存货以确定其是否存在，评价存货状况，并对存货盘点结果进行测试；

② 观察管理层指令的遵守情况，以及用于记录和控制存货盘点结果的程序的实施情况；

③ 获取有关管理层存货盘点程序可靠性的审计证据。

存货监盘既可作为控制测试，也可作为实质性程序，其主要针对存货的存在、完整性、权利和义务认定。即审计人员监盘存货的目的在于获取有关存货数量和状况和审计证据，以确证被审计单位记录的所有存货确实存在，已经反映了被审计单位拥有的全部存货，并属于被审计单位的合法财产。存货监盘通常可同时实现上述审计目标。而在测试存货的权利、义务和完整性认定时，通常需要同时实施其他审计程序以共同实现审计目标。

相关知识

被审计单位进行存货盘点的方法

被审计单位对存货进行盘点的方法可以分为 3 类。

① 逐项盘点法（Wall-to-Wall Counting）。是指被审计单位的经营活动基本停止，在一个时点进行全面的盘点，存货的实存数由该时点的实地盘点确定。

② 循环盘点法（Cycle Counting）。是指被审计单位在一年中定期地选择存货项目进行盘点，每年所有的存货都至少盘点一次。在此方法中，盘点行为贯穿于整个会计年度。它一般见于一些存货库存于较多分支机构的被审计单位，如大型的连锁店。

③ 统计盘点法（Statistic Counting）。是指被审计单位对存货不进行逐项的清点，而是采用统计样本，根据统计样本来推断全部存货数量的方法。

2）存货监盘程序

（1）编制存货监盘计划

审计人员应当根据被审计单位存货的特点、盘存制度和存货内部控制的有效性等情况，在评价被审计单位存货盘点计划的基础上，编制存货监盘计划，对存货监盘作出合理安排。

为了编制存货监盘计划，审计人员需要执行以下审计程序：

① 了解存货的内容、性质、各存货项目的重要程度及存放场所；

② 了解与存货相关的内部控制；

③ 评估与存货相关的重大错报风险和重要性；

④ 查阅以前年度的存货监盘工作底稿；

⑤ 考虑实地察看存货的存放场所，特别是金额较大或性质特殊的存货；

⑥ 考虑是否需要利用专家的工作或其他审计人员的工作；

⑦ 复核或与管理层讨论其存货盘点计划（需评价其能否合理地确定存货的数量和状况）。

存货监盘计划的主要内容包括存货监盘的目标、范围及时间安排；存货监盘的要点及关注事项；参加存货监盘人员的分工；检查存货的范围。

（2）实施存货监盘

在存货盘点现场实施监盘时，审计人员应当实施以下审计程序。

① 评价管理层用以记录和控制存货盘点结果的指令和程序。确定其指令和程序是否能够适当控制盘点活动；是否能准确认定在产品的完工程度、流动缓慢（呆滞）、过时或毁损的存货项目，以及第三方拥有的存货；是否能控制对存货的不同存放地点之间的移动及截止日前后期间出入库的控制等。

② 观察管理层执行盘点程序的情况。

③ 检查存货。以确定存货的存在，并识别过时、毁损或陈旧的存货。

④ 执行抽盘。可从存货盘点记录中选取项目追查至存货实物，以及从存货实物中选取项目追查至盘点记录。应尽可能避免让被审计单位事先了解将被抽查的项目。若抽查时发现差异，由于抽查的内容仅仅只是已盘点存货的一部分，所以审计人员一方面应当查明原因，提请被审计单位更正，另一方面应当考虑错误的潜在范围和重大程度，在可能的情况下，扩大检查范围以减少错误的发生，甚至要求被审计单位重新盘点。重新盘点的范围可限于某一特殊领域的存货或特定的盘点小组。

⑤ 存货监盘结束时的工作。在被审计单位存货盘点结束前，审计人员应当：再次观察盘点现场，以确定所有应纳入盘点范围的存货是否均已盘点；取得并检查已填用、作废及未使用盘点表单的号码记录，确定其是否连续编号，查明已发放的表单是否均已收回，并与存货盘点的汇总记录相核对，与自己在存货监盘过程中获取的信息相核对，并评估其是否正确地反映了实际盘点结果。

（3）特殊情况的处理

① 在存货盘点现场实施存货监盘不可行，如存货涉及保密问题、存货存放在对人员安全有威胁的地方、存货是危害性物质。在不可行的情况下，审计人员应当实施替代程序，例如，检查进货交易凭证或生产记录及其他相关资料；检查资产负债表日后发生的销货交易凭证；向顾客或供应商函证，以获取有关存货的存在和状况的充分、适当的审计证据。

② 因不可预见的原因导致无法在存货盘点现场实施监盘。两种比较典型的情况是：注

册会计师无法亲临现场，即由于不可抗力导致其无法到达存货存放地实施存货监盘；气候因素。在此类情况下，审计人员应当另择日期实施监盘，并对间隔期内发生的交易实施审计程序。

③ 对由第三方保管或控制的存货，审计人员可向第三方函证存货的数量和状况，在需要的情况下，还可以安排其他审计人员实施第三方存货监盘，检查与第三方持有的存货相关的文件记录等程序。

在未能对存货进行必要的监盘时，如果不能实施替代审计程序或者实施替代审计程序仍然无法获取有关存货的存在和状况的充分、适当的审计证据，则可能发表非无保留意见。表 11 - 4列示了一些特殊类型存货的监盘程序。

表 11 - 4 特殊类型存货的监盘程序

存货类型	盘点方法与潜在问题	可供实施的审计程序
木材、钢筋盘条、管子	• 通常无标签，但在盘点时会做上标记或用粉笔标识 • 难以确定存货的数量或等级	• 检查标记或标识 • 利用专家或被审计单位内部有经验人员的工作
堆积型存货（比如糖、煤、钢废料）	• 通常既无标签也不做标记 • 在估计存货数量时存在困难	• 运用工程估测、几何计算、高空勘测，并依赖详细的存货记录 • 如果堆场中的存货堆不高，可进行实地监盘，或通过旋转存货堆加以估计
使用磅秤测量的存货	• 在估计存货数量时存在困难	• 在监盘前和监盘过程中均应检验磅秤的精准度，并留意磅秤的位置移动与重新调校程序 • 将检查和重新称量程序相结合 • 检查称量尺度的换算问题
散装物品（如贮窖存货，使用桶、箱、罐、槽等容器储存的液体、气体、谷类粮食、流体存货等）	• 在盘点时通常难以加以识别和确定 • 在估计存货数量时存在困难 • 在确定存货质量时存在困难	• 使用容器进行监盘或通过预先编号的清单列表加以确定 • 使用浸蘸、测量棒、工程报告及依赖永续存货记录 • 选择样品进行化验与分析，或利用专家的工作
贵金属、石器、艺术品与收藏品	• 在存货辨认与质量确定方面存在困难	• 选择样品进行化验与分析，或利用专家的工作
生产纸浆用木材、牲畜	• 在存货辨认与数量确定方面存在困难 • 可能无法对此类存货的移动实施控制	• 通过高空摄影以确定其存在性，对不同时点的数量进行比较，并依赖永续存货记录

典型例题解析

基本情况 红黄兰会计师事务所的审计人员在观察黑猫公司存货实地盘点时，发现了下列特别情况。

① 产成品仓库中有数箱产品未挂盘点单，经询问，这些产品属于被审计单位已售出产品。

② 一间小仓库中有 3 种布满灰尘的原材料，每种材料都挂有盘点标签，并且数额与实物相符。

③ 材料明细账上有一批存货记录，存货盘点表上没有，经询问，得知该批材料存放在

外地。

要求： 分析审计人员针对上述情况应当进一步采取何种审计程序。

参考答案　对第一个事项，审计人员应查阅有关购销协议、结算凭证等，以确定该批产品的所有权。如果该批产品的销售尚未实现，应建议将其列入被审计单位的存货中。

对第二个事项，审计人员应向有关生产主管查询该批材料是否还能用于生产，如果不能用于生产，属于报废或毁损的材料，则不应当列入被审计单位的存货中。

对第三个事项，审计人员应根据该批存货的重要性确定是否委托存放地审计单位盘点或亲自派人前往进行监盘，在存货量不大时，也可向寄存或寄售单位函证。

典型例题解析

红黄兰会计师事务所的审计人员在对×年 12 月 31 日红猫公司的存货进行监盘时，发现部分存货的财务明细账、仓库明细账、实物监盘三者的数量不一致，相关资料如下。

库号	存货名称	财务明细账数量	仓库明细账数量	实物监盘数量
1	A 产品	35 套	30 套	30 套
2	B 产品	27 套	25 套	27 套
3	C 材料	1 600 公斤	1 600 公斤	1 700 公斤
4	D 材料	1 200 公斤	1 200 公斤	1 000 公斤

要求：(1) 根据监盘结果，假定不考虑舞弊及财务明细账串户登记、仓库明细账串户登记的情况，逐项分析存货数量差异可能存在的主要原因。

(2) 针对存货的财务明细账数量与实物监盘数量不一致的情况，说明应当实施哪些必要的审计程序。

参考答案　① A 产品，仓库明细账数量和实物监盘数量相同，但是财务明细账数量大于实物监盘数量，可能存在货物已经发出，但没有及时将相关凭证送交财务部门登记入账，即没有及时确认收入，结转成本的情况，或产品已出库但仓库没有及时将出库单据传递至财务部门等原因所致。

② B 产品，财务明细账和实物监盘数量相同，但是仓库明细账数量小于财务明细账数量，可能是 B 产品入库后仓库部门没有及时登记仓库明细账等原因所致。

③ C 材料，财务明细账和仓库明细账数量相同，但实物监盘数量大于财务明细账数量，可能是 C 材料入库后未及时记入财务明细账与仓库明细账，或 C 材料退库后没有及时记入财务明细账和仓库明细账等原因所致。

④ D 材料，财务明细账和仓库明细账数量相同，但实物监盘数量小于财务明细账数量，可能是由于 D 材料报废后未及时进行财务处理、未及时登记仓库明细账，或 D 材料自然损耗、丢失、被盗等原因所致。

针对存货的财务明细账数量与实物监盘数量不一致的情况，审计人员应当实施的审计程序有：查明差异原因，如果确是被审计单位账务处理有误，应及时提请被审计单位更正；考虑错误的潜在范围和重大程度，在可能的情况下，扩大检查范围或提请被审计单位重新盘点。

典型例题解析

基本资料 审计人员在对灰猫公司×年度财务报表进行审计。灰猫公司为玻璃制造企业，×年末存货余额占资产总额比重重大。存货包括玻璃、煤炭、烧碱、石英砂，其中60%的玻璃存放在外地公用仓库。灰猫公司对存货核算采用永续盘存制，与存货相关的内部控制比较薄弱。灰猫公司拟于×年11月25日至27日盘点存货，盘点工作和盘点监督工作分别由熟悉相关业务且具有独立的人员执行。存货盘点计划的部分内容摘录如下。

① 存货盘点范围、地点和时间安排如下。

地点	存货类型	估计占存货总额的比重	盘点时间
A仓库	烧碱、煤炭	烧碱10%、煤炭5%	×年11月25日
B仓库	烧碱、石英砂	烧碱10%、石英砂10%	×年11月26日
C仓库	玻璃	玻璃26%	×年11月27日
外地公用仓库	玻璃	玻璃39%	—

② 存放在外地公用仓库存货的检查。对存放在外地公用仓库的玻璃，检查公用仓库签收单，请公用仓库自行盘点，并提供×年11月27日的盘点清单。

③ 存货数量的确定方法。对于烧碱、煤炭和石英砂等堆积型存货，采用观察及检查相关的收、发、存凭证和记录的方法，确定存货数量；对于存放在C仓库的玻璃，按照包装箱标明的规格和数量进行盘点，并辅以适当的开箱检查。

④ 盘点标签的设计、使用和控制。对存放在C仓库玻璃的盘点，设计预先编号的一式两联的盘点标签。使用时，由负责盘点存货的人员将一联粘贴在已盘点的存货上，另一联由其留存；盘点结束后，连同存货盘点表交存财务部门。

⑤ 盘点结束后，对出现盘盈或盘亏的存货，由仓库保管员将存货实物数量和仓库存货记录调节相符。

要求： 逐项判断上述存货盘点计划第①至第⑤项的盘点计划是否存在缺陷。如果存在缺陷，简要提出改进建议。

参考答案 ① 存在三个缺陷。A、B仓库的存货中均存在烧碱，对于同一类型的存货，建议采用同时盘点的方法，不应该安排在不同的时间；对于存放在公用仓库的存货——玻璃，占存货总额的39%，是非常高比例的存货，建议安排时间进行盘点，纳入盘点范围；灰猫公司内部控制比较薄弱，应该选择在资产负债表日前后进行盘点。

② 存在缺陷。对于存放在公用仓库的存货，采取的恰当盘点方式是发函确认，由于乙公司与存货相关的内部控制薄弱，所以不能够仅仅依靠签收单作为盘点的方式。

③ 存在缺陷。盘点方式不恰当，对于烧碱、煤炭和石英砂等堆积型存货，应该选择的盘点方式，通常为运用工程估测、几何计算、高空勘测，并依赖详细的存货记录；如果堆场中存货堆不高，可进行实地监盘或通过旋转存货堆加以估计。

④ 不存在缺陷。

⑤ 存在缺陷。盘点结束后，对于盘盈或盘亏的存货，不应由仓库保管人员对于存货实物数量和仓库存货记录进行调节，应该安排与仓库保管有关的主管人员负责调节。

（4）不当的存货监盘方法

① 观察存货盘点的人员非专业人员，对所观察盘点的存货缺乏了解，并且每年派赴观察盘点的人员没有连续性。

② 查核人员被骗，因为他们只抽点一小部分。

③ 查核人员允许被审计公司人员跟随在旁边并记录查核人员的抽点项目，使被审计公司有机会对未抽点项目作假。

④ 查核人员发现一种显示可能的作弊情况，迫使公司不得不更正，但未警觉到公司可能有更普遍的其他蓄意舞弊现象的存在。

⑤ 查核人员事先告知被审计公司他们要去观察存货盘点的地点，使客户得以预做准备，就未观察地点之存货作不实调整。

5. 存货审计的重要细节测试：计价测试

存货的计价测试是要确定存货实物数量和永续盘存记录中的数量是否经过正确地计价和汇总。在确定存货的计价是否合理时，审计人员通常要关注以下几个问题。

① 确定被审计单位采用的存货计价方法。被审计单位可以采用的存货计价方法有很多，例如，实际成本计价方法，如个别认定法、平均成本法、先进先出法等；估计成本计价方法，如毛利率法、零售价盘存法等；成本与市价孰低法等。

② 确定被审计单位被审计年度所采用的计价方法是否与以前年度相同。这是关于两年间计价方法变化的问题。比如，被审计单位将先进先出法改为加权平均法。这种计价方法的改变会影响被审计年度的收益。审计人员应当掌握企业的存货计价方法，并应对这种方法的合理性和一贯性予以关注，没有充分理由，计价方法不能变动。

③ 选择样本进行测试。计价测试的样本，应从存货数量已经盘点、单价和金额已经记入存货汇总表的结存存货中选择。抽样时可采用分层抽样法，着重选取结存余额大、价格变化较频繁的项目。

对存货进行的计价测试可以使用如表 11－5 所示的表格。

表 11－5　存货计价测试表

被审计单位名称　　　　财务报表截止期　　　　工作底稿索引号

编制人：	日期：
复核人：	日期：
项目质量控制复核人：	日期：

日期	品名及规格	收入			发出			余额		
		数量	单价	金额	数量	单价	金额	数量	单价	金额
审计说明： 1. 计价方法说明： 2. 情况说明：										
审计结论：										

6. 存货审计的重要细节测试：截止期测试

存货业务的截止测试就是要检查截止至被审计年度 12 月 31 日所购入的存货是否已包括在 12 月 31 日的存货盘点范围之内。对存货截止期测试的方法主要有两种：一是抽查存货盘点日前后的购货发票与验收报告；二是查阅验收部门的业务记录，凡接近年底购入的货物，必须查明其相应的购货发票是否在同期入账。

典型例题解析

基本资料 红黄兰会计师事务所的审计人员对蓝猫公司 2××3 年的期末会计资料进行审计时，发现临近结账日前后发生如下业务事项。

① 2××4 年 1 月 2 日收到价值为 20 000 元的货物，入账日期为 1 月 4 日，发票上注明由供应商负责运送，目的地交货，开票日期为 2××3 年 12 月 26 日。

② 当实际盘点时，蓝猫公司 1 包价值 80 000 元的产品已放在装运处，因包装纸上注明"有待发运"字样而未计入存货内。经调查发现，顾客的订货单日期为 2××3 年 12 月 20 日，顾客于 2××4 年 1 月 4 日收到后付款。

③ 2××4 年 1 月 6 日收到价值为 700 元的物品，并于当天登记入账。该物品于 2××3 年 12 月 28 日按供货商离厂交货条件运送，因 2××3 年 12 月 31 日尚未收到，故未计入结账日存货。

④ 按顾客特殊订单制作的某产品，于 2××3 年 12 月 31 日完工并送装运部门，顾客已于该日付款。该产品于 2××4 年 1 月 5 日送出，但未包括在 2××3 年 12 月 31 日存货内。

要求： 请分析上述四种情况是否应包括在 2××3 年 12 月 31 日的存货内，并说明理由。

参考答案 ① 不应包括在 2××3 年存货内，因目的地交货，交货期为 2××4 年，应以收到货物为准。

② 应包括在 2××3 年存货内，因 2××4 年 1 月 4 日收到货物才付款，2××3 年既未开票亦未发出货物，物权并未转移，销售不能成立。

③ 应计入 2××3 年存货内，因属离厂交货，交货后就已属被审计单位存货。

④ 不应包括在 2××3 年存货内，因已收款并将货物送装运，销售业已成立。

典型例题解析

基本情况 红黄兰会计师事务所的审计人员在对紫猫公司年终决算报表中的存货项目进行审计时，发现接近结账日时存在下列问题。

① 年终存货实地盘点时将其他单位寄存代销的物品误记其中。

② 实际有 1 000 个单位，年终盘点时误记为 100 个单位。

③ 某物品销售时，未做销售记录。因其实物尚存在仓库，已将其列入期末存货中。

④ 某物品销售时，未做销售记录，亦未包括在期末存货中。

要求： 请根据以上资料，逐一分析这些错误对本期财务报表所产生的影响。

参考答案 如果被审计单位没有对错误加以更正，可能对本期财务报表的有关项目产生如下影响。

① 由于其他单位寄存代销的物品误计入期末存货中，影响到存货项目高估，本期利润

虚增。

② 由于盘点时存货少计，影响到存货项目低估和本期利润虚减。

③ 由于销售时未及时作销售收入和销售成本处理，并将所有权已转移的货物计入期末存货，最终影响应收账款项目低估、存货项目高估，销售收入、销售成本和本期利润虚减。

④ 由于仅是结转了销售成本而未记录销售收入，最终影响应收款项低估，导致当期销售收入和利润虚减。

11.4 存货跌价准备审计

在会计上，存货跌价准备是根据会计谨慎性原则，将存货的可变现价值低于原成本的部分计入当期的跌价损失。在会计期末，被审计单位应测算因遭受毁损、全部或部分陈旧过时或销售价格低于成本等原因，使存货成本不可以收回的部分，以计提存货跌价准备。对存货跌价准备的审计，可分为三个方面的内容，即对存货跌价准备的计提、使用、转回的冲销。

1. 对存货跌价准备计提审计

计提存货跌价准备的依据是存货成本与可变现净值的差异，而可变现净值的设定是否恰当，是审计存货跌价准备计提的核心。

其一，审查被审计单位对存货可变现净值的设定应符合有关会计制度或准则的规定。在审计中，如果发现企业未按会计规则确定存货可变现净值，应建议其重新进行减值测试，或由审计人员在企业会计人员配合下进行减值测试。如果重新测试的结果应计提的跌价准备，与企业已计提的跌价准备有较大差异，应建议企业进行调整更正。

其二，审查存货跌价准备计算方法的正确性。首次计提存货跌价准备，可按照“应提数＝存货成本－本项（类）存货可变现净值”这一公式计算的正值计提（负值不提）；以后期末再计提时，对于已经计提跌价准备的存货，则应按照“应提数＝本项（类）存货的账面价值－期末该项（类）存货可变现净值”公式计算，该公式计算结果为正数的，则为应补提的准备，计算结果为负数的，则应按照该负数绝对值与已提跌价准备数两者中较低者冲回已提准备。审计时，如果企业计提或冲回的存货跌价准备不符合上述原则，应建议作调整更正。

2. 对存货跌价准备使用的审计

对存货跌价准备使用情况，审计人员需根据被审计单位所执行的会计制度或会计准则中的规定，确定其使用的合法性及会计处理的适当性。例如，如果被审计单位执行的是《小企业会计制度》，则除债务重组和非货币性交易等外，小企业售出商品时可以不结转相应的存货跌价准备，待期末时一并进行调整。如果被审计单位执行的是《企业会计准则》，则应在结转已售存货成本时，结转相应的存货跌价准备。

3. 对存货跌价准备转回的审计

已提跌价准备的存货如果以后价值又得以恢复，其恢复增长的价值应在原计提的限额内予以转回。在审计存货跌价准备转回时，应把握如下原则。

① 对平时发现具体项目（或单项）存货价值恢复时即转回相应的跌价准备的，应进行复核，即重新进行价值测试，以确定是否应予认可；也可以不进行测试和确认，而在审计年终企业调整存货跌价准备时，统一按年末测试结果确认。

② 对于年终一次进行存货减值测试、重新确定年末存货跌价准备应保留余额的，应结合对跌价准备计提适当性的审计，对存货中大额、敏感或有疑虑的项目重新进行减值测试，发现其中已提跌价准备的具体项目可变现净值高于其账面价值时，即为跌价准备应转回的项目，当然各具体项目应以跌价准备余额转至零为限，并在此基础上审查企业转回存货跌价准备的金额是否符合要求。

典型例题解析

基本情况 红黄兰会计师事务所在确定了被审计单位的存货项目为重点审计领域后，同时根据财务报表认定确定存货项目的具体审计目标，并选择了与各具体审计目标相对应的具体审计程序以保证审计目标的实现。

要求：请将下表填写完整。

财务报表认定	具体审计目标	审计程序
	公司对存货均拥有所有权	
	记录的存货数量包括了公司所有的在库存货	
	已按成本与可变现净值孰低法调整期末存货的价值	
	列示的存货项目确实存在	

参考答案

财务报表认定	具体审计目标	审计程序
权利和义务	公司对存货均拥有所有权	检查支持性的供应商文件、购货合同、采购发票或产品完工报告等
完整性	记录的存货数量包括了公司所有的在库存货	存货监督盘点中，在监盘存货时，选择一定数量的实物样本，确定其是否包括在盘点表内
计价和分摊	已按成本与可变现净值孰低法调整期末存货的价值	存货计价测试、检查现行采购价、销售价目表等
存在	列示的存货项目确实存在	存货监督盘点时，选择盘点表内一定样本量的存货记录，确定存货是否在库

关键术语

存货	存货跌价准备	存货盘点
存货监盘	盘点表	逐项盘点法
循环盘点法	统计盘点法	存货计价测试
截止期测试	实质性程序	控制测试
细节测试	实质性分析程序	

本章复习

一、单项选择题

1. 生产与存货循环是由两个既相互独立又密切联系的系统组成的，一个涉及实物流程，另一个涉及相关的（　　）。

A. 加工流程　　B. 价值流程　　C. 人员流动　　D. 收付流程

2. 生产与存货循环同销售与收款循环的直接联系发生于（　　）。

A. 借记“主营成本”，贷记“产成品”之时

B. 借记“材料采购”，贷记“应付账款”之时

C. 借记“应付账款”，贷记“银行存款”之时

D. 借记“应收账款”，贷记“银行存款”之时

3. 一般来说，（　　）仅与生产与存货循环有关，而与其他循环无关。

A. 购置固定资产和维护固定资产　　B. 产品的加工和储存

C. 购买材料和储备材料　　D. 预付保险费用和索赔

4. 如果由于被审计单位存货的性质或位置等原因导致无法实施存货监盘，审计人员应当考虑是否实施替代审计程序，获取有关期末存货数量和状况的充分、适当的审计证据。审计人员实施的替代审计程序不包括（　　）。

A. 向客户或供应商函证

B. 通过分析程序分析是否存在重大变动

C. 检查进货交易凭证或生产记录及其他相关资料

D. 检查资产负债表日后发生的销货交易凭证

5. 审计人员监督客户盘点存货的主要目的是为了（　　）。

A. 查明客户是否漏盘某些重要存货项目

B. 鉴定存货的质量

C. 了解存货的所有权是否归属客户

D. 获得存货是否实际存在的审计证据

6. 在被审计单位盘点存货之前，对被审计单位实施存货监盘的外勤人员应当（　　）。

A. 跟随被审计单位的盘点人员对存货状况进行检查

B. 观察存货盘点计划的执行情况

C. 确定存货数量和状况记录的准确性

D. 观察盘点现场存货的排列情况及是否附有盘点标示

7. 审计人员在检查被审计单位存货时，注意到某些存货项目实际盘点的数量大于永续盘存记录中数量。假定不考虑其他因素，以下各项中，最可能导致这种情况的是（　　）。

A. 被审计单位向客户提供销售折扣

B. 被审计单位已将购买的存货退给供应商

C. 供应商向被审计单位提供购货折扣

D. 客户已将购买的存货退给被审计单位

8. 如果通过监盘发现被审计单位存货账面记录与经监盘确认的存货发生重大差异，审计人员先后采用的下列程序中可能无效的是（　　）。

A. 提请被审计单位对已确认的差异进行调整

B. 进一步执行审计程序，查明差异原因

C. 如果被审计单位不采纳审计人员的调整意见，应根据其重要程度确定是否在审计报告中予以反映

D. 对存货执行分析程序，确认差异的准确性

9. 对存货计价进行抽查时，通常采用（　　）的方法。

A. 系统抽样　　B. 随机抽样　　C. 分层抽样　　D. 判断抽样

10. 下列各项中，属于生产成本审计实质性测试程序的是（　　）。

A. 询问和观察存货的盘点及接触、审批程序

B. 审查有关凭证是否经过适当审批

C. 审查有关记账凭证是否附有顺序编号的原始凭证

D. 对成本项目进行分析性复核

二、多项选择题

1. 在生产与存货循环账户余额测试中，存货的实质性程序占有重要位置。这是因为（　　）。

A. 使用的审计程序复杂

B. 耗用的审计工时较多

C. 存货项目的真实性与正确性对其他会计账项影响较大

D. 对审计人员的专业素质与相关的业务知识要求较高

2. 下列项目中，应确认为被审计单位存货的有（　　）。

A. 被审计单位已付款购进，但尚在运输途中的商品

B. 购销双方已签协议约定，但尚未办理商品购买手续

C. 未收到销售方的结算发票，但已运抵被审计单位并验收入库的商品

D. 被审计单位尚未发运给购货方的商品

3. 审计人员对存入或寄销在外地的存货可采取（　　）方法测试。

A. 向寄存寄销的单位发询证函

B. 审查有关原始单证、账簿记录

C. 亲自前往存放地观察盘点

D. 委托存放当地的会计师事务所负责监盘

4. 某注册会计师在审计某公司财务报表时，没有对存货项目实施监盘程序，并出具了无保留意见审计报告。如果注册会计师协会在例行执业质量抽查中注意到了这一情况，但并没有认定该名注册会计师违反了审计准则。对此情况，你认为可能的原因有（　　）。

A. 该注册会计师不知道准则中有关监盘的要求

B. 被审计单位的存货余额占资产总额的比例很低

C. 未实施监盘可能是受到被审计单位的限制，该注册会计师并无过失

D. 该注册会计师可能执行了能够替代存货监盘的审计程序

5. 在初步了解被审计单位及其环境时，得知被审计单位有部分存货为辐射性化学品，导致审计人员无法实施存货监盘，则对该部分存货审计人员可能实施的审计程序包括（　　）。

A. 复核相关采购、生产和销售记录

B. 向能够接触到该存货项目的第三方人员询证

C. 视为审计范围受到限制，并依据严重程度确定对财务报表的影响

D. 如果被审计单位对其生产、使用和处置存有正式报告，审计人员可追查至有关报告

6. 对于被审计单位已作质押的存货，可以实施的审计程序有（　　）。

A. 向保管人或债权人函证

B. 实施监盘

C. 利用其他注册会计师的工作

D. 向受托代管的单位获取质押存货的书面确认函

7. 在被审计单位存货盘点结束前，审计人员应当（　　）。

A. 复核盘点结果汇总记录，评估其是否正确地反映了实际盘点结果

B. 再次观察盘点现场，以确定所有应纳入盘点范围的存货是否均已盘点

C. 取得并检查已填用、作废及未使用盘点表单的号码记录，确定其是否连续编号，查明已发放的表单是否均已收回，并与存货盘点的汇总记录进行核对

D. 如果存货盘点日不是资产负债表日，审计人员应当实施适当的审计程序，确定盘点日与资产负债表日之间存货的变动是否已作正确的记录

8. 对于舞弊导致的重大错报风险，下列审计程序中，审计人员认为通常可以增强审计程序不可预见性的有（　　）。

A. 在事先不通知被审计单位的情况下，选择以前未曾到过的存货存放地点实施监盘

B. 运用不同的抽样方法选择需要检查的存货

C. 向以前审计过程中接触不多的被审计单位员工询问存货采购和销售情况

D. 在存货监盘时对大额存货进行抽盘

9. 被审计单位下列生产与存货循环的内部控制中，存在缺陷的有（　　）。

A. 储存产成品和发出产成品都是由仓库部门来完成

B. 被审计单位的产品为单步骤生产，生产工人在完成生产任务后，产品直接入库

C. 出库单一式四联，分别由仓库部门、发运部门、顾客和开发票的部门留存

D. 生产计划部门根据客户订购单或者对销售预测和产品需求的分析来决定生产授权，签发预先顺序编号的生产通知单

10. 对存货实施截止期测试，主要实现的审计目标有（　　）。

A. 存在　　B. 权利和义务　　C. 完整性　　D. 计价和分摊

三、问答题

1. 举例说明生产与存货循环可能涉及的凭证和记录。
2. 举例说明生产与存货循环可能涉及的主要业务活动。
3. 简述生产与存货循环中可能出现的重大错报领域。
4. 举例说明生产与存货循环中关键控制程序和与之对应的控制测试。
5. 简述审计人员在制定存货监盘计划之前应实施哪些工作。
6. 简述审计人员对存货监盘的责任及审计程序的要点。

四、研究思考题

1. 许多审计人员认为：与验证报表中其他项目相比，存货数量的验证是一项更困难的工作。请说明你对此问题的理解。

2. 假设你是一名审计项目负责人。现在你被分配负责审计三家新企业。其存货的特点分别如下。

① 一个纺织厂。其生产线是24小时三班制，其存货在盘点期间不能停产。

② 一个家具厂。其原材料主要是木材，存放在多个仓库里。

③ 一家农场。其农场面积达10平方公里。该农场主要生产各种品种的水果及蔬菜。

要求：分析审计人员在对上述三家被审计单位执行监盘存货的程序时应注意哪些问题。

五、案例分析题

【题1】

基本情况　红黄兰会计师事务所的审计人员在对褐猫公司存货进行审计时，发现该公司存在以下可能导致错误的情况：

① 所有存货都未认真盘点；

② 接近资产负债表日前入库的材料采购已验收入库，但可能未进行相关会计记录；

③ 其他公司存放在本公司仓库的某材料可能已记入被审计单位的存货项目中；

④ 存货计价方法已作变更。

要求：请问审计人员为证实上述情况是否真正导致错误，应当采取哪些实质性程序？

【题2】

分别针对以下各种情况，分析审计人员应采取哪些进一步的措施？

(1) 审计人员审计“存货”项目时，发现其中“原材料”的M材料，其数量为“0”或数量为正数，而金额为红数65万元。

(2) 审计人员审计“存货”项目时，发现被审计单位提供的“存货盘点表”中数量为红数的品种计32种，红数金额为680万元。

(3) 审计人员审计“存货”项目时，发现被审计单位所属子公司异地存货，虽提供有各子公司的存货清单，其数额占全部资产的40%左右，但由于所属子公司分散于世界各地，审计人员由于受到限制无法分赴各地进行审验。

(4) 审计人员审计“存货”项目时，被审计单位介绍年末已进行实物盘点，但未能向审计人员提供各项存货的盘点表。

【题 3】

存货监盘是获取有关期末存货是否存在及其状况的重要审计程序，存货监盘结果对审计报告有着重要影响。请分别考虑以下各种情况对审计报告意见的影响。

(1) 如果审计人员通过实施监盘发现被审计单位财务报表存在重大错报，且被审计单位拒绝调整；

(2) 如果审计人员未能实施存货监盘，也未能实施替代审计程序。

【题 4】

基本情况　红黄兰会计师事务所的审计人员在对紫猫公司 2××3 年度的财务报表进行审计。在对存货执行截止期测试时，根据紫猫公司的实际情况，编制了以下表格。

销售发票日期及记账日期	出库单日期	出库单号	金额/元
2××3 年 12 月 30 日	2××3 年 12 月 27 日	2035	10 000
2××4 年 1 月 4 日	2××3 年 12 月 27 日	2036	8 900
2××3 年 12 月 25 日	2××3 年 12 月 30 日	2037	2 500
2××3 年 12 月 31 日	2××3 年 12 月 30 日	2038	7 400
2××4 年 1 月 6 日	2××3 年 12 月 31 日	2039	6 400
2××3 年 12 月 31 日	2××4 年 1 月 4 日	2040	12 500
2××4 年 1 月 4 日	2××4 年 1 月 4 日	2041	5 500
2××4 年 1 月 4 日	2××3 年 12 月 31 日	2042	3 400

要求：不考虑其他因素的影响，请分析：如果存货的余额通过 2××3 年 12 月 31 日的盘点确定，请确定需要对主营业务收入进行怎样的调整。

【题 5】

基本情况　红黄兰会计师事务所的审计人员在 2××4 年 3 月 1 日审查橙猫公司 2××3 年 12 月“材料采购明细账”时发现甲材料采购成本包括以下费用：

① 因延迟付款而支付违约金 2 000 元；

② 采购人员差旅费 2 500 元；

③ 买价和运杂费；

④ 运输途中的合理损耗。

要求：假设 2××3 年 12 月购入材料的成本对本月发出材料的计价不产生影响，分析存在的问题，提出处理意见，并编制审计调整分录。

【题 6】

基本情况　2××3 年 9 月，红黄兰会计师事务所首次接受委托审计赤猫公司 2××3 年度财务报表。赤猫公司为果汁生产企业，2××3 年期初、期末存货余额占资产总额比重重大。存货主要包括苹果和桶装果汁，其中苹果贮存在各采购地 10 个简易棚内，桶装果汁贮存在甲公司 1 个仓库内。赤猫公司对存货采用永续盘存制核算。赤猫公司拟于 2××3 年 12 月 31 日起开始盘点存续，盘点工作由熟悉相关业务且具有独立性的人员执行。审计人员编制的存货监盘计划摘录如下。

① 与存货相关的内部控制比较有效，加之存货单位价值不高，将存货认定层次重大错报风险评估为低水平。

② 在对桶装果汁实施监盘程序时，采用观察及检查相关的收、发、存凭证和记录的方法，确定存货的数量。

③ 赤猫公司对苹果的盘点计划是：2××3 年 12 月 31 日盘点 5 个简易棚内苹果，2××4 年 1 月 5 日盘点其他 5 个简易棚内苹果。根据赤猫公司的盘点计划，要求项目组成员在上述时间对苹果实施监盘程序。

要求：(1) 思考审计人员针对存货期初余额应当实施哪些审计程序。

(2) 针对上述存货监盘计划第①项至第③项，逐项判断存货监盘计划是否存在缺陷。如果存在缺陷，简要提出改进建议。

【题 7】

基本情况　红黄兰会计师事务所的审计人员接受蓝猫公司的委托，对其×年度的财务报表进行审计。蓝猫公司是一家连锁经营的大型零售企业，在国内的零售商场约 500 家，国外零售商场约 100 家。在制定存货监盘计划时，审计人员决定在 600 家零售商场中抽取 20 家进行存货监盘。监盘计划的部分内容如下。

① 与零售商场负责人沟通以确定年底监盘的具体时间和方式。

② 要求各零售商场选择日期停止营业，进行盘点，并提前通知审计人员前往各商场进行现场观察与抽查。

③ 要求各零售商场各自选择日期，在下班后由各零售小组或柜台销售人员自行盘点并填写盘点清单，然后由审计小组成员将抽查到的清单与实物进行核对。

④ 将所有的商品进行分类，每个工作日盘点一类，被盘点的一类商品停止销售，未被盘点的商品照常销售。

⑤ 对于国外的零售商场不进行监盘，直接审阅其盘点记录及账面记录。

要求：针对上述监盘计划，逐项判断是否存在缺陷。如果存在缺陷，简要提出改进建议。

推荐阅读

[1] 刘新绍. 创业板上市公司生产效率的数据包络分析：基于创业板四大行业上市公司的经验数据. 中国注册会计师，2012 (2)：80－85.

[2] LAMA K C K, SAMI H, ZHOU H Y. Changes in the value relevance of accounting information over time: Evidence from the emerging market of China. Journal of Contemporary Accounting & Economics, 2013 (9): 123－135.

[3] 中国注册会计师审计准则——存货监盘.

[4] 企业内部控制应用指引——资产管理.

第 12 章

货币资金审计

【学习目标】

学习本章以后，你应该能够：

- 理解货币资金与其他各交易循环的关系；
- 了解对货币资金进行控制测试的基本方法；
- 了解现金审计中的实质性程序，掌握现金的监盘程序；
- 了解银行存款审计中的实质性程序，掌握银行存款的询证函程序。

【内容提要】

货币资金与各业务循环均直接相关。货币资金作为被审计单位流动性最强的资产，在资产负债表日是否存在、其金额是否准确，以及在被审计会计期间的货币资金收支活动是否合法等事项，对整个财务报表披露的合法性、公允性有直接影响。本章首先介绍了货币资金循环的特点、被审计单位相关内部控制程序及审计人员控制测试的要点，然后重点介绍现金和银行存款的实质性测试程序。在现金审计中，本章重点介绍了对库存现金进行监盘、大额现金抽查的程序。在银行存款审计中，本章重点介绍了银行存款余额调节表的审查、银行存款询证函、银行账户间转账划拨、检查大额银行存款收支、截止期测试等细节测试程序。

相关案例

航天机电起诉德勤案

一、案例基本情况

2004年7月5日，上海航天机电股份有限公司（简称“航天机电”，600151.SH）与德勤会计师事务所签订《审计业务约定书》。双方约定，德勤受托对航天机电2004年度的财务状况进行审计，审计范围涉及航天机电下属所有子公司，包括其位于浦东新区的金桥机械分公司。在此之前，德勤已自1998年开始为航天机电提供审计服务，期间经历1998年该公司在A股上市，已经7年。

2005年3月1日，德勤两位注册会计师胡凡、陆怡出具了编号为“德师报（审）字（05）第P0124号”的标准无保留意见审计报告。该报告称：“上述会计报表符合国家颁布的企业会计准则和《企业会计制度》的规定，在所有重大方面公允反映了贵公司2004年12月31日公司及合并的财务状况及该年度公司及合并经营成果和现金流量。”

2005年8月5日，航天机电下属分公司的一位财务人员涉嫌挪用公司资金，被上海市浦东新区公安分局立案侦查。8月23日，该公司在“2005年半年报”中披露：“2005年8月上旬，传感器分公司出纳涉嫌经济犯罪，被公安机关立案侦查。”

2006年初，浦东新区公安分局委托相关司法审计部门专项审计结果显示：“截至2004年12月31日，航天机电金桥机械分公司在交通银行浦东新区支行的实际存款余额，与德勤在2004年度审计报告中，通过其函证确认的银行存款余额不符，两者相差430万元；截至2005年8月上旬，该财务人员涉嫌挪用公司巨额资金，造成公司账面实际亏空人民币428.9万元，至今无法追回。”

随后，在航天机电的“2005年年报”中，公司明确告知股东：“分公司出纳李秋玲挪用资金造成损失6 291 152.86元”。据知情人士透露，分公司出纳李某某“通过伪造银行进账单，拆东补西，造成了金桥机械的亏损”。

航天机电方面认为，在此事件中，公司管理疏漏的责任在所难免，但德勤在提供审计服务的过程中，所提供审计报告与实际情况不符的事实，为该出纳在2005年8月前多次挪用并侵占资金制造了机会。

据此，航天机电分别于2007年4月2日、5月16日两次致函德勤，要求提供其在为金桥机械分公司提供审计的服务过程中，与交通银行浦东新区支行进行相关函证的收发记录及工作底稿。然而，德勤拒绝了航天机电的这一要求。

二、审计分析

此案例涉及对两个重要事项的判断。

其一，德勤是否按照审计准则的要求完成了银行存款函证程序？

本书前已述及函证是指注册会计师为了印证影响会计报表认定的账户余额或其他信息，以被审计单位的名义向第三方发出询证函，获取和评价审计证据的过程。按审计准则规定，询证函应由注册会计师直接发出，并将发出情况记录于工作底稿，注册会计师应对询证函的发出和收回保持控制。这是会计师的一项法定勤勉义务。

然而，在公安部门侦查出纳李某某经济犯罪案时，德勤方面仅仅出示了银行回函，而银行回函的邮戳地址恰好在该出纳家附近，由此引发质疑。在德勤拒绝航天机电查阅工作底稿时，德勤方面提出的理由是，按照审计准则的规定，审计工作底稿的所有权属于接受委托进行审计的会计师事务所。航天机电方面则认为，在“被审计单位更换会计师事务所”的情况下，不同会计师事务所的注册会计师可以要求查阅审计工作底稿；或者审计合并会计报表时，母公司的注册会计师可以查阅子公司的会计师事务所的审计工作底稿。

其二，关于会计责任和审计责任的区分问题。

德勤方面认为，被审计单位出纳人员的错误属于会计责任，是公司治理上的问题，与审计责任应该作出区分，主张自己不存在审计责任。航天机电方面则主张，在此事件中，公司管理层疏漏的责任在所难免，但由于德勤所提供审计报告与实际情况不符，为该出纳在 2005 年 8 月前多次挪用并侵占资金制造了机会。

在现行审计准则下，注册会计师应对财务报表整体是否不存在由于舞弊或错误导致的重大错报获取合理保证，案例中德勤没有揭露公司银行存款余额与实际存款数这一重大错误，很可能存在审计责任。在银行存款审计中，审计人员所执行的审计程序除了向银行索取对账单、与银行存款日记账对账、编制银行存款余额调节表之外，还必须函证银行存款余额，由这两道程序来保证审计所确认的银行存款余额的正确性。询证函应由注册会计师直接收发，回函必须直接寄至会计师事务所，收发函情况须记录于工作底稿。如果德勤及其注册会计师严格按照审计准则执行了审计程序，银行存款余额与实际存款数额相差 430 万元错报是应该能够发现的。

12.1 货币资金循环的特征

货币资金包括库存现金、银行存款和其他货币资金。货币资金是企业资产的重要组成部分，是被审计单位各项资产中流动性最强的一种。如果货币资金管理不善，其本身的实物安全可能难以得到保障，且被挪用、侵占的可能性也会提升。货币资金循环的审计风险较高，是财务报表审计中必不可缺的组成部分。

货币资金同各交易循环中的业务活动均存在密切关系。例如，在销售与收款循环中，销售的最终实现表现为货币资金的流入；在采购与付款循环中，物品的购入会带来货币资金的流出；筹资循环表现为货币资金的流入与用货币资金还本付息或支付股利等。货币资金本身的管理也有其独特的控制内容。审计中，需要将各个循环中与货币资金有关的内容相对独立地进行审计。

根据货币资金所包括的内容，货币资金审计涉及三个总账科目：现金、银行存款和其他货币资金。被审计单位存放在银行的不能自由支配的存款则不包括在此循环审计的内容之内。

货币资金审计中需要审查的资料主要包括：与货币资金管理有关的内部控制文件；现金监盘表；银行对账单；银行存款余额调节表；与货币资金相关科目的记账凭证及会计账簿，如现金日记账、银行存款日记账；其他相关原始凭证及文件、信息。

12.2 货币资金的控制测试

1. 被审计单位的内部控制

货币资金流动性最强，是被审计单位业务活动必不可少的资金条件。同时，货币资金的收付必须符合国家的有关规定，所以被审计单位一般十分关注对其的管理，以确保货币资金的安全性、货币资金收付的合法性及货币资金信息披露的公允性和合法性。

被审计单位执行的对货币资金的内部控制程序一般由四大部分内容组成。

① 岗位分工及授权批准。具体内容应当包括：

- 关于货币资金业务的岗位责任制，区分相关部门和岗位的职责权限，使办理资金业务的不相容岗位相互分离、制约和监督；
- 对货币资金业务建立授权批准制度，明确审批人对货币资金的授权批准方式、权限、程序、责任和相关控制措施；
- 对货币资金支付业务设置支付申请、支付审批、支付复核和办理支付四个环节的控制程序；
- 对于重要货币资金支付业务，可能实行集体决策和审批，并建立责任追究制度，防范贪污、侵占、挪用货币资金等行为；
- 非经授权的机构或人员不能办理货币资金业务，并禁止非经授权的机构或人员直接接触货币资金。

② 现金及银行存款的管理。具体内容应当包括：

- 对库存现金限额的管理，要求超过库存限额的现金应及时存入银行；
- 对现金支付的管理，一般会结合被审计单位的实际情况，确定本单位现金的开支范围并在此开支范围内支付现金；
- 对货币资金收入的管理，一般均要求及时将现金收入存入银行，银行存款直接存入本单位的银行账号，不能用于直接支付单位自身的支出，同时要求取得的货币资金收入必须及时入账；
- 银行账号的开立、变更、销户的审批；
- 指定专人定期核对银行账户，编制银行存款余额调节表，每月至少核对一次；
- 设置现金盘点制度，定期和不定期地进行现金盘点，确保现金账面余额与实际库存相符。

③ 票据及有关印章的管理。被审计单位一般会明确各种票据的购买、保管、领用、背书转让、注销等环节的职责权限和程序，并专设登记簿进行记录，防止空白票据的遗失和被盗用；对银行预留印鉴，被审计单位应将其保管在不同的被授权人员手中。

④ 内部核查。被审计单位应当定期和不定期地检查货币资金相关岗位及人员的设置情况、货币资金授权批准制度的执行情况、支付款项印章的保管情况、票据的保管情况、货币资金会计记录的规范性等，对监督检查过程中发现的货币资金内部控制中的薄弱环节，应当及时采取措施，加以纠正和完善。

2. 审计人员的控制测试

审计人员应针对货币资金的特点，在了解被审计单位执行的内部控制的基础上，考虑采用以下控制测试程序见表（12 - 1）。

表 12 - 1　现销收入业务的控制目标、关键内部控制和控制测试一览表

编号	关键内部控制	常用的控制测试
1	现金出纳与现金记账的职务分离	观察
2	现金折扣必须经过适当的审批手续	检查现金折扣是否经过恰当的审批
3	现金出纳与现金记账的职务分离	观察
4	每日及时记录现金收入	检查是否存在未入账的现金收入
5	定期向顾客寄送对账单	检查是否向顾客寄送对账单，了解是否定期进行
6	现金收入记录的内部复核	检查复核标记
7	定期盘点现金与账面余额核对	检查是否定期盘点，检查盘点记录
8	定期取得银行对账单	检查银行对账单
9	编制银行存款余额调节表	复核或重新编制银行存款余额调节表
10	现金日记账与总账的登记职责分开	观察

① 询问被审计单位会计主管、相关业务人员和会计人员有关货币资金内部控制的执行情况。

② 实地观察不相容的职责是否分离。例如，销售、采购、劳动工资、其他零星收支和财会部门的职责；出纳与会计职责；收付单据的编制、审批与审核职责；银行存款余额调节表的编制与银行存款业务处理和记录职责；支票的保管、登记与印章的保管职责等。

③ 抽取原始单据，检查：收款凭证的要素填写是否齐全，是否被及时、准确地入账；付款凭证是否连续编号，有无财务部门主管审核和专门人员的复核签字，相应的支出和报销单据的填制是否规范，支出内容是否符合国家规定的限额和用途，等。

④ 检查一段期间的现金日记账、银行存款日记账与总账是否核对相符，银行存款余额调节表是否定期编制并独立复核。

⑤ 检查现金盘点表是否由独立人员不定期编制。

⑥ 检查支票等银行单据是否被妥善保管，并按规定使用。

典型例题解析

基本情况　某被审计单位设置了以下关于货币资金的内部控制程序。

① 每日所收入的现金应当日存入银行。

② 报销费用时应将所有的附件、单据打孔或盖章注明已报销。

③ 由独立人员核对银行存款日记账和银行对账单，并针对未达账项编制银行存款余额调节表。

④ 开票和收款工作由不同人员来担任。

要求：请分析被审计单位设置各项控制措施的特定目的。

参考答案　① 将收入尽快地存入银行是为了避免因现金存量太高而保管不慎被盗或被有关人员贪污、挪用，或者以收抵支等情况的发生。

② 打孔或盖章注销可以避免日后重复报销流失资金。

③ 由独立人员编制银行存款余额调节表，可以验证银行日记账中的记录有否多记或少记，期末账面余额的计算是否正确，避免利用编制银行存款调节表的机会掩盖监守自盗或挪用的行为。

④ 开票与收款工作的职责分离，可以防止少开票、多收款这种直接贪污资金行为的发生。

12.3 现金审计

1. 现金审计的实质性分析程序

审计人员对现金项目的实质性分析，一般可以采取比较现金项目期末实际余额与预算数及上一会计期末账户余额的差异变动。除此之外，比较一些比率，如流动比率、速动比率、现金周转率等的变动情况。

2. 现金审计的基本细节测试

一般地，对现金执行实质性程序时可以选用的基本细节测试如下。

测试1：核对现金日记账与总账的余额是否相符。

测试2：监盘库存现金。

测试3：抽查大额现金收支。

测试4：检查现金收支的正确截止期。

测试5：检查外币现金、银行存款的折算是否正确。

测试6：检查现金是否在资产负债表上恰当披露。

3. 现金审计的重要细节测试：库存现金的监督盘点

库存现金监盘是证实资产负债表中“货币资金”项目所包含的现金是否存在的一项重要程序。

库存现金监督盘时必须有被审计单位出纳员、会计主管人员和审计人员参加。库存现金监盘的一般程序如下。

① 制定库存现金盘点计划，确定监盘时间。对库存现金的监盘应当实施突击性的检查，时间最好选择在上午上班前和下午下班时进行。监盘的库存现金通常包括被审计单位已收到但尚未存入银行的现金、零用金、找换金等。监盘的范围应包括被审计单位各部门经管的现金，并同时盘点。

② 出纳员先将现金集中封存，然后再根据已办妥现金收付手续的收付款凭证登记库存现金日记账，结出现金结余额。

③ 审计人员审阅现金日记账并同时与现金收付凭证相核对。一方面检查库存现金日记账的记录与凭证的内容和金额是否相符，另一方面了解凭证日期与库存现金日记账日期是否相符。

④ 盘点现金实存数，将盘点金额与库存现金日记账余额进行核对。如有差异，要求被审计单位查明原因，必要时提请被审计单位进行调整；如无法查明原因，应要求被审计单位按照管理权限批准后作出调整。

⑤ 若有冲抵库存现金的借条、未提现支票、未做报销的原始凭证，应作出记录，并提请被审计单位调整。

⑥ 若在非资产负债表日进行盘点，应将盘点结果调整至资产负债表日的金额。

⑦ 将库存现金监盘结果记录在审计工作底稿中。

表12－2列示的是库存现金监盘表的一种建议格式。

表 12-2　库存现金监盘表

被审计单位名称　　　　　　　　　　监盘时间　　　　　　　　　　工作底稿索引号

编制人：	日期：
复核人：	日期：
项目质量控制复核人：	日期：

盘点时间：

检查盘点记录				实有现金盘点记录				
项目		人民币	某外币	面额	人民币		某外币	
					张	金额	张	金额
上一日账面库存余额				1 000 元				
盘点日未记账传票收入金额				500 元				
盘点日未记账传票支出金额								
盘点日账面应有金额				100 元				
盘点实有现金数额				50 元				
盘点日应有与实有差异				20 元				
差异原因分析	白条抵库			10 元				
				5 元				
				2 元				
				1 元				
				0.5 元				
				0.2 元				
追溯调整	报表日至查账日现金付出金额			0.1 元				
	报表日至查账日现金收入金额			合计				
	报表日库存现金应有金额			审计说明：				
	报表日账面汇率							
	报表日余额折合本位币金额							
本位币合计								
审定数								
会计负责人（签字）：		出纳（签字）：						
审计结论：								

比较

库存现金监盘与存货监盘

① 监盘的对象不同。审计人员进行现金监盘，监盘的是被审计单位所有的库存现金，而存货监盘的对象是被审计单位拥有的存货。

② 盘点的主体不同。现金的盘点可能由审计人员直接进行，而对存货进行盘点是被审计单位的责任，审计人员只是进行监督。

③ 监盘的范围不同。审计人员是在同一个时间对全部现金的监盘，而对存货的监盘可能采取不同的监盘方法，如循环法或抽查法。

④ 监盘的程序不同。审计人员进行存货监盘，要进行盘点问卷调查等工作，而进行现金监盘则不需要。

⑤ 监盘的时间不同。现金监盘一般在外勤审计工作过程中进行，而存货监盘一般在资产负债表日前进行。

⑥ 监盘的要求不同。现金监盘要求实施突击性检查，而存货监盘则要求事前通知、召开监盘预备会议。

典型例题解析

基本情况 被审计单位在总部和营业部均设有出纳部门。为顺利监盘库存现金，审计人员在监盘前一天通知被审计单位会计主管人员做好监盘准备。考虑到出纳日常工作安排，对总部和营业部库存现金的监盘时间分别定在上午十点和下午三点。监盘时，出纳把现金放入保险柜，并将已办妥现金收付手续的交易登入现金日记账，结出现金日记账余额；然后，审计人员当场盘点现金，在与现金日记账核对后填写“库存现金盘点表”，并在签字后形成审计工作底稿。

要求：请分析上述审计过程中存在的问题。

参考答案 ①“审计人员在监盘前一天通知被审计单位会计主管人员做好监盘准备”不适当。现金监盘应当采取突击方式。

②“对总部和营业部库存现金的监盘时间分别定在上午十点和下午三点”存在两点不适当：一是不应当对存放在不同地方的现金分别盘点；二是最好选择上班前或下班后的时间进行现金监盘，以减少对被审计单位正常工作的干扰。

③“库存现金盘点表”还应由出纳、会计主管人员签字。

4. 现金审计的重要细节测试：抽查大额现金收支

审计人员应抽查大额现金收支的原始凭证内容是否完整，有无授权批准，并核对相关账户的记录情况。如有与被审计单位生产经营活动无关的收支事项，应查明原因，并作出相应的记录。

审计人员抽查大额现金收支的工作底稿，可使用如表 12 - 3 所示的格式。

表 12 - 3 大额现金收支抽查表

被审计单位名称　　　　财务报表截止期　　　　工作底稿索引号

编制人：	日期：
复核人：	日期：
项目质量控制复核人：	日期：

续表

抽查抽查凭证内容					测试内容			
日期	凭证号	摘要	对方科目	金额	1	2	3	4
测试内容： 1. 原始凭证的内容是否完整； 2. 有无授权批准； 3. 财务处理是否正确； 4. 与生产经营有无关系。								
审计说明：								
审计结论：								

5. 相关实质性程序工作底稿

相关实质性程序工作底稿包括：库存现金审计程序表、库存现金监盘表、现金收支截止期测试表、大额现金收支抽查表、外币现金审查表等。

相关知识

潜在错报

① 现金收入不入账，设置账外资产。

② 挪用。例如，出纳人员白条抵库；管理层批准用于个人生活或其他方面需要，从被审计单位借出公款等。

③ 贪污公款。例如，利用收入现金不开发票或收据的形式贪污现金；以涂改、销毁发票或收据的形式贪污；以假发票或收据的形式进行贪污；私人购物公款报销等。

④ 以现金支付回扣或好处费。例如，支付回扣或好处费后虚拟退货；支付回扣或好处费后，作为单位正常费用报销入账；用“小金库”支付回扣或好处费。

典型例题解析

基本情况　2××4 年 1 月 10 日，审计人员张三对黑猫公司 2××3 年度的财务报表进行审计。其总账中显示“现金”项目余额为 850 元。当天张三会同黑猫公司的会计负责人李四对出纳员王五的库存现金进行了清点，王五根据当日凭单单独核算出当日末的现金账面余额应为 750 元。张三清点现金的结果如下。

① 现金实存数为 550 元，其中 100 元的 5 张，10 元的 4 张，5 元的 2 张。

② 保险柜中有下列单据显示已付款，但未入账：公司设计人员的借条一张，是差旅费用，金额 200 元，已经批准，日期是 2××3 年度 12 月 29 日；公司采购人员的借条一张，金额 130 元，日期是 2××3 年 12 月 20 日，未经批准；保险柜中有已收款但未记账的收据 3

张，金额合计 130 元，日期显示是 2××4 年 1 月 8 日。

③ 经核对，2××4 年 1 月 1 日至 1 月 10 日收入现金金额 2 300 元，支出现金金额 2 400 元，正确无误。

要求：(1) 请填写库存现金监盘表。

(2) 请分析该公司现金管理中存在哪些问题。

参考答案 (1) 根据题中有关情况，填写库存现金监盘表如表 12－4 所示。

表 12－4 库存现金监盘表

被审计单位名称　　　　监盘时间　　　　工作底稿索引号

2××4 年 1 月 10 日

编制人：李红	日期：
复核人：	日期：
项目质量控制复核人：	日期：

盘点日期：2××4 年 1 月 10 日

检查盘点记录				实有现金盘点记录				
项目		人民币	某外币	面额	人民币		某外币	
					张	金额	张	金额
上一日账面库存余额				1 000 元				
盘点日未记账传票收入金额				500 元				
盘点日未记账传票支出金额								
盘点日账面应有金额		750		100 元	5	500		
盘点实有现金数额		550		50 元				
盘点日应有与实有差异		200		20 元				
差异原因分析	白条抵库	200		10 元	4	40		
	未经批准的借条	130		5 元	2	10		
	已收款尚未入账	130		2 元				
				1 元				
				0.5 元				
				0.2 元				
追溯调整	报表日至查账日现金付出金额	2 400		0.1 元				
	报表日至查账日现金收入金额	2 300		合计		550		
	报表日库存现金应有金额	850		审计说明：				
	报表日账面汇率							
	报表日余额折合本位币金额							
审定数								
会计负责人（签字）：高新宜				出纳（签字）：王烁				
审计结论：								

注意：上表中"审定数"、"审计结论"需根据执行进一步审计程序的结果而定。

(2) 该公司现金管理中存在的问题有：200 元差旅费借款虽然经过批准，但应及时入账；采购员的借条未经批准不合法，应及时收回，且属于内部控制存在的问题；三笔收款不及时入账，应确定出现此类情况的原因。

12.4 银行存款审计的实质性程序

相关案例

蓝田公司造假案

沈阳蓝田股份有限公司于 1992 年以定向募集方式设立，1996 年 6 月 18 日正式在上海证券交易所挂牌交易。在 2001 年 11 月，蓝田股份（600709）改名为生态农业前，这家公司一直新闻不断。先有 1999 年被中国证监会处以罚款的事实；后有 2001 年 10 月，刘姝威的《应立即停止对蓝田股份发放贷款》一文引起的社会上对蓝田股份财务造假质疑的高潮。

1999 年，该公司接受证监会处罚的原因为伪造政府批文、伪造银行对账单、隐瞒缩股和上柜交易。其中，该公司的净资产由 1994 年年底的 9 785 万元猛增至 1995 年的 1.92 亿元，两个数字相差近 1 亿元。这 1 亿元的构成有三项来源：取得洪湖 360 余万平方米湖面的经营开发权，评估值 4 400 万元，计入递延资产；1995 年当年净利润 2 700 余万元；其余为虚增土地使用权 1 100 万元，编造银行存款 2 770 万元。由此该公司获得了上市资格，在欺骗社会公众达四、五年之久才被中国证券监管当局发现。在“伪造银行对账单”以虚增巨额银行存款这一问题上，蓝田公司伪造了该公司及下属企业 3 个银行账户 1995 年 12 月份银行对账单，虚增的银行存款为 2 770 万元，占该公司 1995 年财务会计报告（合并资产负债表）中银行存款额（4 420 万元）的 62%。情节不可谓不严重。由于在当时中国的审计实务中，审计人员一般只需获得银行对账单作为确认银行存款存在认定的基础，因而相关的会计师事务所在对这个项目进行审计的程序上并不被认为应承担任何法律责任。

1. 银行存款审计的实质性分析程序

审计人员对银行存款的实质性分析，一般可以比较银行存款余额的期末实际余额与预算数，以及上一会计期末账户余额的差异变动。

2. 银行存款审计的基本细节测试

一般地，对银行存款执行实质性程序可以选用的基本细节测试如下。

测试 1：银行存款日记账和总账的余额是否相符。

测试 2：取得并检查银行存款余额调节表。

测试 3：函证银行存款余额。

测试 4：检查一年以上定期存款或限定用途存款。

测试 5：抽查大额银行存款的收支。

测试 6：检查银行账户间存款转账划拨情况。

测试 7：检查银行存款收支的截止期是否恰当。

测试 8：检查外币银行存款的折算是否正确。

测试 9：检查银行存款是否在资产负债表上恰当披露。

3. 银行存款审计的重要细节测试：检查银行存款余额调节表

检查银行存款余额调节表是证实资产负债表中所列银行存款是否存在错报的重要程序。被审计单位一般会根据不同的银行账户及货币类别分别编制银行存款余额调节表。如果审计人员直接编制银行存款余额调节表，可使用如表 12－5 所示的表格。

表 12－5 银行存款余额调节表

被审计单位名称　　　　财务报表截止期　　　　工作底稿索引号

编制人：	日期：
复核人：	日期：
项目质量控制复核人：	日期：

开户银行：　　　　账号：　　　　币种：

项目	金额	备注
银行对账单余额		
加：单位已收，银行尚未入账金额		
其中：1.		
2.		
减：单位已付，银行尚未入账金额		
其中：1.		
2.		
调整后银行对账单余额		
单位银行存款日记账余额		
加：银行已收，单位尚未入账金额		
其中：1. 利息收入		
2.		
减：银行已付，企业尚未入账金额		
其中：1.		
2.		
调整后单位银行存款日记账余额		
经办会计人员（签字）：　　会计负责人（签字）：		
情况说明：		
审计结论：		

如果被审计单位提供银行存款余额调节表，审计人员在取得该表格后，首先应检查调节表中未达账项的真实性及资产负债表日后的进账情况。其程序如下。

① 验算调节表的数字计算。

② 对于金额较大的未提现支票、可提现但未提现的支票及审计人员认为重要的未提现支票，应列示清单，注明开票日期和收票人姓名或单位。

③ 追查财务报表截止日银行对账单上的在途存款，并在银行存款余额调节表上注明入账日期。

④ 检查财务报表截止日未提现的大额支票和其他已经签发 1 个月以上的未提现支票。

⑤ 追查财务报表截止日银行对账单已收而被审计单位未收的款项性质及款项来源。

⑥ 核对银行存款总账余额、银行对账单加总余额。

值得注意的是，审查银行存款余额是否真实并不能仅仅满足于调节以后的银行对账单余额与银行存款日记账余额相等，在查明余额相等的基础上还有必要将对账单与银行存款日记账逐笔进行核对，因为有时在银行对账单上有一收一付，而银行存款日记账上并无收付记录，尽管余额相等，仍有可能存在出借银行账户，违反结算纪律的非法活动。

4. 银行存款审计的重要细节测试：函证银行存款余额

为验证银行存款日记账余额的正确性，中国注册会计师审计准则要求注册会计师以被审计单位的名义向被审计单位的开户银行进行函证。

下面列示了银行询证函的一个参考格式。

银行询证函

编号

××（银行）：

本公司聘请的××会计师事务所正在对本公司××年度财务报表进行审计，按照中国注册会计师审计准则的要求，询证本公司与贵行相关的信息。下列信息出自本公司记录，如与贵行记录相符，请在本函下端“信息证明无误”处签单证明；如有不符，请在“信息不符”处列明不符项目及具体内容；如存在与本公司有关的未列入本函的其他重要信息，也请在“信息不符”处列出其详细资料。回函请直接寄到××会计师事务所。

回函地址：　　　　　　　　　　　　　　　　　　　　　　　　　邮编：

电话：　　　　　　　　　　　　传真：　　　　　　　　　　　　联系人：

截至××年××月××日，本公司与贵行相关的信息列示如下。

1. 银行存款。

账户名称	银行账号	币种	利率	余额	起止日期	是否被质押、用于担保或存在其他使用限制	备注

除上述列示的银行存款外，本公司并无在贵行的其他存款。

注：“截止日期”一栏仅适用于定期存款，如为活期或保证金存款，可只填写“活期”或“保证金”字样。

2．银行借款。

借款人名称	币种	本息余额	借款日期	到期日期	利率	借款条件	抵（质）押品担保人	备注

除上述列示的银行借款外，本公司并无在贵行的其他借款。
注：此项仅函证截至资产负债表日本公司尚未归还的借款。

3．截至函证日之前12个月内注销的账户。

账户名称	银行账号	币种	注销账户日期

除上述列示的账户外，本公司并无截至函证日之前12个月内在贵行注销的其他账户。

4．委托存款。

账户名称	银行账号	借款方	币种	利率	余额	存款起止日期	备注

除上述列示的委托存款外，本公司并无通过贵行办理的其他委托存款。

5．委托贷款。

账户名称	银行账号	资金使用方	币种	利率	本本金	利息	贷款起止日期	备注

除上述列示的委托贷款外，本公司并无通过贵行办理的其他委托贷款。

6．担保。

（1）本公司为其他单位提供的、以贵行为担保受益人的担保。

被担保人	担保方式	担保金额	担保期限	担保事由	担保合同编号	被担保人与贵行就担保事项往来的内容（借款等）	备注

除上述列示的担保外，本公司并无其他以贵行为担保受益人的担保。
注：如采用抵押或质押方式提供担保的，应在备注中说明抵押物或质押物情况。

（2）贵行向本公司提供的担保。

被担保人	担保方式	担保金额	担保期限	担保事由	担保合同编号	被担保人与贵行就担保事项往来的内容（借款等）	备注

除上述列示的担保外，本公司并无贵行提供的其他担保。

7. 本公司名称为出票人且由贵行承兑而尚未支付的银行承兑汇票。

银行承兑汇票	票面金额	出票日	到期日

除上述列示的银行承兑汇票外，本公司并无由贵行承兑而尚未支付的其他银行承兑汇票。

8. 本公司向贵行已贴现而尚未到期的商业汇票。

商业汇票号码	付款人名称	承兑人名称	票面金额	票面利率	出票日	到期日	贴现日	贴现率	贴现净额

除上述列示的商业汇票外，本公司并无向贵行已贴现而尚未到期的其他商业汇票。

9. 本公司为持票人且由贵行托收的商业汇票。

商业汇票号码	承兑人名称	票面金额	出票日	到期日

除上述列示的商业汇票外，本公司并无由贵行托收的其他商业汇票。

10. 本公司为申请人，由贵行开具的、未履行完毕的不可撤销信用证。

信用证号码	受益人	信用证金额	到期日	未使用金额

除上述列示的不可撤销信用证外，本公司并无由贵行开具的、未履行完毕的其他不可撤销信用证。

11. 本公司与贵行之间未履行完毕的外汇买卖合约。

类别	合约号码	买卖币种	未履行的合约买卖金额	汇率	交收日期
贵行卖予本公司					
本公司卖予贵行					

除上述列示的外汇买卖合约外，本公司并无与贵行之间未履行完毕的其他外汇买卖合约。

12. 本公司存放于贵行的有价证券或其他产权文件。

有价证券或其他产权文件名称	产权文件编号	数量	金额

除上述列示的有价证券或其他产权文件外，本公司并无存放于贵行的其他有价证券或其他产权文件。

注：此项不包括本公司存放在贵行保管箱中的有价证券或其他产权文件。

13. 其他重大事项。

注：此项应填列注册会计师认为重大且应予函证的其他事项，如信托存款等；如无则应填写“不适用”

（公司盖章）

年 月 日

以下仅供被询证银行使用
结论：1. 信息证明无误。 （银行盖章） 经办人： 年 月 日
2. 信息不符，请列示不符项目及具体内容（对于在本函前述第1项至第13项中漏列的其他重要信息，请列出详细资料）。 （银行盖章） 经办人： 年 月 日

审计人员在得到被审计单位开户银行的回函后，应根据回函结果对银行存款余额进行核对，如有不符，应进一步追查原因，并作出记录和进行相应的调整。

概念小结

函　证

函证是审计人员为印证被审计单位会计记录所载事项而向第三者发函询证的一项重要审计方法，也是审计人员获取审计证据的一项重要程序。许多财务报表项目的审计均采用这一方法。

① 银行存款函证。函证银行存款余额是证实资产负债表所列银行存款是否存在的重要程序。函证时，审计人员应向被审计单位在本年度内存过款的（包括外埠存款、银行汇票存款、银行本票存款、信用证存款等）的所有银行发函，其中包括企业存款账户已结清的银行。

② 托管有价证券函证。如果被审计单位的有价证券委托证券、信托公司代为保管，审计人员应审阅有关保管的证明文件，必要时可向这些保管机构发出询证函，要求这些机构将被审计单位结账日拥有的有价证券种类、数量和价值作出确切的答复，以证实有价证券的存在和所有权的归属。

③ 应收账款函证。直接发函给被审计单位的债务人，要求核实被审计单位应收账款的记录是否正确。

④ 应收票据函证。就应收票据的付款日、到期金额、抵押担保物说明向票据开出人发函，以证实应收票据的存在情况和收回情况。

⑤ 委托加工材料、分期付款发出商品函证。审计人员应函证长期未收回的委托加工材料及大额的分期付款发出商品，尤其是那些未按约定时间收回货款的逾期或其他异常事项。

⑥ 借款函证。对银行借款的函证，可结合银行存款函证一并进行；对其他类型的借款，

可向其他债权人发函求证。若为抵押借款，必要时应就抵押物是否遵守抵押契约等情况向债权人和抵押人签发询证函。

⑦ 应付账款函证。在控制风险较高，某应付账款金额较大或被审计单位处于经济困难阶段，应进行应付账款函证。函证时，应选择较大余额的债权人及那些在资产负债表日余额不大，甚至为零，但为被审计单位重要供货方的债权人作为函证对象。

⑧ 应付票据函证。审计人员可分票据的种类进行函证。函证时，应就出票日、到期日、票面金额、未付金额、已付息期间、利息率及票据的抵押担保品等向银行或其他债权人函证。

⑨ 应付债券函证。必要时，审计人员可直接向债权及债券的承销人或包销人签发询证函，包括应付债券的名称、发行日、到期日、利率、已付利息期间、年内偿还的债券、资产负债表日尚未偿还的债券等内容。

⑩ 发行在外的股票函证。审计人员可向证券交易所和证券经营机构签发询证函，以验证发行股份的数量，并与股本的账面数额相核对，确定其是否相符。

⑪ 其他往来款项函证，如预付账款、预收账款、其他应付款、其他应收款、长期应付款等。对于这些项目，审计人员可选择其中重大的或异常的债权人或债务人签发询证函函证其余额是否真实、准确。

典型问题解析

比较应收账款函证与银行存款余额函证。

参考答案　两者共同之处：都是审计人员为证实资产负债表所列项目是否存在而向被审计单位以外的单位发出的函件；询证函中关于审计人员发函询证的理由和对被询证单位的要求基本相同；询证函的发送和回收都由审计人员亲自进行；审计测试的目的均为证实资产负债表所列项目金额是否存在。

两者不同之处如下。

① 函证内容及其复杂程度不同。通过“银行往来询证函”向银行进行函证，审计人员除了了解被审计单位存款的情况，还可以：了解被审计单位欠银行的债务；发现被审计单位未登记的银行借款，以验证可能存在或有损失项目，而向债务人函证应收账款，除了证实应收账款账户余额的真实存在及正确性以外，还可以防止和发现被审计单位及其有关人员在销售业务中发生的差错或弄虚作假、营私舞弊行为。

② 函证范围不同。银行存款函证时，审计人员应向被审计单位在本年度内存过款的所有银行发函询证；而应收账款函证时审计人员需要考虑诸多因素，而不需要对全部的应收账款都进行函证。

③ 函证方式不同。银行存款函证都是积极式函证，而应收账款在不同情况下，审计人员可以考虑采用积极式函证方式或消极式函证方式。

④ 应收账款“询证函”的内容较单一，主要包括截止日期、对方公司欠被审计单位款项、被审计单位欠对方公司款项；而询证银行存款时，要求证实“存款户”在截至某一时刻的：银行账户、账户性质、原币金额等内容，以及“贷款户”截至某一时刻的：贷款性质、担保或抵押、贷款起止期、利率、贷款金额等项内容。

5. 银行存款审计的重要细节测试：检查银行账户间转账划拨

被审计单位银行账户间款项的划转也是审计人员应特别关注的内容之一。大多数被审计单位都开设有一个以上的银行账户，被审计单位可根据需要将资金在这些账户间划拨，即将存款从一个账户转入另一个账户。其中存在错误的可能就在于，由于存款从一个银行账户转至另一个银行存款账户可能需要一定时间，如果记录不当，就可能出现：同一笔款项同时反映在两个存款账户上（虚增资产）；一笔款项未在任何账户上反映（虚减资产）。

在会计期末银行账户间的转账划拨款项更值得关注。审计人员可以使用如表 12－6 所示形式的表格来对银行存款账户间的转账划拨进行测试。

表 12－6　银行账户间转账划拨测试表

被审计单位名称　　　　财务报表截止期　　　　工作底稿索引号

编制人：	日期：
复核人：	日期：
项目质量控制复核人：	日期：

序号	内容	支票号码	金额	账簿记录日期		银行对账单日期		备注
				转出	转入	转出	转入	
审计说明：								
审计结论：								

一般而言，当账簿中资金转出转入日期和银行对账单中资金转入转出日期属于同一个会计期间时，不会对存款余额在资产负债表的反映产生影响；而如果这四个时间不在同一个会计期间时，则可能存在问题。表 12－7 总结了几种不同情况。

表 12－7　银行存款转账划拨情况分析表

情况	账簿记录日期		银行对账单日期		分　析
	转出	转入	转出	转入	
1	×/12/31	×/12/31	×+1/01/04	×+1/01/05	不存在挪用舞弊或差错
2	×/12/31	×+1/01/04	×/12/31	×+1/01/04	账簿记录错误，少记银行存款
3	×+1/01/04	×/12/31	×+1/01/04	×/12/31	挪用舞弊
4	×+1/01/04	×+1/01/04	×/12/31	×+1/01/04	账簿记录错误，×年未记银行存款转出
5	×+1/01/04	×+1/01/04	×+1/01/04	×/12/31	账簿记录错误，×年未记银行存款转入

此外，被审计单位如果没有实质的经济业务或与公司经营活动无关的事项产生的大额现金转账，可能存在非法使用银行账号的问题。

6. 银行存款审计的重要细节测试：抽查大额银行存款收支

大额银行存款的收支，对被审计单位财务报表的真实、公允表达的影响很大。一般地，审计人员应抽查一定比例的大额银行存款收支，着重检查大额银行存款收支的原始凭证内容是否完整，有无授权批准，并核对相关账目的进账情况，如有与被审计单位生产经营业务无关的银行存款收支项目，应查明原因，并作相应原记录。为此，审计人员可参考使用如表 12－8所示形式的工作底稿：

表 12－8　大额银行存款收支情况检查表

被审计单位名称　　　　财务报表截止期　　　　工作底稿索引号

编制人：	日期：
复核人：	日期：
项目质量控制复核人：	日期：

<table>
<tr><th rowspan="2">日期</th><th rowspan="2">凭证编号</th><th rowspan="2">业务内容</th><th rowspan="2">对应科目</th><th rowspan="2">金额</th><th colspan="6">核对内容</th></tr>
<tr><th>1</th><th>2</th><th>3</th><th>4</th><th>5</th><th>其他</th></tr>
<tr><td></td><td></td><td></td><td></td><td></td><td colspan="6"></td></tr>
<tr><td></td><td></td><td></td><td></td><td></td><td colspan="6"></td></tr>
<tr><td></td><td></td><td></td><td></td><td></td><td colspan="6"></td></tr>
<tr><td></td><td></td><td></td><td></td><td></td><td colspan="6"></td></tr>
<tr><td colspan="11">核对内容：
1. 原始凭证是否齐全。
2. 收支是否合理。
3. 银行存款支出是否经过授权。
4. 账务处理是否正确。
5. ……</td></tr>
<tr><td colspan="11">审计说明：</td></tr>
<tr><td colspan="11">审计结论：</td></tr>
</table>

7. 银行存款审计的重要细节测试：检查银行存款收支正确截止期

被审计单位资产负债表上的银行存款余额，应以结账日实有数额为准，因此审计人员必须验证银行存款收支的截止日期。通常，审计人员可以对结账日前后一段时间内的银行存款收支凭证进行审计，以确定是否存在跨期事项。为此，审计人员可使用如 12－9 所示形式的表格。

表 12－9 银行存款截止测试期审核表

被审计单位名称　　财务报表截止期　　工作底稿索引号

编制人：	日期：
复核人：	日期：
项目质量控制复核人：	日期：

测试凭证内容					收支是否归属本审计年度	
日期	凭证号	摘要	对方科目	金额	是	否
*						
合计						
**						
合计						
注： * 资产负债表日前的现金收支 ** 资产负债表日后的现金收支						
审计说明：						
审计结论：						

8. 银行存款相关实质性程序工作底稿

银行存款相关实质性程序工作底稿包括：银行存款审计程序表、银行存款余额明细表、银行存款余额调节表、银行存款询证函、银行存款转账划拨测试表、大额银行存款收支检查表、银行存款截止测试审核表等。

关键术语

货币资金	库存现金	银行存款
函证	银行询证函	银行账户间转账划拨
银行存款余额调节表	大额收支	现金监盘

本章复习

一、单项选择题

1. 与现金业务有关的职责可以不分离的是（　　）。

A. 现金支付的审批与执行
B. 现金保管与现金日记账的记录
C. 现金的会计记录与审计监督
D. 现金保管与现金总分类账的记录

2. 审计人员测试现金余额的起点是（　　）。

A. 监盘库存现金
B. 核对现金日记账与总账的余额是否相符
C. 抽查大额现金收支
D. 审查现金收支的正确截止

3. 通常情况下，应选择上午上班前或下午下班时检查库存现金，这种时间上的选择是为了（　　）。

A. 提高审计效率
B. 降低审计风险
C. 证实现金业务入账的及时性
D. 不影响被审计单位正常工作

4. 被审计单位资产负债表上的现金数额，应以结账日（　　）为准。

A. 实有数额
B. 发生额
C. 对账单余额
D. 调节表调整后余额

5. 某被审计单位的银行对账单与银行存款日记账的月末余额相符，经逐笔核对后发现，银行对账单中有收入A单位5 688元及付给B单位5 688元的记录，而企业未在日记账中反映，审计人员认为（　　）。

A. 银行记账发生差错
B. 两项未达账项可以抵销
C. 可能出借银行账户
D. 上述情况很正常，不存在问题

6. 如果审计人员已从被审计单位的某开户银行获取了银行对账单和所有已付支票清单，该审计人员（　　）。

A. 复核银行对账单
B. 无需再向该银行函证
C. 仍需向该银行函证
D. 可根据实际需要，确定是否向该银行函证

7. 针对被审计单位下列与货币资金相关的内部控制，审计人员应提出改进建议的是（　　）。

A. 货币资金收入必须及时入账，在必要时可以设置账外账
B. 在办理费用报销的付款手续后，会计人员应及时登记现金、银行存款日记账和相关费用明细账
C. 指定负责成本核算的会计人员每月核对一次银行存款账户
D. 每月月末应当核对银行存款日记账余额和银行存款对账单余额

8. 在盘点库存现金前，需要将现金日记账与现金收付原始凭证相核对，盘点后应确认（　　）。

A. 现金日记账的记录与凭证内容是否相符
B. 现金日记账的记录与凭证金额是否相符
C. 现金日记账的日期与凭证日期是否相符
D. 现金日记账的现金余额与盘点金额是否相符

9. 银行对账单余额与银行存款日记账余额不符，应当执行的最有效的审计程序是（　　）。

A. 重新测试相关的内部控制
B. 审查银行对账单中记录的该账户资产负债表日前后的收付情况

C. 审查银行存款日记账中记录的该账户资产负债表日前后的收付情况

D. 审查该账户的银行存款余额调节表

10. 审计人员要证实被审计单位在接近被审计年度12月31日已签发的支票未予入账，最有效的审计程序是（　　）。

A. 审查12月31日银行对账单

B. 审查12月份支票存根及银行存款日记账

C. 询证12月31日银行存款余额

D. 审查年末银行存款总账

二、多项选择题

1. 下列符合现金监盘要求的有（　　）。

A. 监盘人员必须有出纳员、被审计单位会计主管和审计人员

B. 监盘之前应将已办理现金收付手续的收付凭证登记入账

C. 不同存放地点的现金应同时进行监盘

D. 监盘时间应安排在现金收付业务进行时采取突击盘点

2. 资产负债表日后监盘库存现金时，审计人员应（　　）调整至资产负债表日的金额。

A. 扣减资产负债表日后至盘点日库存现金增加额

B. 扣减资产负债表日后至盘点日库存现金减少额

C. 加计资产负债表日后至盘点日库存现金增加额

D. 加计资产负债表日后至盘点日库存现金减少额

3. 下列各项中，属于银行存款函证的内容有（　　）。

A. 各银行存款户余额

B. 银行贷款余额

C. 银行贷款担保或抵押情况

D. 各银行存款户性质

4. 下列有关库存现金监盘的说法中，以下说法正确的有（　　）。

A. 对库存现金的监盘最好实施突击性的检查，所以监盘时间必须选择在上午上班前或下午下班时

B. 在非资产负债表日进行库存现金监盘时，应调整至资产负债表日的金额

C. 盘点库存现金人员应视被审计单位的具体情况而定，但必须有会计人员和被审计单位会计主管人员参加，并由审计人员进行监盘

D. 监盘库存现金是证实资产负债表中货币资金项目中现金是否存在的一项重要审计程序

5. 在对银行存款进行审计时，审计人员以被审计单位的名义向银行发函询证，则（　　）。

A. 可以了解被审计单位银行存款的存在

B. 可以了解被审计单位账面反映所欠银行债务的情况

C. 可以发现被审计单位未入账的银行借款

D. 可以发现被审计单位未披露的或有负债

6. 下列属于审计人员对库存现金实施实质性测试的有（　　）。

A. 检查付款的授权批准手续是否符合规定

B. 监盘库存现金，并编制库存现金监盘表

C. 检查现金日记账的收入金额是否正确

D. 检查实收金额与销售发票是否一致

7. 审计人员实施的下列程序中，能够用于证明库存现金存在的有（　　）。

A. 对库存现金实施监盘

B. 检查原始凭证是否齐全

C. 核对非记账本位币库存现金的折算汇率及折算金额是否正确

D. 检查库存现金是否在财务报表中作出恰当列报

8. 在对银行存款实施实质性程序过程中，对银行存单检查的项目有（　　）。

A. 对已质押的定期存款应检查定期存单，应与相应的质押合同核对，同时关注定期存单对应的质押借款的入账及财务报表披露的情况

B. 检查被审计单位的未付票据明细清单，查明被审计单位未及时入账的原因，确定账簿记录时间晚于银行对账单的日期是否合理

C. 对未质押的定期存款，应检查开户证实书原件

D. 对审计外勤工作结束日前已提取的定期存款，应核对相应的凭证、银行对账单定期存款复印件

9. 一般情况下，对银行存款进行函证时，审计人员应当考虑对下列（　　）情况进行银行函证。

A. 零余额账户　　B. 本期内已经注销的账户

C. 有转账记录的非开户行　　D. 期初注销的账户

10. 下列各项中，对银行存款余额实施函证程序正确的有（　　）。

A. 如果银行询证函回函结果表明没有差异，则可以认定银行存款余额是正确的

B. 除余额为零的银行存款账户以外，必须对被审计单位所有银行存款账户实施函证程序

C. 由被审计单位代为填写银行询证函后，交由审计人员直接发出并回收

D. 抽查付款凭证，确定是否与原始单据一致

三、问答题

1. 简述审计人员确定被审计单位库存现金余额时和确定被审计单位存货余额时所采取审计程序的区别。

2. 为什么要函证银行存款余额？如何选择函证对象？为什么？

3. 审计人员向银行发出询证函可以获得哪些信息?

4. 审计人员审计银行存款时，要取得或编制银行存款余额调节表、银行对账单和银行询证函三种主要证据。请回答：

(1) 取得并检查银行存款余额调节表的目的是什么？取得银行存款余额调节表后，审计人员应检查哪些内容?

(2) 为什么需要对被审计单位存款账户已结清的银行发询证函，如何保证审计人员能够直接收回询证函回函?

(3) 年度财务报表审计需要取得哪一天的银行对账单，为什么?

5. 描述现金监盘程序。

四、研究思考题

1. 举例说明审计人员在对货币资金进行审计时，远不止确定货币资金余额那么简单。

2. 举例说明可能截留货币资金收入的手段。

五、案例分析题

【题 1】

基本情况 在公司经营的头几个月，蓝猫公司的出纳员进行了截留现金收入的行为，但他在当年5月31日前将挪用的现金全部自行归还。在当年度剩下的时间里，该职员没有进行任何类似行为。

要求： 请分析年末审计时，审计人员采用的哪些审计程序可能发现这位职员的挪用资金行为？

【题 2】

基本情况 ×年2月5日下午5点，红黄兰会计师事务所的审计人员A，会同被审计单位的出纳员B、会计主管C一同进行现金监管工作。清查结果如下。

① 清点现金（人民币）结存数：100元币120张，50元币80张，10元币220张，5元币84张，1元币570张。

② 查明现金日记账截至×年2月5日的账面余额为21 679.24元。

③ 查出已经办理收款手续尚未入账的收款凭证（191号至202号）金额合计为4 372.31元。

④ 查出已经办理付款手续尚未入账的付款凭证（203号至211号）金额合计为4 126.14元。

⑤ 发现现金日记账中夹有下列借据，共计2 560元：张某借药费1 250元，赵某借药费1 310元。以上借据均未经领导批准。

⑥ 发现保险柜中有5月1日收到销售产品的转账支票一张，金额7 500元。

要求：（1）根据清查结果，编制现金监盘表。

（2）指出被审计单位现金管理中存在的主要问题，并提出审计意见。

【题 3】

货币资金的内部控制或审计程序如下。

① 出纳与会计的职务分离。

② 现金折扣必须经过适当的审批手续。

③ 现金出纳与现金记账的职务分离。

④ 每日及时记录现金收入。

⑤ 定期向顾客寄送对账单。

⑥ 现金收入记录的内部复核。

⑦ 定期盘点现金并与账面余额核对。

⑧ 定期取得银行存款对账单。

⑨ 编制银行存款余额调节表。

⑩ 现金日记账与总账的登记职责分开。

⑪ 检查现金收入的日记账、总账和应收账款明细账的大金额项目与异常项目。

⑫ 现金收入的截止期测试。

⑬ 抽查顾客对账单并与账面金额核对。

⑭ 盘点库存现金，如与账面应有数额存在差异，分析差异原因。

⑮ 检查调节表中未达账项的真实性及资产负债表日后的进账情况。

要求：请结合货币资金的特点和审计的要求，将上述货币资金审计程序填写在下表的对应位置之中。

序号	内部控制目标	关键内部控制	常用控制测试	常用实质性程序
1	货币资金收入的存在或发生		● 观察 ● 检查现金折扣是否经过恰当的审批	
2	货币资金收入的完整性		● 观察 ● 检查是否存在未入账的现金收入 ● 检查是否定期向顾客寄送对账单 ● 检查复核标记	
3	货币资金权利和义务		● 检查是否定期盘点 ● 检查盘点记录	
4	货币资金（计价和分摊）		检查银行对账单和银行存款余额调节表	
5	货币资金在资产负债表上的披露正确		观察	

推荐阅读

[1] 李晓慧. 审计学：实务与案例. 北京：中国人民大学出版社，2011.

[2] 刘华. 审计理论与案例. 上海：复旦大学出版社，2005.

[3] 企业内部控制应用指引——资金活动.

[4] 现金管理暂行条例.

[5] 银行账户管理办法.

[6] 人民币银行结算账户管理办法.

第 13 章

特殊项目审计与完成审计工作

【学习目标】

学习本章内容之后，你应该能够：

- 了解关联方的审计要点；
- 了解期后事项的审计要点；
- 了解或有事项的审计要点；
- 了解持续经营能力的审计要点；
- 了解需要获取的声明书的内容与要求；
- 理解审计工作底稿的质量复核制度与要求；
- 编制审计差异调整表；
- 了解审计意见的形成与决策；
- 了解审计与客户沟通的内容与要求。

【内容提要】

审计人员在结束与各个业务循环相联系的财务报表列报内容的现场审计工作后，进入完成审计工作阶段。该阶段首先需要完成与财务报表披露有关的审计取证工作，包括关联方、持续经营能力、期后事项和或有事项等，获取关键时点的审计证据；然后进行审计证据的汇总分析，完成相应的审计质量复核程序，确保审计工作遵循了审计准则的要求；在此基础上，编制审计差异调整表，形成审计的判断；作出审计报告意见类型及措辞的决策，完成与被审计单位的必要沟通，最后编制并报送审计报告，完成审计工作。

相关案例

彩虹精化信息披露违法违规

根据深圳证券交易所监控发现的线索，2011 年 4 月，证监会对深圳市彩虹精细化工股份有限公司（以下简称彩虹精化）信息披露违法违规行为立案调查。近日，证监会对此案作出行政处罚。

经查，彩虹精化存在两项信息披露违法违规行为。

1. 未及时披露可能给彩虹精化带来巨额利润的合同事项。2010 年 11 月 23 日，彩虹精化与深圳绿世界生物降解材料有限公司（以下简称深圳绿世界）签订合作经营协议书，约定共同出资成立深圳市彩虹绿世界生物降解材料有限公司（以下简称彩虹绿世界），并口头约定深圳绿世界保证彩虹绿世界销售净利润不低于 10%。2010 年 12 月 12 日，深圳绿世界与嘉星国际有限责任公司（以下简称嘉星国际）签订了两份产品销售协议，销售金额共计 19.2 亿元。上述产品销售协议可能给彩虹绿世界创造净利润 1.3 亿余元，给彩虹精化间接创造净利润 7 155 万余元，接近彩虹精化 2009 年度净利润的 2 倍，但彩虹精化未及时披露这一重大事件。

2. 未及时披露彩虹绿世界与深圳绿世界商谈变更合同主体事项。2011 年 2 月 18 日至 23 日，彩虹绿世界与深圳绿世界就变更合同销售主体事宜进行商谈，期间彩虹精化股票价格发生异常波动，但 2011 年 2 月 23 日彩虹精化发布《股票交易异常波动公告》，称公司不存在应披露而未披露信息，未披露彩虹绿世界正在筹划上述重大事项。2011 年 2 月 24 日，彩虹精化申请停牌。2011 年 3 月 2 日，彩虹精化发布关于控股子公司彩虹绿世界签订重大意向性合同的公告。

证监会认定，彩虹精化未及时披露深圳绿世界与嘉星国际签订总金额共计 19.2 亿元的产品销售协议可能给公司生产经营带来重大影响的事件，违反了《证券法》第六十七条的规定，构成《证券法》第一百九十三条所述上市公司“未按照规定披露信息”的行为；彩虹精化 2011 年 2 月 23 日披露的“股票交易异常波动公告”内容与事实不符，违反了《证券法》第六十三条、第六十七条的规定，构成《证券法》第一百九十三条所述上市公司“所披露的信息有虚假记载”的行为。对上述两项违法行为直接负责的主管人员为董事长陈永弟，监事郭健、王明章和副总经理刘科为其他直接责任人员，董事兼董秘李化春为披露信息有虚假记载行为的其他直接责任人员。

审计人员在结束现场审计工作后，还需要完成一些特殊项目的审计取证工作。这些项目包括关联方审计、期后事项审计、或有事项审计和持续经营能力的审计等。这些项目在现场审计工作过程中已经有所关注，但主要是关注财务报表项目数据信息的公允反映。而这些项目之所以特殊，是因为它们在财务报表以外的披露是否充分、完整和恰当，对于财务报表整体是否公允反映企业的财务状况、经营成果和现金流量也会产生重大影响。

13.1　关联方审计

在企业的经营过程中，经常会发生各种各样的关联方之间的交易。所谓关联方，是指在交易过程中双方之间存在着特殊的利益关联，使得一方可以不是按照正常的市场交易条件或者价格完成某种交易。在中国的会计准则中提出，“一方控制、共同控制另一方或对另一方施加重大影响，以及两方或两方以上同受一方控制、共同控制或重大影响的，构成关联方”。由于关联方之间彼此并不独立，为使财务报表使用者了解关联方关系及其交易的性质，以及关联方关系及其交易对财务报表实际或潜在的影响，许多国家制定的会计准则或者会计制度对关联方关系及其交易的会计处理和披露作出了规定。

审计人员在执行财务报表审计时，需要对被审计单位的关联方和关联方交易实施审计，确定财务报表中相关内容的披露是否符合财务报告编制基础及相关法律法规的要求。在实践中，许多臭名昭著的公司舞弊案，都是借助关联方交易实现的。因此，审计人员在某些情况下，应该关注关联方关系及其交易的性质是否可能导致关联方交易比非关联方交易具有更高的财务报表重大错报风险。例如，关联方可能通过广泛而复杂的关系和组织结构进行运作，相应增加关联方交易的复杂程度；信息系统可能无法有效识别或汇总被审计单位与关联方之间的交易和未结算项目的金额；关联方交易可能未按照正常的市场交易条款和条件进行，甚至某些关联方交易没有相应的对价。

1. 关联方的界定

进行关联方的审计，首先需要关注被审计单位对于关联方及其交易的披露是否符合财务报告编制基础的要求。不同的国家、国内不同的政府部门，对于关联方的界定不尽相同。因此，审计需要明确被审计单位应该遵循的财务报告编制规范的具体内容，明确关联方的具体界定。根据财政部颁布的企业会计准则，关联方的界定是以一方对他方能否具备控制或者施加重大影响为基本根据。会计准则列出了关联方下列具体的情形。

① 该企业的母公司。

② 该企业的子公司。

③ 与该企业受同一母公司控制的其他企业。

④ 对该企业实施共同控制的投资方。

⑤ 对该企业施加重大影响的投资方。

⑥ 该企业的合营企业。

⑦ 该企业的联营企业。

⑧ 该企业的主要投资者个人及与其关系密切的家庭成员。主要投资者个人是指能够控制、共同控制一个企业或者对一个企业施加重大影响的个人投资者。

⑨ 该企业或其母公司的关键管理人员及与其关系密切的家庭成员。关键管理人员是指有权力并负责计划、指挥和控制企业活动的人员。与主要投资者个人或关键管理人员关系密切的家庭成员，是指在处理与企业的交易时可能影响该个人或受该个人影响的家庭成员。

⑩ 该企业主要投资者个人、关键管理人员或与其关系密切的家庭成员控制、共同控制或施加重大影响的其他企业。

但是在《公司法》中，对于关联方的界定将形式与实质结合在了一起。《公司法》第二百一十七条第（四）款规定：关联关系，是指公司控股股东、实际控制人、董事、监事、高级管理人员与其直接或者间接控制的企业之间的关系，以及可能导致公司利益转移的其他关系。但是，国家控股的企业之间不仅仅因为同受国家控股而具有关联关系。

另外，根据实质重于形式的原则，关联方关系可能扩展到那些在法律层面或者会计准则层面界定的范围以外。例如，各国证券市场的监管部门或者证券交易所也有各自的关于上市公司信息披露的要求，其中包括对公司关联方及其交易的披露要求，不过，根据会计准则及有关的信息披露要求，符合法律法规层面和会计准则规定范围之内的关联方，必须在财务报表的附注中予以充分披露。

2. 关联方及其交易的审计目标

关联方的审计，重点在于确定公司的信息披露能够对于超出正常交易条件的情况按照有关的规定予以充分的披露，使得报表使用者能够正确地理解财务报表信息，对公司的财务状况、经营成果的判断和认识不被误导。在实践中，公司造假通常会有意识掩盖关联方交易或者是将关联方交易非关联化。因此，关联方的审计十分强调保持职业怀疑的重要性，把识别关联方交易作为重点。具体地讲，审计人员在关联方审计中的主要目标如下。

① 无论适用的财务信息编制基础是否对关联方作出规定，充分了解关联方及其交易，以便能够确认由此产生的、与识别和评估由于舞弊导致的重大错报风险相关的舞弊风险因素（如有）；根据获取的审计证据，就财务报告受到关联方关系及其交易的影响而言，确定财务报表是否公允反映。

② 如果适用的财务报告编制基础对关联方作出规定，获取充分、适当的审计证据，确定关联方关系及其交易是否已按照适用的财务报告编制基础得到恰当识别、会计处理和披露。

国内外揭露出来的公司舞弊的大量案例表明，关联方交易已经成为十分重要的舞弊手段，是舞弊和盈余管理的重要方式。因此，审计准则中把它列为重大错报的高风险领域，把舞弊风险的评估作为关联方审计的主要目标。

3. 关联方关系及其交易的审计程序

（1）重大错报风险评估程序

针对关联方审计的目标要求，审计人员需要以关联方及其交易为对象实施相应的风险评估程序。重大错报风险评估是建立在了解被审计单位关联方关系及其交易相关信息基础上的。具体的审计工作包括：查阅以前期间的审计工作底稿，确认已经识别的关联方名称；从被审计单位获取关联方关系的详细清单和拟披露关联方交易的有关资料；询问管理层企业关联方的名称、特征及上期以来发生的变化，与关联方发生的交易的类型、定价政策和目的。

对被审计单位关联方审计方面的风险评估，需要结合企业整体的信息：被审计单位的所有权和治理结构；被审计单位正在实施和计划实施的投资的类型；被审计单位的组织结构和筹资方式。

在重大错报风险评估时，应该关注存在舞弊风险的迹象。例如：异常频繁变更高级管理人员或专业顾问，可能表明被审计单位为关联方谋取利益而从事不道德或虚假的交易；利用中间机构从事难以判断是否具有正当商业理由的重大交易，可能表明关联方出于欺诈目的，通过控制这些中间机构从交易中获利；安排与管理层或其他人员之间按照显著高于或低于市价的金额进行资产转让交易，实现进行盈余操纵的目的。

重大错报风险评估时，应该特别注意识别被审计单位是否存在超出正常经营过程的重大交易。超出正常经营过程的交易的例子包括：复杂的股权交易，如公司重组或收购；与处于公司法制不健全的国家或地区的境外实体之间的交易；对外提供厂房租赁或管理服务，而没有收取对价；具有异常大额折扣或退货的销售业务；循环交易，如售后回购交易；在合同期限届满之前变更条款的交易。

（2）关联方及其交易相关内部控制的了解、测试与评估通常，企业应该建立的关联方及其交易方面的内部控制包括：按照适用的财务报告编制基础，对关联方关系及其交易进行识别、会计处理和披露；授权和批准重大关联方交易和安排；授权和批准超出正常经营过程的重大交易和安排。

对企业关联方及其交易内部控制的了解，需要向如下方面的人员取得相关信息：治理层成员；负责生成、处理或记录超出正常经营过程的重大交易的人员，以及对其进行监督或监控的人员；内部审计人员；内部法律顾问；与内部控制制度制定、实施相关的其他人员。

在内部控制评估中，如果发现由于管理层对识别和披露关联方关系及其交易的重视程度较低，管理层未能充分了解适用的财务报告编制基础对关联方的有关规定，或者管理层认为披露关联方可能会泄露非常敏感的某些信息，致使关联方及其交易方面的内部控制较为薄弱，审计人员可能无法就关联方关系及其交易获取充分、适当的审计证据。在这种情况下，审计人员需要考虑对审计工作（包括审计意见）的影响。

(3) 识别关联方交易的实质性测试

① 检查记录和文件，识别、核实关联方及其交易。审计人员应当对某些可能提供有关企业关联方及其交易信息的记录或文件进行检查。这些记录或文件可能涉及：

- 审计人员实施审计程序时获取的银行和律师的询证函回函；
- 股东会和董事会会议的纪要；
- 审计人员自其他第三方取得的询证函回函；
- 被审计单位的所得税纳税申报表；
- 被审计单位提供给监管机构的信息；
- 被审计单位的股东登记名册；
- 被审计单位有关投资和养老金计划的记录；
- 与关键管理层或治理层成员签订的合同和协议；
- 超出被审计单位正常经营过程的重要合同和协议；
- 被审计单位与专业顾问的往来函件和发票；
- 被审计单位在报告期内重新商定的重要合同；
- 内部审计人员的报告；
- 被审计单位向证券监管机构报送的文件。

检查这些文件与记录，一方面要警觉是否存在企业未予披露的关联方及其交易，另一方面，要核实已经披露关联方交易的商业理由、交易条款、交易是否已经取得适当的授权和批准，以及其与财务报告中对交易的条款和条件等是否进行了恰当的披露。

② 检查管理层在财务报表中关于关联方交易的认定。如果管理层在财务报表中作出认定，声明关联方交易是按照等同于公平交易中通行的条款执行的，审计人员应当就该项认定获取充分、适当的审计证据。

审计人员首先需要取得管理层形成公平交易认定的相关证据。根据《企业会计准则第36号——关联方披露》的规定，被审计单位管理层只有在提供确凿证据的情况下，才能披露关联方交易是公平交易。如果管理层认定关联方交易是按照等同于公平交易中通行的条款执行的，则管理层在编制财务报表时需要证实这项认定。管理层用于支持这项认定的措施可能包括：将关联方交易条款与相同或类似的非关联方交易的条款进行比较；聘请外部专家确定交易的市场价格，并确认交易的条款和条件；将关联方交易条款与公开市场进行的类似交易的条款进行比较。

为此，审计人员需要检查和评价：管理层用于支持其认定的程序是否恰当；支持管理层认定的内部或外部数据来源，对这些数据进行测试，以判断其准确性、完整性和相关性；管理层认定所依据的重大假设的合理性。

无论被审计单位管理层是否采取了上述措施来支持其认定，审计人员都需要直接获取资料，将关联方交易的价格与类似公平交易的价格进行比较，同时需要关注关联方交易的其他条款和条件，是否与企业发生的其他类似交易或者独立各方之间通常达成的交易条款相同。

在取得了关联方及其交易事项相关资料的基础上，审计人员需要根据财务报告编制基础的要求，对相关交易的会计处理和信息披露进行评价，确定会计处理是否符合要求，以及被审计单位对交易实质、主要内容、相关风险是否作出恰当披露。

③ 取得书面声明。由于关联方及其交易的复杂性，管理层了解并承担起相应的责任十分重要。因此，需要通过获取管理层书面声明取得相应的证据。在管理层提供的书面声明中，应该包括下列内容：治理层批准某项特定关联方交易，该项交易可能对财务报表产生重大影响或涉及管理层；治理层就某些关联方交易的细节向审计人员作出口头声明；治理层在关联方或关联方交易中享有财务或者其他利益；管理层对特殊关联方交易不涉及某些未予披露的“背后协议”。

典型例题解析

基本情况　盛德股份有限公司（以下简称盛德），其前身是荣腾机械股份有限公司，是一家于1998年上市的公司。聘用金城会计师事务所有限公司（以下简称金城所）负责其年度财务报表审计。上市7年后，公司经营效果不佳，各种矛盾开始集中显现出来。

2006年度，盛德虽然其主营业务收入比上年上升了19.94%，但是仍出现了亏损，合并的亏损总额为7 030万元，净亏损为8 783万元（其中，下属子公司荣腾地毯73.53%股权部分亏损960万元，苏东生命科技25%股权部分亏损2 181万元）。2007年度，盛德虽然其主营业务收入比上年上升8.69%，但是仍出现了上市以来的巨额亏损，合并的亏损总额为17 354万元，净亏损为19 343万元（其中，荣腾地毯73.53%股权部分亏损1 739万元，苏东生命科技25%股权部分亏损6 183万元）。

2008年度是盛德“被ST”的第三年，如果不能扭亏为盈，面临退市的风险。2008年12月，盛德通过两笔股权转让交易确认了合并的股权转让净收益2 726万元，使盛德当年合并净利润达到3 660万元。

第一笔股权转让交易是盛德以2 800万元的价格向其非关联方中科机械工业南风公司（以下简称中科南风）挂牌转让控股子公司荣腾地毯的股权。盛德于2008年11月将其持有的控股子公司荣腾地毯73.53%的股权（荣腾地毯净资产评估值为3 666万元，盛德所持股份评估值2 696万元），以2 800万元的价格向中科南风转让，并将转让价值高于账面价值336万元的2 464万元确认为合并的股权转让收益。

第二笔股权转让交易是盛德以1 000万元价格向中科南风挂牌转让联营企业苏东生命科技的股权。盛德于2008年11月将其持有的联营企业苏东生命科技25%的股权（苏东生命科技净资产评估值3 896万元）以1 000万元价格向中科南风转让，并将转让价值高于账面价值的262万元确认为合并的股权转让收益。

从《新海市产权交易合同》、《产权交易凭证（A类）》看出两笔股权的买方单位中科南风的受托经纪组织是中国盛德集团公司（盛德的母公司）。后续信息显示交易双方对此交易签署了“地下协议”，盛德要在资产负债表日后将上述股权买回。盛德通过关联方股权转让成功地操纵了利润，而审计人员并未发现。

审计人员实施的主要审计程序如下。

1. 对于第一笔股权转让交易，审计人员实施了以下审计程序并获取了相关审计证据。

① 获取并检查了盛德关于转让荣腾地毯73.53%股权的2008年9月27日的董事会决议。

② 获取并检查了盛德与中科南风签署的转让荣腾地毯73.53%股权的《新海市产权交易合同》（出让人：盛德股份有限公司；受托机构：新海金城中诚产权经纪有限公司。受让人：中科机械工业南风公司；受托机构：中国盛德集团公司）。

③ 获取并检查了新海金城资产评估有限公司为转让荣腾地毯73.53%股权出具的荣腾地毯整体资产评估报告。

④ 获取并检查了转让荣腾地毯73.53%股权有关的《新海市产权交易出让委托合同》、《挂牌交易申请书》，新海联合产权交易所的《网络报价成交结果通知书》、《产权交易凭证（A类）》（出让方：盛德股份有限公司；受托机构：新海金城中诚产权经纪有限公司。受让方：中科机械工业南风公司；受托机构：中国盛德集团公司）。

⑤ 获取并检查了与转让荣腾地毯73.53%股权有关的2008年12月2日新海市工商行政管理局普陀区《准予变更登记通知书》。

⑥ 获取并检查了2008年11月18日与新股东中科南风有关的荣腾地毯的《股东会决议》、《关于公司章程修订案》。

⑦ 获取并检查了盛德关于转让荣腾地毯股权的记账凭证及账务处理（转让荣腾地毯股权的交易，收到转让款2 800万元）。

⑧ 获取了荣腾地毯2008年11月资产负债表和利润表。

2. 对于第二笔股权转让交易，审计人员实施了以下审计程序并获取了相关审计证据。

① 获取并检查了盛德转让苏东生命科技25%股权的2008年9月27日董事会决议。

② 获取并检查了盛德与中科南风签署的转让苏东生命科技25%股权的《新海市产权交易合同》（出让人：盛德股份有限公司；受托机构：新海金城中诚产权经纪有限公司。受让人：中科机械工业南风公司；受托机构：中国盛德集团公司）。

③ 获取并检查了新海金城资产评估有限公司为转让苏东生命科技25%股权出具的苏东生命科技整体资产评估报告。

④ 获取并检查了与转让苏东生命科技25%股权有关的《新海市产权交易出让委托合同》、《挂牌交易申请书》，新海联合产权交易所的《网络报价成交结果通知书》、《产权交易凭证（A类）》（出让方：盛德股份有限公司；受托机构：新海金城中诚产权经纪有限公司。受让方：中科机械工业南风公司；受托机构：中国盛德集团公司）。

⑤ 获取并检查了与转让苏东生命科技25%股权有关的2008年11月20日江苏省工商行政管理局《公司备案通知书》。

⑥ 获取并检查了2008年11月19日与新股东中科南风有关的苏东生命科技的《章程修正案》。

⑦ 获取并检查了盛德关于转让苏东生命科技股权的记账凭证及账务处理（转让苏东生命科技股权的交易，收到转让款1 000万元）。

⑧ 获取了2008年11月苏东生命科技的资产负债表、利润及利润分配表、现金流量表。

基于上述审计程序和相关证据，审计人员认可了盛德在两笔股权交易中确认的股权转让收益，并对盛德2008年度财务报表出具了标准无保留意见的审计报告。

但是，两个股权出售事项在资产负债表日后又由盛德从中科南风手中买回。根据盛德集团与中科南风签署的“地下协议”约定，在资产负债表日后，盛德立威要从中科南风手中买回2008年已出售的股权。对此，审计人员未实施任何审计程序。

要求：分析审计人员在该公司审计中需要补充哪些关联方及其交易的审计程序，以保证审计结论建立在充分、适当的证据基础之上。

参考答案 审计人员已经实施的审计程序十分必要，但是仍然存在重大的遗漏。

审计人员应根据审计准则的要求，关注两个股权转让事项是否已经实际发生，实施相应的审计程序，判断出售的股权是否为实质的出售。

审计人员对于参与交易的各方只注重了形式上是否为关联方的检查与确认，忽视了相关交易的凭证和资料中所涉及的其他利益相关主体的关注与检查；对交易计价的检查，满足于取得有关中介机构的评估报告，忽视了对交易是否属于公平交易的实质方面的分析。

审计人员并未关注盛德集团与中科南风之间是否存在“地下协议”，对这一重大资产重组事项未能保持应有的职业谨慎；未对资产负债表日后发生的期后事项实施必要的审计程序。

13.2 或有事项审计

或有事项，是指过去的交易或事项形成的，其结果须由某些未来事项的发生或不发生才能决定的不确定事项。常见的或有事项主要包括：未决诉讼或仲裁、债务担保、产品质量保证（含产品安全保证）、承诺、亏损合同、重组义务、环境污染整治等。在企业经营活动中，经常会发生各种各样的不确定事项，通常是根据未来事项发生或者不发生的可能性，确定会计处理的方法。如果未来的事件很可能发生且发生影响的金额可以合理预计，则必须在财务年度结束日，进行会计处理并反映在财务报表中。如果未来事件可能发生但金额不能合理预计，则可以不进行会计处理，但是必须在财务报表的附注中予以披露。由于这些事项对企业的财务状况和经营成果产生重要影响，进而对财务报表使用者的决策产生影响，审计人员在审计中必须予以关注。

许多或有事项的检查都是在审计过程中与有关业务同时进行的，不需要等到完成审计工作阶段才进行。例如，所得税纠纷引起的或有负债，可作为分析所得税费用、检查与税务部门往来信函、审阅利润表的一部分来检查。审计完成阶段还需要单独进行或有事项的审计，因为审计人员需要掌握有关或有事项的最新信息，以保证对这些事项的审计结论的恰当性。另外，在审计完成阶段需要专门实施一些程序，验证或复核或有事项的完整性。

1. 或有事项的审计目标与程序

或有事项审计的审计目标，与管理层的认定相联系，一般包括：确定或有事项是否存在和完整；确定或有事项的确认和计量是否符合企业会计准则的规定；确定或有事项的列报或披露是否恰当。不过，由于或有事项的不确定性随着时间的变化、未来事件发生的可能性也许会发生变化，特别是或有负债的披露，很可能对企业正常经营产生负面的重大影响，管理层在或有事项披露方面很可能有意无意地产生遗漏。因此，审计人员除了需要实施审计程序确定或有事项的确认、计量和列报是否符合《企业会计准则第 13 号——或有事项》的规定外，应该把或有事项披露的完整性作为或有事项审计的重点。

针对或有事项完整性的审计程序通常如下。

① 了解被审计单位与识别或有事项有关的内部控制。

② 审阅截至审计工作完成日被审计单位历次董事会纪要和股东大会会议记录，确定是否存在未决诉讼或仲裁、未决索赔、税务纠纷、债务担保、产品质量保证、财务承诺等方面的记录。

③ 向与被审计单位有业务往来的银行函证，或检查被审计单位与银行之间的借款协议和往来函件，以查找有关票据贴现、背书、应收账款抵借、票据背书和担保。

④ 检查与税务征管机构之间的往来函件和税收结算报告，以确定是否存在税务争议。

⑤ 向被审计单位的法律顾问和律师进行函证，分析被审计单位在审计期间发生的法律费用，以确定是否存在未决诉讼、索赔等事项。

⑥ 向被审计单位管理层获取书面声明，声明其已按照企业会计准则的规定，对全部或有事项作了恰当反映。

2. 律师声明书

对或有事项的审计中，从外部获取相关证据对于形成审计判断十分重要。审计人员通常要向被审计单位的法律顾问和律师进行函证，以获取与资产负债表日业已存在的，以及资产负债表日至复函日这一时期内存在的期后事项和或有事项等有关的审计证据。被审计单位律师对函证问题的答复和说明，就是律师声明书。

对律师的函证，需要以被审计单位名义发出，采取其他类似审计询证函的方式。律师询证函通常应该包括以下内容。

① 重要的未结诉讼、赔偿请求、罚款的清单。

② 可能发生但尚未提出的赔偿请求和罚款清单。

③ 对诉讼进展、客户将采取的法律行动、产生损失的可能性的说明，以及对可能产生损失金额的估计。

④ 对未列示的未结诉讼进行说明，或者说明全部诉讼案均列入清单。

⑤ 提请律师依据其职业责任，提供其认为公司应该披露的事项。

⑥ 如果有不能答复某些事项或者不能提供某些信息，说明理由。

律师声明书没有固定的格式，下列范例是参考格式。

律师询证函

××律师事务所并××律师：

本公司已聘请××会计师事务所对本公司××年 12 月 31 日（以下简称资产负债表日）的资产负债表以及截至资产负债表日的该年度利润表、股东权益变动表和现金流量表进行审计。为配合该项审计，谨请贵律师基于受理本公司委托的工作（诸如常年法律顾问、专项咨询和诉讼代理等），提供下述资料，并函告××会计师事务所：

一、请说明存在于资产负债表日并且自该日起至本函回复日止本公司委托贵律师代理进行的任何未决诉讼。该说明中谨请包含以下内容：

1. 案件的简要事实经过与目前的发展进程；

2. 在可能范围内，贵律师对于本公司管理层就上述案件所持看法及处理计划的了解及您对可能发生结果的意见；

3. 在可能范围内，您对损失或收益发生的可能性及金额的估计。

二、请说明存在于资产负债表日并且自该日起至本函回复日止，本公司曾向贵律师咨询的其他诸如未决诉讼、追索债权、被追索债务以及政府有关部门对本公司进行的调查等可能涉及本公司法律责任的事件。

三、请说明截至资产负债表日，本公司与贵律师事务所律师服务费的结算情况（如有可能，请依服务项目区分）。

复函按以下地址，寄往××会计师事务所（地址：××市××路××号；邮编××××××）。

谢谢合作！

××公司（盖章）

公司负责人（签章）

年　月　日

如果审计人员取得的律师声明书表明或暗示律师拒绝提供信息、或隐瞒信息，审计人员应将其视为审计范围受到限制。

审计人员在使用律师声明书时，需要对律师声明书的可靠性进行专业判断。应该获取有关律师及律师事务所的声誉、职业背景、执业水平方面的资料，在对该律师职业水准了解的基础上，决定律师声明书的证明能力。审计人员对于或有事项所涉及的法律问题，不能单纯地依赖客户法律顾问的意见，如果可能，应该取得相关领域独立的法律顾问的咨询。

13.3　期后事项审计

审计人员进行年度财务报表审计时，是以财务报表日（在中国，通常是日历年度截止日—12月 31 日）的资产负债表，以及该日截止的年度利润表、所有者权益变动表和现金流量表界定审计范围。但是，财务报表的编制是建立在“会计分期假设”基础上的，实际的经营活动并没有在该日停止，而是连续不断、持续地进行。因此，审计人员不仅需要审计会计年度发生的交易和事项，还要关注这些交易和事项在财务报表日后的状况及其对财务报表日审计判断的影响。另外，由于财务报表日与财务报表及审计报告报出日期间发生的重大交易和事项，也会影响对财务报表信息的理解和使用，公司管理层承担着及时进行披露的责任，审计人员对披露的信息质量承担着检查的责任。

1. 期后事项的含义及分类

期后事项是指财务报表日至审计报告日之间发生的事项，以及审计人员在审计报告日后知悉的事实。根据期后事项的不同影响，将其分为财务报表日后调整事项和财务报表日后非调整事项。对财务报表日已经存在的情况提供证据的事项，即对财务报表日已经存在的情况提供了新的或进一步证据的事项，这类事项影响财务报表金额，需提请被审计单位管理层调整财务报表及与之相关的披露信息，称之为“财务报表日后调整事项”；对财务报表日后发生的情况提供证据的事项，即表明财务报表日后发生的情况的事项。这类事项虽不影响财务报表金额，但可能影响对财务报表的正确理解，须提请被审计单位管理层在财务报表附注中作适当披露，称之为“财务报表日后非调整事项”。期后事项涉及的具体事项及其分类见表 13-1。

表 13-1 期后事项的种类

财务报表日后调整事项	财务报表日后非调整事项
① 财务报表日后诉讼案件结案 ② 财务报表日后取得确凿证据，表明某项资产在财务报表日已发生减值或需要调整已确认的减值 ③ 财务报表日后进一步确认了财务报表日前购入资产的成本或售出资产的收入 ④ 财务报表日后发现了财务报表舞弊或差错	① 财务报表日后发生重大诉讼、仲裁、承诺 ② 财务报表日后资产价格、税收政策、外汇汇率发生重大变化 ③ 财务报表日后因自然灾害导致资产发生重大损失 ④ 财务报表日后发行股票和债券及其他巨额举债 ⑤ 财务报表日后资本公积转增资本 ⑥ 财务报表日后发生巨额亏损 ⑦ 财务报表日后发生企业合并或处置子公司 ⑧ 财务报表日后企业利润分配方案中拟分配的及经审议批准宣告发放的股利或利润

2. 期后事项不同时段及审计人员责任划分

由于期后事项涉及的时间段覆盖了两个财务报表日中间的整个期间，必须根据审计人员承担责任的合理性及不能误导财务报表使用者的要求，划分不同的时期。审计人员对不同时期发生的期后事项，需要承担的责任不同，采取的审计程序或者应对措施也不同。期后事项可以按发生的时段划分为三个时段：第一个时段是财务报表日后至审计报告日，即“第一时段期后事项”；第二个时段是审计报告日后至财务报表报出日，即“第二时段期后事项”；第三个时段是财务报表报出日后，即“第三时段期后事项”如图 13-1 所示。

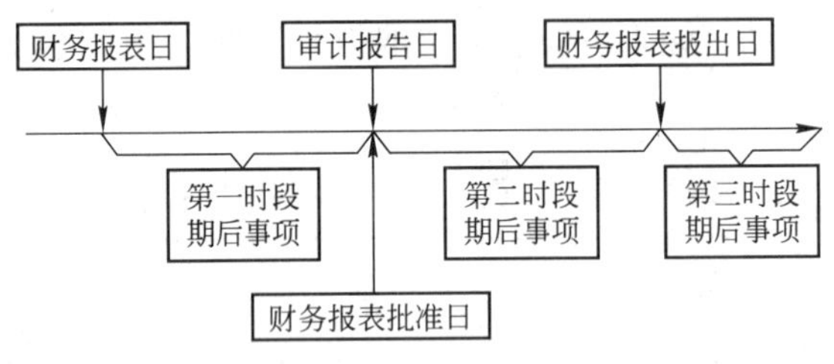

图 13-1 期后事项分段示意图

(1) 第一时段期后事项的检查

审计人员对第一时段发生的期后事项，承担着主动识别的责任。审计人员必须设计和实施审计程序，获取充分、适当的审计证据，以确定所有在财务报表日至审计报告日之间发生的、需要在财务报表中调整或披露的事项均已得到识别；并确认公司对已经识别的对财务报表有重大影响的期后事项，按照相关财务报告编制基础的要求，对调整事项在财务报表相关项目进行了恰当的调整，或者对非调整事项进行了充分的披露。

检查期后事项的审计程序可以分为两类：一类是作为期末余额测试一部分的检查（如截止期测试和计价测试），另一类是专门查找期后事项的检查。审计人员并不需要对期末余额测试中已实施审计程序并已得出满意结论的事项执行追加的审计程序。

通常，专门用以识别第一时段期后事项的审计程序包括：了解管理层为确保识别期后事项而建立的程序；询问管理层和治理层，确定是否已发生可能影响财务报表的期后事项；查阅被审计单位的所有者、管理层和治理层在财务报表日后举行会议的纪要，在不能获取会议纪要的情况下，询问此类会议讨论的事项；查阅被审计单位最近的中期财务报表；查阅被审计单位在财务报表日后最近期间内的预算、现金流量预测和其他相关的管理报告；就诉讼和索赔事项询问被审计单位的法律顾问，或扩大之前口头或书面查询的范围；考虑是否有必要获取涵盖特定期后事项的管理层书面声明以支持其他审计证据。

审计人员通常需要在尽可能接近审计报告日的时间实施上述审计程序，这样可以降低遗漏期后事项的可能性，积累的对财务报表日已经存在情况的相关证据也就越充分。

(2) 知悉第二时段期后事项时的考虑

在审计报告日后，审计人员没有义务针对财务报表实施任何审计程序。但是，如果审计人员在审计报告日后至财务报表报出日前知悉了某项事实，且该事项不同的处理可能导致修改审计报告，审计人员应当与管理层和治理层（如适用）讨论该事项的影响，确定财务报表是否需要修改；如果需要修改，询问管理层将如何在财务报表中处理该事项。审计人员应当将用以识别期后事项的上述审计程序延伸至新的审计报告日，并针对修改后的财务报表出具新的审计报告，新的审计报告日不应早于修改后的财务报表被批准的日期。

如果管理层基于第二时段的期后事项对财务报表进行了修改，审计人员应该获取充分、适当的审计证据，验证对财务报表的调整或者披露是否符合财务报告编制基础的要求。如果公司仅通过增加专门注释的方式对财务报表进行修改，以反映导致修改的期后事项的影响，公司董事会也仅仅针对该项修改单独进行批准，审计人员可以采用双重审计报告日期。即审计报告中的表述为：除附注××的日期为××年 3 月 24 日外，本报告日期为××年 3 月 11 日。如果审计人员出具新的或经修改的、统一标注日期的审计报告，需要在审计报告中增加其他事项段中说明：审计人员对期后事项实施的审计程序仅限于财务报表相关附注所作的修改。

如果管理层拒绝根据识别的第二时段期后事项进行必要的修改，在审计报告尚未报出的情况下，审计人员需要按照审计准则的要求，发表非无保留意见的审计报告。如果管理层拒绝修改且审计报告已经报出时，审计人员应该在征询法律意见的基础上，采取在公开媒体发表声明等认为适当的措施，使财务报表使用者知晓这一情况，防止财务报表使用者信赖该审计报告。

(3) 知悉第三时段期后事项的考虑

在财务报表报出日后，审计人员没有义务针对财务报表实施任何审计程序。但是，如果审计人员在财务报表报出日后通过媒体等途径知悉了对财务报表可能产生重大影响的期后事项。当该期后事项属于审计报告日已经存在的事实，而且如果审计人员在审计报告日前知悉该事项可能导致修改审计报告，审计人员就需要采取行动，与公司讨论该事项的影响，确定财务报表是否需要修改；如果需要修改，询问管理层将如何在财务报表中处理该事项。

如果管理层基于第三时段的期后事项对财务报表进行了修改，审计人员应该获取充分、适当的审计证据，验证对财务报表的调整或者披露是否符合财务报告编制基础的要求。审计人员还需要延伸实施审计程序，识别是否存在其他审计报告日已经存在的且影响到所发表审计意见的事实，以延伸实施的程序为基础，重新出具附带其他事项段说明的、新的审计报告。

审计人员还需要与管理层确认，所有收到原财务报表和审计报告的有关方面已知晓新的修改。

如果管理层拒绝根据识别的第三时段期后事项进行必要的修改，审计人员应该在征询法律意见的基础上，采取在公开媒体发表声明等认为适当的措施，使财务报表使用者知晓这一情况，防止财务报表使用者信赖该审计报告。

典型例题解析

基本情况 ABC公司是一家生产型企业，于2002年上市。XYZ会计师事务所负责对该公司2012年年度财务报表进行审计，财务报表公告日期为2013年3月25日。在审计过程中，审计师注意到该公司2012年12月31日有2笔银行贷款逾期未还，分别是农业银行贷款2 000万元，2010年6月1日到期，逾期利息280万元及罚息206万元，计486万元；工商银行贷款5 000万元，2010年9月18日到期，逾期利息380万元及罚息354万元，计927万元。公司在会计处理上，按照逾期利息及罚息计提了利息费用。

公司与农业银行于2011年开始谈判债务重组、利息减免事宜，2012年11月与农业银行省分行达成罚息减免协议，省分行同意减免罚息206万元，但是该协议需要报上一级审批，获得审批的时间为2013年2月10日。公司与工商银行省分行的谈判也在2011年初开始，但是由于双方无法达成协议，谈判中止。直到2013年3月1日，双方开始谈判，并于3月20日达成协议。工商银行同意：如果公司的大股东能够于2013年10月30日前归还银行贷款本金及正常利息，可以减免公司贷款罚息354万元。协议尚需工商银行总行批准。

2013年4月5日，公司的大股东归还了公司的工商银行贷款及正常的利息。

要求： 针对上述期后事项，审计人员应该如何处理？

参考答案 （1）针对农业银行贷款事宜

农业银行贷款罚息减免最终批准的事项属于2012年度财务报表日已经存在的事项，审计人员应该实施审计程序，检查确认有关协议对减免罚息没有其他附加条件，在此基础上，调整财务报表中“应付利息”和“利息费用”等项目的有关数据。

（2）针对工商银行贷款事宜

针对工商银行贷款罚息重新开始谈判及协议的初步达成，均发生在财务报表日之后，罚息减免不属于财务报表日已经存在的事项；而且这两个事项属于第一时段发生的事项，在审计报告日判断，这些事项属于或有事项，不是已经发生的罚息减免期后事项。如果公司管理层在财务报表附注中作出披露，审计人员需要对有关协议进行检查，确定协议的内容与披露的内容是否一致，且影响协议生效的重要条款是否均恰当披露。另外，审计人员还需要获取资料，对大股东的还款能力进行分析评估，确定相关各方执行协议的能力，分析签署协议的真实意愿，避免公司通过签署虚假协议误导报表使用者；审计人员需要实施审计程序（询问管理层，查阅有关的管理层和治理层会议纪要等），确定是否存在地下的“补充协议”。

针对第三时段（即财务报表和审计报告均已经报出后）发生的大股东代为还款的事项，审计人员不需要采取任何行动。因为根据会计准则的有关规定，罚息减免的谈判、达成和履行协议的全过程开始于财务报表日后，在审计报告日时属于或有事项，不是严格意义上已经发生的（减免罚息）期后事项。如果公司管理层主动与审计人员进行讨论，确定是否可以修改2012年度财务报表有关项目，审计人员应该予以拒绝。

13.4　考虑持续经营假设

持续经营假设是指被审计单位在编制财务报表时，假定其经营活动在可预见的将来会继续下去，不拟也不必终止经营或破产清算，可以在正常的经营过程中变现资产、清偿债务。在第 2 章“审计报告”中，已经介绍了审计人员应该在审计报告中，根据被审计单位持续经营状况出现的问题，根据不同情况出具不同类型的审计意见。中国审计人员协会颁布的审计准则“持续经营”中明确要求，在执行财务报表审计业务时，审计人员的责任是就管理层在编制和列报财务报表时运用持续经营假设的适当性获取充分、适当的审计证据，并就持续经营能力是否存在重大不确定性得出结论。

对持续经营假设的评价，审计人员不仅仅需要了解公司历史上已经发生的经济活动与事项，还涉及对具有不确定性的事项未来可能的结果的专业判断，审计的固有限制对审计人员发现持续经营能力重大错报的潜在影响会加大。因此，一方面影响公司持续经营的重大事项在审计过程中就需要随时予以关注；另一方面，在尽可能接近审计报告日完成对持续经营假设的评估，可以减少对有关事项发展预判出现重大失误的可能性，也可以积累更多的资料帮助审计人员作出合理的专业判断。

根据审计准则的规定，无论财务报告编制基础是否要求公司对持续经营假设进行评估，审计人员在审计中都承担着对持续经营假设进行评估的责任。但是，这种评估并不是担保公司不会出现经营失败。如果审计人员未在审计报告中提及持续经营的不确定性，不能被视为对被审计单位持续经营能力的保证。

1. 对公司持续经营能力的风险评估

审计人员在了解被审计单位情况、进行重大错报风险评估时，就需要关注是否存在导致对公司持续经营能力产生重大疑虑的情况。通常，如果公司存在表 13-2 列示的财务方面、经营方面和其他方面的情况，就可能导致审计人员对公司持续经营能力产生重大疑虑。如果审计人员在风险评估过程中，发现了影响公司持续经营能力的重大事项或者严重迹象，需要与公司管理层讨论持续经营假设的合理性。

表 13-2　引起对持续经营能力重大疑虑的事项

风险类别	具体事项或情况
财务方面	① 净资产为负或营运资金出现负数 ② 定期借款即将到期，但预期不能展期或偿还，或过度依赖短期借款为长期资产筹资 ③ 存在债权人撤销财务支持的迹象 ④ 历史财务报表或预测性财务报表表明经营活动产生的现金流量净额为负数 ⑤ 关键财务指标不佳 ⑥ 发生重大经营亏损或用以产生现金流量的资产的价值出现大幅下跌 ⑦ 拖欠或停止发放股利 ⑧ 在到期日无法偿还债务 ⑨ 无法履行借款合同的条款 ⑩ 与供应商由赊购变为货到付款 ⑪ 无法获得开发必要的新产品或进行其他必要的投资所需的资金

续表

风险类别	具体事项或情况
经营方面	① 管理层计划清算被审计单位或终止经营 ② 关键管理人员离职且无人替代 ③ 失去主要市场、关键客户、特许权、执照或主要供应商 ④ 出现用工困难问题 ⑤ 重要供应短缺 ⑥ 出现非常成功的竞争者
其他方面	① 违反有关资本或其他法定要求 ② 未决诉讼或监管程序，可能导致其无法支付索赔金额 ③ 法律法规或政府政策的变化预期会产生不利影响 ④ 对发生的灾害未购买保险或保额不足

当公司的净资产为负数，说明企业已经资不抵债；如果企业还同时存在定期借款即将到期，但预期不能展期或偿还，过度依赖短期借款为长期资产筹资，将使被审计单位长期面临巨大的短期偿债压力，有可能使被审计单位在近期内无法偿还到期债务，从而引发债务危机，陷入财务困境。国外许多企业在盈利的情况下宣告破产，就是因为出现了财务危机。

当公司营运资金出现负数，并且不再能够获得供应商正常商业信用，就意味着无法通过赊购取得生产经营所必需的原材料或其他物资，现金偿付压力巨大，生产经营随时有可能中断。

当公司的关键财务指标恶化，影响到银行等外部债权人对被审计单位的盈利能力和偿债能力的怀疑，降低了其在市场中的信用等级，最终可能因银行拒绝继续贷款，甚至要求企业提请归还贷款，就会加剧公司的资金周转困难而导致破产。

当公司所处行业整体不景气，公司自身的巨额经营亏损可能意味着被审计单位丧失盈利能力；当公司无法获得开发必要新产品或进行其他必要投资所需的资金，则没有能力在盈利前景良好的项目上进行投资并获取未来收益，当现有产品失去市场竞争力时，将直接影响到被审计单位的盈利能力，从而对被审计单位的持续经营能力产生重大影响。

当公司在经营方面存在关键管理人员离职且无人替代，失去主要市场、关键客户、特许权、执照或主要供应商，出现用工困难问题，特别是缺乏科技研发人员、技术熟练工人等对持续经营具有决定性影响的人力资源，重要原材料供应短缺等问题时，将可能无法持续经营。

当公司存在严重违反有关法律法规或政策，存在多项重大未决诉讼事项，存在被政府强令进入监管程序，法律法规或政府政策（如外汇管制、出口限制等）的变化预期对公司正常经营发展产生重大不利影响等情况时，可能导致对持续经营假设产生重大疑虑。

当上述事项同时存在时，对被审计单位持续经营的影响更为严重，公司恢复持续经营能力的难度加大，不同于只有某一方面存在问题的情形，审计人员特别需要考虑持续经营假设是否合理。

2. 评价管理层对持续经营能力作出的评估

由于被审计单位存在持续经营方面的问题，导致财务报告受到的影响是多方面的，会影响财务报表的多项认定。当公司上述的各种情况出现时，公司管理层有责任对持续经营能力进行评估，防止财务报表出现重大错报。被审计单位可能已经认识到问题的存在，作出了对公司持续经营能力的评估，或者应对审计人员表示的疑虑，提出管理层对相关问题的认识及其应对措施，以及相应的公司持续经营能力评估。审计人员需要对管理层的评估作出自己的评价，评价涉及的主要内容如下。

（1）管理层评估涵盖的期间

审计人员的评价期间应当与管理层按照适用的财务报告编制基础或法律法规的规定作出评估的涵盖期间相同。通常，评估的期间应该是自财务报表日起 12 个月。

（2）管理层评估时遵循的程序、评估依据的假设、管理层应对计划的可行性

公司管理层进行评估时，所采用的数据是否可靠、依据的假设是否合理、所考虑因素是否完整、涉及不同的部门与层级的有关人员或者相关的专家是否参与等方面都是审计人员应该加以关注的。审计人员需要公司提供相应的资料，对这些资料加以验证，以此为基础进行分析。审计人员还需要独立收集行业等方面的外部数据，帮助其对管理层的评估作出评价。对于公司提出的应对计划，特别需要作为审计的重点，收集充分、适当的审计证据，作出谨慎的评价。在实践中，各种重组计划在正常情况下是可以实现的，当公司财务状况和经营状况都出现严重问题时，可能就难以实现。例如，上市公司可能拟通过重大资产重组解决持续经营的困境，但是这种重组需要经过政府监管部门的审批，审批时不仅考虑重组内容是否符合国家的法规和政策，还会考虑注入资产一方的能力、注入资产的真实价值、资产注入后能否为被审计单位带来今后的持续发展能力，等等。有时候，由于被审计单位潜在负债巨大，新股东的资产注入非但没有解决被审计单位的持续经营问题，股东单位自身的经营也因此而遭受严重困难。

审计人员在分析管理层评估的假设时，应该特别关注对预测性信息具有重大影响的假设、特别敏感的或容易发生变动的假设及与历史趋势不一致的假设。

如果审计人员在审计过程中确认，被审计单位具有盈利经营的记录，有良好的信用记录，很容易得到外部资金的支持，虽然目前盈利水平不理想，但公司在资源获取、生产与研发能力及市场占有率等方面都具有优势；行业发展具有很好的前景。这种情况下，审计人员通常无需实施其他专门的审计程序，就可以对管理层的评估是否恰当得出结论。

3. 识别出事项或情况时实施追加的审计程序

审计人员对审计风险评估和实施过程中所识别出的可能导致对公司持续经营能力产生重大疑虑的事项或者情况，需要实施追加的审计程序，获取充分、适当的审计证据，以确定是否存在重大不确定性。

① 获取被审计单位管理层对持续经营能力的评估报告（包括应对计划），如果管理层尚未对持续经营能力作出评估，提请其进行评估。

② 评价管理层与经营能力评估相关的应对计划，确定这些计划的结果是否可能改善目前的状况，以及应对计划是否可行。

③ 如果管理层应对计划中包括财务指标、现金流量等方面的预测，从各种渠道获取相关信息，评价用于编制预测的基础数据的可靠性，并确定预测所基于的假设是否具有充分的支持。

④ 如果管理层的假设包括第三方通过放弃贷款优先求偿权、承诺保持或提供补充资金或担保等方式向被审计单位提供支持，且这种支持对于被审计单位的持续经营能力至关重要，审计人员需要考虑从该第三方获取书面确认（包括条款和条件），并获得有关该第三方有能力提供这种支持的证据。

⑤ 获取自管理层作出评估后存在的其他可获得的事实或信息。

⑥ 要求公司管理层和治理层提供有关未来应对计划（相关事项和措施）及其可行性的

书面声明。

⑦ 要求管理层和治理层（如适用）提供“未来 12 个月内没有申请破产保护的计划”的书面声明。

审计人员在完成审计程序、取得可能的各种审计证据后，应该能够形成下述的审计判断：公司继续按照持续经营假设编制财务报表是否恰当；对公司存在重大不确定性的、可能导致对持续经营能力产生重大影响的单项或者多项事项或情况的疑虑是否消除；财务报表是否已充分描述可能导致对持续经营能力产生重大疑虑的主要事项或情况，以及管理层针对这些事项或情况的应对计划；在财务报表中，是否已清晰、明确地披露这些事项或情况导致被审计单位可能无法在正常的经营过程中变现资产和清偿债务。

审计人员的判断直接影响到需要发表的审计意见类型，不同情形下需要发表的审计意见类型如图 13－2 所示。

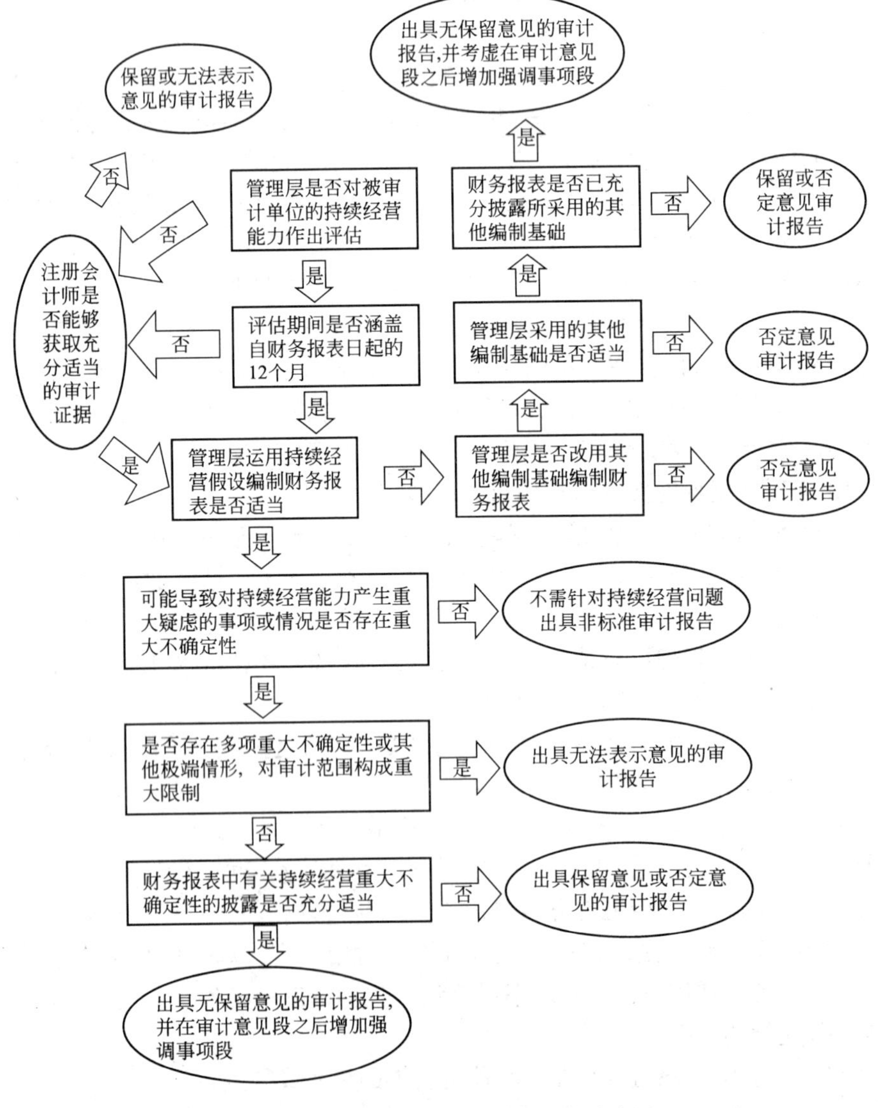

图 13－2　持续经营审计判断与审计意见

典型例题解析

基本情况　黄建公司 2009 年至 2012 年的净利润分别为－4 964 万元、－5 967 万元、103 万元、－6 151万元，由于 2009 年、2010 年连续亏损，2011 年公司被戴帽、股票被标志为“ST 黄建”。2013 年经黄山证监局核查：发现 2011 年度公司提前确认收入，延期确认成本费用，虚增利润 568 万元，2011 年度更正后的净利润为 103 万元。

2013 年经审计的净利润为－1 858 万元，经营活动产生的现金流量净额为－2 832 万元，对外担保 7 600 万元，短期借款 16 089 万元，向实际控制人——煤业化工借款 18 500 万元。截至审计报告日，黄建公司董事会批准了拟实施的重大资产重组方案，不过该方案仅通过黄山省国资委的预审核，尚未得到中国证监会的审核批准。

审计人员关注到黄建公司持续经营能力方面存在问题，提出关注的事项为：“累计经营性亏损巨大、过度依赖短期借款筹资、难以获得开发必要新产品或进行必要投资所需资金”。

要求：审计人员应该如何实施进一步审计程序，获得形成审计意见所必需的审计证据？

参考答案　结合黄建公司的基本情况，审计人员应实施的进一步审计程序如表 13 - 3 所示。

表 13 - 3　产生持续经营能力重大疑虑实施的进一步审计程序

审计程序	具体内容
取得、复核应对计划	询问管理层的应对计划，取得重大资产重组方案的有关资料，要求管理层作出持续经营能力评估，提供其他维持正常经营的其他应对措施
实施相关审计程序	① 对资产重组计划的内容进行审核，确定其是否能够使公司状况得到实质性改善 ② 与管理层分析和讨论企业其他应对计划中的现金流量预测、盈利预测及其他相关预测 ③ 复核企业签署的借款协议条款并确定是否存在违约情况，如果存在，取得债权人予以展期或者其他财务支持的相关资料 ④ 阅读股东会会议、董事会会议及相关委员会会议有关财务困境的记录 ⑤ 确认财务支持协议的存在性、合法性和可行性，并对提供财务支持的关联方或第三方的财务能力作出评价，取得相关方的确认 ⑥ 复核期后事项并考虑其是否可能改善或影响持续经营能力
取得管理层声明	取得管理层关于重大资产重组方案及其他应对计划可行性等方面的声明，取得管理层“未来 12 个月内没有申请破产保护的计划”的书面声明

黄建公司的重大资产重组在审计报告日仅仅获得黄山省国资委的预审核，尚未获得中国证监会批准。各项重组计划尚未制定完毕，更未得到实质性履行，一旦出现该重组难以执行的情形，黄建公司的持续经营能力能否得到实质性改善便会出现很大风险。因此，在审计报告签发时，审计人员应当考虑该风险对审计意见的影响，对公司持续经营能力的重大疑虑没有得以消除，应该考虑出具非无保留意见。

13.5　收集最后的审计证据

在完成各项不同领域的审计证据收集工作之后，审计人员还要针对所有审计事项完成最后的证据收集工作，其中主要是获取书面声明，进行分析性测试，通读客户提供的年度报告。

1. 获取管理层书面声明

书面声明，是指管理层按照审计人员提出的内容要求，向审计人员提供的书面陈述，用以确认某些事项或支持其他审计证据。在审计过程中，审计人员需要管理层提供审计所需要的各种资料、凭证和信息，在许多审计事项上（如内部控制评估、或有事项的检查、持续经营状况及移动计划的了解等），审计人员需要通过询问管理层取得必要的审计线索。书面声明是管理层对审计全过程中履行其责任的书面确认。

书面声明的作用，一是明确管理层责任，二是保护审计人员。要求管理层提供书面声明，强调管理层在认可并理解其责任的基础上，编制和列报财务报表并向审计人员提供了相关信息，这对于审计人员在可审性、确认公司内部取得信息的完整性和可靠性等方面的判断至关重要。同时，当出现涉及财务报表信息质量的法律诉讼时，书面声明可以帮助界定管理层的责任，解脱审计人员不应承担的责任。因此，如果管理层拒绝提供书面声明，应该认定为审计范围受到限制，审计人员应该考虑出具无法表示意见的审计报告。

当然，尽管书面声明是审计人员在财务报表审计中需要获取的必要信息，但书面声明本身并不为所涉及的任何事项提供充分、适当的审计证据。审计人员仍然需要按照审计准则的要求，就管理层责任履行情况和各种认定获取其他充分、适当的审计证据。管理层如果对审计人员提出的书面声明内容进行修改，或者拒绝对其中的部分内容作出声明，对审计人员来讲是一个警示，审计人员应该关注相关领域存在重大错报风险的可能性。同时，需要与管理层讨论原因，针对拒绝或者修改相关事项对财务报表的影响，确定审计意见的恰当类型。

如果审计人员在审计过程中获取的信息导致对管理层的诚信产生重大疑虑，以至于认为管理层书面声明不可靠，应该出具无法表示意见的审计报告。

（1）书面声明的要素与格式

管理层书面声明应该包括以下几个基本要素。

① 标题。通常列明：XX公司管理层声明书。

② 收件人。管理层书面声明的收件人为负责审计的审计人员事务所和签字审计人员。

③ 声明内容。根据审计人员要求的内容，列出各项声明。

④ 签章。由被审计单位及其会计机构主要负责人签章，并加盖被审计单位公章。

⑤ 日期。签署日期应该尽可能接近审计报告日或者与审计报告日一致，但不得在其之后。

书面声明要在被审计单位正式信笺上打印，书面声明内容应该涵盖审计报告针对的所有财务报表和期间。

（2）书面声明的内容

《中国注册会计师审计准则第1341号——书面声明》和其他审计准则对书面声明应该包括哪些内容都有相应的要求，这些要求大致可以分为两个方面：针对财务报表整体的声明和针对财务报表一个或多个认定的声明。

针对财务报表整体的审计，审计人员需要获得管理层的声明包括以下方面。

① 基本书面声明。根据审计业务约定条款，履行了按照适用的财务报告编制基础编制财务报表并使其实现公允反映（如适用）的责任，以及：按照审计业务约定条款，已向审计人员提供所有相关信息，并允许审计人员不受限制地接触所有相关信息及被审计单位内部人员和其他相关人员；所有交易均已记录并反映在财务报表中。

② 其他书面声明。其中通常包括：按照适用的财务报告编制基础对企业发生的经济活动和经济事项进行了确认、计量、列报或披露；会计政策的选择和运用是适当的，符合企业的实际情况；在作出会计估计时使用的假设是合理的；对审计人员在审计过程中提出的所有重大调整事项已作调整；等等。

基本书面声明是根据审计准则要求，管理层必须在书面声明书中针对财务报表编制作出的明确声明，目的是确认管理层履行了对财务报表编制方面的责任；其他内容的书面声明是对基本书面声明的补充。这些书面声明的内容直接影响审计人员形成对财务报表整体公允反映的审计意见和审计项目的实施。

在财务报表审计中，有些事项的审计需要更多的专业判断，取得充分、适当的审计证据具有较大的难度，更多地需要得到管理层的配合。审计人员通常会考虑把这些事项列入书面声明。例如，有使用约束的资产或者现金、售后回租资产的合同、金融资产持有意图、关联方及其交易的披露、对受到政府监管部门处罚和违法行为的披露等。

管理层书面声明示例如下。

XYZ股份有限公司管理层声明书

致：ABC会计师事务所×××、×××审计人员：

本声明书是针对你们审计XYZ公司截至2012年12月31日的年度财务报表而提供的。审计的目的是对财务报表发表意见，以确定财务报表是否在所有重大方面已按照企业会计准则的规定编制，并实现公允反映。

尽我们所知，并在作出了必要的查询和了解后，我们确认：

一、财务报表

1. 我们已履行2011年×月×日签署的审计业务约定书中提及的责任，即根据企业会计准则的规定编制财务报表，并对财务报表进行公允反映；

2. 我们对会计政策的选择和运用是适当的，符合企业的实际情况；

3. 我们在作出各项会计估计时，使用的重大假设是合理的；

4. 我们对审计人员在审计过程中提出的所有重大调整事项已作调整；未更正错报，无论是单独还是汇总起来，对财务报表整体的影响均不重大。

—（审计人员可能认为适当的、其他须作声明的任何事项）。

二、提供的信息

6. 我们已向你们提供了下列工作条件：

(1) 允许接触与财务报表编制相关的所有信息；

(2) 提供你们基于审计目的要求我们提供的其他信息；

（3）允许在获取审计证据时不受限制地接触你们认为必要的本公司内部人员和其他相关人员。

7. 所有交易均已记录并反映在财务报表中。

8. 我们已向你们披露了由于舞弊可能导致的财务报表重大错报风险的评估结果。

9. 我们已向你们披露了我们注意到的、可能影响本公司的与舞弊或舞弊嫌疑相关的所有信息。

10. 我们已向你们披露了从现任和前任员工、分析师、监管机构等方面获知的、影响财务报表的舞弊指控或舞弊嫌疑的所有信息。

11. 我们已向你们提供了我们注意到的所有关联方的名称和特征、所有关联方关系及其交易的资料。

12. 我们在编制财务报表时所依据的持续经营假设是合理的，没有终止经营或者破产清算的计划。

—（审计人员可能认为必要的其他任何事项）。

XYZ 股份有限公司

（盖章）

XYZ 股份有限公司
总经理： （签名并盖章）
财务总监 （签名并盖章）
中国××市 二〇一三年×月×日

2. 实施最终的分析性测试

根据审计准则的要求，审计人员必须在计划阶段和结束审计工作阶段实施分析性测试。分析性测试帮助审计人员对财务报表是否存在重大错报作最后的检查。审计人员在审定数据的基础上，对财务报表的整体合理性、对公司主要的财务指标，以及财务指标与非财务指标之间的关系是否存在异常，进行系统、全面的分析。该项工作应该由负责项目的部门经理或者合伙人执行，避免由现场审计人员实施可能产生的机械性和先入为主的偏见，在更为宏观的层面认识被审计单位，可以更好地发现可能的异常和遗漏的重要问题，为审计人员对财务报表整体发表意见奠定基础。

3. 审阅被审计单位的年度报告

由于审计人员需要对公司提供的年度报告中财务报表信息与年度报告其他部分的信息是否一致承担一定的责任，审计准则要求审计人员阅读年度报告。

公司年度报告内容非常丰富，其中包括许多非财务信息，如关于公司面临的各种风险的分析、关于公司生产经营完成情况及未来计划的说明。审计人员在阅读年度报告时，需要保持应有的职业谨慎，注意年度报告与财务报表之间是否存在不一致。对于发现的任何不一致，均需要公司作出调整或者解释。如果公司拒绝对审计人员发现的重大不一致之处加以调整，审计人员需要考虑在审计报告加以反映。

4. 首次接受委托项目期初余额审计结果的关注

期初余额，是指期初存在的账户余额。期初余额以上期期末余额为基础，反映了以前期间的交易和事项及上期采用的会计政策的结果。如果所涉及的审计项目是被审计单位财务报表首次接受审计或者被审计单位上期财务报表是由其他会计师事务所审计，称这类项目为首次接受委托项目。首次接受委托项目的特点是期初余额未经审计或者是由其他会计师事务所审计，而本期财务报表中列示了期初余额，且期初余额必然会对本期财务报表的公允反映产生影响。因此，审计人员必须对首次接受委托项目的期初余额给予特别的关注。

期初余额的审计主要关注两方面内容：确定期初余额是否含有对本期财务报表产生重大影响的错报；确定期初余额反映的恰当的会计政策是否在本期财务报表中得到一贯运用，或会计政策的变更是否已按照适用的财务报告编制基础作出恰当的会计处理和充分的列报与披露。

期初余额需要实施的审计程序根据不同情况分别考虑。

(1) 期初余额未经审计

如果期初余额未经审计，对期初余额需要实施的审计程序通常包括：确定上期期末余额是否已正确结转至本期或在适当的情况下已作出重新表述；确定期初余额是否反映对恰当会计政策的运用，其中需要考虑以下方面。

① 了解、分析被审计单位所选用的会计政策是否恰当，是否符合适用的财务报告编制基础的要求，按照所选用会计政策对被审计单位发生的交易或事项进行处理，是否能够提供可靠、相关的会计信息。

② 如果认定被审计单位所选用的会计政策恰当，应确认该会计政策是否在每一会计期间和前后各期得到一贯执行，有无变更。

③ 如果发现会计政策发生变更，应审核其变更理由是否充分，是否按规定予以变更，或者由于具体情况发生变化，会计政策变更能够提供更可靠、更相关的会计信息，并关注被审计单位是否已经按照适用的财务报告编制基础的要求，对会计政策变更作出适当的会计处理和充分披露。

④ 如果被审计单位上期适用的会计政策不恰当或与本期不一致，注册会计师在实施期初余额审计时应提请被审计单位进行调整或予以披露。

(2) 上期财务报表已经审计

如果上期财务报表已经审计，需要对期初余额的审计程序内容包括：查阅前任注册会计师的工作底稿；考虑前任注册会计师的独立性和专业胜任能力；与前任注册会计师沟通。

查阅前任注册会计师审计工作底稿的重点通常限于对本期审计产生重大影响的事项，包括：查阅前任注册会计师工作底稿中的所有重要审计领域；考虑前任注册会计师是否已实施的评价资产负债表重要账户期初余额的合理性；复核前任注册会计师建议的调整分录和未更正错报汇总表，并评价其对当期审计的影响。

如果评估前任注册会计师的独立性和专业胜任能力后，认为前任注册会计师不具有独立性或者不具有应有的专业胜任能力，则通过查阅其审计工作底稿不可能获取有关期初余额的充分、适当的审计证据，审计人员必须考虑实施对期初余额的实质性测试。

通常，审计人员对期初余额的关注和审计，应该在外勤审计工作中完成。在审计完成阶段，是在不同期间财务报表和不同类别财务报表勾稽关系分析的基础上，对有关期初余额是否公允反映的确认。

13.6 汇总审计结果，复核审计质量

在完成所有审计证据收集工作后，审计人员开始汇总审计结果，形成审计意见。在这个过程中，审计质量复核是保证审计意见可靠性的重要工作内容和制度保障。审计结果的评价提供了形成审计意见直接的依据。

1. 汇总审计差异

在完成审计工作阶段，审计项目组在整理审计过程中发现的被审计单位在会计处理及财务报表列报与财务报告编制基础的不一致（即“审计差异”），根据重要性原则加以汇总，将其分为两类：建议调整的审计差异和不建议调整的审计差异。审计人员分别编制“账项调整分录汇总表”、“重分类调整分录汇总表”和“未更正错报汇总表”。不建议调整审计差异列入“未更正错报汇总表”，建议调整审计差异根据不同性质分别列入“账项调整分录汇总表”和“重分类调整分录汇总表”，其中涉及会计处理没有错误，但列入财务报表的项目不符合会计准则的规定而引起错报的事项，如将预付账款列入应付账款项目、将预收账款列入应收账款项目，列入“重分类调整分录汇总表”。

在审计差异调整汇总表的基础上，审计人员应与被审计单位进行沟通。在被审计单位决定接受审计调整的建议、审计人员取得被审计单位的书面确认函以后，开始编制“试算平衡表”，进而形成“审定的财务报表”。

“账项调整分录汇总表”、“重分类调整分录汇总表”和“未更正错报汇总表”的参考格式见表 13－4、表 13－5 和表 13－6；“资产负债表试算平衡表”和“利润表试算平衡表”参考格式见表 13－7 和表 13－8。

表 13－4 账项调整分录汇总表

客户：______ 项目：调整分录汇总表	签名 日期	
会计期间：______	编制人：______ ______ 复核人：______ ______	索引号______ 页次______

序号	内容及说明	索引号	调整内容				影响利润表＋（－）	影响资产负债表＋（－）
			借方项目	借方金额	贷方项目	贷方金额		

表 13-5　重分类调整分录汇总表

客户：______ 项目：重分类分录汇总表 会计期间：________	签名　　日期 编制人：__________　__________ 复核人：__________　__________	索引号__________ 页次__________

序号	内容及说明	索引号	调整项目和金额			
			借方项目	借方金额	贷方项目	贷方金额

表 13-6　未更正错报汇总表

客户：__________ 项目：未调整不符事项汇总表 会计期间：________	签名　　日期 编制人：__________　__________ 复核人：__________　__________	索引号__________ 页次__________

序号	内容及说明	索引号	调整项目和金额				备注
			借方项目	借方金额	贷方项目	贷方金额	

表 13-7　资产负债表试算平衡表

项目	期末未审数	账项调整		重分类调整		期末审定数	项目	期末未审数	账项调整		重分类调整		期末审定数
		借方	贷方	借方	贷方				借方	贷方	借方	贷方	
货币资金							短期借款						
交易性金融资产							交易性金融负债						
应收票据							应付票据						
应收账款							应付账款						
预付账款							预收款项						

续表

项目	期末未审数	账项调整		重分类调整		期末审定数	项目	期末未审数	账项调整		重分类调整		期末审定数
		借方	贷方	借方	贷方				借方	贷方	借方	贷方	
应收利息							应付职工薪酬						
应收股利							应交税费						
其他应收款							应付利息						
存货							应付股利						
一年内到期的非流动资产							其他应付款						
其他流动资产							一年内到期的非流动负债						
可代出售金融资产							其他流动负债						
持有至到期投资							长期借款						
长期应收款							应付债券						
长期股权投资							长期应付款						
投资性房地产							专项应付款						
固定资产							预计负债						
在建工程							递延所得税负债						
工程物资							其他非流动负债						
固定资产清理							实收资本（股本）						
无形资产							资本公积						
开发支出							盈余公积						
商誉							未分配利润						
长期待摊费用													
递延所得税资产													
其他非流动资产													
合计							合计						

表 13-8　利润表试算平衡表工作底稿

被审计单位：________ 项目：________ 编制：________ 日期：________	索引号：________ 财务报表截止日/期间：________ 复核：________ 日期：________

项目		审计前金额	调整金额		审定金额
			借方	贷方	
一、	营业收入				
	减：营业成本				
	营业税金及附加				
	销售费用				

续表

项目		审计前金额	调整金额		审定金额
			借方	贷方	
	管理费用				
	财务费用				
	资产减值损失				
	加：公允价值变动损益				
	投资收益				
二、	营业利润				
	加：营业外收入				
	减：营业外支出				
三、	利润总额				
	减：所得税费用				
四、	净利润				

2. 评价审计结果

为了形成对财务报表的审计意见，审计人员需要对审计结果、审计中发现的问题，按照审计风险和重要性进行评价。在审计过程中，项目组会遇到一些未预期事项或者有一些重大发现，如就特别审计目标识别到重大风险并因此对审计策略和计划的审计程序进行了重大修正、发现了会计政策的选择和运用与会计准则要求不一致的重大事项、在实施审计程序时遭遇了重大困难等。这些情况的存在，要求审计人员对审计结果进行评价。

审计人员对重要性评估的工作，首先是确定审计发现的财务报表的可能错报水平。财务报表可能的错报水平由三部分构成。一是通过交易和期末余额的实质性测试发现的未更正错报，包括审计人员考虑财务报表项目层次重要性水平而没有建议公司更正的、列在“未调整错报汇总表”中的各种错报和建议公司更正但公司未予更正的错报。二是审计人员采用抽样技术进行测试，根据样本检查的结果，推断样本所在总体可能包含的错报。这种推断依据统计学原理计算得到，称为“很可能错报”。三是该公司上一期财务报表中存在的未更正错误影响到本期的错报金额。审计人员需要将这三部分汇总得到的可能错报水平，与计划阶段确定的（或者实施过程中修订的）重要性水平进行比较。如果实际可能的错报水平接近或者超过计划的重要性水平，审计人员需要进一步进行审计风险的分析。

随着审计发现的重大错报的增加，审计的实际检查风险随之增加，在既定的计划审计风险水平控制下，审计人员需要判断实际的审计风险是否超过了可接受的计划审计风险水平。如果没有超过计划的水平，则可以直接根据审计结果发表意见；如果超过了计划的重要性水平，审计人员就需要说服公司更正已经发现的错报或者追加审计程序以降低“很可能错报”。如果公司拒绝接受审计人员的意见，而追加审计程序因为种种原因无法实施，审计人员就需要考虑发表非无保留意见的审计报告了。

3. 审计质量复核

为了确定审计意见是否建立在充分、适当的审计证据基础之上，审计人员需要确定审计工作是否遵循了审计准则的要求，对审计工作及审计证据的质量进行复核。会计师事务所通常针对上市公司审计建立了三级（或者更多层次）质量复核体系。

(1) 项目经理复核

首先，项目现场负责的经理需要对审计工作底稿进行全面复核，撰写审计总结，概括说明审计计划执行情况和审计目标执行情况，特别要说明审计过程中关注到的高风险领域和事项的检查结果。审计总结的内容包括以下方面。

① 公司概况。需要阐述被审计单位背景情况、重大会计政策与会计估计变更情况、重大投资、经营条件的重大变化等情况。

② 审计概况。主要阐述审计计划执行情况（包括重大错报风险评估及其调整，审计风险评估及其控制，计划执行偏差及其原因等）、审计的总体评价（包括审计差异的调整和审计差异未调整的理由）、审计前后主要财务指标对比分析、需要项目主管合伙人注意的重大事项（包括审计过程中项目主管合伙人关注的重大事项的解决结果）等。

③ 初步结论。说明审计中发现的主要问题、建议调整的重要事项及其依据、拟出具的审计意见类型。

④ 其他信息。说明审计中发现的被审计单位内部控制与经营管理中存在的重大缺陷及拟提出的改进建议、其他认为需要与事务所内部质量控制部门和外部政府监管部门等方面沟通的重大事项。

项目经理通常通过完成“审计工作完成核对清单”的方式，对已审计财务报表进行技术性复核。核对清单通常由会计师事务所根据行业特点和上市公司审计的有关法律法规、准则与指南的要求事先设计准备，以免项目经理进行全面复核时有所遗漏。表 13－9 是审计工作完成核对清单的一个范例。

表 13－9　审计工作完成核对清单

被审计单位名称：　　　　××××年度　　　　复核时间：　　　　复核人：

检查项目	是	否	不适用
1. 上一年度审计所结转事项是否全部处理			
2. 各部分审计程序是否全部完成			
3. 各项目审计证据是否已收集齐全			
4. 审计范围是否完全没有受到限制			
5. 期后承诺对财务的影响是否考虑			
6. 在审计报告日前董事会会议、股东大会及其他相关会议纪要是否都已检查			
7. 关键管理人员的报酬证明是否已获得			
8. 你对借款合约、信托契约等有无发生违约情况的检查是否感到满意			
9. 审计中对发现的所有重大事项是否都已在审计总结中反映，并已得到满意解决			
10. 审计项目组成员的分工事项是否都已分别完成			
11. 如果出具非标准保留意见审计报告，所使用的表达形式是否经主任会计师批准			
12. 下一期间审计时需要考虑的重要事项的备忘录是否已经存档			
13. 是否收到治理层和律师相关事项的声明书			
14. 董事会或治理层是否已批准已审财务报表及其附注，并已采纳审计报告意见			

(2) 项目合伙人复核

项目合伙人复核通常是项目组内部最高级别的质量复核，主要是对被审计单位评估中关注到的重大和特别风险的应对措施检查执行情况、对审计过程中的重大发现及相关的证据基础进行再次检查，包括对审计总结的复核。项目合伙人复核的内容包括（但不限于）以下方面：

① 复核已完成的审计计划，以及导致对审计计划作出重大修改的事项；

② 复核重大事项概要；

③ 复核存在特别风险的审计领域，以及项目组采取的应对措施完成情况；

④ 复核项目组作出的重大判断及其依据；

⑤ 复核建议调整事项；

⑥ 复核管理层声明书，股东大会、董事会相关会议纪要，与客户的沟通记录及重要会议记录，律师询证函复函；

⑦ 复核审计总结；

⑧ 复核已审计财务报表和拟出具的审计报告意见。

项目合伙人经过复核，应当确认：项目组对重大错报风险的评估及采取的应对措施是恰当的，针对存在特别风险的审计领域，设计并实施了针对性的审计程序，且得出了恰当的审计结论；项目组作出的重大判断恰当合理；项目组提出的建议调整事项恰当合理，未更正错报无论是单独还是汇总起来对财务报表整体均不具有重大影响；已审计财务报表的编制符合企业会计准则的规定，在所有重大方面公允反映了被审计单位的财务状况、经营成果和现金流量；拟出具的审计意见符合中国注册会计师审计准则的规定，审计报告措辞恰当。

另外，根据《中国注册会计师审计准则第 1121 号——对财务报表审计实施的质量控制》的要求，项目合伙人应当考虑项目组成员是否遵守了职业道德规范，在整个审计过程中对项目组成员违反职业道德规范的迹象保持警惕，并就审计业务的独立性是否得到遵守形成结论。

在签署审计报告前，项目合伙人需要确信，审计过程中产生的所有独立性和道德问题已经得到圆满解决，并与《中国注册会计师审计准则第 1121 号——对财务报表审计实施的质量控制》和《中国注册会计师职业道德守则》的独立性要求一致。在跨国审计业务中，项目合伙人还应当确保符合被审计单位或相关国家或地区规定的独立性要求。

(3) 独立复核

由于上市公司审计及其他一些审计项目（如银行、证券公司审计）对社会有重大影响，审计风险高于其他类别的审计，对于审计质量也提出了更高的要求。根据审计质量控制准则的要求，对于高风险的审计项目，需要由独立合伙人或者事务所内部设置的质量控制部门对这些项目在出具审计报告前实施独立的质量复核。独立复核有助于对项目组作出的重大判断和在准备报告时形成的结论作出客观评价，避免项目组成员，包括项目经理和项目合伙人长期与被审计单位打交道所形成的某种偏见或者偏向所造成的对审计判断的影响。另外，由事务所质量控制部门进行质量复核，可以保证项目的审计工作达到会计师事务所制定的工作标准，可以保证事务所所有重大项目审计质量的一致性。这种一致性对于提高会计师事务所的风险抵御能力和市场开拓能力都十分重要。

独立复核关注的主要内容如下。

① 项目质量控制复核之前进行的复核是否均已得到满意的执行?

② 是否已复核项目组针对该项目对独立性和道德方面作出的评价，该评价是否恰当?

③ 是否已复核项目组在审计过程中识别的特别风险及采取的应对措施，包括项目组对舞弊风险的评估及采取的应对措施，项目组作出的判断和应对措施是否恰当?

④ 是否已复核项目组作出的判断，包括关于重要性和特别风险的判断，这些判断是否恰当合理?

⑤ 是否确定项目组已就存在的意见分歧、其他疑难问题或争议事项进行了适当咨询，且咨询得出的结论是恰当的?

⑥ 是否已复核审计过程中识别的已更正和未更正错报的重要程度及处理情况?

⑦ 是否已复核项目组与管理层和治理层沟通的记录及拟与其沟通的事项，对沟通情况表示满意?

⑧ 是否认为所复核的审计工作底稿反映了项目组针对重大判断执行的工作能够支持得出的结论?

⑨ 是否已复核审定财务报表和拟出具的审计报告，认为已审计财务报表符合企业会计准则的规定、拟出具的审计报告已按照中国注册会计师审计准则的规定发表了恰当的审计意见?

13.7 形成审计意见，沟通审计结果

1. 形成审计意见和建议

审计人员在完成收集审计证据和质量复核工作后，开始对审计工作和审计证据进行综合评价，形成审计意见。审计意见形成过程中，审计人员需要作出如下方面的基本判断。

① 按照《中国注册会计师审计准则第 1231 号——针对评估的重大错报风险采取的应对措施》的规定，是否已获取了充分、适当的审计证据。在对审计工作评价时，确定应对措施要求完成的审计程序是否切实完成，审计范围是否受到限制；如果受到限制，是因为客观条件还是因为被审计单位不配合；审计范围受限的相关项目的认定及其影响是否重大；如果影响重大，影响是否具有广泛性。审计范围受限特别要关注是否取得了审计准则明确要求取得的证据（如管理层的书面声明）。

如果对重大的财务报表认定尚没有获取充分、适当的审计证据，而又不存在审计范围受限的因素，审计人员应当尽可能获取进一步的审计证据。

② 按照《中国注册会计师审计准则第 1251 号——评价审计过程中识别出的错报》的规定，未更正错报单独或汇总起来是否构成了财务报表重大错报。审计人员在审计过程中，必然会发现这样那样的会计处理或者信息披露的问题。需要在汇总这些问题的基础上，依据重要性原则判断哪些事项需要调整、哪些不需要调整。应该注意的是，重要性不能仅仅从金额大小考虑，还需要分析错报事项的性质。在评价时，应该结合所处特定环境及以前期间处理方式及类似公司和行业的商业惯例。对于审计人员提出需要调整的事项，关注被审计单位是否进行了必要的调整。

③ 财务报表是否在所有重大方面按照适用的财务报告编制基础编制。其中需要考虑的内容包括：重要会计政策的选择和运用；重要的会计估计；经济活动和经济事项在财务报表中的列示；财务报表附注的信息披露，等等。在评价中，审计人员应该关注管理层是否存在某种盈余管理偏向（如进行会计估计时高报收入而低报费用；对于不确定事项，提前公布好消息、延迟公布坏消息）。如果发现此类倾向，应该与管理层进行沟通，注意是否存在其他

导致重大错报的领域。

④ 财务报表是否实现公允反映。审计人员需要从整体上把握审定的财务报表数据所传递的信息与其在审计过程中形成的对被审计单位财务状况、经营成果和管理水平、发展前景等方面的认知是否吻合，公司发生的重大交易和事项的实质是否忠实、恰当地予以反映。

⑤ 财务报表是否恰当提及或说明适用的财务报告编制基础。由于越来越多的公司在不同国家或者地区的资本市场上市，不同国家资本市场监管部门对其他国家会计准则和审计准则的相互认可越来越普遍，在采用的财务报告编制基础方面，公司也有了选择的权利。因此，对采用的财务报告编制基础的清楚的说明很重要，可以避免报表使用者的误解。

⑥（如果存在）持续经营能力的重大疑虑是否消除，依据持续经营假设基础编制财务报表是否恰当。

⑦ 是否存在有关审计准则要求审计人员在审计报告中传递的信息。根据《中国注册会计师审计准则第 1332 号——期后事项》、《中国注册会计师审计准则第 1511 号——比较信息：对应数据和比较财务报表》、《中国注册会计师审计准则第 1521 号——审计人员对含有已审计财务报表的文件中的其他信息的责任》等准则中有关条款的规定，审计人员在审计过程中，对于财务报表的比较信息中上期财务报表审计意见及其所反映事项的关注、对财务报表日后发生的期后事项及其影响的关注，以及对基本财务报表以外的其他信息的关注，都可能发现存在需要审计人员在审计报告中以“解释段”、“其他事项段”等方式传递的信息。

审计人员在上述方面形成了明确的、有证据支持和充分自信的专业判断后，自然就可以对应该出具何种意见类型的审计报告作出决策。

另外，对首次接受委托的项目，还需要考虑以下四个方面。

① 审计人员是否获取了有关期初余额的充分、适当的审计证据。如果不能针对期初余额获取充分、适当的审计证据，注册会计师需要在审计报告中发表下列类型之一的非无保留意见：发表适合具体情况的保留意见或无法表示意见；除非法律法规禁止，对经营成果和现金流量（如相关）发表保留意见或无法表示意见，而对财务状况发表无保留意见。

② 期初余额是否存在对本期财务报表产生重大影响的错报。如果期初余额存在对本期财务报表产生重大影响的错报，注册会计师应当告知管理层；如果上期财务报表由前任注册会计师审计，注册会计师还应当考虑提请管理层告知前任注册会计师；如果错报的影响未能得到正确的会计处理和恰当的列报，注册会计师应当考虑对财务报表发表保留意见或否定意见。

③ 是否存在会计政策变更及其对审计报告的影响。如果认为按照适用的财务报告编制基础与期初余额相关的会计政策未能在本期得到一贯运用，或者会计政策的变更未能得到恰当的会计处理或适当的列报与披露，注册会计师应当考虑对财务报表发表保留意见或否定意见。

④ 前任注册会计师是否对上期财务报表发表了非无保留意见。如果前任注册会计师对上期财务报表发表了非无保留意见，导致出具非标准审计报告的事项对本期财务报表仍然相关和重大，注册会计师应当对本期财务报表发表非无保留意见。前任注册会计师对上期财务报表出具了非标准审计报告，导致前任注册会计师发表非无保留意见的事项可能与对本期财务报表发表的意见既不相关也不重大，则注册会计师在本期审计时无需因此而发表非无保留意见。前任注册会计师对上期财务报表出具了非标准审计报告，如果该重大事项在本期仍然

存在并且对本期财务报表的影响仍然重大，而被审计单位继续坚持不在本期财务报表附注中予以披露，则注册会计师在本期审计时仍需因此而发表非无保留意见。

在形成审计意见决策基础上如何撰写审计报告，审计准则有明确的要求。对于非标准无保留意见的审计报告，审计报告的说明段、解释段和其他事项段的文字表达，首先需要做到文字精练、流畅，意思表达清晰、准确，定性、定量表述正确、严谨。当然，出具非标准无保留意见报告，需要与被审计单位进行反复的沟通，最后的措辞是在沟通基础上最终决定的。

另外，安然审计发生以后，审计理论界和实务界及社会和政府有各方面都在探讨如何改进审计报告，向审计报告使用者传递更多的有用的审计信息。因此，审计人员应该积极思考，是否存在需要审计人员通过审计报告传递的其他信息？由于每个审计项目都可能存在这样或者那样在通常审计过程中没有遇到的情况，其中有些影响重大的事项或者情况及审计人员对这些事项的客观专业判断，如果能够通过审计报告将信息传递出去，可能有利于报告使用者对被审计单位的了解，有利于维护公共利益，有利于保护投资者或者有利于清楚界定公司与审计人员之间的责任。近年来，社会对公司承担社会责任的呼声和期望越来越强烈，一些公司开始披露社会责任报告，有些公司把社会责任报告与财务报告结合起来提供综合报告。审计人员应该考虑是否和如何对这些报告中包含的丰富的非财务信息承担审计责任。另外，某些国家（包括中国）近年来要求注册会计师对上市公司进行内部控制审计、发表审计意见，有关内部控制审计和报告的要求可以参考中国注册会计师协会颁布的相关审计指南。

总之，审计人员在汇总、评价与分析审计过程获取的证据信息时，可以从更开阔的视野思考问题、提出建议，以各种可能的方式沟通审计的信息，让审计结果发挥更大、更具有建设性的作用。

2. 与管理层、治理层的沟通

审计人员在审计过程中和被审计单位管理层会有许多方面的沟通，包括审计发现的问题和需要调整的事项。同时，还会在审计结束后，以管理建议书的形式与管理层沟通，提出希望解决的企业会计核算系统、内部控制与风险管理等方面的问题和建议。不过，作为审计报告出具之前必须完成的工作之一，是与公司治理层就审计结果进行沟通。

我国于 2007 年 1 月 1 日开始实施的《中国注册会计师审计准则第 1151 号——与治理层的沟通》规定：“审计人员应当就与财务报表审计相关且根据职业判断认为与治理层责任相关的重大事项，以适当的方式与治理层沟通”。

1）沟通的目的与方式

沟通的目的如下。

① 就审计范围和时间及审计人员、治理层和管理层各方在财务报表审计和沟通中的责任，取得相互了解，促使双方认真履行责任，从而保护有关各方的合法权益，避免审计人员可能受到不公正的职责或控告。

② 及时向治理层告知审计中发现的与治理层责任相关的事项，建立良好的工作关系。审计人员在遵循职业道德原则的前提下，加强相互间的协作与配合，保证各种必要的审计程序得以顺利实施，最终实现审计目标。

③ 共享有助于审计人员获取审计证据和治理层履行责任的其他信息。审计人员应当与治理层建立有效的双向沟通关系，以共享信息。审计人员在建立这种关系时应当保持独立性

和客观性。

④ 保证执业质量，提高审计效果和效率。与治理层进行适当的沟通，可以使审计人员获取更多的相关信息，有助于审计人员对各种复杂、疑难问题进行正确分析，作出合理判断，从而降低审计风险，确保审计工作质量；还可以避免一些不必要的麻烦，从而节约审计时间，提高审计效率。

⑤ 为被审计单位提供更好的服务。在审计业务执行过程中，审计人员往往会发现客户在内部控制、经营管理等方面存在的问题，对此通过与治理层进行适当的沟通，可以帮助被审计单位加强内部控制，提高经营效率和管理效果，为被审计单位提供更多的、更好的服务，为其带来附加值，从而取得被审计单位的信赖。

审计人员与被审计单位治理层进行沟通是审计工作中不可缺少的一部分，沟通不只限于完成审计工作时，它与审计的各个阶段相关，是贯穿于整个审计过程的一项重要工作。审计人员在执行财务报表审计业务时，从接受委托前至出具报告后，在审计计划、审计实施和审计报告各个阶段都需要与治理层进行沟通。

沟通包括口头和书面两种方式。审计人员在执行审计业务时，采用口头方式进行沟通的情形很多，如向治理层询问被审计单位的基本情况，以增加对审计单位的了解；与治理层就审计中的有关问题进行讨论等。这种口头沟通非常重要，不仅可以澄清某些事实、弄清某些问题，还为治理层创造了提供更多信息的机会。但对于某些重要事项，审计人员应当采用书面方式。书面沟通文件统称为沟通函，包括管理建议书及其他各种治理层函等。值得一提的是，由于沟通函是审计人员与治理层进行沟通的书面文件，属于内部证据，因此为了明确使用责任，审计人员在必要时应对沟通函的使用加以限制，即通常应在沟通函的最后一段注明，"沟通函仅供治理层内部使用，因被审计单位使用不当造成的后果与审计人员及其所在会计师事务所无关"。

2）沟通的对象

审计人员应当利用在了解被审计单位及其环境时获取的有关治理结构和治理过程的信息后，确定与哪些适当人员沟通。适当人员可能因沟通事项的不同而不同，一般有以下两类：一类是公司下设组织、个人及治理层整体（包括被审计单位设有的审计委员会或监事会等）；另一类是公司管理层。公司治理层全部参与管理时，如果审计准则要求沟通的事项已与负有管理责任的人员沟通，且这些人员同时负有治理责任，审计人员无需就这些事项再次与负有治理责任的相同人员沟通。

3）沟通的事项

审计人员应当直接与治理层沟通的事项包括：审计人员的责任和独立性、计划的审计范围和时间、审计工作中发现的问题、要求和商定沟通的其他事项、补充事项。与治理层的沟通有助于审计人员计划审计范围和时间，但并不改变审计人员独自承担制订总体审计策略和具体审计计划的责任。在审计的不同阶段，审计人员需要沟通的事项有所不同。

（1）审计计划阶段的沟通事项

① 首次接受委托前的沟通。应就被审计单位的基本情况与治理层进行沟通，以便初步评估审计风险，确定是否接受委托。

② 签订业务约定书的沟通。应就业务约定书中的基本条款与治理层进行沟通，包括审计范围和时间等，以达成一致意见。

③ 编制审计计划时的沟通。应就以下事项与治理层沟通：

- 治理层和管理层责任的划分；
- 被审计单位的目标、战略及可能导致财务报表发生重大错报的相关经营风险；
- 治理层认为审计中应特别注意的事项，以及需要采取额外程序的领域；
- 治理层认为可能会影响财务报表审计的事项；
- 被审计单位新的情况及其最新变化，包括新的法规或专业准则对审计工作的影响；
- 评估审计风险所需的资料；
- 被审计单位采用的会计政策、会计估计及其变更等。

（2）审计实施阶段的沟通事项

① 审计准则要求沟通的事项，包括：

- 财务报表审计中发现的、且与治理层履行对财务报告过程监督职责相关的重大事项；
- 审计人员对被审计单位会计处理质量的看法；
- 审计工作中遇到的重大困难；
- 尚未更正的错报，除非审计人员认为这些错报明显不重要；
- 审计中发现的、根据职业判断认为重大且与治理层履行财务报告过程监督责任直接相关的其他事项；
- 审计计划中确定的需要其协助的工作，如存货监盘与询证函的寄发。

② 管理层对有关事项的解释、声明及提供的其他证据。如对关联方及其交易，审计人员应就管理层所提供的识别关联方的资料是否真实、完整，财务报表对关联方及其交易的披露是否充分等与治理层进行沟通。

③ 固有风险和控制风险较高的财务报表认定。

④ 已发现的重大错误、舞弊或可能违反法规的行为。对于在审计中注意到的重大错误、舞弊或可能违反法规的行为，审计人员应当以适当方式告知治理层，如果涉及管理人员，应注意报告的层次，一般应向对该人员负责的更高管理人员报告，以期问题得以较好的解决。当怀疑高层管理人员涉及舞弊或违反法规行为时，应谨慎考虑是否向股东大会、董事会、监事会报告，确定是否继续进行审计及由此带来的后果。

⑤ 审计工作中受到的限制与阻碍。包括与治理层协商解除限制或阻碍的途径，向治理层告知因限制或阻碍而可能导致的审计意见等。

（3）完成审计工作时的沟通

① 有关财务报表的分歧。是指审计人员与管理层就财务报表编制与披露方面存在的不同意见。例如，在对某些特定的交易和事项所采用的会计政策、治理层对会计估计的判断基础、财务报表披露的内容及审计范围、审计报告的措辞等方面，双方可能产生分歧，需要沟通。

② 重大审计调整事项。即对财务报表所反映的财务状况、经营成果或现金流量有重大影响的、审计人员认为需要调整的审计事项。

③ 会计信息披露中存在的可能导致修改审计报告的重大问题。即或有事项、期后事项、关联方交易、持续经营等方面的披露及各期会计政策或会计方法变更的披露中存在的对审计报告有影响的问题。例如，资产负债表日后发生的重大自然灾害损失，被审计单位未在财务报表附注中披露，审计人员就需要通过沟通提请其披露，如果被审计单位拒绝披露，可能会对审计报告产生影响。

④ 被审计单位面临的可能危及其持续经营能力等的重大风险。

⑤ 审计意见的类型及审计报告的措辞。编制审计报告时，应向治理层告知其所确定审计意见的类型，即审计报告的措辞，并使其理解其含义。需要明确的是，审计人员在发表审计意见时，必须坚持独立、客观、公正的原则。这里的沟通仅仅是向治理层或管理层告知和解释，绝不意味着审计意见的类型及审计报告的措辞需要听从治理层意愿。

⑥ 关于内部控制方面的建议。应就审计过程中注意到的、被审计单位在内部控制方式或运行方面存在的重大缺陷，向治理层提出口头或书面建议。

⑦ 与已审计财务报表一同披露的其他信息的沟通。例如，认为已审计财务报表与其一同披露的其他信息存在重大不一致或认为其他信息可能存在重大错报，审计人员应当及时与被审计单位治理层沟通。

关键术语

关联方审计	持续经营能力重大不确定性	期后事项时段
非调整期后事项	财务报表日	审计报告日
审计差异调整表	审计总结	独立复核
（管理层）书面声明	律师询证函	首次接受委托项目

本 章 复 习

一、单项选择题

1. A 审计人员负责审计甲公司 2012 年度财务报表。甲公司下设若干家子公司和联营公司。在询问关联方关系时，下列组织或人员中，A 审计人员的询问对象通常不包括的是（　　）。

A. 内部审计人员

B. 董事会成员

C. 证券监管机构

D. 内部法律顾问

2. 在了解关联方关系及其交易，审计人员拟实施的风险评估程序中，不恰当的是（　　）。

A. 项目组内部讨论

B. 询问管理层

C. 检查股东会和治理层会议的纪要

D. 了解与关联方关系及其交易相关的控制

3. 审计人员审计或有事项时，最关注或有事项的审计目标是（　　）。

A. 存在

B. 列报或披露

C. 完整性

D. 分类和可理解性

4. A审计人员负责审计甲公司×年度财务报表，在审计期后事项时，关于A审计人员对期后事项的责任，下列表述中错误的是（ ）。

A. 有责任实施必要的审计程序，以确定截至审计报告日发生的期后事项是否均以得到识别

B. 在审计报告日后，没有责任针对财务报表实施审计程序

C. 在审计报告日后至财务报表报出日前，如果知悉可能对财务报表产生重大影响的事实，有责任采取措施

D. 在财务报表报出后，如果知悉可能对财务报表产生重大影响的事实，没有责任采取任何措施

5. 在以下关于期后事项及或有事项的讨论中，不正确的是（ ）。

A. 期后事项在一定条件下可以转化为或有事项

B. 期后事项已发生完毕，而或有事项尚未完全结束

C. 或有事项在一定条件下可以转化为期后事项

D. 期后事项不可能转换为或有事项

6. 关于审计人员评价管理层对持续经营能力的评估，下列说法中错误的是（ ）。

A. 审计人员无须关注超出管理层评估期间的可能影响持续经营能力的事项或情况

B. 在评价管理层的评估时，审计人员应当考虑管理层作出评估的过程、依据的假设及应对计划

C. 审计人员应当考虑管理层作出的评估是否已经包括所有相关信息

D. 在评价管理层对持续经营能力的评估时，审计人员的评价期间应当与管理层根据适用的财务报告编制基础的规定作出评估的涵盖期间相同

7. 对上市公司而言，下列各方中，书面声明的签署者通常是（ ）。

A. 被审计单位中负责法律事务的最高领导

B. 被审计单位审计委员会主席

C. 被审计单位中对财务报表承担相应责任并了解相关事项的管理层（治理层）

D. 被审计单位董事会秘书

8. ABC会计师事务所负责审计甲公司×年度财务报表。在完成审计工作、形成审计结论时需要对审计工作底稿进行复核，以下说明不恰当的是（ ）。

A. 项目组内部复核分为项目经理和项目合伙人两个层次，其中项目经理的复核是在审计现场完成，以便及时发现和解决问题，争取审计工作的主动复核

B. 项目组内部复核分为项目经理和项目合伙人两个层次，其中项目合伙人的复核既是对审计项目经理复核的再监督，也是对重要审计事项的把关

C. 独立复核是指在出具报告前，由关键合伙人对项目组作出的重大判断和在准备报告时形成的结论作出客观评价的过程

D. 独立复核是指在出具报告前，由独立复核人对项目组作出的重大判断和在准备报告过程中形成的结论作出客观评价的过程

9. 关于会计师事务所对独立复核的时间，以下陈述中恰当的是（ ）。

A. 在出具审计报告前完成独立复核

B. 与管理层沟通后完成独立复核

C. 与治理层沟通后完成独立复核

D. 与审计委员会沟通后完成独立复核

10. 审计人员在负责审计年度财务报表时，在确定与治理层沟通的事项时，下列各项中，审计人员通常认为不宜沟通的是（ ）。

A. 信息披露中存在的可能导致修改审计报告的重大问题

B. 公司管理层不愿延长对持续经营能力的评估期间

C. 审计人员发现管理层的舞弊行为

D. 审计人员实施的具体审计程序的性质

二、多项选择题

1. 在关联方及其交易的审计中，审计人员可以通过获取管理层书面声明获取相应的证据，书面声明应包含的内容有（ ）。

A. 治理层批准某项特定关联方交易，该项交易可能对财务报表产生重大影响或涉及管理层

B. 治理层就某些关联方交易的细节向审计人员作出口头声明

C. 治理层在关联方或关联方交易中享有财务或者其他利益

D. 管理层对特殊关联方交易不涉及某些未予披露的“背后协议”

2. 审计人员在进行年度财务报表审计时通过实施以下（ ）审计程序，获取或有事项完整性的审计证据。

A. 参与公司董事会会议

B. 了解公司与识别或有事项有关的内部控制

C. 向公司的法律顾问和律师进行函证，分析公司在审计期间发生的法律费用，以确定是否存在未决诉讼、索赔等事项

D. 向公司管理层获取书面声明，声明其已按照企业会计准则的规定，对全部或有事项做了恰当反映

3. 下列属于需要公司在财务报表披露的非调整事项是（ ）。

A. 财务报表日后资产价格、税收政策、外汇汇率发生重大变化

B. 财务报表日后因自然灾害导致资产发生重大损失

C. 财务报表日后发现财务报表存在舞弊

D. 财务报表日后发生企业合并或处置子公司

4. 审计人员在识别对持续经营假设产生重大疑虑的风险时，以下属于在财务方面导致对持续经营假设产生重大疑虑事项的有（ ）。

A. 预测性财务报表表明经营活动产生的现金流量为负数

B. 无法履行借款合同的条款

C. 出现劳动用工困难

D. 无法获得开发必要新产品所需的资金

5. 在考虑管理层作出的评估所依据的假设时，审计人员应当考虑管理层对相关事项或情况结果的预测所依据的假设是否合理。以下属于审计人员应当特别关注的假设包括（ ）。

A. 与预测性信息具有重大影响的假设

B. 与历史趋势不一样的假设

C. 特别敏感的假设

D. 容易发生变动的假设

6. 审计人员在财务报表报出日后获知甲公司审计报告日已经存在但尚未发现的期后事项，则采取的措施恰当的有（　　）。

A. 与公司管理层讨论如何处理

B. 采取措施防止公司财务报表使用者信赖该审计报告

C. 提请公司管理层修改财务报表

D. 重新出具审计报告

7. 下列各项中应当列入书面声明的有（　　）。

A. 管理层认为，在作出会计估计时使用的重大假设是合理的

B. 被审计单位已按照适用的财务报告编制基础的规定对所有需要调整或披露的资产负债表日后事项作出调整或披露

C. 被审计单位所有交易均已记录并反映在财务报表中

D. 被审计单位已向审计人员披露了所有已知的、在编制财务报表时应当考虑其影响的违法或涉嫌违反法律法规的行为

8. 下列关于管理层提供的书面声明的说法中，正确的有（　　）。

A. 书面声明是审计人员获取的审计证据之一

B. 书面声明本身并不为所涉及的任何事项提供充分、恰当的审计证据

C. 如果管理层已就某财务报表认定提供可靠的书面说明，则审计人员不必获取其他审计证据

D. 书面声明是审计人员在财务报表审计中需要获取的必要信息

9. 经过项目合伙人的复核后应当确认的项目包括（　　）。

A. 项目组作出的重大判断恰当合理

B. 项目组对重大错报风险的评估及采取的应对措施是恰当的

C. 项目组提出的建议调整事项恰当合理，未更正错报无论是单独还是汇总起来对财务报表整体均不具有重大影响

D. 拟出具的审计意见符合中国注册会计师审计准则的规定，审计报告措辞恰当

10. 基于审计人员在与公司治理层沟通的主要目的，以下观点中你能够认同的有（　　）。

A. 及时向治理层告知审计中发现的与治理层责任相关的事项

B. 就计划审计的范围和时间与治理层沟通

C. 就计划审计程序的性质、范围和时间与治理层沟通

D. 共享有助于审计人员获取审计证据和治理层履行责任的其他信息

三、问答题

1. 简述审计人员针对每一时段期后事项的审计责任。

2. 审计人员了解关联方关系及其交易实施的风险评估程序主要包括哪些？

3. 项目合伙人进行复核的主要内容包括哪些？

4. 审计人员在识别关联方交易的实质性测试有哪些？

5. 或有事项与期后事项的主要区别有哪些？

四、研究思考题

1. 审计人员针对评估的关联方及其与交易相关的重大错报风险，设计和实施的进一步审计程序可能包括哪些内容？

2. 对于发生于不同时期的期后事项，审计人员应当承担的责任、应采用的处理方法，以及对财务报表、审计报告的影响均有区别，试填下表进行比较。

不同时间段期后事项的审计对比

不同时间段	CPA 的责任	CPA 的处理	对财务报表、审计报告的影响
资产负债表日至审计报告日			
审计报告日至财务报告公布日			
财务报告公布日后			

3. 财务报表各项目的审计与财务报表附注信息披露内容的审计有何异同之处？

五、案例分析题

【题 1】

基本情况　A 审计人员负责审计甲公司×年财务报表。A 审计人员于 2××4 年 3 月 16 日发现以下情况。

① 甲公司于 2××3 年 11 月 30 日遭到起诉，原告是乙公司，乙公司起诉甲公司是由于甲公司违反双方签订的合同，乙公司要求甲公司赔偿其直接经济损失 600 万元（假设重要性水平为 100 万元，甲公司的利息总额为 1000 万元）。甲公司在 2××3 年 12 月 31 日财务报表中未对该事项进行会计确认和会计估计，该事项也未在财务报表附注中披露。

② A 审计人员对该诉讼案件继续追查，发现该案件已经于 2××4 年 2 月 10 日判决结案，法院判决结果是甲公司赔偿乙公司经济损失 580 万元。

③ 假设审计人员拟出具审计报告日期为 2××4 年 3 月 5 日，董事会批准的财务报表对外公布日是 2××4 年 3 月 15 日。

④ 甲公司已经对外公布了标准审计报告。

要求：根据以上事项回答：

(1) 580 万元的诉讼案件属于哪一时段的期后事项？

(2) A 审计人员对该事项的审计调整建议是什么？

(3) 如果甲公司拒绝接受审计人员的审计建议，审计人员应当如何考虑该事项对审计报告的影响。

【题 2】

基本情况　A 注册会计师作为 ABC 会计师事务所的审计项目合伙人，在审计乙公司×年度财务报表时遇到以下情况：乙公司在×年度向其控股股东 M 公司以市场价格销售产品 5000 万元，以成本加成价格购入原材料 3000 万元，上述销售和采购占乙公司当年销货、购货的比例分别为 30%和 40%，乙公司已在财务报表附注中进行了适当的披露。

要求 假定上述情况对乙公司×年度财务报表的影响都重要的，且拒绝接受A注册会计师提出的审计处理建议。在不考虑其他因素影响的前提下，请针对上述情况，判断A注册会计师应对×年度财务报表出具何种类型的审计报告，并简要说明理由。

【题3】

基本情况 U会计师事务所在接受丙公司×年度财务报表审计业务委托的同时，还接受委托对该公司以×年12月31日为基准日的内部控制的有效性实施审计。为便于整合审计，U会计师事务所指派A注册会计师同时负责这两项审计业务。其中，与计划和实施内部控制审计相关的情况如下。

① 根据业务约定，内部控制审计是针对基准日内部控制的有效性发表意见。为此，A注册会计师在计划审计工作时，只需安排了解和测试丙公司基准日当天的内部控制。

② 审计工作底稿显示，注册会计师针对财务报表审计识别的重要账户、列报及其相关认定与针对内部控制审计识别的重要账户、列报及其相关认定完全相同。

③ 针对评估的特定错报风险，丙公司设定了多项企业层面控制。虽然认为其中一项控制已足以应对已评估的错报风险，A注册会计师仍然决定测试与该风险相关的其他控制。

④ 为配合财务报表审计的计划进度，A注册会计师计划在×年12月20日对丙公司期末财务报告流程的相关控制进行测试。

⑤ 对风险因素的评价结果表明，丙公司的某些完全自动化的应用控制存在较高的风险。为此，A注册会计师决定有针对性地实施对标策略。

⑥ 在形成内部控制审计意见时，考虑到在实施审计过程中审计范围受到的局部重要限制，A注册会计师考虑对约定基准日的内部控制有效性发表保留意见。

要求： 请逐一单独针对上述每种情况，指出注册会计师在计划和实施内部控制审计工作、出具内部控制审计报告的过程中是否存在不当之处，并简要说明理由。

【题4】

基本情况 A注册会计师作为ABC会计师事务所的审计项目合伙人，在审计丁公司×年度财务报表时遇到以下情况：丁公司于×年末更换了大股东，并成立了新的董事会。继任法定代表人以刚上任不了解以前年度情况为由，拒绝签署×年度已审财务报表和提供管理层声明书。原法定代表人以不再继续履行职责为由，也拒绝签署×年度已审财务报表和提供管理层声明书。

要求： 假定上述情况对丁公司×年度财务报表的影响都重要的，且拒绝接受A注册会计师提出的审计处理建议。在不考虑其他因素影响的前提下，请针对上述情况，判断A注册会计师应对×年度财务报表出具何种类型的审计报告，并简要说明理由。

推荐阅读

[1] 黄爱玲. 或有事项审计与期后事项审计的比较研究. 商业研究，2000 (7).

[2] 吕伟，林昭呈. 关联方交易、审计意见与外部监管. 审计研究，2007 (4)：59-66.

[3] 孙宝厚. 关于全面审计质量控制若干关键问题的思考. 审计研究，2008 (2)：3-10.

[4] 孙晓梅，田文静. 我国注册会计师审计失败与独立性缺失分析：基于证监会处罚报告的思考. 经济问题探索，2009 (7).

[5] 聂曼曼. 论审计质量概念的重新界定：关于过程质量与结果质量的思考. 中南财经政法大学学报，2009 (6).

[6] 马明明. 关联方交易及其审计要点探讨. 中国注册会计师，2010 (8)：74-79.

[7] 郝玉贵，刘李晓. 关联方交易舞弊风险内部控制与审计：基于紫鑫药业案例的研究. 审计与经济研究，2010 (7)：26-35.

[8] 肖成民，李苇. 内部控制会影响审计意见吗？会计与经济研究，2012 (2)：34-41.

[9] 中国注册会计师审计准则第 1152 号——向治理层和管理层通报内部控制缺陷.

[10] 中国中国注册会计师审计准则第 1323 号——关联方.

[11] 中国注册会计师审计准则第 1324 号——持续经营.

[12] 中国注册会计师审计准则第 1332 号——期后事项.

[13] 中国注册会计师审计准则第 1341 号——书面声明.

[14] 中国注册会计师审计准则第 1121 号——对财务报表审计实施的质量控制.

[15] 中国注册会计师审计准则第 1151 号——与治理层的沟通.

其他优秀教材推荐

书号：9787512114173
作者：岳松 陈昌龙
定价：36.00

书号：9787512108134
作者：匡小平
定价：39.00

书号：9787512109148
作者：张晓明
定价：42.00

书号：9787512110830
作者：刘德红
定价：36.00

书号：9787512108981
作者：高红岩
定价：26.00

书号：9787512107830
作者：赵万水
定价：26.00

书号：9787512106451
作者：杨建华 张群 杨新泉
定价：32.00

书号：9787512106668
作者：池国华
定价：28.00

书号：9787512107588
作者：王冬梅
定价：32.00

书号：9787512109605
作者：姜英兵
定价：38.00

书号：9787512110236
作者：冯庆梅
定价：36.00

书号：9787512109117
作者：毛洪涛
定价：39.00

书号：9787512108363
作者：姚爱群
定价：26.00

书号：9787512107762
作者：赵恒群
定价：38.00

书号：9787512107335
作者：席静
定价：32.00

书号：9787512107557
作者：刘军
定价：26.00

书号：9787512105515
作者：孙晓洁
定价：38.00

敬告：

需要以上教材样书的老师可与出版社联系（010－51686046）或者发邮件至cbsld@jg.bjtu.edu.cn。感谢您的支持！